Modernidade e Ambivalência

Obras de Zygmunt Bauman:

- 44 cartas do mundo líquido moderno
- Amor líquido
- Aprendendo a pensar com a sociologia
- A arte da vida
- Babel
- Bauman sobre Bauman
- Capitalismo parasitário
- Cegueira moral
- Comunidade
- Confiança e medo na cidade
- A cultura no mundo líquido moderno
- Danos colaterais
- Em busca da política
- Ensaios sobre o conceito de cultura
- Estado de crise
- Estranhos à nossa porta
- A ética é possível num mundo de consumidores?
- Europa
- Globalização: as consequências humanas
- Identidade
- A individualidade numa época de incertezas
- Isto não é um diário
- Legisladores e intérpretes
- Mal líquido
- O mal-estar da pós-modernidade
- Medo líquido
- Modernidade e ambivalência
- Modernidade e Holocausto
- Modernidade líquida
- Nascidos em tempos líquidos
- Para que serve a sociologia?
- O retorno do pêndulo
- Retrotopia
- A riqueza de poucos beneficia todos nós?
- Sobre educação e juventude
- A sociedade individualizada
- Tempos líquidos
- Vida a crédito
- Vida em fragmentos
- Vida líquida
- Vida para consumo
- Vidas desperdiçadas
- Vigilância líquida

Zygmunt Bauman

Modernidade e Ambivalência

Tradução:
Marcus Penchel

ZAHAR

Título original:
Modernity and Ambivalence

Tradução autorizada da terceira edição inglesa
publicada em 1995 por Polity Press,
de Cambridge, Inglaterra

Jorge Zahar Editor Ltda.
rua Marquês de S. Vicente 99 – 1º
cep: 22451-041 Rio de Janeiro, RJ
tel. (21) 2529-4750 / fax (21) 2529-4787
editora@zahar.com.br
www.zahar.com.br

Grafia atualizada respeitando o novo
Acordo Ortográfico da Língua Portuguesa

Capa: Carol Sá

CIP-Brasil. Catalogação na fonte
Sindicato Nacional dos Editores de Livros, RJ

B341m
Bauman, Zygmunt, 1925-
Modernidade e ambivalência / Zygmunt Bauman; tradução, Marcus Penchel. — Rio de Janeiro: Zahar, 1999.

Tradução de: Modernity and ambivalence
ISBN 978-85-7110-494-5

1. Civilização moderna – Século XX. 2 Modernismo (Estética). 3. Ambivalência. 4. Pós-modernismo. I. Título.

CDD: 303.4
CDU: 316.42

98-0121

Sumário

Agradecimentos

Em vários estágios do trabalho fui beneficiado por perspicazes comentários críticos sobre vários capítulos ou trechos deste livro feitos por David Beetham, Bryan Cheyette, Agnes Heller, Irving Horowitz, Richard Kilminster, Ralph Miliband, Stefan Morawski, Paul Piccone, Richie Robertson, Gillian Rose, Nico Stehr, Dennis Warwick, Wlodzimierz Wesolowski, Jerzy J. Wiatr e muitos outros colegas e amigos. Sou profundamente grato por sua ajuda. A crítica sensível e abrangente de Anthony Giddens teve um papel decisivo na forma final do projeto. Mais uma vez tenho o prazer de agradecer a David Roberts por seu esplêndido trabalho editorial.

Para escrever este livro, usei algum material dos meus vários artigos e resenhas publicados em *Jewish Quarterly*, *Marxism Today*, *Sociological Review*, *Sociology*, *Telos* e *Theory, Culture and Society*.

Deve-se esperar até o fim da história
para captar o assunto na sua precisa totalidade
Wilhelm Dilthey

O dia em que houver uma leitura do cartão de Oxford,
a única e verdadeira leitura,
será o fim da história
Jacques Derrida

Quem não escreve nada além de cartões-postais
não terá o problema de Hegel sobre
como terminar um livro
Richard Rorty

Introdução

A busca da ordem

A ambivalência, possibilidade de conferir a um objeto ou evento mais de uma categoria, é uma desordem específica da linguagem, uma falha da função nomeadora (segregadora) que a linguagem deve desempenhar. O principal sintoma de desordem é o agudo desconforto que sentimos quando somos incapazes de ler adequadamente a situação e optar entre ações alternativas.

É por causa da ansiedade que a acompanha e da consequente indecisão que experimentamos a ambivalência como desordem — ou culpamos a língua pela falta de precisão ou a nós mesmos por seu emprego incorreto. E no entanto a ambivalência não é produto da patologia da linguagem ou do discurso. É, antes, um aspecto normal da prática linguística. Decorre de uma das principais funções da linguagem: a de nomear e classificar. Seu volume aumenta dependendo da eficiência com que essa função é desempenhada. A ambivalência é, portanto, o *alter ego* da linguagem e sua companheira permanente — com efeito, sua condição normal.

Classificar significa separar, segregar. Significa primeiro postular que o mundo consiste em entidades discretas e distintas; depois, que cada entidade tem um grupo de entidades similares ou próximas ao qual pertence e com as quais conjuntamente se opõe a algumas outras entidades; e por fim tornar real o que se postula, relacionando padrões diferenciais de ação a diferentes classes de entidades (a evocação de um padrão de comportamento específico tornando-se a definição operacional de classe). Classificar, em outras palavras, é dar ao mundo uma *estrutura*: manipular suas probabilidades, tornar alguns eventos mais prováveis que outros, comportar-se como se os eventos não fossem casuais ou limitar ou eliminar sua casualidade.

Através da sua função nomeadora/classificadora, a linguagem se situa entre um mundo ordenado, de bases sólidas, próprio a ser habitado pelo homem, e um mundo contingente de acaso no qual as armas da sobrevivência humana — a memória, a capacidade de aprender — seriam inúteis, senão completamente suicidas. A linguagem esforça-se em sustentar a ordem e negar ou suprimir o acaso e a contingência. Um mundo ordeiro é um mundo no qual "a gente sabe como ir adiante" (ou, o que vem a dar no mesmo, um mundo no qual sabemos como descobrir — *com toda certeza* — de que modo prosseguir), um mundo no qual sabemos como calcular a probabilidade de um evento e como aumentar ou diminuir tal probabilidade; um mundo no qual as ligações entre certas situações e a eficiência de certas ações permanecem no geral constantes, de forma que podemos nos basear em sucessos passados como guias para outros futuros. Por causa da nossa capacidade de aprender/memorizar, temos um profundo interesse em manter a ordem do mundo. A ambivalência confunde o cálculo dos eventos e a relevância dos padrões de ação memorizados.

A situação torna-se ambivalente quando os instrumentos linguísticos de estruturação se mostram inadequados; ou a situação não pertence a qualquer das classes linguisticamente discriminadas ou recai em várias classes ao mesmo tempo. Nenhum dos padrões aprendidos poderia ser adequado numa situação ambivalente — ou mais de um padrão poderia ser aplicado; seja qual for o caso, o resultado é uma sensação de indecisão, de irresolução e, portanto, de perda de controle. As consequências da ação se tornam imprevisíveis, enquanto o acaso, de que supostamente nos livramos com o esforço estruturador, parece empreender um retorno indesejado.

A função nomeadora/classificadora da linguagem tem, de modo ostensivo, a prevenção da ambivalência como seu propósito. O desempenho é medido pela clareza das divisões entre classes, pela precisão de suas fronteiras definidoras e a exatidão com que os objetos podem ser separados em classes. E no entanto a aplicação de tais critérios e a própria atividade cujo progresso devem monitorar são as fontes últimas de ambivalência e as razões pelas quais é improvável que a ambivalência jamais se extinga realmente, sejam quais forem a quantidade e o ardor do esforço de estruturação/ordenação.

O ideal que a função nomeadora/classificadora se esforça por alcançar é uma espécie de arquivo espaçoso que contém todas as pastas que contêm todos os itens do mundo — mas confina cada pasta e cada item num lugar próprio, separado (com as dúvidas que subsistam sendo esclarecidas por um índice de remissão recíproca). É a inviabilidade de tal arquivo que torna a ambivalência inevitável. E é a perseverança com que a construção desse arquivo é perseguida que produz um suprimento sempre renovado de ambivalência.

Classificar consiste nos atos de incluir e excluir. Cada ato nomeador divide o mundo em dois: entidades que respondem ao nome e todo o resto que não. Certas entidades podem ser incluídas numa classe — *tornar-se uma classe* — apenas na medida em que outras entidades são *excluídas*, deixadas de fora. Invariavelmente, tal operação de inclusão/exclusão é um ato de violência perpetrado contra o mundo e requer o suporte de uma certa dose de coerção. Ela pode durar na medida em que o volume de coerção aplicada continuar adequado à tarefa de superar a extensão da discrepância criada. A insuficiência de coerção revela-se na manifesta relutância de entidades postuladas pelo ato de classificação em encaixar-se nas classes determinadas e no aparecimento de entidades sub ou superdefinidas, com significado insuficiente ou excessivo, que não enviam sinais legíveis para a ação ou enviam sinais que confundem os receptores por serem mutuamente contraditórios.

A ambivalência é um subproduto do trabalho de classificação e convida a um maior esforço classificatório. Embora nascida do impulso de nomear/classificar, a ambivalência só pode ser combatida com uma nomeação ainda mais exata e classes definidas de modo mais preciso ainda: isto é, com operações tais que farão demandas ainda mais exigentes (contrafactuais) à descontinuidade e transparência do mundo e assim darão ainda mais lugar à ambiguidade. A luta contra a ambivalência é, portanto, tanto autodestrutiva quanto autopropulsora. Ela prossegue com força incessante porque cria seus próprios problemas enquanto os resolve. Sua intensidade, porém, varia com o tempo, dependendo da disponibilidade de força adequada à tarefa de controlar o volume de ambivalência existente e também da presença ou ausência de consciência de que a redução da ambivalência é uma questão de descobrir e aplicar a *tecnologia* adequada — uma questão *administrativa*. Os dois fatores combinaram-se para fazer dos tempos modernos uma era de guerra particularmente dolorosa e implacável contra a ambivalência.

Quanto tempo tem a modernidade é uma questão discutível. Não há acordo sobre datas nem consenso sobre o que deve ser datado.[1] E uma vez se inicie a sério o esforço de datação, o próprio objeto começa a desaparecer. A modernidade, como todas as outras quase-totalidades que queremos retirar do fluxo contínuo do ser, torna-se esquiva: descobrimos que o conceito é carregado de ambiguidade, ao passo que seu referente é opaco no miolo e puído nas beiradas. De modo que é improvável que se resolva a discussão. O aspecto definidor da modernidade subjacente a essas tentativas é parte da discussão.

Dentre a multiplicidade de tarefas impossíveis que a modernidade se atribuiu e que fizeram dela o que é, sobressai a da ordem (mais precisamente e de forma mais importante, a da *ordem como tarefa*) como a menos possível das impossíveis e a menos disponível das indispensáveis — com efeito, como o arquétipo de todas as outras tarefas, uma tarefa que torna todas as demais meras metáforas de si mesmas.

A ordem é o contrário do caos; este é o contrário daquela. Ordem e caos são gêmeos *modernos*. Foram concebidos em meio à ruptura e colapso do mundo ordenado de modo divino, que não conhecia a necessidade nem o acaso, um mundo que apenas *era*, sem pensar jamais em como ser. Achamos difícil descrever com seus próprios termos esse mundo descuidado e irrefletido que precedeu a bifurcação em ordem e caos. Tentamos captá-lo sobretudo com o recurso a negações: dizemos a nós mesmos o que aquele mundo não era, o que não continha, o que não sabia, o que não percebia. Esse mundo dificilmente poderia se reconhecer nas nossas descrições. Ele não compreenderia do que estamos falando. Não teria sobrevivido a tal compreensão. O momento da compreensão seria o sinal de sua morte iminente. E foi. Historicamente, essa compreensão foi o último suspiro do mundo agonizante e o primeiro grito da recém-nascida modernidade.

Podemos pensar a modernidade como um tempo em que *se reflete* a ordem — a ordem do mundo, do habitat humano, do eu humano e da conexão entre os três: um objeto de pensamento, de preocupação, de uma prática ciente de si mesma, cônscia de ser uma prática consciente e preocupada com o vazio que deixaria se parasse ou meramente relaxasse. Por uma questão de conveniência (a exata data de nascimento, repitamos, está fadada a permanecer discutível: o projeto de datação é apenas um dos muitos *foci imaginarii* que, como borboletas, não sobrevivem ao momento em que um alfinete lhes atravessa o corpo para fixá-los no lugar) podemos concordar com Stephen L. Collins que, no seu recente estudo, tomou a visão de Hobbes como a marca de nascença da consciência da ordem, quer dizer — na nossa acepção — da consciência moderna, isto é, da modernidade. ("A consciência", diz Collins, "surge como a qualidade de perceber ordem nas coisas.")

> Hobbes entendia que um mundo em fluxo era natural e que a ordem devia ser criada para restringir o que era natural ... A sociedade não é mais um reflexo transcendentalmente articulado de algo predefinido, externo e para além de si mesma que ordena a existência hierarquicamente. É agora uma entidade nominal ordenada pelo Estado soberano, que é seu próprio representante articulado ... [Quarenta anos após a morte da rainha Elizabeth] a ordem começava a ser entendida não como natural, mas como artificial, criada pelo homem e manifestamente política e social ... A ordem deve se destinar a restringir o que parecia onipresente [isto é, o fluxo] ... A ordem tornou-se uma questão de poder e o poder uma questão de vontade, força, cálculo ... Fundamental para toda a reconceitualização da ideia de sociedade foi a crença de que a comunidade, como a ordem, foi uma criação humana.[2]

Collins é um historiador escrupuloso, preocupado com os perigos da projeção e do presenteísmo, mas tem dificuldade em evitar atribuir ao mundo pré-hobbesiano vários aspectos do nosso mundo pós-hobbesiano — quando nada pela indicação de sua ausência; com efeito, sem essa estratégia de descrição, o mundo pré-hobbesiano permaneceria adormecido e sem sentido para nós. Para fazer esse mundo falar a nós, devemos, por assim dizer, tornar audíveis os seus silêncios: explicar o que aquele mundo não percebia. Temos que cometer um ato de violência, forçar aquele mundo a tomar posição sobre questões às quais estava desatento e assim dispersar ou superar a desatenção que fazia dele aquele mundo, um mundo tão diferente e tão incomunicável com o nosso. A tentativa de comunicação desafiará o seu propósito. Nesse processo de conversão forçada, tornaremos ainda mais remota a esperança de comunicação. No final, em vez de *reconstruir* esse "outro mundo", não faremos mais que *construir* "o outro" do nosso próprio mundo.

Se é verdade que sabemos que a ordem das coisas não é natural, isso não quer dizer que o outro mundo, pré-hobbesiano, pensava a ordem como obra da natureza: ele absolutamente não pensava na ordem, pelo menos não da forma que concebemos "pensar em", não no sentido em que hoje pensamos nela. A descoberta de que a ordem *não* era *natural* foi a descoberta da *ordem como tal.* O *conceito* de ordem apareceu na consciência apenas simultaneamente ao *problema* da ordem, da ordem como questão de *projeto* e *ação*, a ordem como obsessão. Para colocar de forma ainda mais clara, a ordem como problema surgiu na esteira da lufada ordenadora, como reflexão sobre as práticas ordenadoras. A declaração da "inaturalidade da ordem" representava uma ordem que já saía do esconderijo, da inexistência, do silêncio. "Natureza" significa, afinal, nada mais que o silêncio do homem.

Se é verdade que nós, modernos, pensamos na ordem como questão de desígnio, isso não significa que antes da modernidade o mundo era complacente acerca do planejamento, que esperava o surgimento e manutenção da ordem por si mesma, sem assistência. Aquele mundo vivia sem essa alternativa; não seria de forma alguma aquele mundo se voltasse o pensamento para isso. Se é verdade que o nosso mundo é moldado pela suspeita da fraqueza e fragilidade das ilhas de ordem projetadas e construídas pelo homem num mar de caos, não decorre daí que antes da modernidade o mundo acreditasse que a ordem se estendia igualmente sobre o mar e o arquipélago humano; ele era, antes, inconsciente da distinção entre terra e água.[3]

Podemos dizer que a existência é moderna na medida em que se bifurca em ordem e caos. A existência é moderna na medida em que contém a *alternativa* da ordem e do caos.

Com efeito, ordem e *caos*, ponto. Se é de algum modo visada (quer dizer, na medida em que é pensada), a ordem é visada não como substituto para uma ordem alternativa. A luta pela ordem não é a luta de uma definição contra outra, de uma maneira de articular a realidade contra uma proposta concorrente. É a luta da determinação contra a ambiguidade, da precisão semântica contra a ambivalência, da transparência contra a obscuridade, da clareza contra a confusão. A ordem como conceito, como visão, como propósito, só poderia ser concebida para o discernimento da ambivalência total, do acaso do caos. A ordem está continuamente engajada na guerra pela sobrevivência. O outro da ordem não é uma outra ordem: sua única alternativa é o caos. O outro da ordem é o miasma do indeterminado e do imprevisível. O outro é a incerteza, essa fonte e arquétipo de todo medo. Os tropos do "outro da ordem" são: a indefinibilidade, a incoerência, a incongruência, a incompatibilidade, a ilogicidade, a irracionalidade, a ambiguidade, a confusão, a incapacidade de decidir, a ambivalência.

O caos, "o outro da ordem", é pura negatividade. É a negação de tudo o que a ordem se empenha em ser. É contra essa negatividade que a positividade da ordem se constitui. Mas a negatividade do caos é um produto da autoconstituição da ordem, seu efeito colateral, seu resíduo e, no entanto, condição *sine qua non* da sua possibilidade (reflexa). Sem a negatividade do caos, não há positividade da ordem; sem o caos, não há ordem.

Podemos dizer que a existência é moderna na medida em que está saturada pela sensação de que "depois de nós, o dilúvio". A existência é moderna na medida em que é guiada pela premência de projetar o que de outra forma não estaria lá: de projetar a *si mesma*.

A existência pura, livre de intervenção, a existência *não ordenada*, ou a margem da existência ordenada, torna-se agora *natureza*: algo singularmente inadequado para a vida humana, algo em que não se deve confiar e que não deve ser deixado por sua própria conta — algo a ser *dominado*, *subordinado*, *remodelado* de forma a se reajustar às necessidades humanas. Algo a ser reprimido, refreado e contido, a resgatar do estado informe e a dar forma através do esforço e à força. Mesmo que a forma tenha sido preordenada pela própria natureza, ela não acontecerá sem assistência e não sobreviverá sem defesa. Viver de acordo com a natureza requer um bocado de planejamento, esforço organizado e vigilante monitoramento. Nada é mais artificial que a naturalidade; nada é menos natural do que se lançar ao sabor das leis da natureza. O poder, a repressão e a ação propositada se colocam entre a natureza e essa ordem socialmente produzida na qual a artificialidade é natural.

Podemos dizer que a existência é moderna na medida em que é produzida e sustentada pelo *projeto*, *manipulação*, *administração*, *planejamento*. A existência é moderna na medida em que é administrada por agentes capazes (isto é, que possuem conhecimento, habilidade e tecnologia) e soberanos. Os agentes são soberanos na medida em que reivindicam e defendem com sucesso o direito de gerenciar e administrar a existência: o direito de definir a ordem e, por conseguinte, pôr de lado o caos como refugo que escapa à definição.

A prática tipicamente moderna, a substância da política moderna, do intelecto moderno, da vida moderna, é o esforço para exterminar a ambivalência: um esforço para definir com precisão — e suprimir ou eliminar tudo que não poderia ser ou não fosse precisamente definido. A prática moderna não visa à conquista de terras estrangeiras, mas ao preenchimento das manchas vazias no *compleat mappa mundi*. É a prática moderna, não a natureza, que realmente não tolera o vazio.

A intolerância é, portanto, a inclinação natural da prática moderna. A construção da ordem coloca os limites à incorporação e à admissão. Ela exige a negação dos direitos e das razões de tudo que não pode ser assimilado — a deslegitimação do outro. Na medida em que a ânsia de pôr termo à ambivalência comanda a ação coletiva e individual, o que resultará é intolerância — mesmo que se esconda, com vergonha, sob a máscara da tolerância (o que muitas vezes significa: você é abominável, mas eu sou generoso e o deixarei viver).[4]

O outro do Estado moderno é a terra de ninguém ou contestada: a sub ou sobredefinição, o demônio da ambiguidade. Uma vez que a soberania do Estado moderno é o poder de definir e de fazer as definições pegarem, tudo que se autodefine ou que escapa à definição assistida pelo poder é subversivo. O outro dessa soberania são áreas proibidas, de agitação e desobediência, de colapso da lei e da ordem.

O outro do intelecto moderno é a polissemia, a dissonância cognitiva, as definições polivalentes, a contingência, os significados superpostos no mundo das classificações e arquivos bem ordenados. Uma vez que a soberania do intelecto moderno é o poder de definir e de fazer as definições pegarem, tudo que escapa à inequívoca localização é uma anomalia e um desafio. O outro da soberania é a violação da lei do meio rejeitado.

Em ambos os casos, a resistência à definição coloca um limite à soberania, ao poder, à transparência do mundo, ao seu controle, à ordem. Essa resistência é o lembrete teimoso e implacável do fluxo que a ordem queria em vão conter — e da necessidade da ordenação. O Estado moderno e o intelecto moderno precisam igualmente do caos — quando nada para continuar criando ordem. Ambos prosperam na vaidade do seu esforço.

A existência moderna é tanto acossada quanto instigada à ação impaciente pela consciência moderna; e a consciência moderna é a suspeita ou percepção da inconclusividade da ordem existente, uma consciência incitada e movida pela premonição da inadequação e, mais, pela inviabilidade do projeto ordenador de eliminação da ambivalência, pela premonição da casualidade do mundo e a contingência de identidades que o constituem. A consciência é moderna na medida em que revela sempre novas camadas de caos sob a tampa da ordem assistida pelo poder. A consciência moderna critica, adverte e alerta. Ela torna a ação irrefreável por sempre desmascarar de novo a sua ineficácia. Ela perpetua a prática de ordenar desqualificando os seus feitos e pondo a nu as suas derrotas.

Assim, há uma relação de *amor-ódio* entre a existência moderna e a cultura moderna (na mais avançada forma de autopercepção), uma simbiose carregada de guerras civis. Na era moderna, a cultura é aquela turbulenta e vigilante oposição a Sua Majestade que torna viável o governo. Não há amor perdido, harmonia nem similaridade de espelho entre as duas: há apenas necessidade e dependência mútuas — essa *complementaridade* que nasce da oposição, que *é* oposição. Por mais que a modernidade se ressinta da crítica, não sobreviveria ao armistício.

Seria fútil decidir se a cultura moderna solapa ou serve à existência moderna. Faz as duas coisas. Só pode fazer uma junto com a outra. A negação compulsiva é a positividade da cultura moderna. A disfuncionalidade da cultura moderna é a sua funcionalidade. A luta dos poderes modernos pela ordem artificial precisa de uma cultura que explore os limites e as limitações do poder do artifício. A luta pela ordem informa essa exploração e é por sua vez informada pelas suas descobertas. No processo, a luta perde seu ímpeto inicial: a belicosidade nascida da ingenuidade e da ignorância. Aprende, em vez disso, a conviver com sua própria permanência, inconclusividade — e falta de perspectiva. Esperançosamente, aprenderia no final os difíceis dons da modéstia e da tolerância.

A história da modernidade é uma história de tensão entre a existência social e sua cultura. A existência moderna força sua cultura à oposição a si mesma. Essa desarmonia é precisamente a harmonia de que a modernidade precisa. A história da modernidade deriva seu dinamismo excepcional e sem precedentes da velocidade com que descarta sucessivas versões de harmonia, primeiro desacreditando-as como nada mais que pálidos e imperfeitos reflexos dos seus *foci imaginarii*. Pela mesma razão, pode ser vista como a história do *progresso*, como a *história natural* da humanidade.

Como forma de vida, a modernidade torna-se possível assumindo uma tarefa impossível. É precisamente a inconclusividade endêmica do esforço que torna possível e inelutável a vida de contínua inquietação e efetivamente impossibilita que o esforço venha jamais a cessar.

A tarefa impossível é estabelecida pelos *foci imaginarii*[5] da verdade absoluta, da arte pura, da humanidade como tal, da ordem, da certeza, da harmonia, do fim da história. Como todos os horizontes, eles não podem jamais ser alcançados. Como todos os horizontes, eles tornam possível andar com um objetivo. Como todos os horizontes, quanto mais rápido se anda mais velozmente eles recuam. Como todos os horizontes, eles nunca permitem que o objetivo de andar ceda ou se comprometa. Como todos os horizontes, eles se movem continuamente no tempo e assim emprestam ao andar a ilusão sustentadora de um destino, propósito e direção.

Os *foci imaginarii* — horizontes que bloqueiam e abrem, cercam e distendem o espaço da modernidade — invocam o fantasma do itinerário no espaço por si mesmo desprovido de direção. Nesse espaço, as estradas se fazem ao andar e desaparecem de novo quando os caminhantes passam. À frente dos que andam (e para a frente é que eles olham) a estrada é marcada pela determinação de prosseguir; atrás deles, as estradas podem ser imaginadas pelas leves pegadas, margeadas de ambos os lados por linhas mais firmes de refugo e lixo. "Num deserto — disse Edmond Jabès — não há avenidas, bulevares, becos sem saída ou ruas. Apenas, aqui e ali, marcas fragmentárias de passos, logo apagadas e rejeitadas.[6]

A modernidade é o que é — uma obsessiva marcha adiante — não porque sempre queira mais, mas porque nunca consegue o bastante; não porque se torne mais ambiciosa e aventureira, mas porque suas aventuras são mais amargas e suas ambições frustradas. A marcha deve seguir adiante porque qualquer ponto de chegada não passa de uma estação temporária. Nenhum lugar é privilegiado, nenhum melhor do que outro, como também a partir de nenhum lugar o horizonte é mais próximo do que de qualquer outro. É por isso que a agitação e a perturbação são vividas como uma marcha em frente; é por isso, com efeito, que o movimento browniano parece adquirir verso e reverso e a inquietude uma direção: trata-se de resíduos de combustíveis queimados e fuligem de chamas extintas que marcam as trajetórias do progresso.

Como observou Walter Benjamin, a tormenta impele os caminhantes de forma irresistível para o futuro ao qual dão as costas, enquanto a pilha de detritos diante deles cresce até os céus. "A essa tormenta chamamos progresso."[7] Num exame mais detido, a esperança de chegada revela-se uma ânsia de escapar. No tempo linear da modernidade, só o ponto de partida é fixado: e é o movimento irrefreável desse ponto que arruma a existência insatisfeita dentro de uma linha de tempo histórico. O que aponta uma direção para essa linha não é a antecipação de uma nova alegria, mas a certeza dos horrores passados

— o sofrimento de ontem não a felicidade de amanhã. Quanto ao dia de hoje... vira passado antes que o sol se ponha. O tempo linear da modernidade estica-se entre o passado que não pode durar e o futuro que não pode ser. Não há lugar para o meio-termo. À medida que flui, o tempo se achata num mar de miséria, de modo que o ponteiro pode flutuar.

Estabelecer uma tarefa impossível significa não amar o futuro, mas desvalorizar o presente. Não ser o que deveria ser é o pecado original e irredimível do presente. O presente está sempre querendo, o que o torna feio, abominável e insuportável. O presente é *obsoleto*. É obsoleto antes de existir. No momento em que aterrissa no presente, o ansiado futuro é envenenado pelos eflúvios tóxicos do passado perdido. Seu desfrute não dura mais que um momento *fugaz*, depois do qual (e o depois começa no ponto de partida) a alegria adquire um toque necrofílico, a realização vira pecado e a imobilidade, morte.

Nas duas primeiras epígrafes que abrem estes ensaios, Dilthey e Derrida falam da mesma coisa: a clareza total significa o fim da história. O primeiro fala de dentro da modernidade ainda jovem e ousada: a história chegará a um fim e e iremos impedi-lo tornando-o universal. Derrida relembra as esperanças frustradas. Ele sabe que a história não terminará e que portanto o estado de ambivalência não terminará também.

Há uma outra razão pela qual a modernidade se iguala à agitação; a agitação é sisífica e a luta com a inquietude do presente toma o aspecto de progresso histórico.

A guerra contra o caos fragmenta-se em uma infinidade de batalhas locais pela ordem. Tais batalhas são travadas por unidades de guerrilha. Na maior parte da história moderna não houve quartéis-generais para coordenar as batalhas nem, certamente, comandantes capazes de mapear toda a vastidão do universo a ser conquistado e moldar cada derramamento localizado de sangue em conquista territorial. Havia apenas as brigadas móveis de propaganda, com sua conversa para manter o espírito de luta. "Os governantes e cientistas igualmente (para não mencionar o mundo comercial) veem os assuntos humanos padronizados pelo propósito ..."[8] Mas os governantes e os cientistas são muitos, como também os seus propósitos. Todos os governantes e cientistas protegem zelosamente seus territórios de caça e, assim, o seu direito de estabelecer propósitos. Por serem os territórios de caça reduzidos ao tamanho dos seus poderes coercitivos e/ou intelectuais, com os propósitos estabelecidos na medida dos territórios, suas batalhas são vitoriosas. Os propósitos são alcançados, o caos é enxotado para fora do portão e a ordem é estabelecida no território.

A modernidade orgulha-se da *fragmentação* do mundo como sua maior realização. A fragmentação é a fonte primária de sua força. O mundo que se desintegra numa pletora de problemas é um mundo governável. Ou, antes, uma vez que os problemas são manejáveis, a questão da governabilidade do mundo pode jamais aparecer na agenda ou pelo menos ser adiada indefinidamente. A autonomia territorial e funcional produzida pela fragmentação dos poderes consiste primeiro e acima de tudo no direito de não olhar para além da cerca e de não ser olhado de fora da cerca. Autonomia é o direito de decidir quando manter os olhos abertos e quando fechá-los, o direito de separar, de discriminar, de descascar e aparar.

> Todo o empenho da ciência tem sido ... explicar o todo como a *soma* das partes e nada além disso. No passado, supunha-se que se fosse encontrado algum princípio holístico, poderia apenas ser acrescentado às partes já conhecidas como um organizador. Em outras palavras, o princípio holístico seria mais ou menos como um administrador que dirige uma burocracia.[9]

Essa semelhança, acrescentemos, não é de forma alguma acidental. Cientistas e administradores partilham preocupações sobre soberania e fronteiras e só podem conceber o todo como mais administradores e mais cientistas com suas funções e especialidades soberanas e claramente delimitadas (de forma bem parecida com a que Margaret Thatcher via a Europa). Urologistas e otorrinos preservam a autonomia de seus departamentos clínicos (e portanto, por extensão, dos rins e dos ouvidos) tão zelosamente quanto os burocratas de Whitehall que dirigem os setores da indústria e do trabalho preservam a independência de seus departamentos e áreas da existência humana sujeitas à sua jurisdição.

Uma maneira de colocar as coisas é dizer que a grandiosa visão da ordem foi trocada em miúdos, em pequenos problemas solucionáveis. Mais importante, a grandiosa visão da ordem emerge (se emerge) da agitação para solucionar problemas como a "mão invisível" ou "arrimo metafísico" semelhante. Se algum pensamento lhe é dedicado, espera-se que a harmoniosa totalidade emerja, como Fênix das cinzas, dos esforços zelosos e surpreendentemente bem-sucedidos de fragmentá-la.

Mas a fragmentação transforma a resolução de problemas num trabalho de Sísifo e a incapacita como instrumento ordenador. A autonomia das localidades e funções não passa de uma ficção que decretos e estatutos tornam plausível. É a autonomia de um rio, de um redemoinho ou de um furacão (corte o fluxo de água e não há mais rio; corte o fluxo de ar e não há mais ciclone). A autarquia é o sonho de todo poder. Ele atrapalha-se na ausência de autonomia, sem a qual nenhuma autarquia pode viver. Os poderes é que são fragmentados; o mundo, teimosamente, não o é. As pessoas permanecem multifuncionais e as palavras, polissêmicas. Ou melhor, as pessoas tornam-se multifuncionais por causa da fragmentação das funções; as palavras tornam-se polissêmicas por causa da fragmentação dos significados. A opacidade surge na outra ponta da batalha pela transparência. A confusão nasce da luta pela clareza. A contingência é descoberta no ponto em que muitos trabalhos fragmentários de determinação se encontram, se chocam e se emaranham.

Quanto mais segura a fragmentação, mais incoerente e menos controlável o caos resultante. A autarquia permite que os recursos sejam concentrados na tarefa à mão (há uma mão forte para segurar firmemente a tarefa) e assim torna a tarefa factível e o problema solucionável. Como a resolução de problemas é uma função do engenho do poder, a escala de problemas solucionáveis e solucionados aumenta com o escopo da autarquia (com o grau no qual as práticas de poder que mantêm unido o enclave relativamente autônomo passam do "relativo" ao "autônomo"). Os problemas tornam-se maiores. E assim as suas consequências. Quanto menos relativa uma autonomia, mais relativa a outra. Quanto mais completa tenha sido a resolução dos problemas iniciais, menos manejáveis são os problemas que resultam. Houve a tarefa de aumentar as colheitas agrícolas — cumprida graças aos nitratos. E houve a tarefa de estabilizar o fornecimento de água — cumprida graças ao estancamento do fluxo dos rios por meio de represas. Depois veio a tarefa de purificar os reservatórios de água envenenados pelo despejo de nitratos não absorvidos — cumprida graças à aplicação de fosfatos em estações especialmente construídas para o processamento de águas servidas. Depois veio a tarefa de destruir as algas tóxicas que proliferam em reservatórios ricos de compostos fosfatados...

O impulso para a ordem dotada de um propósito tirou sua energia, como todos os impulsos para a ordem, do horror à ambivalência. Porém, foi mais ambivalência o produto final dos impulsos modernos, fragmentados, para a ordem. A maioria dos problemas que hoje enfrentam os administradores das ordens locais é produto da atividade para resolução de problemas. Grande parte da ambivalência que enfrentam os praticantes e teóricos das ordens sociais e intelectuais resulta dos esforços para suprimir ou declarar inexistente a relatividade endêmica da autonomia. Os problemas são criados pela resolução de problemas, novas áreas de caos são geradas pela atividade ordenadora. O progresso consiste antes e sobretudo na obsolescência das soluções de ontem.

O horror à mistura reflete a obsessão de separar. A excelência local, especializada, que as maneiras modernas de fazer as coisas tornaram possível, tem as práticas de separação como seu fundamento único, embora admiravelmente sólido. O arcabouço central tanto do intelecto quanto da prática modernos é a oposição — mais precisamente, a dicotomia. As visões intelectuais que produzem imagens de progressiva bifurcação semelhantes a árvores refletem e informam a prática administrativa de dividir e separar: a cada bifurcação sucessiva, aumenta a distância entre as ramificações do tronco original, sem nenhuma ligação horizontal para compensar o isolamento.

A dicotomia é um exercício de poder e ao mesmo tempo sua dissimulação. Embora nenhuma dicotomia vingasse sem o poder de separar e pôr de lado, ela cria uma ilusão de simetria. A falsa simetria dos resultados encobre a assimetria de poder que é a sua causa. A dicotomia representa seus membros como iguais e intercambiáveis. No entanto, sua própria existência é testemunho da presença de um poder diferenciador. É a diferenciação assistida pelo poder que faz a diferença. Diz-se que apenas a diferença entre unidades da oposição, não as próprias unidades, é significativa. Parece, portanto, que a significação é gerada nas práticas de poder capazes de fazer diferença — de separar e manter de lado.

Em dicotomias cruciais para a prática e a visão da ordem social, o poder diferenciador esconde-se em geral por trás de um dos membros da oposição. O segundo membro não passa do *outro* do primeiro, o lado oposto (degradado, suprimido, exilado) do primeiro e sua criação. Assim, a anormalidade é o outro da norma, o desvio é o outro do cumprimento da lei, a doença é o outro da saúde, a barbárie o outro da civilização, o animal o outro do humano, a mulher o outro do homem, o forasteiro o outro do nativo, o inimigo o outro do amigo, "eles" o outro de "nós", a insanidade o outro da razão, o estrangeiro o outro do súdito do Estado, o público leigo o outro do especialista. Um lado depende do outro, mas a dependência não é simétrica. O segundo lado depende do primeiro para o seu planejado e forçado isolamento. O primeiro depende do segundo para sua autoafirmação.

A geometria é o arquétipo da mente moderna. A grade é o seu tropo predominante (e portanto, assim seja: Mondrian é o mais *representativo* dos seus artistas visuais). A taxonomia, a classificação, o inventário, o catálogo e a estatística são estratégias supremas da prática moderna. A mestria moderna é o poder de dividir, classificar e localizar — no pensamento, na prática, na prática do pensamento e no pensamento da prática. Paradoxalmente, é por essa razão que a ambivalência é a principal aflição da modernidade e o mais preocupante dos seus cuidados. A geometria mostra como seria o mundo se fosse geométrico. Mas o mundo não é geométrico. Ele não pode ser comprimido dentro de grades de inspiração geométrica.

Assim, a produção de refugo (e, consequentemente, a preocupação sobre o que fazer com ele) é tão moderna quanto a classificação e a ordenação. As ervas daninhas são o refugo da jardinagem, ruas feias o refugo do planejamento urbano, a dissidência o refugo da unidade ideológica, a heresia o refugo da ortodoxia, a intrusão o refugo da construção do Estado-nação. São refugos porque desafiam a classificação e a arrumação da grade. São a mistura desautorizada de categorias que não devem se misturar. Receberam a pena de morte por resistir à separação. O fato de que não ficariam em cima do muro se, antes de mais nada, o muro não tivesse sido construído não seria considerado pelo tribunal moderno uma defesa válida. O tribunal está aí para preservar a nitidez do muro erguido.

Se a modernidade diz respeito à produção da ordem, então a ambivalência é *o refugo da modernidade*. A ordem e a ambivalência são igualmente produtos da prática moderna; e nenhuma das duas tem nada exceto a prática moderna — a prática contínua, vigilante — para sustentá-la. Ambas partilham da contingência e falta de fundamento do ser, tipicamente modernas. A ambivalência é, provavelmente, a mais genuína preocupação e cuidado da era moderna, uma vez que, ao contrário de outros inimigos derrotados e escravizados, ela cresce em força a cada sucesso dos poderes modernos. Seu próprio fracasso é que a atividade ordenadora se constrói como ambivalência.

Os ensaios que seguem focalizarão primeiro vários aspectos da luta moderna contra a ambivalência, que no seu curso e por força da sua lógica interna torna-se a principal fonte do fenômeno que pretende extinguir. Depois será focalizado o acordo gradual da modernidade com a diferença e examinado o que pode ser viver em paz com a ambivalência.

O livro começa traçando o palco para a guerra moderna contra a ambivalência, identificada com o caos e a falta de controle, portanto assustadora e marcada para morrer. O capítulo 1 examina os elementos do *projeto moderno* — ambições legislativas de razão filosófica, ambições estatais de jardinagem, ambições ordenadoras das ciências aplicadas — que construíram como uma ameaça a subdeterminação/ambivalência/contingência e tornaram sua eliminação um dos principais *foci imaginarii* da ordem social.

Os capítulos 2 e 3 consideram os aspectos lógicos e práticos da "construção da ordem" (da classificação e segregação) como produtores da categoria notoriamente ambivalente dos *estranhos*. Pergunta-se — e se responde — por que os esforços para dissolver a categoria ambivalente resultam em mais ambivalência ainda e se mostram afinal contraprodutivos. Também são examinadas e avaliadas as reações daqueles lançados na posição de ambivalência. Pergunta-se — e se responde — por que nenhuma das estratégias concebíveis tem sequer uma chance de sucesso e por que o único projeto realista dos estranhos é abraçar sua posição ambivalente, com todas as consequências pragmáticas e filosóficas.

Os capítulos 4 e 5 apresentam o estudo de um caso da luta moderna contra a ambivalência e das imprevistas mas inevitáveis repercussões culturais dessa luta. O capítulo 4 focaliza as pressões assimilatórias exercidas sobre os europeus e particularmente alemães, judeus, nas armadilhas internas da oferta assimilatória, e as reações racionais mas condenadas dos seus destinatários. O capítulo 5 segue algumas (e, como se verificou depois, as mais produtivas) consequências culturais do projeto de assimilação — empenhado em exterminar a ambivalência mas fazendo-a proliferar ainda mais — particularmente a descoberta da subdeterminação/ambivalência/contingência como *condição humana duradoura*; na verdade, o aspecto mais importante dessa condição. Proposições de Kafka, Simmel, Freud, Derrida (e alguns pensadores menos conhecidos mas cruciais, como Chestov ou Jabès) são reanalisadas nesse contexto. E traça-se o caminho que leva de um cenário social irremediavelmente ambivalente à autoconstituição da consciência crítica moderna e, por fim, ao fenômeno chamado "cultura pós-moderna".

O capítulo 6 explora o transe contemporâneo da ambivalência: sua *privatização*. Com o Estado moderno recuando de suas ambições de jardinagem e a razão filosófica optando pela interpretação em vez da legislação, a rede da especialização, ajudada e mediada pelo mercado consumidor, assume o cenário no qual os indivíduos devem enfrentar sozinhos o problema da ambivalência no curso dos seus esforços autoconstrutivos pessoais, busca da certeza documentada na aprovação social. As consequências culturais e éticas do cenário atual são acompanhadas — o que leva ao capítulo 7, que tenta tirar conclusões da derrota histórica da grande campanha moderna contra a ambivalência; em especial, esse capítulo considera as consequências práticas de viver "sem alicerces", sob condições de *reconhecida* contingência; seguindo a linha diretriz proposta por Agnes Heller, ele examina a chance de transformar a contingência como sina em destino conscientemente assumido; e as perspectivas relacionadas da condição pós-moderna gerando disputa tribal ou solidariedade humana. A intenção do capítulo não é embarcar na empresa do prognóstico social, por mais duvidoso que seja dentro de um habitat notoriamente contingente, mas estabelecer uma agenda para a discussão de problemáticas políticas e morais da era pós-moderna.

Qualquer leitor do livro certamente notará que seu problema central está firmemente enraizado nas proposições formuladas primeiramente por Adorno e Horkheimer na sua crítica do Iluminismo (e, através dele, da civilização moderna). Foram os primeiros a dizer em alto e bom som que "o Iluminismo é o medo mítico tornado radical ... Absolutamente nada pode ficar de fora porque a mera ideia da exterioridade é a própria fonte do medo"; que o que os homens modernos "querem aprender da natureza é como utilizá-la para dominar completamente a ela e aos outros homens. Este é o único objetivo. Cruelmente, apesar de si mesmo, o Iluminismo extinguiu todo traço de sua própria autoconsciência. A única espécie de pensamento que é suficientemente ouvida para destruir mitos é, em última análise, autodestrutiva".[10] Este livro tenta cobrir de carne sociológica e histórica o esqueleto da "dialética do Iluminismo". Mas também vai além das proposições de Adorno e Horkheimer. Ele sugere que o Iluminismo, afinal, falhou espetacularmente no seu ímpeto de "extinguir todo traço da própria autoconsciência" (a obra mesmo de Adorno e Horkheimer é, com certeza, uma das muitas provas vivas desse fracasso) e que o pensamento destruidor de mitos (que o Iluminismo só podia reforçar em vez de marginalizar) provou não ser tão *auto*destrutivo quanto destrutivo da arrogância cega, da arbitrariedade e dos sonhos legislativos do projeto moderno.

1
O escândalo da ambivalência

O perigo do desastre que aguarda o ideal baconiano de poder sobre a natureza através da tecnologia científica deriva não tanto de suas falhas de desempenho quanto da magnitude do seu sucesso.

Hans Jonas

Durante o meu estudo das interpretações existentes do Holocausto (como tantos outros casos de genocídio moderno),[1] fiquei impressionado com a evidência de que as consequências teóricas que se seguiriam a uma escrupulosa investigação do caso são raramente levadas até o fim e quase nunca aceitas sem resistência, tão drástica parece e levando tão longe a revisão a que forçam a autoconsciência da nossa civilização.

A resistência em aceitar a lição do Holocausto manifesta-se primariamente nas múltiplas tentativas de *exorcizar* ou *marginalizar* o Holocausto como um *episódio histórico único*. A mais comum dessas tentativas é a interpretação do Holocausto como um assunto especificamente *judeu*: como a culminação da longa história de judeofobia que mergulha fundo na Antiguidade e, no máximo, como o resultado de sua forma moderna, a variedade racista do antissemitismo. Essa interpretação deixa de lado uma descontinuidade essencial entre as mais violentas explosões da judeofobia pré-moderna e a operação meticulosamente planejada e executada do Holocausto; também desconsidera o fato de que — como assinalou Hannah Arendt há muito tempo — apenas a escolha das vítimas, não a natureza do crime, pode decorrer (se é que decorre) da história do antissemitismo; com efeito, ela reduz as questões essenciais da natureza do crime à questão das características únicas dos judeus ou das relações entre judeus e gentios.

A "exorcização" também é alcançada com o recurso a outra estratégia: uma tentativa de interpretar o Holocausto como um assunto especificamente *alemão* (no máximo, um assunto também de algumas outras nações, ainda mais distantes e bizarras, cujas tendências homicidas encobertas mas inatas foram liberadas pelos senhores alemães). Fala-se do trabalho inconcluso da civilização, de processo liberalizante que deu errado, de um tipo particularmente mórbido de filosofia nacionalista que envenenou a mente dos cidadãos, das frustrantes vicissitudes da história recente, até da perfídia e astúcia peculiares de um punhado de conspiradores; quase nunca, porém, do que fez os editores do *Times*, do *Figaro* e de outros órgãos de opinião esclarecidos e altamente respeitados ficarem líricos quando intencionalmente descreviam a Alemanha dos anos 30 como o paradigma do Estado civilizado, da prosperidade, da paz social, dos sindicatos operários obedientes e cooperativos, da lei e da ordem — de fato, como um exemplo a ser seguido pelas pálidas democracias europeias por sua taxa de crimes em queda firme, a quase total eliminação da violência das ruas (salvo os breves excessos do período de lua de mel nazista e, é claro, o episódio da Noite dos Cristais), a paz industrial, a segurança e tranquilidade da vida cotidiana.

A suprema estratégia, para simultaneamente marginalizar o crime e isentar a modernidade, é a interpretação do Holocausto como uma singular erupção de forças pré-modernas (bárbaras, irracionais) ainda não domadas o bastante ou não suprimidas de forma eficiente pela modernização alemã (supostamente fraca ou falha). Seria de esperar que essa estratégia fosse a forma favorita de autodefesa da modernidade — afinal, ela obliquamente reafirma e reforça o mito etiológico da civilização moderna como um triunfo da razão sobre as paixões, assim como seu corolário: a crença de que esse triunfo foi um passo inequivocamente progressista no desenvolvimento histórico da moralidade pública. Essa estratégia também é fácil de seguir. Ela concorda com o hábito bem estabelecido (vigorosamente apoiado pela cultura científica moderna, mas enraizado primordialmente na prolongada dominação política, econômica e militar da parte moderna do globo sobre o restante) de definir automaticamente todos os modos alternativos de vida, e particularmente toda crítica das virtudes modernas, como decorrentes de posições pré-modernas, irracionais, bárbaras e portanto indignas de uma séria consideração — como exemplares da mesmíssima classe de fenômenos que a civilização moderna jurou confinar e exterminar. Como colocou Ernst Gellner, vinte anos atrás, com sua habitual brevidade e franqueza: "se uma doutrina conflita com a aceitação da superioridade das sociedades científico-industriais sobre as outras, então realmente está por fora".[2]

O sonho da razão legislativa

Ao longo de toda a era moderna, a razão legislativa dos filósofos combinou bem com as práticas demasiadamente materiais dos Estados. O Estado moderno nasceu como uma força missionária, proselitista, de cruzada, empenhado em submeter as populações dominadas a um exame completo de modo a transformá-las numa sociedade ordeira, afinada com os preceitos da razão. A sociedade racionalmente planejada era a *causa finalis* declarada do Estado moderno. O Estado moderno era um Estado jardineiro. Sua postura era a do jardineiro. Ele deslegitimou a condição presente (selvagem, inculta) da população e desmantelou os mecanismos existentes de reprodução e autoequilíbrio. Colocou em seu lugar mecanismos construídos com a finalidade de apontar a mudança na direção do projeto racional. O projeto, supostamente ditado pela suprema e inquestionável autoridade da Razão, fornecia os critérios para avaliar a realidade do dia presente. Esses critérios dividiam a população em plantas úteis a serem estimuladas e cuidadosamente cultivadas e ervas daninhas a serem removidas ou arrancadas. Satisfaziam as necessidades das plantas úteis (segundo o projeto do jardineiro) e não proviam as daquelas consideradas ervas daninhas. Consideravam as duas categorias como *objetos* de ação e negavam a ambas os direitos de agentes com autodeterminação.

O filósofo, insistiu Kant na *Crítica da razão pura*,[3] "não é meramente um artista, que se ocupa de concepções, mas um doador de lei, que legisla para a razão humana". A tarefa da razão para a qual o filósofo atua como supremo porta-voz é "estabelecer um tribunal que possa garanti-la nas suas alegações bem fundadas, enquanto se pronuncia contra todas as suposições e pretensões sem base, não de maneira arbitrária, mas de acordo com suas próprias leis eternas e imutáveis". A ideia do "poder legislativo [do filósofo] reside na mente de todo homem e só ela nos ensina que tipo de unidade sistemática requer a filosofia com vista aos objetivos últimos da razão" (*teleologia rationis humanae*).

A filosofia não pode senão ser um poder legislativo; é tarefa da boa filosofia, da correta metafísica, servir aos homens que pedem "que o conhecimento que diz respeito a todos os homens transcenda o senso comum". "A razão não pode permitir que nosso conhecimento permaneça num estado desconexo e exaltado, exige que a soma de nossas cognições constitua um sistema." O tipo de conhecimento que pode de fato transcender o senso comum, constituído de meras opiniões e crenças (*opinião*: juízo insuficiente tanto subjetiva quanto objetivamente; *crença*: o tipo mais pérfido de juízo, "reconhecido como objetivamente insuficiente" mas subjetivamente aceito como convincente), só pode e deve "ser revelado pelos filósofos". Ao realizar essa tarefa, a metafísica seria "a perfeição da *cultura* da razão humana", elevando essa razão do estado bruto e desordenado em que é naturalmente dada ao nível de sistema ordenado. A metafísica é invocada para *cultivar* a perfeição harmoniosa do pensamento.

> O supremo ofício de censor que ela exerce assegura-lhe a mais alta autoridade e importância. Ela administra esse ofício com o propósito de garantir a ordem, a harmonia e o bem-estar da ciência e de direcionar seus nobres e frutíferos trabalhos para o mais alto objetivo possível — a felicidade de toda a humanidade.

Julgar os assuntos da felicidade humana é prerrogativa do filósofo e seu dever. Aqui Kant meramente reafirma a tradição secular dos sábios, que remonta pelo menos a Platão. No sétimo livro da *República* de Platão,[4] Sócrates aconselhava Glauco a que, uma vez visitado o reino da "verdadeira filosofia", ascendendo assim "a ser real" ("o completo abandono pela alma de um dia que é como noite para o verdadeiro dia"), deveria retornar àqueles que não o seguiram na expedição. (Os sábios que não retornam de sua escapada ao mundo das verdades eternas estão tão errados quanto os homens e mulheres comuns que nunca embarcaram nessa jornada; além disso, são culpados do crime de oportunidade perdida e dever não cumprido.) Então ele "verá mil vezes melhor que aqueles que vivem lá" — e essa vantagem lhe dará o direito e a obrigação de fazer juízos e impor a obediência à verdade. Deve-se proclamar o dever do filósofo — "o cuidado e guarda de outras pessoas".

> Então é a nossa tarefa, a dos fundadores ... incitar as melhores naturezas a alcançar o aprendizado que dissemos ser o maior,

tanto para ver o bem quanto para fazer essa ascensão; e depois que ascenderam e viram de maneira adequada não devemos jamais permitir-lhes o que é permitido agora.

"É mais provável que a verdade seja descoberta por poucos do que por muitos", afirmou Descartes[5] na terceira das suas *Regras para a direção do espírito*. Conhecer a verdade, conhecê-la com uma certeza que possa suportar as contracorrentes da experiência vulgar e permanecer imune às tentações de interesses estreitos e parciais, é exatamente a qualidade que separa os poucos dos muitos e os mantém acima da multidão. Legislar e impor as leis da razão é o *fardo* daqueles poucos conhecedores da verdade, os filósofos. Eles são chamados a realizar a tarefa sem a qual a felicidade dos muitos jamais será alcançada. A tarefa exigirá por vezes um professor benigno e clemente, outras vezes a mão firme de um guardião severo e decidido. Sejam quais forem os atos que os filósofos sejam forçados a praticar, um elemento permanecerá — só pode permanecer — constante: a prerrogativa incontestada do filósofo de decidir entre o verdadeiro e o falso, o bem e o mal, o certo e o errado, e assim a sua licença de julgar e sua autoridade para impor obediência ao juízo. Kant tinha pouca dúvida quanto à natureza da tarefa; para explicá-la, extraiu profusamente suas metáforas do vocabulário do poder. A metafísica era "a rainha" cujo "governo" podia, "sob administração" dogmática, tornar-se despótico, mas que continuava indispensável para manter sob controle as "tribos nômades que odeiam a habitação permanente e o modo de vida sedentário" e por isso atacam "de tempos em tempos aqueles que se organizaram em comunidades civis". O serviço específico que a metafísica é chamada a prestar é a crítica da razão:

> Negar a positiva vantagem do serviço que essa crítica nos presta seria tão absurdo quanto afirmar que o serviço da polícia não produz nenhum benefício positivo, uma vez que seu objetivo principal é evitar a violência que o cidadão tem que recear do cidadão, de modo que cada um possa seguir sua vocação em paz e segurança.

Podemos ser facilmente tentados a não dar importância a estes ou outros tropos semelhantes extraídos da retórica do poder como parte previsível de toda *protréptica* — o habitual preâmbulo laudatório dos tratados filosóficos que visa insinuar o assunto para os possíveis leitores e particularmente os poderosos e engenhosos. Mas o caso da razão *legislativa* foi dirigido a um tipo especial de leitor e, assim, a linguagem na qual foi expresso o pedido de atenção e favores era uma linguagem familiar a esse leitor e repercutia suas preocupações. Esse leitor era antes e sobretudo o governo do dia, o déspota abordado com uma oferta de esclarecimento — a oferta de um modo de fazer com mais eficácia a coisa mesma que ele declarava buscar. Como os governantes terrenos, a filosofia crítica preparava-se para "dar um golpe" "na raiz". Os inimigos que essa filosofia estava particularmente apta a imobilizar e subjugar eram os das "escolas dogmáticas" do materialismo, do fatalismo, do ateísmo, do livre pensamento, do fanatismo e da superstição, "que são universalmente prejudiciais". Tinha que ser mostrado então que esses adversários ameaçam igualmente as ordens mundana e intelectual; que sua aniquilação atende aos interesses das autoridades constituídas da mesma forma que se afina aos da filosofia crítica; que portanto a tarefa dos legisladores reais coincide com o objetivo da razão legislativa.

> Se os governos acham adequado interferir com os negócios dos sábios, seria mais consistente com uma sensata consideração pelos interesses da ciência, assim como pelos da sociedade, favorecer uma crítica desse tipo, exclusivamente pela qual os trabalhos da razão podem se estabelecer em base firme, do que apoiar o ridículo despotismo das escolas, que fazem uma grita sobre o perigo para o público da destruição de teias das quais o público nunca teve notícia e cuja perda, portanto, não poderia jamais sentir.

Mas a escolha kantiana das metáforas envolve mais do que um expediente para buscar o patrocínio real. Havia uma autêntica afinidade entre as ambições legisladoras da filosofia crítica e as intenções planificadoras do nascente Estado moderno; assim como havia uma autêntica simetria entre o emaranhado de paroquialismos tradicionais que o Estado moderno tinha de erradicar para estabelecer sua suprema soberania inconteste e a cacofonia de "escolas dogmáticas" que tinha de ser silenciada para que a voz da razão universal e eterna (e portanto *una* e inconteste: "nada será deixado às futuras gerações além da tarefa de ilustrá-la e aplicá-la *didaticamente*") pudesse ser ouvida e sua *apodítica certeza* apreciada. Os governantes modernos e os filósofos modernos foram primeiro e antes de mais nada *legisladores*; eles descobriram o caos e se puseram a domá-lo e substituí-lo pela ordem. As ordens que queriam introduzir eram por definição artificiais e, como tais, tinham de se assentar em projetos do interesse das leis que requeriam apenas o endosso da razão, deslegitimando ademais toda oposição a elas. As ambições planificadoras dos governantes modernos e dos filósofos modernos visavam umas às outras e, por bem ou por mal, estavam condenadas a permanecer juntas, em guerra ou amorosamente. Como todo casamento entre cônjuges semelhantes em vez de complementares, esse estava destinado a exibir as delícias do mútuo desejo apaixonado junto com os tormentos da rivalidade incessante.

Assegurar a supremacia para uma ordem projetada, artificial, é uma tarefa de duas pontas. Requer unidade e integridade do reino e segurança das fronteiras. Os dois lados da tarefa convergem para um esforço único — o de separar "dentro" e "fora". Nada que for deixado dentro pode ser irrelevante para o projeto total nem resguardar autonomia em relação aos regulamentos da ordem, que não admitem exceção ("válidos para todo ser racional"). "Pois a razão especulativa pura é uma estrutura orgânica na qual não há nada isolado ou independente, mas onde cada parte singular é essencial a todo o resto; e, portanto, a menor imperfeição, seja um defeito ou positivamente um erro, não poderia deixar de se trair no uso" — exatamente como no caso da razão política do Estado. No reino intelectual como no reino político, a ordem deve ser tanto exclusiva quanto abrangente. Assim a tarefa de duas pontas funde-se em uma: a de tornar clara e nítida a fronteira da "estrutura orgânica", quer dizer, "excluir o meio", suprimir ou exterminar tudo que seja ambíguo, tudo que fique em cima do muro e portanto comprometa a distinção vital entre *dentro* e *fora*. Instaurar e manter a ordem significa fazer amigos e lutar contra os inimigos. Primeiro e antes de mais nada, porém, significa expurgar a *ambivalência*.

No reino político, expurgar a ambivalência significa segregar ou deportar os estranhos, sancionar alguns poderes locais e colocar fora da lei aqueles não sancionados, preenchendo assim as "brechas da lei". No reino intelectual, expurgar a ambivalência significa acima de tudo deslegitimar todos os campos de conhecimento filosoficamente incontrolados ou incontroláveis. Acima de tudo, significa execrar e invalidar o "senso comum" — sejam "meras crenças", "preconceitos", "superstições" ou simples manifestações de "ignorância". O argumento que coroou o devastador questionamento kantiano da metafísica dogmática foi o de que "essa assim chamada rainha não poderia atribuir sua origem a nenhuma fonte mais elevada que a da experiência comum". O dever da filosofia que Kant se dispôs a estabelecer era, ao contrário, "destruir as ilusões que tinham sua origem em concepções equivocadas, sejam quais forem as queridas esperanças e estimadas expectativas que possam ser arruinadas por suas explicações". Em tal filosofia, "a *opinião* é absolutamente inadmissível". Os juízos admitidos no tribunal filosófico das razões são *necessários* e guardam "estrita e absoluta universalidade", isto é, não toleram competição e não deixam de fora nada que possa reivindicar qualquer autoridade reconhecida. Para Spinoza, o único conhecimento que merece esse nome é o conhecimento certo, absoluto e *sub speciae aeternitatis*. Spinoza dividia as ideias em categorias estritamente separadas (não deixando espaço para "o meio-termo"), algumas que constituem o conhecimento e outras que são falsas; estas últimas tinham todo valor categoricamente negado e eram reduzidas a pura negatividade — à ausência de conhecimento. ("As ideias falsas ou fictícias não têm nada de positivo ... pelo que podem ser chamadas de falsas ou fictícias; só pela falta de conhecimento são assim chamadas.") Na visão de Kant, o filósofo especulativo é "o único depositário de uma ciência que beneficia o público sem o conhecimento do público" (a consciência pública do benefício é irrelevante para a validade dos benefícios; é a garantia do filósofo que conta). Kant repete: "Nos juízos da razão pura, não tem lugar a opinião ... Porque as bases subjetivas de um juízo, como as crenças fabricadas, não podem ser admitidas em investigações especulativas." Descartes prontamente concordaria: "Um homem que visa elevar seu conhecimento acima do comum deveria se envergonhar de fazer a oportunidade da dúvida derivar das formas de discurso inventadas pelo vulgo" (*Segunda meditação*); a intuição e a dedução, ambas sistematicamente usadas pelos filósofos, "são as vias mais certas para o conhecimento e a mente não deveria admitir outras. Todo o resto deveria ser rejeitado como suspeito de erros e perigoso ... Rejeitamos todo conhecimento meramente provável e tornamos regra confiar apenas no que é completamente conhecido e incapaz de ser posto em dúvida" (*Regras para a direção do espírito*).

Estas são, em linhas gerais, as principais características do que Richard Rorty chamaria de *filosofia fundadora* — depois de atribuir a Kant, Descartes e Locke a responsabilidade conjunta pela imposição do modelo aos duzentos anos seguintes de história filosófica.[6] Como sugeri acima, essa filosofia fundadora teve como correlata o que se pode chamar de *política fundadora* do nascente Estado moderno; havia uma espantosa simetria de ambições declaradas e estratégias praticadas, assim como uma similar obsessão com a questão da soberania do poder legislativo expressa no princípio da universalidade dos princípios legais ou filosóficos.

Kant, Descartes e Locke (como Francis Bacon antes deles) foram todos movidos pelo sonho de uma humanidade magistral (quer dizer, *coletivamente* livre de restrições) — única condição na qual, acreditavam, a dignidade humana pode ser respeitada e preservada. A soberania da pessoa humana era a preocupação declarada e subjetivamente autêntica desses filósofos; foi em nome dessa soberania que eles quiseram elevar a Razão ao cargo de suprema legisladora. E no entanto havia certa *Wahlverwandschaft* — afinidade eletiva — entre a estratégia da razão legislativa e a prática do poder estatal empenhado em impor a ordem desejada sobre a realidade rebelde. Independente dos propósitos conscientes dos pensadores, a razão legislativa da filosofia moderna e da moderna mentalidade científica em geral repercutia as tarefas práticas postuladas pelo Estado moderno. As duas atividades chamavam uma à outra, reforçavam-se mutuamente, fortaleciam a credibilidade e confiança uma da outra. Assim como o suposto déspota precisava ter a garantia de validade universal das suas intenções específicas, a razão legislativa não podia facilmente rejeitar a tentação de instruir — de iluminar o déspota para o papel de seu executor.

A prática do Estado jardineiro

No limiar da era moderna, Frederico, o Grande, reconhecidamente o monarca que mais se aproximou do ideal de déspota esclarecido dos *philosophes* e com efeito um dos destinatários prediletos de seus projetos, deu o tom às ambições de engenharia social do novo Estado:

> Aborrece-me ver quanto trabalho se dedica ao cultivo de abacaxis, bananas e outras plantas exóticas neste clima duro, quando se dá tão pouca atenção à raça humana. Seja lá o que diga o povo, um ser humano é mais valioso que todos os abacaxis do mundo. Ele é a planta que devemos cultivar, ele merece todo a nossa preocupação e cuidado, pois ele é o ornamento e a glória da Pátria.

Enquanto Frederico, o Grande, meramente demonstrou como ansiava absorver a lição do Iluminismo, pelo menos alguns dos seus sucessores fizeram o máximo para "tornar a filosofia uma força material" e portanto tratar os homens como se tratam bananas e abacaxis, usando com esse propósito os recursos tecnológicos e capacidades administrativas sem precedentes oferecidos pelo Estado moderno. E entenderam literalmente o preceito de cultivar, que Frederico, o Grande, podia tratar como apenas uma metáfora idealizante. Em 1930, R.W. Darré, que se tornaria mais tarde ministro nazista da Agricultura, escreveu:

> Aquele que deixa as plantas no jardim abandonadas logo verá com surpresa que o jardim está tomado de ervas daninhas e que mesmo a característica básica das plantas mudou. Se, portanto, o jardim deve continuar sendo o terreno de cultivo das plantas, se, em outras palavras, deve se elevar acima do reinado agreste das forças naturais, então a vontade conformadora de um jardineiro é necessária, de um jardineiro que, criando condições adequadas para o cultivo ou mantendo afastadas as influências perigosas, ou ambas as coisas, cuidadosamente cultiva o que precisa ser cultivado e impiedosamente elimina as ervas daninhas que privariam as melhores plantas de nutrição, ar, luz e sol ... Estamos portanto percebendo que questões de cultivo não são triviais para o pensamento político, que devem estar ao contrário no centro de todas as considerações ... Devemos mesmo afirmar que um povo só pode alcançar o equilíbrio espiritual e moral se um bem concebido plano de cultivo ocupa o *centro* mesmo da sua cultura ...[7]

Em 1934, o biólogo mundialmente famoso Erwin Bauer, detentor de muitas honrarias acadêmicas e então diretor do Instituto Kaiser Guilherme para a Pesquisa da Reprodução, foi ainda mais específico:

> Todo fazendeiro sabe que se abater os melhores exemplares de seus animais domésticos, sem deixá-los procriar, e em vez disso continuar a reproduzir indivíduos inferiores, sua criação vai degenerar irremediavelmente. Esse erro, que nenhum fazendeiro cometeria com seus animais ou plantas, permitimos que em larga medida continue em nosso meio. Como recompensa por nosso humanitarismo de hoje, devemos cuidar para que essas pessoas inferiores não procriem. Uma operação simples executada em poucos minutos torna isso possível sem mais delongas ... Ninguém aprova as novas leis de esterilização mais do que eu, mas devo continuar repetindo que elas constituem apenas um começo.

Como foi também seu douto colega Martin Stämmler em 1935:

> A extinção e a seleção são os dois polos em torno dos quais gira todo o cultivo racial ... A extinção é a destruição biológica dos inferiores hereditários através da esterilização e, então, a repressão quantitativa dos doentios e indesejáveis ... A ... tarefa consiste em salvaguardar as pessoas de um crescimento excessivo das ervas daninhas.[8]

Para realçar as ambições do Estado agora firmemente empenhado em substituir os mecanismos incontrolados e espontâneos da sociedade por um plano traçado com monitoria estatal, a metáfora médica logo uniu forças com a tradicional metáfora da jardinagem. Assim, um dos mais eminentes e aclamados zoólogos de fama mundial e ganhador do Prêmio Nobel de 1973, o professor Konrad Lorenz, declarava em junho de 1940:

> Há uma certa similaridade entre as medidas que precisam ser tomadas quando traçamos uma ampla analogia biológica entre corpos e tumores malignos, por um lado, e uma nação e os indivíduos que nela se tornaram antissociais devido à sua constituição deficiente, por outro lado ... Qualquer tentativa de reconstrução usando elementos que perderam sua natureza e características próprias está fadada ao fracasso. Felizmente, a eliminação de tais elementos é mais fácil para o médico de saúde pública e menos perigosa para o organismo supraindividual do que seria tal operação cirúrgica para o organismo individual.[9]

Enfatizemos que nenhuma das declarações acima foi ideologicamente motivada; em particular, nenhuma delas visou especificamente os judeus ou decorreu primordialmente de sentimentos antissemíticos. (Aliás, havia vários judeus entre os mais vociferantes pregadores acadêmicos da jardinagem e das técnicas médicas na engenharia social. Por exemplo, ainda em 1935 e pouco antes de sua demissão em função de sua origem judaica, o famoso psiquiatra F. Kallmann aconselhou a esterilização compulsória até dos saudáveis mas portadores heterozigotos do "gene anormal da esquizofrenia". Como o plano de Kallmann exigiria a esterilização de nada menos que 18 por cento da população total, o zelo do autor teve que ser contido por seus colegas gentios.) Os cientistas citados eram guiados unicamente por uma compreensão adequada e incontestada do papel e da missão da ciência — e por um sentimento de dever face à visão da boa sociedade, uma sociedade sadia, ordeira. Em especial, eram guiados pela convicção nada idiossincrática e tipicamente moderna de que o caminho para essa sociedade passa pela domesticação final das forças naturais inerentemente caóticas e pela execução sistemática, se necessário impiedosa, de um plano racional cientificamente concebido. Como ficamos sabendo, o povo judeu reconhecidamente rebelde e anarquista era uma das muitas ervas daninhas que habitavam o lote marcado para o cuidadosamente planejado jardim do futuro. Mas havia também outras ervas daninhas — portadores de doenças congênitas, os mentalmente inferiores, os fisicamente deformados. E havia também plantas que se tornavam ervas daninhas simplesmente porque uma razão superior exigia que a terra ocupada por elas fosse transformada em jardim de outros.

Os casos mais extremos e bem documentados de "engenharia social" global na história moderna (aqueles presididos por Hitler e Stalin), não obstante as atrocidades resultantes, não foram nem explosões de barbarismo ainda não plenamente extinto pela nova ordem racional da civilização, nem o preço pago por utopias alheias ao espírito da modernidade. Ao contrário, foram produto legítimo do espírito moderno, daquela ânsia de auxiliar e apressar o progresso da humanidade rumo à perfeição que foi por toda parte a mais eminente marca da era moderna — daquela "visão otimista de que o progresso científico e industrial removiam em princípio todas as restrições sobre a possível aplicação do planejamento, da educação e da reforma social na vida cotidiana", daquela "crença de que os problemas sociais podem ser finalmente resolvidos". A visão nazista de uma sociedade harmoniosa, ordeira, sem desvios extraía sua legitimidade e atração dessas visões e crenças já firmemente arraigadas na mente do público ao longo do século e meio de história pós-iluminista, repleta de propaganda cientificista e exibição visual da assombrosa potência da tecnologia moderna. Nem a visão nazista nem a comunista destoavam da audaciosa autoconfiança da modernidade; meramente propunham fazer melhor o que outros poderes modernos sonharam e talvez tenham mesmo tentado e fracassado em realizar:

> O que não deve ser esquecido é que o realismo fascista forneceu um modelo para uma nova ordem na sociedade, um novo alinhamento interno. Sua base era a eliminação racista de todos os elementos que se desviavam da norma: jovens rebeldes, "ociosos", os "antissociais", prostitutas, homossexuais, os inválidos, pessoas que eram incompetentes ou um fracasso no tra-

> balho. A eugenia nazista — isto é, a classificação e seleção de pessoas com base no suposto valor "genético" — não se reduzia apenas à esterilização e eutanásia dos "sem valor" e à estimulação da fertilidade dos "de valor"; ela estabelecia critérios de avaliação, categorias de classificação e normas de eficiência aplicáveis à população como um todo.

Com efeito, devemos concordar com Detler Peukert que o nacional-socialismo meramente "levou aos últimos extremos lógicos a crença utópica nas abrangentes soluções finais 'científicas' dos problemas sociais".[10] A determinação e a liberdade de ir "até o fim" e atingir os extremos eram de Hitler, mas a lógica foi construída, legitimada e fornecida pelo espírito moderno.

Ambições de jardinagem e o espírito da modernidade

Uma vez assentadas as questões de que a ordem era desejável e de que era dever dos governantes administrar sua instauração, o resto era questão de frio cálculo de custos e efeitos — arte em que o espírito moderno também se destacava. De novo, os nazistas não podem reivindicar nenhum crédito pela invenção e codificação dessa arte. Cada uma de suas regras fora estabelecida bem antes que a visão de um judeu trajando caftã numa rua de Viena inspirasse a angústia do jovem Hitler quanto à pureza da ordem mundial.

Como descobriu e demonstrou David Gasman, "um dos primeiros senão o primeiro programa amplo a incorporar os princípios nacional-socialistas na Alemanha surgiu no contexto de um movimento que se orgulhava de sua ideologia científica e visão moderna do mundo". Esse movimento foi a famosa "Sociedade Monista", liderada por um dos mais influentes cientistas do século XIX, Ernst Häckel, que se gabava de credenciais científicas impecáveis e aclamação universal no mundo acadêmico de seu tempo e até hoje altamente respeitado por sua excepcional contribuição para a promoção e popularização da autoridade da ciência moderna. Para muitos contemporâneos, "se existiu uma organização que realmente expressava o temperamento moderno, foi a Liga Monista Alemã de Häckel com seu espírito e programa radicalmente científicos e positivistas". Uma das figuras de proa da liga, o dr. Schallmayer, alertou os alemães de que qualquer política que tratasse por alto e negligenciasse os recursos da herança nacional deveria ser combatida como má e perigosa. Coube ao próprio Häckel enunciar as conclusões lógicas: "pela destruição indiscriminada de todos os criminosos incorrigíveis, não apenas se tornaria mais fácil a luta pela vida entre as melhores parcelas da humanidade, como também um vantajoso processo artificial de seleção seria colocado em prática, uma vez que a possibilidade de transmitir as qualidades prejudiciais seria subtraída àqueles párias". À medida que a cadeia de "genes ruins" diminui graças à combinação de medidas "científicas" de destruição física e manipulação reprodutiva, a nação conta os benefícios — "redução de custos judiciais e de prisão, de gastos e despesas, em favor dos pobres".[11]

Meio século depois a Alemanha tinha um governo decidido a colocar em prática a recomendação científica. Presumivelmente para calafrios de horror da audiência, o *Führer* da Liga Nacional-Socialista de Médicos informou ao congresso do partido em 1935 que "mais de um bilhão de marcos são gastos com os incapacitados geneticamente; compare-se com os 776 milhões gastos com a polícia ou os 713 milhões gastos na administração local e se verá que fardo e inexcedível injustiça isso representa para os membros normais e sadios da população". Os dados eram sustentados por métodos estatísticos impecáveis de que se orgulharia qualquer instituto científico. O cálculo era meticuloso e escrupuloso e os resultados transpiravam respeitabilidade científica: em 1933 o Estado prussiano gastou com cada *Normalvolksschuler* [aluno normal] 125 marcos, mas 573 marcos com cada *Hilfsschuler* [aluno atrasado], 950 marcos com cada *Bildungsfähige* e *Geisteskrank* [deficientes mentais] e 1.500 com cada um dos *blind- oder taub-geborenen Schüler* [alunos cegos ou surdos].[12] Os dados quase não precisavam de comentários. A razão moderna curvava-se aos fatos: o problema tinha sido claramente formulado, o resto era questão da correta solução tecnológica.

As ambições de jardinagem-reprodução-cirurgia não eram de forma alguma especificamente germânicas. Mesmo as expressões retroativamente mais sinistras das grandiosas ambições de engenharia social — a eugenia, essa "ciência da hereditariedade e arte da criação humana" — nasceram fora da Alemanha. Ela aquecia-se ao sol do prestígio e deferência internacionais que uma ciência avançada e engenhosa esperava alcançar muito antes de Hitler e companheiros cerzirem sua visão do Reich de Mil Anos. Não foi ninguém mais que o eminente chefe do laboratório de Cold Spring Harbor, o professor C.B. Davenport, quem deu a honraria e bênção pública ao principal especialista alemão em criação de animais humanos, o professor E. Fischer, ao indicá-lo como seu sucessor na presidência da Federação Internacional de Organizações Eugênicas.[13] O grandioso plano alemão de colocar a reprodução da sociedade em bases científicas e eliminar as forças até então não equipadas (e portanto fortuitas) da hereditariedade e seleção era simplesmente uma expressão radical das ambições universais inerentes à mentalidade moderna; era, com efeito, uma parte relativamente pequena de uma totalidade muito mais ampla. Ele ganhou sua fama aterradora não por causa da sua singularidade, mas porque, ao contrário de sentimentos bem semelhantes em outras partes, conseguiu efetivamente atingir o seu propósito: foi colocado em prática com a ajuda de recursos tecnológicos e organizacionais acessíveis a uma sociedade moderna plenamente mobilizada pelo poder inconteste de um estado centralizado.

Quão grande era a companhia em que estavam os sonhadores alemães de um mundo planejado sob medida e com uma finalidade pode ser demonstrado por casos extraídos de tradições culturais e campos políticos distantes e mesmo opostos. A eugenia foi defendida simultaneamente em vários países europeus; como em muitas outras áreas da atividade intelectual moderna, os acadêmicos ingleses disputavam com seus colegas alemães o orgulho da prioridade. A Sociedade de Educação Eugênica foi fundada na Grã-Bretanha no século XIX (Galton criou em 1883 a revista *Eugenics*, de grande sucesso) e recebeu enorme impulso com o pânico causado pela descoberta da pobre qualidade física e mental dos recrutas do exército durante a Guerra dos Bôeres. Os eugenistas britânicos não eram desprovidos de ambições de engenharia social. Eles desfraldavam para o público culto uma vista realmente deslumbrante:

> Não seria possível "extirpar" certas enfermidades hereditárias graves da mesma forma que os geneticistas mendelianos aprenderam a extirpar a "ferrugem" do trigo e talvez também desenvolver as faculdades físicas ou mentais de homens geralmente considerados convenientes? ... A eugenia estaria então para a genética mais ou menos na mesma relação que a engenharia está para a matemática.

A perspectiva de controlar cientificamente a estirpe humana atualmente deficiente foi seriamente debatida nos círculos mais esclarecidos e eminentes. Biólogos e médicos estavam, naturalmente, à frente do debate, mas a eles se juntaram pessoas famosas de outras áreas, como os psicólogos Cyril Burt e William McDougall, os políticos Arthur Balfour e Neville Chamberlain, toda a nascente sociologia britânica e, em várias ocasiões, J.B.S. Haldane, J.M. Keynes e Harold Laski. Conceitos como "gado magro e atrofiado" (cunhado por Whethams em 1911), "raça degenerada", "sub-homens", "tipos de baixa categoria" e "biologicamente inaptos" tornaram-se figuras centrais do debate culto, enquanto em 1909 o tremendamente influente Karl Pearson soou o alarme que abalou o público leitor e debatedor: "a sobrevivência dos inaptos é uma característica marcante da vida urbana moderna". (Ele meramente expressou preocupações já bastante disseminadas; aí como em outras questões, os acadêmicos britânicos estavam bem afinados com o clima intelectual da época. Seis anos antes de Pearson, Wilhelm Schallmayer afirmou em seu premiado ensaio que o homem civilizado estava ameaçado pela degeneração física e que não se podia depender da seleção natural como base do progresso e aperfeiçoamento social do homem; ele deveria ser guiado por alguma forma de seleção *social*. Em anotação no seu diário em 16 de janeiro de 1903, a gentil e humana Beatrice Webb observou que a reprodução humana "é a mais importante de todas as questões, a reprodução do tipo certo de homem".)[14]

H.G. Wells, o liberal, socialista e galante lutador inglês contra o nacionalismo estreito, a religião e tudo que cheirasse a uma era pré-científica, defendeu durante toda a sua longa vida e pregou sem cessar para seus inúmeros e ávidos leitores ("Duvido que alguém que escrevesse livros entre 1900 e 1920, pelo menos na língua inglesa, tenha influenciado tanto os jovens", testemunhou George Orwell sobre o impacto de Wells nas mentes das classes cultas inglesas)[15] a urgência de "substituir a desordem pela ordem" e de colocar agências de planejamento científico no controle do desenvolvimento social. Para Wells, o argumento decisivo a favor de uma sociedade planificada, socialista era sua afinidade (de fato, sua sinonímia) com o reconhecimento da ideia fundamental na qual se funda toda ciência verdadeira: "a negação de que o impulso do acaso e a vontade e eventos individuais são os únicos métodos possíveis para a realização de coisas no mundo". Como o cientista, o socialista quer

> uma completa organização para todos os assuntos humanos que são de importância coletiva ... Em lugar do desordenado esforço individual, cada um fazendo o que lhe agrada, o socialista quer esforço organizado e um plano.

E aqui, naturalmente, a já agora familiar metáfora da jardinagem é convocada para ajudar a tornar o caso persuasivo: o socialista, como o cientista,

> busca fazer um plano de como se projeta e constrói um jardim, de forma que as coisas corretas e agradáveis possam crescer, belos e amplos panoramas se abrir e as ervas daninhas e impurezas desaparecer ... o que torna possíveis sua graça e beleza são o esquema e a persistente intenção, a vigilância e a espera, a queima e a escavação, os dentes do ancinho e a enxada.[16]

Foi o seu amor pelos amplos panoramas e as trilhas retas que fez Wells desgostar dos judeus: os judeus estavam "firmemente do lado da reação e desordem"[17] e como tais estragavam a paisagem e frustravam os esforços do planejador. Era apenas um passo desse veredito para o uso do ancinho. Aconteceu que esse passo jamais foi dado. Mas havia pouco na declaração de Wells e nas ambições científicas em nome das quais ele a fez (embora não provavelmente em alguns outros segmentos de seu profuso legado) para impedir que fosse dado.

Nessas circunstâncias, o romântico e conservador T.S. Eliot ocuparia um polo oposto em muitos contextos nos quais o liberal e progressista H.G. Wells podia também ser encaixado. A impetuosa e irrefreável bravura de Wells, alimentada pela ciência, iria se chocar de forma estridente com a visão de mundo de Eliot; mas o desejo de uma sociedade harmoniosa, esteticamente agradável e "limpa" era comum aos dois pensadores, como era a convicção de que a sociedade não se tornaria limpa e harmoniosa se guiada unicamente por suas inclinações naturais.

> A população deveria ser homogênea; quando existem duas ou mais culturas no mesmo lugar, provavelmente ou ficarão furiosamente constrangidas ou vão se adulterar. Mais importante ainda é a formação religiosa; e razões de raça e religião combinam-se para tornar indesejável um grande número de livres-pensadores judeus. Deve haver um equilíbrio adequado entre o desenvolvimento urbano e o rural, a indústria e a agricultura. E um espírito de excessiva tolerância deve ser reprovado.

Com demasiada frequência, a feia e sinistra afirmação de Eliot de que os livres-pensadores judeus são indesejáveis é isolada do seu contexto, considerando-se que dá por si mesma uma visão completa e suficiente da estrutura do preconceito antissemita de Eliot. Isso é um erro e um erro perigoso aliás, como Christopher Ricks argumenta de modo convincente no seu recente e profundo estudo do antissemitismo de Eliot. Por mais repulsiva que soe a citada frase, "é, de modo importante, menos objetável que a sequência de frases nas quais é usada". A sequência, assinala Ricks, "é um incitamento mais insidioso ao preconceito do que qualquer das suas frases". O preconceito é mais poderosamente preconceito quando expresso em "procedimentos plausíveis de raciocínio corrompido, pelo disfarce de um *non-sequitur*".[18] Com efeito, somente quando os sentimentos antijudaicos se prendem à atraente visão de um projeto total e harmonioso que os judeus supostamente perturbam e impedem é que a velha judeofobia se transforma — pelo menos potencialmente — no genocídio moderno. Só a mescla de ressentimento do "Outro" pela autoconfiança do jardineiro é verdadeiramente explosiva.

O louvor aos dentes do ancinho e às podadeiras não foi cantado apenas por sonhadores intelectuais e autonomeados porta-vozes da ciência. Ele permeou a sociedade moderna e permaneceu provavelmente o aspecto mais saliente de seu espírito coletivo. Políticos e profissionais do progresso econômico juntavam-se ao coro. Estudos científicos de eugenia realizados por Terman, Yerkes e Goddard e uma coisa na moda, o teste de QI de Binet, foram usados na Lei Johnson de Imigração, em 1924, nos Estados Unidos, para isolar as "classes perigosas" que estavam "destruindo a democracia americana", enquanto Calvin Coolidge afirmava em 1922 que "as leis da biologia demonstraram que os povos nórdicos se deterioram ao misturar-se com outras raças". De acordo com o ato de fé de John R. Rockefeller, que antecedeu de uma geração a Lei Johnson e a frase de Coolidge, "a rosa da Beleza americana só pode ser produzida com o esplendor e fragrância que trazem alegria ao que a possui através do sacrifício dos botões prematuros que crescem ao seu redor. Não é uma má tendência no negócio. É meramente o funcionamento de uma lei da natureza, uma lei de Deus".[19]

A deficiência genética, manifestada no crime e na idiotia, tornou-se — seguindo os grupos de pressão ou aconselhamento científicos — razão legítima para a esterilização compulsória nos estados de Indiana, Nova Jersey e Iowa (onde as leis estatais visavam "criminosos, estupradores, idiotas, débeis mentais, imbecis, lunáticos, bêbados, viciados em drogas, epiléticos, sifilíticos, pervertidos morais e sexuais e pessoas doentias e degeneradas"). Ao todo, vinte e um estados norte-americanos adotaram entre 1907 e 1928 leis eugênicas de esterilização.[20]

E no entanto poucas demonstrações do potencial genocida revelado pela grandiosa visão da sociedade perfeita e racionalizada, quando combinada com os poderes impressionantes do Estado moderno, poderiam sequer competir em escala com as revoluções comunistas (por si mesmas encorajadas, quando não causadas, pela erupção de sonhos de engenharia social no final do século XIX). O comunismo moderno foi um discípulo super-receptivo e fiel da Idade da Razão e do Iluminismo e, provavelmente, o mais consistente dos seus herdeiros do ponto de vista intelectual. Ele absorveu inteiramente a injunção dos *philosophes* sobre a necessidade e urgência do Império da Razão. Sua autoconfiança (e impaciência) aumentou à medida que o sucesso espetacular e a crescente autoridade da ciência moderna faziam o projeto parecer cada vez mais plausível. Na sua jornada para o Leste atrasado e deprimido, invejoso da evidente superioridade ocidental, essa injunção misturou-se à determinação local (isto é, em primeiro lugar à *intelligentsia* local) de fazer pela mão do homem o que a natureza não conseguiu alcançar; com isso sua pressa e autoconfiança atingiram o ponto de fervura.

Poder-se-ia quase dizer, com a ajuda do olhar retrospectivo, que a visão do Iluminismo veio responder aos sonhos e anseios dos visionários políticos do Leste europeu — intelectuais e, de modo mais genérico, as "classes instruídas". Nenhuma outra posição social refletiu-se de modo mais perfeito na imagem do ideal social à frente da realidade social e puxando-a adiante, na visão da sociedade como matéria bruta flexível a ser moldada e adequadamente conformada por arquitetos armados de um projeto adequado, na imagem da sociedade incapaz de melhorar sozinha ou mesmo de entender como seria essa melhoria, no conceito do conhecimento como poder, da razão como juíza da realidade e autoridade a quem cabe ditar e impor o *dever* sobre o *ser*.

As classes instruídas do Leste europeu no século XIX foram as mais ávidas estudiosas e herdeiras mais leais do legado iluminista. Primeiro foram engenheiras sociais e em segundo lugar, longe, comentadoras e intérpretes, mas de forma alguma técnicas administrativas. Eram intoxicadas de política, poder e Estado. Precisavam de uma poderosa alavanca para erguer a sociedade até o ideal: só um Estado que exercesse um poder absoluto poderia funcionar como essa alavanca; e tal Estado, tanto capaz quanto desejoso de servir, ainda estava para ser criado. O existente ou não era forte o bastante ou era desviado pelos governantes do uso de sua força para o propósito certo. Como o ideal que buscavam, o Estado das classes instruídas pertencia ao futuro. Isso o tornava ainda mais um local de liberdade, não estorvado por experiência solene de prática política; a necessidade, por assim dizer, devia ser vislumbrada apenas junto com a irrevogável certeza do passado.

Tudo isso criava aquele "délire universaliste de la table rase" [delírio universalista da tábula rasa], a "visão prometéica do começo absoluto que justifica qualquer atrocidade", cuja origem Jean-Marie Benoist[21] remeteu à experiência jacobina de racionalização através da guilhotina — que no entanto veio a florescer plenamente quando casada com a sensação de atraso histórico e lançada num palco político vazio (ou violentamente esvaziado). Foi tal casamento que por fim e irreversivelmente privou os seres humanos dos direitos de sujeitos morais, transformando-os em tijolos com os quais construir a nova ordem ou em entulho que devia ser removido para limpar o terreno de construção.

Duas coisas podem ser ditas após esse breve exame — superficial mesmo — de visões amplamente diversas e muitas vezes diametralmente opostas que em algumas ocasiões desencadearam e em outras deram plausibilidade ao genocídio moderno.

Uma é que o genocídio moderno não é uma explosão incontrolada de paixões e quase nunca um ato sem sentido irracional. É, ao contrário, um exercício de engenharia social racional, de produção por meios artificiais da homogeneidade livre de ambivalência que a realidade social opaca e confusa não conseguiu produzir. Devemos concordar com Helen Fein, que afirma:

> Para compreender os genocídios como um tipo de crime calculado, tais crimes devem ser analisados como atos com um objetivo do ponto de vista dos que os perpetram: o genocídio é um instrumento racional para as suas finalidades, embora psicopata em termos de qualquer ética universalista ... o premeditado genocídio moderno é uma função racional da escolha por uma elite governante de um mito ou "fórmula política" (como colocou Mosca) que legitima a existência do Estado como veículo do destino do grupo dominante, cujos membros partilham uma imagem subjacente da qual a vítima é excluída por definição.[22]

A outra coisa é que todas as visões de ordem artificial são por necessidade (nas suas consequências práticas, senão sempre de antemão em seu projeto) inerentemente assimétricas e com isso dicotomizadoras. Elas dividem o mundo humano num grupo para o qual deve ser erigida a ordem ideal e em outro que entra no quadro e na estratégia apenas como uma resistência a ser superada — os inadaptáveis, os incontroláveis, os incongruentes e ambivalentes. Esse Outro, nascido da "operação da ordem e da harmonia", resíduo do esforço classificatório, é jogado do outro lado desse *universo de obrigação* que une os de dentro do grupo e reconhece seu direito a serem tratados como detentores de direitos morais.

A ordenação — o planejamento e execução da ordem — é essencialmente uma atividade racional, afinada com os princípios da ciência moderna e, de modo mais geral, com o espírito da modernidade. Como a empresa de negócios moderna, que teve de separar-se da família para bloquear o impacto corrosivo das responsabilidades morais economicamente injustificáveis, das redes de afinidade e quaisquer outras situações governadas por relacionamentos pessoais, assim também o impulso racionalizante dos agentes políticos deve procurar libertar-se das "restrições éticas". Ele tentaria alcançar essa emancipação e torná-la absoluta se assim permitido, isto é, se não impedido pela resistência das forças sociais ainda não colonizadas. Daí toda visão de uma ordem total tende a incluir uma expectativa de incapacitação dessas forças. Se consistente, ela implica não apenas uma estratégia pela qual a ordem pode ser introduzida, mas também uma estratégia que lhe permita manter-se daí em diante intacta e imune a todos e quaisquer "fatores de perturbação". A imaginação dos racionalizadores é tentada pela perspectiva de um Estado de perfeição última e estável, um Estado do qual terá sido eliminada a própria possibilidade de desafio à ordem estabelecida. A concretização dessa visão requer, no entanto, a supressão ou neutralização dos determinantes autônomos da ação individual. "O que significaria o sucesso do projeto baconiano quando levado à desejada conquista da vontade como limite para a dominação? Significaria o domínio universal do sistema e a ausência do homem. Só assim seria a 'Natureza' conquistada por fim." É o que sugere Theodore Olson. O sonho de Francis Bacon da *Casa de Salomão* oscila entre a utopia e a distopia que preencheram os dias agitados e as noites assombradas da era moderna. O sonho nunca deixou de ser sonhado, lembra Olson — *Walden Two* de Skinner sendo apenas um exemplo um pouco mais ambicioso e sem rodeios das suas últimas manifestações. O sucesso do plano de Skinner significaria a "eliminação da vontade e individualidade dos seres humanos. Mais uma vez o resultado é a ausência de seres humanos e a sua substituição pelo ambiente experimental e seu correlato subjetivo, a adaptabilidade universal. Nenhuma vontade resta para frustrar a conquista da — ou pela? — Natureza."[23]

Ciência, ordem racional, genocídio

A ciência moderna nasceu da esmagadora ambição de conquistar a Natureza e subordiná-la às necessidades humanas. A louvada curiosidade científica que teria levado os cientistas "aonde nenhum homem ousou ir ainda" nunca foi isenta da estimulante visão de controle e administração, de fazer as coisas melhores do que são (isto é, mais flexíveis, obedientes, desejosas de servir). Com efeito, Natureza acabou por significar algo que deve ser subordinado à vontade e razão humanas — um objeto passivo da ação com um propósito, um objeto em si mesmo desprovido de propósito e portanto à espera de absorver o propósito injetado pelos senhores humanos. O conceito de Natureza, na sua acepção moderna, opõe-se ao conceito de humanidade pelo qual foi gerado. Representa o outro da humanidade. É o nome do que não tem *objetivo* ou *significado*. Despojada de integridade e significado inerentes, a Natureza parece um objeto maleável às liberdades do homem.

A insensibilidade da Natureza e a loquacidade da ciência são atadas num laço de legitimação recíproca que não se pode desfazer. Como outro do humano, o natural é o oposto do sujeito dotado de vontade e capacidade moral. É a poderosa vontade da humanidade como "mestra do universo" e o exercício do seu direito exclusivo de legislar os significados e os padrões de bondade que transformam em "Natureza" os objetos da mestria e legislação. Os objetos podem ser rios correndo sem sentido na direção errada, "onde não são necessários". Ou plantas que nascem em lugares "onde comprometem a harmonia". Ou animais que não põem o número de ovos ou não desenvolvem úberes grandes o bastante "para torná-los úteis". Ou criminosos e bêbados ou débeis mentais que não funcionam para nenhuma utilidade significativa e são portanto "renaturalizados" em degenerados "ex-humanos". Ou criaturas com cor de pele, forma corporal ou comportamento estranhos, envolvidas em atividades "sem sentido", cuja presença "não pode servir a nenhum propósito útil". Qualquer coisa que compromete a ordem, a harmonia, o plano, rejeitando assim um propósito e significado, é Natureza. E, sendo Natureza, deve ser tratada como tal. E é Natureza *porque* é tratada assim.

O argumento é circular e portanto inexpugnável. Visão e prática abraçam-se firmemente uma à outra e juntas deslegitimam o "exterior" a partir do qual sua secreta união poderia ser avaliada, disfarçada e censurada. Como alertou W. Ryan:

> É importante não nos iludirmos pensando que as monstruosidades ideológicas foram construídas por monstros. Não o foram; não o são. São desenvolvidas através de um processo que mostra todos os sinais de uma válida e completa erudição, com tábuas numéricas, notas de rodapé em abundância e terminologia científica. As ideologias são, com bastante frequência, acadêmica e socialmente respeitáveis e em muitos casos ocupam posições de absoluta validade, de modo que a discordância é considerada desrespeitosa e radical e corre o risco de ser rotulada como irresponsável, não esclarecida e desprezível.[24]

Ryan não fala aqui dos dedicados nazistas nem da "ciência soviética" no regime de Stalin, famosos por sua subordinação descarada a uma ideologia gritantemente política. Se falasse, poderia contar com o endosso irrestrito de suas palavras por colegas cientistas. Seu alerta, no entanto, é sobre um fenômeno raramente expresso abertamente: as ambições normativas, planificadoras, que são inerentes a todo empreendimento científico, à atividade científica como tal, e que podem se prestar fácil e alegremente a utilizações políticas — *em qualquer época* e *em qualquer lugar*; ambições que são, elas mesmas, políticas. Chorover deixa isso bem claro:

> A estrutura sociobiológica sobre a qual foram em última análise construídas as justificações para o genocídio simplesmente não era uma invenção nazista. Ela foi erigida em nome da ciência muito antes que o nacional-socialismo se tornasse uma realidade ...
>
> O programa nazista de extermínio foi um prolongamento lógico de ideias sociobiológicas e doutrinas eugênicas que não tinham nada a ver especificamente com os judeus e que floresceram amplamente na Alemanha muito antes do Terceiro Reich ...
>
> O caminho era direto entre um tipo supostamente objetivo de discurso científico sobre a desigualdade humana e uma forma

pretensamente racional de argumento moral sobre "vidas desprovidas de valor" e daí à solução final: "a diminuição e destruição de vidas desprovidas de valor".[25]

As raízes "científicas" do genocídio, não nazistas e pré-nazistas, estão sendo reveladas por um número crescente de historiadores que começam suas pesquisas inconscientes da natureza meramente *retrospectiva* e da pobre fundamentação histórica do arrogante repúdio à teoria e prática da "higiene racial" como uma aberração única. Robert Proctor descobriu que a versão mais comum dos acontecimentos, segundo a qual os cientistas alemães do período nazista foram levados a contragosto pelos governantes inescrupulosos a participar de suas práticas perversas, não resistiria à confrontação com os fatos: "antes de mais nada, foram em grande parte cientistas médicos que *inventaram* a higiene racial. Muitos dos principais institutos e cursos de *Rassenhygiene* e *Rassenkunde* [higiene e conhecimento racial] foram criados nas universidades alemãs muito antes de os nazistas chegarem ao poder. E é justo dizer que por volta de 1932 a higiene racial se tornara uma ortodoxia científica na comunidade médica alemã". E a não ser que haja qualquer indício da convicção comum (e consoladora) de que a campanha pela pureza racial foi uma distorção tipicamente alemã de objetivos científicos, deixem-nos observar que o infame livro Baur-Fischer-Lenz que serviu de principal fonte de referência e suprema autoridade científica para os projetos genocidas dos nazistas e sua execução foi entusiasticamente resenhado pelas mais eminentes e esclarecidas publicações do Ocidente. O *New Statesman and Nation* classificou-o de "magnífico livro didático" e "obra-prima da pesquisa objetiva e da hipótese cautelosa". *The Spectator*, *Sociological Education*, *American Sociological Review*, *Sociology and Social Research* e inúmeros outros periódicos orgulhosos de sua objetividade e busca da verdade repetiram a mesma admiração e não acharam nenhuma falha grave no raciocínio acadêmico dos pais espirituais do genocídio.[26]

Christopher Simpson reuniu recentemente chocante evidência de como a ciência alemã na forma que assumiu sob o regime nazista pôde facilmente, após a derrota de Hitler, ser absorvida pelo *establishment* liberal-democrático ocidental. "A mística do guarda-pó branco e da alta tecnologia", intensamente defendida por cientistas de todas as colorações políticas, ajudou a isentar os especialistas alemães, agora utilizados a serviço dos vencedores, de responsabilidade pelos seus feitos durante a guerra, exceto nos casos mais horripilantes que já haviam provocado grita política. Em 1945, quando a extensão das atrocidades genocidas foi plenamente visualizada, a Academia Nacional de Ciências dos Estados Unidos lançou as bases para a subsequente absolvição retroativa dos cientistas alemães e com eles, por extensão, da ciência como tal, apesar de sua zelosa cooperação com o que tinha que ser definido à época (devido à lógica da derrota militar) como um crime contra a humanidade. Uma comissão especial da academia saiu-se com a ideia realmente espantosa de que o fiel serviço prestado aos nazistas durante a guerra foi na verdade uma forma de resistência dos cientistas — de que, apegando-se teimosamente à sua "tradicional torre de marfim" da objetividade imparcial, os cientistas alemães preservaram "uma ilha de inconformismo no corpo político do campo nazista".[27]

E no entanto a conclusão de Proctor é inequívoca e impiedosa: há "pouca evidência de que os médicos jamais tenham recusado participar dos programas nazistas". Nenhuma punição ameaçava aqueles que se recusassem. Ninguém ordenava que os cientistas participassem nas horrendas experiências realizadas com prisioneiros, doentes mentais e outros párias: "os que participavam faziam-no porque tinham a oportunidade e se apresentavam como voluntários". Os resultados das experiências eram normalmente saudados pelo meio acadêmico como material valioso, de alta qualidade: as experiências não eram empreendidas por charlatães, sádicos e loucos, mas "por profissionais treinados; os resultados eram apresentados em conferências e academias científicas de prestígio". Com efeito, a tentativa inicial de alguns seguidores superentusiastas da mística do *Volk* [povo] de instituir a "medicina natural" e rejeitar a ortodoxia acadêmica fracassou por sua própria falta de ressonância com o caráter inteiramente moderno e científico do projeto genocida: os corpos de conhecimento associados à higiene racial "eram geralmente da medicina ortodoxa, não da heterodoxa; as técnicas exigidas para a esterilização, castração e assim por diante não eram algo que as tradições médicas orgânicas pudessem oferecer", mas algo que a ciência racional e seu equipamento moderno certamente podiam.[28]

As descobertas da "pesquisa" de Ravensbrück foram discutidas pelos mais ilustres acadêmicos de reputação internacional, incluindo o eminentíssimo médico alemão Ferdinand Sauerbruch. Ele e seus colegas de credenciais não menos impressionantes não viram nenhuma contradição entre sua vocação científica e as práticas que dotavam de fundamento teórico e instrumentos. O mais comum era abraçarem com prazer a verdadeira oportunidade de aumentarem a erudição, oferecida pelo apoio do partido e o generoso patrocínio do Estado. A lista dos nomes famosos de especialistas e diligentes colaboradores (que além de luminares de primeira linha como Lenz, Verschuer ou Fischer incluía Rudolf Ramm, Kurt Blome, Gerhard Wagner, Lehmann, Baurmeister e muitos outros de posição igualmente respeitável — muitos dos quais continuaram suas brilhantes carreiras científicas após a queda da Alemanha nazista, como especialistas de renome em genética humana universalmente aclamados) encontraria seu lugar legítimo no "Quem é quem no mundo da ciência". Esses nomes consideravam-se os seguidores e discípulos de Virchow, Semmelweiss, Koch, Lister, Pasteur e Ehrlich; o problema é que essa pretensão é difícil de questionar. Eles com efeito seguiam as regras imparciais da descoberta científica dos fatos e os meios mais racionais para atingir determinados fins (e a racionalidade instrumental é, como todos cremos, política e moralmente neutra); eles com efeito trabalharam para melhorar a condição da raça humana, não inteiramente segura quando entregue à espontaneidade da natureza; eles com efeito queriam construir um mundo melhor, mais limpo e ordenado, mais apropriado ao que quer que se considerasse vida humana adequada.

E portanto não há escolha senão aceitar o veredito de Proctor: "Poder-se-ia muito bem argumentar que os nazistas não estavam, a rigor, abusando dos resultados da ciência mas meramente colocando em prática o que os doutores e cientistas já tinham eles mesmos iniciado."[29] Não teria havido genocídio sem o projeto nazista de uma Alemanha racialmente pura. Mas igualmente não teria existido tal projeto sem a ciência e a tecnologia que o tornaram pensável e — digamos — respeitável.

Quase quatro décadas após a derrota nazista, Amitai Etzioni compareceu a uma conferência mundial que atraiu os maiores talentos que a comunidade científica tinha a oferecer, assim como políticos de nações-Estados ansiosos em utilizar teorias e técnicas científicas atualizadas para melhorar a sorte das populações que governavam. Etzioni descobriu que:

> Os participantes da conferência passavam rapidamente da explicação, digamos, da amniocentese seguida de aborto do ponto de vista dos pais (que podem ou não querer ter um filho deformado) para a da sociedade (que pode ou não querer gastar 1,75 bilhão

> de dólares para cuidar de crianças mongolóides), de objetivos terapêuticos (a prevenção do nascimento de uma criança deformada) para o uso dos *mesmos* procedimentos com propósitos procriativos (p. ex., a escolha do sexo da criança a nascer), dos direitos individuais para os problemas da sociedade, dos esquemas voluntários para intervenções coercitivas (p. ex., leis proibindo o casamento de débeis mentais).

O notável é que os cientistas e políticos igualmente mal notavam essa passagem. Pode-se alegar que era precisamente essa passagem e a facilidade com que podia ser feita que antes de mais nada garantiam o convite a alguns participantes e atraíam outros à conferência. "Se há alguma tolice que pode ser feita", adverte Etzioni, "mais cedo ou mais tarde haverá um governo que a fará ... nesse ponto não temos, mesmo no papel, os mecanismos para interromper um desenvolvimento específico uma vez se mostre indesejável."[30]

A crônica de Müller-Hill sobre a "identificação, proscrição e extermínio daqueles que eram diferentes", que inclui as datas da nomeação de Hitler como *Reichskanzler* e da conferência de Wandsee, termina com um registro da descoberta da estrutura do ADN por Watson e Crick e da explosão subsequente de pesquisa genética e de experiências de engenharia genética. Ele pergunta: "Foi aprendido algo com a explosão de barbárie na Alemanha ou ela será repetida em escala mundial de forma ainda mais terrível e num grau mais medonho ainda?"[31] Após a descoberta do ADN, o conhecimento de que a genética e a eugenia se gabavam na época dos professores Fischer, Lenz e Verschuer parece risível, primitivo. Os geneticistas modernos pretendem escrever o derradeiro e completo "Livro da Vida" — todo o código genético humano com todas as variações possíveis. Logo se admitiu que a medicina originada pelo ADN precisará de uma nova indústria para geri-la. Já há empresas privadas dedicadas ao "genoma" humano, como uma chamada Biogen, que se apressou em proteger direitos autorais prevendo o extraordinário (e altamente lucrativo) conhecimento *aplicado* que a nova pesquisa científica está fadada a produzir. O Congresso dos Estados Unidos, fiel à sua função tradicional e de ampla aprovação, está preocupado com que o país perca sua atual liderança em biotecnologia se não forem destinados fundos para o trabalho pioneiro, enquanto o Departamento de Energia norte-americano convida os pesquisadores da estrutura do ADN a usar para as experiências seus amplos recursos eletrônicos subutilizados.

Quando pressionados por indivíduos conscientes ainda assombrados pela memória recente da manipulação científica do "material racial", os cientistas, empresários ávidos de explorar suas descobertas e políticos interessados (pelo menos por enquanto) em explorar o seu prestígio reagem indignados: "Não pretendemos identificar características 'más', apenas obter as boas..."

Não há razão para duvidar das boas intenções dos cientistas. Há ainda menos motivo para acusá-los de premeditação dolosa. O que a lição do Holocausto nos ensinou, porém, foi a duvidar da sabedoria pretensiosa dos cientistas ao dizerem o que é bom ou mau, da capacidade da ciência como autoridade moral, enfim da capacidade dos cientistas de identificar questões morais e de fazer um julgamento moral dos efeitos de suas ações.

Relatando a desumanidade

As definições desumanizadoras do inimigo não são novas na história do homem e de modo algum um aspecto peculiar da idade moderna. Elas acompanharam a maioria das guerras — talvez todas as guerras. Durante o combate, eram provavelmente indispensáveis. O soldado tinha que suprimir sua aversão a matar e mutilar se quisesse não ser morto ou mutilado. Há uma feroz simetria nas lutas do campo de batalha. Dos dois lados, a suspensão do mandamento "não matarás" em relação ao Outro torna-se a condição de preservá-lo em relação a si mesmo (ou, mais perversamente ainda, de forçar o outro a obedecê-lo). A defesa do próprio direito de viver requer uma negação desse direito ao Outro. Em tal configuração, o Outro não precisa — ou assim parece — ser definido. O Outro define-se — como inimigo — quando lança o respeito alheio por sua identidade moral em conflito com a proteção da identidade alheia. Só se pode desprezar o fato de que ele é *um inimigo* com risco para si.

Embora ostensivamente sobrevivendo intacta ao advento da idade moderna, a velha tradição de desumanizar o inimigo em combate foi, como tudo o mais, completamente revolucionada pela organização e tecnologia modernas. O confronto das capacidades individuais de combate — o duelo em que as chances de sobrevivência eram iguais para os dois lados — foi substituído pela matança a distância e por atacado. A simetria de intenções já não é manifesta e evidente — tem de ser construída e demonstrada. Mais importante, a simetria de intenções sempre aponta para a simetria de práticas e as armas modernas de aniquilamento em massa são racionalizadas para afastar tal simetria. Ao contrário dos combatentes na batalha homem a homem, os objetos da matança por atacado não podem ter sua humanidade admitida, ainda que depreciada. As armas modernas exigem uma completa eliminação da identidade moral de suas vítimas antes de eliminarem seus corpos.

Paul Fussell, professor de inglês na Pensilvânia e veterano da guerra no Pacífico, lembra: "Entre os americanos, a opinião geral era de que os japoneses eram realmente sub-humanos, uns animaizinhos amarelos. A imagem popular que se fazia deles era de piolhos, ratos, morcegos, víboras, cães e macacos." Revistas do exército e da marinha escreviam sobre a "gigantesca tarefa do extermínio" e alguns dos *marines* que desembarcavam nas ilhas dominadas pelos japoneses inscreviam devidamente nos capacetes: "Exterminador de roedores". A desumanização do inimigo era, naturalmente, recíproca. Sua persistência de ambos os lados, o esquecimento comum da humanidade do outro lado, tornava possíveis os massacres — como permitiam aos participantes encará-los como operações sanitárias e não assassinato. "... vamos despejar gasolina nas suas casamatas, atear fogo e então atirar nos que tentarem sair em chamas. Por que não? Por que não explodimos todos eles, com bolsas de explosivos ou algo mais forte? Por que não jogamos mesmo uma nova bomba em cima deles ...?"[32]

Com todas as suas inovações modernas, a guerra continua sendo uma situação na qual os adversários detêm o direito à autodefinição (pelo menos no seu estágio desenvolvido, ainda que nem sempre ao ponto do assalto original). O inimigo parece ser *objetivamente* um inimigo, enquanto a minha negação do seu direito de ser protegido por mandamentos morais parece — de novo — um exercício de *reciprocidade*. O que não se dá no caso do genocídio. Aqui, o objeto do extermínio é definido *unilateralmente*. Nenhuma simetria se aplica ou se insinua de forma alguma. Por qualquer alcance da imaginação, o outro lado não é um inimigo, mas uma vítima. Ele foi marcado para o aniquilamento porque a lógica da ordem que o lado mais forte deseja estabelecer não tem espaço para sua presença. A maioria das pequenas guerras que se combinavam na grande guerra travada pela Alemanha nazista contra o mundo era desse tipo gritantemente assimétrico — para remoção dos alienígenas que ocupavam o espaço vital alemão ou das raças estranhas que se refugiavam na vida alemã e corroíam o espírito alemão. O objeto a ser destruído era plenamente definido pela visão do futuro Reich alemão. E como assinalam Rubenstein e Roth, "se o Holocausto deixou uma única lição, é a de que não há absolutamente limite para as obscenidades que um agressor decidido e poderoso pode livremente cometer contra vítimas sem poder, sem Estado".[33]

Declarando que uma categoria específica de pessoas não tem lugar na ordem futura é dizer que essa categoria está além da redenção — não pode ser reformada, adaptada ou forçada a se adaptar. O Outro não é um pecador que pode ainda se arrepender ou emendar. É um organismo doentio, "enfermo e infeccioso, prejudicado e prejudicial".[34] Serve apenas para uma operação cirúrgica; melhor ainda, para a fumigação e envenenamento. Deve ser destruído para que o resto do corpo social possa manter a saúde. Sua destruição é uma questão de medicina sanitária.

Hitler deu o tom para todo o posterior relato nazista, descrevendo o seu serviço à humanidade (matar os judeus) como o de "exterminação da peste". *Der Stürmer*, de Streicher, martelou essa definição com implacável monotonia: "As bactérias, parasitas e pestes não podem ser tolerados. Por razões de limpeza e higiene devemos torná-los inofensivos pela sua eliminação."[35] O moderno discurso científico da raça (de uma qualidade atribuída imutável — irremediavelmente "ordenada pela natureza", reconhecidamente hereditária, culturalmente não manipulável, resistente a todo tratamento), do qual decorreu tão prodigamente a manufatura nazista do Outro, foi desde o início repleto de imagens de deformação patológica, degeneração, loucura, perversão sexual. Os conceitos teóricos estavam inextricavelmente entrelaçados às práticas médicas, as operações taxonômicas às cirúrgicas, as oposições conceituais às ações segregadoras, as avaliações abstratas às discriminações sociais. A definição do Outro como parasita utiliza os medos profundamente arraigados, a repulsa e aversão a serviço do extermínio. Mas também, e de modo mais seminal, ela coloca o Outro a uma enorme distância mental na qual os direitos morais não são mais visíveis. Tendo sido despojado de sua humanidade e redefinido como verme, o Outro não é mais objeto de avaliação moral.

Renomados cientistas alemães de hoje que ainda se lembram dos ilustres acadêmicos que inspiraram as políticas nazistas de seleção racial, segregação e "purificação" e depois presidiram a sua aplicação não conseguem recordar os colegas mais velhos ou professores como antissemitas — ou mesmo que fossem (com poucas exceções) homens politicamente engajados, quanto mais nazistas convictos. Ainda que o trabalho de cura realizado pelo tempo tenha muito provavelmente deixado sua marca na memória das testemunhas, a unanimidade do seu veredito é realmente impressionante. Admitindo que o veredito não é plenamente fiel aos fatos passados, sua motivação sincera certamente lança alguma luz sobre o clima atual nos meios científicos; é afinal em termos desse clima atual que o passado está sendo interpretado. E assim ficamos sabendo que o professor Fischer era uma pessoa completamente apolítica, dedicada apenas à ciência e à expansão do conhecimento — um homem bondoso, sensível e modesto. Ouvimos que o professor Lenz era igualmente dedicado à sua vocação, uma mistura do cientista guiado pela fome de conhecimento e do utopista desinteressado; nenhum traço de maldade, um homem absolutamente de boas intenções. Ficamos sabendo de um ex-assistente de Fischer que este insistia em escrever acurados informes especializados (sobre o grau de contaminação racial de pessoas em tratamento) de acordo com critérios puramente científicos; a clemência, do seu ponto de vista, devia ser desprezada por não se tratar de um conceito científico. Irmgard Haase, ex-ajudante do professor Verschuer, é bem incisiva: não tínhamos nenhum escrúpulo, lembra; era ciência, afinal. A professora E.Z. Rüdin, filha de Ernst Rüdin, falou das apreensões de seu falecido pai sobre os usos dados a suas descobertas científicas objetivas. Mas, pergunta ela, "o que ele deveria ter feito? Ele seria capaz de vender a alma ao diabo para obter dinheiro para seu instituto e a sua pesquisa".[36] E de fato ele vendeu a alma ao diabo, sem apreensões. Afinal, ele defendia a causa da ciência, seus *recursos*, sua liberdade de *pesquisa*, seu *progresso*, e o que fazia como cientista era objetivo como a própria ciência e portanto imune à recriminação ética — não, absolutamente, um problema moral. À exceção de uns poucos fanáticos racistas, os outros chamados administradores e consultores do genocídio pensavam, com toda a probabilidade, no mesmo sentido e não precisavam de nenhuma outra motivação para o que faziam.

"A objetividade abria a porta a toda forma concebível de prática bárbara."[37] Assim Müller-Hill resume sua cuidadosa pesquisa. Os cientistas saúdam a objetividade. Eles desprezam e evitam os juízos de valor. Uma vez feito isso, o resto é uma questão de racionalidade instrumental. Se matar doentes mentais é economicamente saudável e tecnicamente factível, por que cargas d'água não se deveria fazê-lo? Ou por que se deveria prejudicar as chances de progresso da ciência pela recusa de usar o "material judeu e cigano" como animais experimentais?

O que ajuda é que os cientistas modernos estão organizados numa estrutura burocrática — com sua divisão vertical e horizontal do trabalho que os lança, na maioria, em uma posição de "intermediários" (Lachs), mantendo-os no "estado de agentes" (Milgram). Raramente os especialistas veem as consequências últimas dos seus atos. Ainda é menos frequente verem os fins lógicos de suas decisões. (Suas contribuições representam apenas funções parciais numa complexa rede de atividades entrelaçadas; como funcionários, como unidades de uma totalidade muito mais ampla que qualquer um deles, sentem-se eminentemente substituíveis: se não fizerem isso ou aquilo, alguém mais fará. Assim elimina-se de suas ações toda *personalidade*, juntamente com a responsabilidade pessoal.) Acima de tudo, raramente enfrentam com destemor os resultados finais. Se quiserem, podem mesmo permanecer inconscientes desses resultados.

Müller-Hill sugere que decorre da própria essência da prática chamada ciência (a mesma essência que julgamos responsável pelos feitos espetaculares da ciência, que admiramos e agradecemos) que "a outra pessoa" desapareça de vista, se torne ainda mais remota e daí menos significante (com certeza menos significante do ponto de vista *ético*). O avanço da especialização encara como seu fator indispensável a redução do "indivíduo" a uma cifra. "A inexorável intromissão da ciência, que começou no século XVIII durante o Iluminismo, em atividades mais propriamente concernentes ao indivíduo humano que fala e dá sinais teve efeitos sem precedentes e devastadores."[38] O que importa na ciência é obter resultados interessantes e precisos — e obtê-los rápido e barato. Outras considerações são meros obstáculos a serem saltados ou chutados para fora do caminho — não podem ser mais que "restrições", fatores regressivos, manifestações de obscurantismo e forças da escuridão.

Libertando das restrições morais a ação com um propósito, a modernidade tornou o genocídio possível. Sem ser a causa suficiente do genocídio, a modernidade é sua condição necessária. A capacidade de coordenar ações humanas em escala maciça, uma tecnologia que permite agir com eficiência a larga distância do objeto de ação, a divisão minuciosa do trabalho que permite por um lado o aumento espetacular da especialização e por outro a flutuação da responsabilidade, a acumulação de conhecimento incompreensível para o leigo e o concomitante aumento de autoridade da ciência, o clima mental de racionalidade instrumental apoiado pela ciência e que permite o questionamento e justificação dos projetos de engenharia social exclusivamente em relação a sua factibilidade técnica e à disponibilidade de recursos "subutilizados" (tudo isso a ser posto a serviço da inexorável ânsia de ordem, transparência, ausência de ambiguidade) são todos atributos integrantes da modernidade. Mas também condicionam o deslocamento da ação moral pela ação instrumental (ou melhor, a atribuição de significado moral próprio à instrumentalidade) e assim tornam possível a realização do genocídio, bastando que ao redor existam forças decididas a realizá-lo. Em outras palavras, enfraquecendo radicalmente o poder das inibições morais e tornando as ações em larga escala independentes do juízo moral e isentas do impacto coator da moralidade individual, a modernidade fornece os *meios* para o genocídio. Mas também fornece o seu propósito.

Stanley Milgram resumiu da seguinte forma as descobertas de suas famosas experiências: "O ato de chocar a vítima [o ato de crueldade ostensiva no qual foram convidados a se engajar americanos comuns de classe média, cumpridores da lei e selecionados ao acaso. Z.B.] não deriva de impulsos destrutivos mas do fato de que os sujeitos foram integrados numa estrutura social e são incapazes de sair dela." Lembremos que a "estrutura social" submetida ao teste experimental foi a da ciência. Foi dito aos sujeitos das experiências de Milgram que a crueldade que eram convidados a praticar "justificava-se" pelos benefícios cognitivos que traria e pela contribuição que daria ao desenvolvimento do saber. De qualquer forma, eles perceberam isso por si mesmos quando se viram nas instalações de uma prestigiosa universidade e receberam suas ordens de pessoas com o guarda-pó branco que infunde respeito. Essas ordens eles não se inclinavam a contrariar. Devem ter pensado que era de se confiar que os cientistas buscavam o que é bom e não uma crueldade *desnecessária*.

A mais impressionante das descobertas de Milgram (embora uma das menos discutidas) foi, no entanto, o efeito de enfraquecimento dessa estrutura de comando "integrada" (leia-se: incontestada) pela exibição de desacordo entre autoridades igualmente prestigiosas e capacitadas. "Ficou claro que o desacordo entre as autoridades paralisou completamente a ação"[39], isto é, paralisou o desejo dos sujeitos de executar comandos que os ordenavam a praticar crueldades. Diante do *pluralismo* da autoridade, os impulsos morais dos sujeitos se reafirmaram e retomaram o controle de sua conduta. A ética retornou, por assim dizer, do exílio forçado. Os objetos sem rosto da experiência recuperaram o rosto. Desintegrou-se o escudo protetor com o qual a organização bem estruturada, monolítica e de propósito único separava o sujeito de sua responsabilidade.

Parece que o único fator realmente capaz de contrabalançar e eventualmente compensar o potencial genocida adormecido nas capacidades instrumentais da modernidade e sua mentalidade racional-instrumental é o *pluralismo do poder* e portanto o pluralismo de opiniões autorizadas. Só o pluralismo devolve a responsabilidade moral da ação a seu natural portador: o indivíduo que age. A dissipação do controle central que o pluralismo inevitavelmente acarreta significa uma ausência de centro de controle sequer capaz de sonhar com uma "ordem universal e uniforme", quanto mais implantá-la. A unidade de definições e significados, de propósitos, estratégias, critérios de progresso, imagens de perfeição e senso da direção que a mudança está tomando e deve tomar — esse apaixonado anseio da modernidade — é então fadada a não se realizar ou ser completamente varrida da agenda. Em vez disso, um bocado de ambivalência semiótica e axiológica emerge para se tornar uma característica permanente da existência social, em vez de uma transitória falha dela ainda não consertada. A ambiguidade que a mentalidade moderna acha difícil de tolerar e as instituições modernas se empenharam em aniquilar (ambas tirando dessa intenção sua espantosa energia criativa) reaparece como a única força capaz de conter e isolar o potencial destrutivo genocida da modernidade. Daí a notória dualidade da tendência moderna, oscilando entre liberdade e genocídio, constantemente capaz de ir em uma ou outra direção, gerando ao mesmo tempo os mais terríveis perigos contemporâneos e os meios mais eficazes de evitá-los — o veneno e o antídoto.

No seu último livro e testamento, Primo Levi escreveu sobre os inúmeros perpetradores de grandes e pequenos crimes do Holocausto que tentaram se inocentar insistindo que "apenas cumpriram ordens". Levi os acusa de mentir. O que parece, no entanto, mais crucial é que os assassinos *puderam* dizer o que fizeram e ainda esperar pela credibilidade da mentira. Era o lado tecnológico-burocrático da modernidade que lhes dava essa esperança. Só o pluralismo da democracia moderna pode desmascarar suas desculpas e frustrar a esperança de que a mentira não será exposta. Talvez possa mesmo eliminar as ações que requerem uma mentira.

Depois de analisar o curso e os resultados da guerra moderna contra a ambiguidade, Hans Jonas encontrou na ambivalência ainda não destruída a única força capaz de salvar a civilização tecnológica moderna de suas próprias consequências, planejadas ou não intencionais:

> O erro básico da ontologia do "ainda não" e sua esperança escatológica é repudiado pela verdade plena — que não dá motivo nem a júbilo nem a depressão — de que o homem autêntico já está sempre lá e esteve lá durante toda a história conhecida, nas suas alturas e profundezas, na sua grandeza e miséria, na sua glória e tormento, na sua justiça e na sua culpa — em suma, em toda a *ambiguidade* que é inseparável da sua humanidade. Querer abolir essa ambiguidade constitutiva é querer abolir o homem na sua insondável liberdade.[40]

2
A construção social da ambivalência

Existem amigos e inimigos. E existem *estranhos*.

Amigos e inimigos colocam-se em oposição uns aos outros. Os primeiros são o que os segundos não são e vice-versa. Isso, no entanto, não é testemunho de sua igualdade. Como a maioria das outras oposições que ordenam simultaneamente o mundo em que vivemos e a nossa vida no mundo, esta é uma variação da oposição-chave entre *interior* e *exterior*. O exterior é negatividade para a positividade interior. O exterior é o que o interior não é. Os inimigos são a negatividade da positividade dos amigos. Os inimigos são o que os amigos não são. Os inimigos são amigos falhados; eles são a *selvageria* que viola a *domesticidade* dos amigos, a *ausência* que é uma negação da *presença* dos amigos. O avesso e assustador "lá fora" dos inimigos é, como diria Derrida, um *suplemento* — tanto um acréscimo a como um deslocamento do aconchegante e confortável "aqui dentro" dos amigos. Só cristalizando e solidificando o que eles não são (ou o que eles não querem ser ou o que não diriam que sejam) na contraimagem dos inimigos é que os amigos podem afirmar o que são, o que querem ser e o que querem que se pense que são.

Aparentemente há uma simetria: não haveria inimigos se não houvesse amigos e não haveria amigos se não fosse pelo largo abismo da inimizade exterior. A simetria, porém, é uma ilusão. São os amigos que *definem* os inimigos e a aparência de simetria é ela mesma um testemunho de seu direito assimétrico de definir. São os amigos que controlam a *classificação* e a *designação*. A oposição é uma realização e autoafirmação dos amigos. É o produto e a condição do domínio narrativo dos amigos, de sua *narrativa como dominação*. Na medida em que dominam a narração, estebelecem seu vocabulário e lhe dão um sentido, os amigos estão realmente em casa, entre amigos, à vontade.

O racha entre amigos e inimigos torna a *vita contemplativa* e a *vita activa* reflexos no espelho uma da outra. Mais importante, garante sua coordenação. Submetidos ao mesmo princípio de estruturação, o conhecimento e a ação combinam, de modo que o conhecimento pode informar a ação e a ação pode confirmar a verdade do conhecimento.

A oposição entre amigos e inimigos separa a verdade da falsidade, o bem do mal, a beleza da feiura. Também diferencia entre o próprio e o impróprio, o certo e o errado, aquilo que é de bom gosto e o que não fica bem. Ela torna o mundo legível e, com isso, instrutivo. Ela dispersa a dúvida. E capacita o inteligente a prosseguir. Ela garante que se vá onde se deve ir. Ela faz a opção parecer reveladora da necessidade natural — de forma que a necessidade criada pelo homem possa ficar imune aos caprichos da escolha.

Os amigos são criados pela pragmática da cooperação. São moldados pela responsabilidade e o dever moral. Os amigos são aqueles por cujo bem-estar eu sou responsável *antes* que ajam em reciprocidade e *independente* disso; só com essa condição pode-se efetuar a cooperação, ostensivamente um laço contratual bidirecional. A responsabilidade deve ser antes uma dádiva para eventualmente se tornar uma troca.

Os inimigos, por outro lado, são criados pela pragmática da luta. Eles são construídos pela renúncia à responsabilidade e ao dever moral. Os inimigos são aqueles que rejeitam responsabilidade por meu bem-estar *antes* que eu rejeite responsabilidade pelo bem-estar deles e independente disso; só com essa condição pode-se efetuar a luta, ostensivamente uma inimizade de dois lados e uma ação hostil recíproca.

Enquanto a expectativa de amizade não é necessária para fazer amigos, a expectativa da inimizade é indispensável para fazer inimigos. Assim a oposição entre amigos e inimigos é entre *fazer* e *sofrer*, entre ser *sujeito* ou *objeto* da ação. É uma oposição entre avançar e recuar, entre a iniciativa e a vigilância, entre dominar e ser dominado, entre agir e reagir.

Com toda a oposição entre eles, ou melhor, *por causa* dessa oposição, cada um dos modos opostos representa relacionamentos. Segundo Simmel, podemos dizer que a amizade e a inimizade — e somente elas — são formas de *sociação*; com efeito, são as formas arquetípicas de toda sociação e juntas constituem sua matriz de duas pontas. São a moldura na qual é possível a sociação; elas esgotam a *possibilidade* de "estar *com* outros". Ser amigo e ser inimigo são as duas modalidades nas quais o *Outro* pode ser reconhecido como outro *sujeito*, construído como "um sujeito como o eu", admitido no mundo em que o eu vive, ser considerado, tornar-se e permanecer relevante. Se não fosse pela oposição entre amigo e inimigo, nada disso seria possível. Sem a possibilidade de romper o laço da responsabilidade, nenhuma responsabilidade iria se impor como um dever. Se não fossem os inimigos, não haveria amigos. Sem a possibilidade de diferença, diz Derrida, "o desejo da presença como tal não teria espaço para respirar. Isso significa ademais que o desejo carrega em si mesmo o destino da insatisfação. A diferença produz o que proíbe, tornando possível a coisa mesma que torna impossível."[1]

Contra esse confortável antagonismo, contra essa colisão conflituosa de amigos e inimigos, rebela-se o *estranho*. A ameaça que ele carrega é mais terrível que a ameaça que se pode temer do inimigo. O estranho ameaça a própria sociação, a própria *possibilidade* de sociação. Ele desmascara a oposição entre amigos e inimigos como o *compleat mappa mundi*, como diferença que consome todas as diferenças e portanto não deixa nada *fora* dela. Como essa oposição é o fundamento no qual se assenta toda a vida social e todas as diferenças que a constroem e sustentam, o estranho solapa a própria vida social. E tudo isso porque o estranho não é nem amigo nem inimigo — e porque pode ser ambos. E porque não sabemos nem temos como saber qual é o caso.

O estranho é um membro (talvez o principal, o arquetípico) da família dos *indefiníveis* — essas unidades desconcertantes mas ubíquas que, de novo nas palavras de Derrida, "não podem mais ser incluídas na oposição filosófica (binária), resistindo-lhe e desorganizando-a, *sem jamais* constituir um terceiro termo, sem sequer dar espaço para uma solução sob a forma de dialética especulativa". Eis alguns exemplos de "indefiníveis" discutidos por Derrida.

O *pharmakon*: termo genérico grego que inclui tanto os remédios quanto os venenos (termo usado no *Fedro* de Platão como análogo a escrita e por essa razão — na opinião de Derrida — indiretamente responsável, através de traduções que pretendiam evitar sua inerente ambiguidade, pela direção tomada pela metafísica ocidental pós-platônica). *Pharmakon*, por assim dizer, é "a polissemia regular, ordenada que, por desvio, indeterminação ou sobredeterminação mas sem erro de tradução, permitiu passar a mesma palavra como 'remédio', 'receita', 'veneno', 'droga', 'filtro' etc." Por causa dessa capacidade, *pharmakon* é, antes e sobretudo, poderoso porque ambivalente e ambivalente porque poderoso: "Ele participa tanto do bem quanto do mal, do agradável e do desagradável."[2] *Pharmakon*, afinal, "não é nem remédio nem veneno, nem bom nem mau, nem interior nem exterior". *Pharmakon* consome e suprime a oposição — a própria possibilidade de oposição.

O *hímen*: de novo uma palavra grega, usada tanto para designar membrana quanto casamento e que por essa razão significa ao mesmo tempo virgindade — a não transigida e intransigente diferença entre "dentro" e "fora" — e a sua violação pela fusão do eu e do outro. Como resultado, *hímen* "não é nem confusão nem distinção, nem identidade nem diferença, nem consumação nem virgindade, nem véu nem desvelamento, nem dentro nem fora etc."

O *suplemento*: em francês essa palavra designa tanto uma adição quanto uma substituição. É, portanto, o outro que "ingressa", o exterior que adentra, a diferença que vira identidade. O resultado é que *suplemento* "não é nem mais nem menos, nem exterior nem complemento do interior, nem acidente nem essência etc."[3]

Os indefiníveis são todos *nem uma coisa nem outra*, o que equivale a dizer que eles militam contra *uma coisa ou outra*. Sua subdeterminação é a sua força: porque nada são, podem ser tudo. Eles põem fim ao poder ordenador da oposição e, assim, ao poder ordenador dos narradores da oposição. As oposições possibilitam o conhecimento e a ação: as indefinições os paralisam. Os indefiníveis expõem brutalmente o artifício, a fragilidade, a impostura da separação mais vital. Eles colocam o exterior dentro e envenenam o conforto da ordem com a suspeita do caos.

É exatamente isso o que os estranhos fazem.

O horror da indeterminação

A clareza cognitiva (classificatória) é uma reflexão, um equivalente intelectual da certeza comportamental. Ocorrem e desaparecem juntas. Constatamos num lampejo como estão atadas quando desembarcamos num país estrangeiro, quando ouvimos uma língua estrangeira, quando observamos uma conduta que nos é estranha. Os problemas hermenêuticos que então enfrentamos oferecem um primeiro vislumbre da impressionante paralisia comportamental que se segue ao fracasso da capacidade classificatória. Compreender, como sugeriu Wittgenstein, é saber como prosseguir. É por isso que os problemas hermenêuticos (que surgem quando o significado não é irrefletidamente evidente, quando tomamos consciência de que palavras e significado não são a mesma coisa, de que existe um *problema* de significado) são vividos como irritantes. Problemas hermenêuticos não resolvidos significam incerteza sobre como uma situação deve ser lida e que reação deve produzir os resultados desejados. Na melhor das hipóteses, a incerteza produz confusão e desconforto. Na pior, carrega um senso de perigo.

Em grande parte a organização social pode ser interpretada como sedimentação do esforço sistemático de reduzir a frequência com que surgem os problemas hermenêuticos e de aliviar o aborrecimento causado ao serem enfrentados esses problemas. Provavelmente o método mais comum de conseguir isso é o da separação territorial e funcional. Se esse método fosse aplicado plenamente e ao máximo, os problemas hermenêuticos diminuiriam na medida em que se reduzisse a distância física e aumentassem o escopo e frequência da interação. A chance de desentendimento não se concretizaria, ou só causaria um distúrbio marginal quando ocorresse, se o princípio da separação, a consistente "restrição da interação a setores de assumido entendimento comum e interesse mútuo",[4] fosse meticulosamente observado.

O método da separação territorial e funcional é utilizado tanto para fora quanto para dentro. Pessoas que precisam atravessar um território onde estão fadadas a causar ou encontrar problemas hermenêuticos procuram enclaves marcados para uso dos visitantes e os serviços de mediadores funcionais. Países turísticos, que esperam um influxo constante de visitantes "culturalmente mal instruídos", separam esses enclaves e treinam esses mediadores de antemão.

A separação teritorial e funcional é um reflexo dos problemas hermenêuticos existentes; mas é também um fator poderosíssimo para perpetuá-los e reproduzi-los. Enquanto a segregação for contínua e rigorosamente preservada, haverá pouca chance de que jamais diminua a probabilidade de desentendimento (ou pelo menos a previsão desse desentendimento). A persistência e a constante possibilidade de problemas hermenêuticos podem ser vistas assim simultaneamente como motivo e produto dos esforços para traçar fronteiras. Como tais, têm uma tendência interna à autoperpetuação. Como traçar fronteiras nunca é algo garantido e é difícil evitar que se cruzem algumas fronteiras, é provável que os problemas hermenêuticos persistam como uma permanente "área cinzenta" cercando o mundo familiar da vida cotidiana. Essa área cinzenta é habitada por *estranhos*, pelos ainda não classificados, ou melhor, classificados por critérios semelhantes aos nossos mas ainda desconhecidos para nós.

Os "estranhos" ocorrem em uma variedade de tipos e com consequências desiguais. Um polo é ocupado por aqueles que residem em terras *praticamente* remotas (isto é, raramente visitadas) e por isso limitados no seu papel para o estabelecimento de limites do território familiar (os *ubi leones*, inscritos como avisos de perigo nas fronteiras exteriores dos mapas romanos). O intercâmbio com esses estranhos (se é que ocorre) é isolado da rotina diária e da rede normal de interação — como uma função de uma *categoria especial* de pessoas (digamos, viajantes comerciais, diplomatas ou etnógrafos) ou uma *ocasião especial* para as demais. Os dois meios (territoriais e funcionais) de separação institucional facilmente protegem — com efeito, reforçam — a estranheza dos estranhos, junto com sua irrelevância cotidiana. Também preservam, ainda que indiretamente, a segura familiaridade do próprio território. Ao contrário de uma opinião amplamente difundida, o advento da televisão, essa enorme escotilha facilmente acessível através da qual se pode observar rotineiramente as maneiras estranhas, nem eliminou a separação institucional nem diminuiu sua eficácia. Pode-se dizer que a "aldeia global" de McLuhan fracassou em materializar-se. A moldura de uma tela de cinema ou de televisão afasta o perigo de derramamento ainda com mais eficiência do que os hotéis turísticos e os *campings* cercados; a unilateralidade da comunicação encerra firmemente os estranhos na tela como essencialmente incomunicáveis. A recentíssima invenção dos *shoppings* temáticos, com aldeias caribenhas, reservas indígenas e santuários polinésios reunidos sob o mesmo teto, leva a velha técnica da separação institucional ao nível da perfeição alcançado no passado apenas pelo jardim zoológico.

O fenômeno da *estranheza* não pode, porém, ser reduzido à geração de problemas hermenêuticos, por mais exasperantes que sejam. A insolvência da classificação aprendida é bastante perturbadora, embora percebida como algo menos que um desastre enquanto possa ser referida a um conhecimento que falta. Se pelo menos eu soubesse essa língua; se pelo menos eu quebrasse o mistério desses costumes estranhos... Por si mesmos, os problemas hermêuticos não solapam a confiança no conhecimento e na possibilidade de se alcançar certeza comportamental. Quando nada, reforçam as duas coisas. A maneira pela qual definem o remédio como aprendizado de outro *método de classificação*, de outro conjunto de oposições, dos significados de outro grupo de sintomas, apenas corrobora a fé na ordenação essencial do mundo e particularmente na capacidade ordenadora do conhecimento. Uma dose moderada de perplexidade é prazerosa precisamente porque se transforma no conforto da confiança renovada (esta, como todo turista sabe, é parte importante da atração que exercem as viagens ao exterior; quanto mais exóticas, melhores). A diferença é algo com que se pode viver na medida em que se acredita que o mundo diferente é, como o nosso, um "mundo com uma chave", um mundo ordenado como o nosso, apenas mais um mundo ordenado habitado por amigos *ou* inimigos, sem híbridos para distorcer o quadro e confundir a ação e com regras e divisões que podemos ainda desconhecer mas que podemos aprender se necessário.

Alguns estranhos não são, porém, os *ainda não definidos*; são, em princípio, os *indefiníveis*. São a premonição daquele "terceiro elemento" que não deveria ser. Esses são os verdadeiros híbridos, os monstros — não apenas *não classificados*, mas *inclassificáveis*. Eles não questionam apenas uma oposição aqui e ali: questionam a oposição como tal, o próprio princípio da oposição, a plausibilidade da dicotomia que ela sugere e a factibilidade da separação que exige. Desmascaram a frágil artificialidade da divisão. Eles destroem o mundo. Estendem a temporária inconveniência de "não saber como prosseguir" a uma paralisia terminal. Devem ser transformados em tabu, desarmados, suprimidos, física ou mentalmente exilados — ou o mundo pode perecer.

A separação territorial e funcional atinge a suficiência quando aquilo que meramente *não é familiar* se torna realmente *estranho*, apropriadamente definido por Simmel como "o homem que chega hoje e fica até amanhã".[5] O estranho, com efeito, é alguém que se recusa a ficar confinado à terra "longínqua" ou a se afastar da nossa e, assim, *a priori* desafia o expediente fácil da segregação espacial ou temporal. O estranho entra no mundo real e se estabelece aqui, tornando-se assim *relevante* — ao contrário daqueles meramente "não familiares" — quer seja amigo ou não. Ele entrou no mundo da vida *sem ser convidado*, com isso lançando-me para o lado receptor da sua iniciativa, transformando-me no objeto da ação de que ele é o sujeito — tudo isso, lembremos, é marca notória do *inimigo*. Mas ao contrário de outros inimigos "sinceros", este não é mantido a uma distância segura nem do outro lado da linha de batalha. Pior ainda, ele reivindica o direito de ser um objeto de *responsabilidade* — o bem conhecido atributo do *amigo*. Se lhe impomos a oposição amigo/inimigo, ele fica ao mesmo tempo sub e sobredeterminado. E assim, por extensão, expõe o fracasso da própria oposição. Ele é uma ameaça constante à ordem do mundo.

Mas não só por essa razão, porém. Há mais. Por exemplo, o inesquecível e por isso imperdoável pecado original da seção anterior: o fato de que ele entrou no reino do mundo da vida num momento que pode ser localizado no tempo com exatidão. Ele não pertencia ao mundo da vida "inicialmente", "originalmente", "desde o início", "desde tempos imemoriais" e, dessa forma, ele questiona a atemporalidade do mundo da vida, pondo em relevo a "mera historicidade" da existência. A memória do *evento* da sua chegada faz da sua própria presença um evento histórico, mais do que um fato natural. Sua passagem de uma a outra categoria infringiria uma fronteira importante no mapa da existência e assim deve-se resolutamente resistir a ela; tal passagem equivaleria afinal a admitir que a própria natureza é um evento histórico e que, portanto, os apelos à ordem natural ou aos direitos naturais não merecem qualquer tratamento preferencial. Sendo um evento histórico, tendo um começo, a presença do estranho sempre tem o potencial de terminar. O estranho tem liberdade para ir. Pode também ser forçado a ir — ou, pelo menos, pode-se pensar em forçá-lo a ir sem violar a ordem das coisas. Por mais prolongada, a permanência do estranho é temporária — outra infração à divisão que se deveria manter intacta e preservada em nome da existência segura, ordeira.

Mesmo aqui, no entanto, a traiçoeira incongruência do estranho não termina. O estranho solapa o ordenamento espacial do mundo — a batalhada coordenação entre proximidade moral e topográfica, a união dos amigos e a distância dos inimigos. O estranho perturba a ressonância entre distância física e psíquica: ele está *fisicamente próximo* mas permanece *espiritualmente distante*. Ele traz para o círculo íntimo da proximidade o tipo de diferença e alteridade que são previstas e toleradas apenas a distância — onde podem ser desprezadas como irrelevantes ou repelidas como hostis. O estranho representa uma "síntese" incongruente e portanto ressentida "da proximidade e da distância".[6] Sua presença é um desafio à confiabilidade dos limites ortodoxos e dos instrumentos universais de ordenação. Sua proximidade (como toda proximidade, de acordo com Levinas)[7] sugere um relacionamento moral, enquanto sua distância (como toda distância, segundo Erasmo)[8] permite exclusivamente um relacionamento contratual: outra importante oposição de compromisso.

Como sempre, a incongruência prática segue a conceitual. O estranho que se recusa a ir embora transforma gradualmente sua residência temporária em território doméstico — tanto mais que sua outra casa, a "original", recua no passado e talvez desapareça completamente. Por outro lado, no entanto, ele preserva (pelo menos em teoria) sua liberdade de ir e portanto é capaz de ver as condições locais com uma equanimidade que os residentes nativos mal se podem permitir. Daí outra síntese incongruente — desta vez entre o envolvimento e a indiferença, o partidarismo e a neutralidade, o isolamento e a participação. O compromisso declarado pelo estranho, a lealdade que promete, a dedicação que demonstra não são dignos de confiança: são acompanhados de uma válvula de escape que a maioria dos nativos muitas vezes inveja mas raramente possui.

O pecado irredimível do estranho é, portanto, a incompatibilidade entre a sua presença e outras presenças, fundamental para a ordem do mundo — o seu assalto simultâneo a várias oposições instrumentais cruciais ao esforço incessante de ordenação. É este pecado que através de toda a história moderna redunda na constituição do estranho como portador e corporificação da *incongruência*; com efeito, o estranho é uma pessoa afligida pela incurável doença da *incongruência múltipla.* O estranho é, por essa razão, a perdição da modernidade. Ele pode bem servir como exemplo arquetípico do *visqueux* [viscoso, repulsivo] de Sartre ou do *slimy* [pegajoso, repugnante] de Mary Douglas — uma entidade inerradicavelmente *ambivalente*, sentada em cima de um muro fortificado (ou melhor, uma substância derramada sobre ele que o torna escorregadio de ambos os lados), turvando uma linha de fronteira vital à construção de uma ordem social específica ou de um modo de vida específico.

Nenhuma classificação binária usada na construção da ordem pode se sobrepor inteiramente à experiência contínua e essencialmente não discreta da realidade. A oposição, nascida do horror à ambiguidade, torna-se a principal fonte de ambivalência. A imposição de qualquer classificação significa inevitavelmente a produção de anomalias (isto é, fenômenos que são percebidos como "anômalos" apenas na medida atravessam as categorias cuja separação é o significado da ordem). Assim, "qualquer cultura dada deve enfrentar eventos que parecem desafiar suas suposições. Ela não pode ignorar as anomalias que seu esquema produz, exceto com o risco de perder a confiança."[9] Dificilmente haverá uma anomalia mais anômala que o estranho. Ele se situa *entre* amigo e inimigo, a ordem e o caos, dentro e fora. Ele *representa* a deslealdade dos amigos, o gracioso disfarce dos inimigos, a falibilidade da ordem, a vulnerabilidade interna.

Combatendo a indeterminação

Das comunidades pré-modernas, de pequena escala, que para a maioria dos seus membros foram os universos em que se inscreveu a totalidade do mundo da vida, diz-se muitas vezes que foram marcadas por *densa sociabilidade*. Esse veredito comum é no entanto interpretado de várias maneiras. O mais comum é interpretar *erroneamente* "densa sociabilidade" como intimidade, afinação espiritual e cooperação desinteressada ao estilo de Tönnies; em outras palavras, como *amizade* sem rivalidade ou inimizade suprimida. Como já vimos, no entanto, a amizade não é a única forma de sociação; a inimizade desempenha também essa função. Com efeito, a amizade e a inimizade constituem, juntas, a moldura *dentro da qual* torna-se possível e se dá a sociação. A "densa sociabilidade" do passado nos impressiona, em retrospecto, como distinta da nossa situação não porque continha mais amizade do que experimentamos em nosso mundo, mas porque seu mundo era cerrada e quase completamente repleto de amigos e inimigos — e de amigos e inimigos *apenas*. Pouco espaço, um espaço marginal se tanto, era reservado no mundo da vida para os mal definidos *estranhos*. Assim, os problemas semânticos e comportamentais que a oposição amigos/inimigos só pode gerar surgiam mas raramente — e em princípio se podia lidar com eles rápida e eficazmente na dualidade de maneiras que a oposição legitimava. A comunidade de fato defendia sua densa sociabilidade reclassificando prontamente os poucos estranhos que por vezes entravam em sua órbita como amigos *ou* inimigos. Ostensivamente uma estação temporária, a estranheza não apresentava um sério desafio à ordenada e sólida dualidade do mundo.

Todos os grupamentos supraindividuais são antes e acima de tudo sedimentos (ou melhor, processos em andamento) de *coletivização* de amigos e inimigos — daquela coordenação de linhas que separa amigos de inimigos e permite que muitos indivíduos partilhem amigos e inimigos. Mais importante, indivíduos que partilhavam um grupo ou categoria comum de inimigos deviam por isso tratar-se como amigos. Nas comunidades caracterizadas por densa sociabilidade, isso era tudo ou quase tudo. E podia continuar sendo tudo na medida em que a inclusão dos estranhos numa das duas categorias opostas, amigos ou inimigos, era fácil e estava no poder da comunidade.

A última exigência não é encontrada, porém, em condições modernas. Tais condições são marcadas pelo *divórcio* entre densidade física e densa sociabilidade. Os *alienígenas* aparecem dentro dos confins do mundo da vida e *se recusam a ir embora* (embora sempre se espere que irão afinal...). Essa nova situação não decorre necessariamente da agitação e mobilidade aumentadas. Aliás, é a própria nova mobilidade, intensa e febril, que surge da "uniformização" de vastos espaços imposta pelo Estado; de espaços amplos demais para serem assimilados e domesticados pelos velhos métodos de mapeamento e ordenação usados comunitariamente. Os novos alienígenas não são visitantes, essas manchas escuras na superfície transparente da realidade diária, que se pode tolerar quando há esperança de que serão afastados amanhã (ainda que haja a tentação de fazê-lo imediatamente). Eles não usam espadas nem parecem esconder adagas na capa (embora não se tenha certeza disso). Não são como os inimigos que a gente conhece. Ou pelo menos fingem que não são. Mas também não são como os amigos.

Os amigos são encontrados na outra ponta da responsabilidade. Encontram-se inimigos (quando se encontram) na ponta da espada. Não há regra clara sobre o encontro de estranhos. A comunicação com os estranhos é sempre uma incongruência. Ela representa a incompatibilidade das regras que o estado confuso do estranho invoca. É melhor não encontrar estranhos de forma alguma. Agora, se não é possível desviar-se do espaço que eles ocupam ou dividem, a melhor solução então é um encontro que não é realmente um encontro, um encontro que finja não ser um encontro, um *desencontro* (para tomar emprestado o termo de Buber, *Vergegnung*, em oposição a encontro, *Begegnung*). A arte do desencontro é primeiro e antes de mais nada um conjunto de técnicas que servem para *desetificar* a relação com o Outro. Seu efeito geral é uma negação do estranho como objeto moral e sujeito moral. Ou melhor, a exclusão de situações que possam dar ao estranho uma importância moral. Isso, no entanto, é um substituto pobre para a condição ideal talvez perdida, mas de qualquer forma hoje inatingível: aquela na qual a oposição entre amigos e inimigos não é absolutamente desafiada, de modo que a integridade do mundo da vida pode ser sustentada com as simples dicotomias semânticas e comportamentais operadas ordinariamente pelos membros da comunidade.

Como todos os outros grupamentos sociais autoperpetuantes, passados e futuros, territoriais ou não, os Estados nacionais modernos coletivizam amigos e inimigos. Além dessa função comum, porém, também desempenham uma nova função específica apenas deles: eliminam os estranhos ou pelo menos tentam. A ideologia nacionalista, diz John Breuilly, "não é nem uma expressão de identidade nacional (pelo menos não há maneira racional de mostrar que seja esse o caso) nem invenção arbitrária dos nacionalistas com finalidades políticas. Ela surge da necessidade de compreender complexos arranjos sociais e políticos."[10] O que deve ser compreendido antes de mais nada e assim se tornar "convivível" é a situação na qual a tradicional e testada dicotomia entre amigos e inimigos não pode ser simplesmente aplicada e foi portanto acordada — como um pobre guia da arte de viver. *O Estado nacional destina-se primordialmente a lidar com o problema dos estranhos, não dos inimigos.* É precisamente essa característica que o distingue de outras organizações sociais supraindividuais.

Ao contrário da tribo, a nação-Estado estende seu controle sobre um *território* antes de exigir a obediência do *povo*. Se as tribos podem assegurar a necessária coletivização de amigos e inimigos através dos processos gêmeos de atração e repulsão, autosseleção e autossegregação, as nações-Estados territoriais devem impor a amizade quando ela não surge por si mesma. Os Estados nacionais devem *artificialmente* consertar as falhas da natureza (criar intencionalmente o que a natureza não conseguiu espontaneamente). No caso do Estado nacional, a coletivização da amizade requer doutrinação e força, o artifício da realidade legalmente construída e a mobilização da solidariedade a uma *comunidade imaginada* (o termo apropriado proposto por Benedict Anderson) para universalizar os padrões cognitivos/comportamentais associados à amizade dentro das fronteiras do reino. O Estado nacional redefine os *amigos* como *nativos*; ele ordena que os direitos reservados "apenas aos amigos" sejam estendidos a todos os residentes do território — tanto aos familiares como aos não familiares. E vice-versa: ele garante o direito de residência apenas se tal extensão da amizade é desejável (embora a desejabilidade seja muitas vezes disfarçada de "factibilidade"). É por isso que o nacionalismo busca o Estado. É por isso que o Estado gera o nacionalismo. É por isso que em toda a era moderna, já com dois séculos de existência, o nacionalismo sem Estado foi tão frágil e impotente quanto o Estado sem o nacionalismo — ao ponto de um ser inconcebível sem o outro.

Ressaltou-se em todas as análises do Estado moderno que ele "tentou reduzir ou eliminar todas as lealdades e divisões dentro do país que pudessem se colocar no caminho da unidade nacional".[11] Os Estados nacionais promovem o "nativismo" e constroem seus súditos como "nativos". Eles louvam e impõem a *homogeneidade* étnica, religiosa, linguística e cultural. Desenvolvem uma propaganda incessante de atitudes *coletivas*. Constroem memórias históricas *conjuntas* e fazem o máximo para desacreditar ou suprimir teimosas lembranças que não podem ser comprimidas dentro da tradição coletiva — agora redefinida, nos termos quase legais próprios do Estado, como "nossa herança comum". Pregam o senso de missão *comum*, de destino *comum*. Alimentam ou pelo menos legitimam e dão apoio tácito à animosidade para com todos que se colocam de fora da sagrada união.[12] Em outras palavras, os Estados nacionais promovem a *uniformidade*. O nacionalismo é uma religião da amizade e o Estado nacional é a Igreja que força o rebanho em perspectiva a praticar o culto. A homogeneidade imposta pelo Estado é a *prática* da *ideologia* nacionalista.

No espirituoso comentário de Boyd C. Shafer, "os patriotas tinham que ser feitos. No século XVIII creditava-se muito à natureza, mas não se podia confiar nela para desenvolver homens sem apoio." O nacionalismo foi um programa de engenharia social e o Estado nacional deveria ser a sua fábrica. Desde o início o Estado nacional foi lançado no papel de jardineiro coletivo, empenhado na tarefa de cultivar sentimentos e habilidades improváveis de serem desenvolvidos de outra forma. "A nova educação", escreveu Fichte nos seus *Discursos* de 1806,

> deve consistir essencialmente nisso, no fato de que destrói completamente a liberdade de arbítrio no solo que empreende cultivar, produzindo ao contrário estrita necessidade da decisão da vontade, sendo o oposto impossível ... Se de alguma forma quiser influenciar [o homem], você deve fazer mais do que falar com ele; você deve moldá-lo e moldá-lo e moldá-lo de tal forma que ele não possa querer diferentemente do que você deseja que ele queira.[13]

Enquanto isso, Rousseau aconselhava o rei da Polônia sobre como fabricar poloneses (a distância, o "homem como tal" era melhor visto na sua verdadeira qualidade de patriota nacional):

> É a educação que deve dar às almas uma formação nacional e dirigir suas opiniões e gostos de tal forma que elas sejam patriotas por inclinação, por paixão, por necessidade. Quando abre os olhos pela primeira vez, a criança deve ver a pátria, e até a morte o homem não deve ver nada além disso ... Aos vinte, um polonês não deve ser um homem de nenhum outro tipo; deve ser um polonês ... A lei deve regular o conteúdo, a ordem e a forma dos seus estudos. Eles devem ter apenas poloneses por professores.[14]

Se o Estado nacional fosse capaz de atingir o seu objetivo, não haveria estranhos no mundo cotidiano dos residentes transformados em nativos transformados em patriotas. Só haveria nativos, que são amigos, e estrangeiros, que são inimigos efetivos ou potenciais. A questão, porém, é que nenhuma tentativa de assimilar, transformar, aculturar ou absorver a heterogeneidade étnica, religiosa, linguística, cultural etc. e dissolvê-la no corpo homogêneo da nação teve ou poderia ter de fato um sucesso incondicional. O mais comum é que a mistura fosse um mito, um projeto fracassado. Os estranhos recusavam-se a serem divididos claramente em "nós" e "eles", amigos e inimigos. Teimosa e irritantemente, eles permaneciam indeterminados — seu número e poder de aborrecer parecem crescer com a intensidade dos esforços para dicotomizar. Era como se os estranhos fossem um "lixo industrial" que crescesse de volume com o aumento da produção de amigos e inimigos; um fenômeno criado pela própria pressão assimilatória que pretende destruí-lo. O assalto direto contra os estranhos tinha de ser desde o início ajudado, reforçado e suplementado por um vasto conjunto de técnicas que visava tornar possível a coabitação a longo prazo, talvez permanente, com estranhos. E o foi.

Vivendo com a indeterminação

O inventário de reações à teimosa presença de estranhos pode ser entrevisto no catálogo padrão de reações à "viscosidade" como tal. A maioria dos itens nesse catálogo refere-se a tentativas de isolar o "pegajoso" despojando-o de sua "viscosidade". Todas essas tentativas seguem a estratégia lógica mas implausível de separar de novo o que a anomalia, cheia de ambiguidade semântica, mistura; e a de remover de vista o resíduo resistente, seja física ou espiritualmente.

A opção primária, naturalmente, é um corte radical no emaranhado de incongruências, forçando o estranho a partir; restabelecer a ordem original reconciliando, por assim dizer, o que está pessoal e espacialmente separado. Essa medida superconsistente, no entanto, nem sempre é factível — a ausência de uma "morada natural" do estranho em questão sendo um caso extremo. O estranho que não está apenas *fora de lugar* mas também *sem casa* no sentido absoluto pode tornar-se um tentador objeto de genocídio. (No pungente sumário de Cynthia Ozick: "A Solução Final alemã foi uma solução estética, uma questão de edição, o dedo do artista removendo uma nódoa; ela simplesmente aniquilou o que não era considerado harmonioso."[15]) Fora essa solução radical, pode-se despejar a anomalia numa das inúmeras variantes de *Naartürmer* ou *Naarshiffen*[16] — e assim alcançar congruência entre o incongruente "território extraterritorial" e os igualmente incongruentes "locais translocais". Reservas tribais, torrões natais e guetos étnicos são bem notórios entre essas variantes.

Se as soluções radicais ou quase radicais não são factíveis ou convenientes, uma cerca cultural vem em defesa como expediente secundário. Se o estranho não pode se tornar inexistente, pode pelo menos se tornar intocável. O intercâmbio social com o estranho pode ser severamente reduzido e qualquer resíduo de comunicação que se permita pode ser cercado por um incômodo ritual cuja principal função é expulsar o estranho do reino do ordinário e desarmá-lo como fonte possível de influência normativa. (É o tipo de solução que diz: "o estranho tem suas maneiras estranhas, deixe que as conserve, mas lembre-se que servem apenas para ele e não para nós, pessoas normais".) Estritas proibições de *conúbio*, *comércio* e *convívio* são os métodos mais comuns de isolamento cultural e limitação de contato. Aplicados isoladamente ou em conjunto, eles marcam o estranho como o Outro e impedem que a ambiguidade da sua situação polua a limpidez da identidade nativa. A exclusão cultural do estranho, sua construção como Outro *permanente*, fora das divisões e categorias "normais", "implica o reconhecimento de limitações aos entendimentos partilhados, diferenças de critérios para juízo de valor e desempenho e uma restrição da interação a setores de entendimento comum e interesse mútuo assumidos". São impostas restrições "aos tipos de papéis permitidos a um indivíduo e aos sócios que pode escolher para diferentes tipos de transações".[17]

Manter o estranho a uma distância mental, "encerrando-o" numa concha de exotismo, não é, contudo, suficiente para neutralizar sua inerente e perigosa incongruência. Afinal, ele continua por perto. Um momento de desatenção e o intercâmbio pode transbordar os limites permitidos. Assim, os estranhos continuam sendo os "pegajosos" permanentes, sempre ameaçando eliminar as fronteiras vitais à identidade nacional. O perigo deve ser assinalado, os nativos devem ser advertidos e mantidos em alerta para não sucumbirem à tentação de comprometer os caminhos separados que fazem deles o que são. Isso pode ser conseguido desacreditando-se o estranho, representando suas características exteriores, visíveis e fáceis de identificar (*diacríticas*, na terminologia de Frederik Barth) como sinais de qualidades ocultas e por essa razão ainda mais abomináveis e perigosas. É a instituição social do *estigma*, colocada há duas décadas sob o crivo da análise social por Erving Goffman.

No seu significado original, "estigma" designava os sinais corpóreos que indicavam inferioridade de caráter ou fraqueza moral. O conceito pode ser aplicado mais amplamente a todos os casos quando uma característica observável — documentada e indiscutível — de certa categoria de pessoas é primeiro salientada à atenção pública e então interpretada como um sinal visível de uma falha oculta, iniquidade ou torpeza moral. Um traço de outro modo inócuo torna-se uma mancha, um sinal de aflição, motivo de vergonha. A pessoa portadora desse traço é facilmente identificável como menos desejável, inferior, ruim e perigosa. Os sócios são alertados e advertidos das possíveis consequências sinistras da interação descuidada. São também armados com a informação sobre a *identidade social virtual* dos membros da categoria estigmatizada, identidade difícil de ser em seguida negada, por mais que os estigmatizados tentem afirmar a *efetiva identidade* que definiram.[18]

O estigma parece ser uma arma conveniente na defesa contra a importuna ambiguidade do estranho. A essência do estigma é enfatizar a diferença; e uma diferença que está em princípio além do conserto e que justifica portanto uma permanente exclusão. Com efeito, tais sinais exteriores de um interior supostamente mórbido são em geral escolhidos por não cederem facilmente às habilidades cosméticas humanas. No mundo moderno, com sua crença na onipotência da cultura e da educação (o homem é "meramente o que a educação faz dele", afirmou Kant confiantemente; "l'éducation peut tout" ["a educação pode tudo"], confirmou Helvetius), com suas constantes exortações ao aprimoramento pessoal e o axioma da responsabilidade individual pela construção de si mesmo, o estigma permanece um dos poucos resíduos de "natureza" que o zelo remodelador e planificador isenta de interferência e deixa em seu estado supostamente virgem. O estigma traça o limite da capacidade transformadora da cultura. Os sinais exteriores podem ser mascarados, mas não podem ser erradicados. O laço entre sinais e verdade interior pode ser negado, mas não pode ser rompido.

Armada de tais qualidades, a instituição do estigma serve eminentemente à tarefa de imobilizar o estranho na sua identidade de Outro excluído. Fosse o estranho meramente uma pessoa "deseducada", ainda não instruída nos hábitos locais e não adequadamente adaptada às condições locais, a ameaça prática inerente a sua "múltipla incongruência" deixaria o nativo sem defesa. Mais perigosamente ainda, a fragilidade inerente a *toda* identidade, incluindo a do nativo, seria gritantemente exposta. Uma identidade que qualquer um pode *adquirir* pela diligência e esforço é uma identidade que também pode ser *abandonada* à vontade. Esse tira e põe de identidade é, no entanto, um fundamento frágil demais para sustentar a existência segura (a "integridade") do grupo. A aceitação de raízes "meramente culturais" (isto é, artificiais, manipuláveis e retificáveis) da idiossincrasia do estranho significa na prática a renúncia do grupo a sua autoridade de expedir vistos e passaportes, ao seu direito de controlar o tráfico de fronteira. E uma fronteira desguarnecida é, para todos os efeitos práticos, uma contradição em termos. O estigma afasta (ou pelo menos promete afastar) todos esses perigos. O estigma é um produto cultural que proclama um limite para a força da cultura. Com o estigma a cultura traça uma fronteira para o território que considera sua tarefa cultivar e circunscreve uma área que *deve* ser deixada de lado.

Uma vez que os sinais do estigma são essencialmente irremovíveis, uma categoria só pode deixar de ser estigmatizada se o significante do estigma for reinterpretado como inócuo ou neutro ou se lhe for completamente negada significação semântica e se tornar assim socialmente invisível. Na sociedade moderna há uma constante pressão para fazer exatamente isso. A pressão não pode ser facilmente neutralizada. Ela decorre de atributos bem essenciais e constitutivos da sociedade moderna, como o princípio da igualdade de oportunidades, da liberdade pessoal, da responsabilidade do indivíduo por seu próprio destino — e pode não ser efetivamente cancelada sem contradições e sem gerar novas incongruências. Afinal, a modernidade é uma rebelião contra o destino e a imputação, em nome da onipotência do desígnio e das realizações. O estigma só pode ser um espinho na sua carne; ele restaura a dignidade do destino e lança uma sombra sobre a promessa de aperfeiçoamento ilimitado. Está portanto em desacordo com tudo o que a modernidade representa e tudo aquilo em que a sociedade moderna deve acreditar para reproduzir sua existência da única forma que conhece e é instruída a cultivar.

Por outro lado, no entanto, o princípio da liberdade pessoal, se levado às últimas consequências, choca-se com a autoridade do Estado nacional de separar responsabilidades legítimas e ilegítimas, hostilidades legítimas e ilegítimas, de traçar as fronteiras da comunidade de amigos e determinar a localização dos inimigos. Essas funções da nação-Estado, conhecidas pelo nome de "construção nacional" (essa variedade especificamente moderna da tarefa de construir a identidade coletiva que todo agrupamento humano enfrenta), adquirem nas condições modernas uma gravidade que poucas funções tiveram antes. As identidades coletivas, que outrora eram "dadas" sem problemas, de forma "natural" e espontânea, devem agora, por assim dizer, ser artificialmente produzidas. Isso as torna mais do que nunca precárias, objeto de cuidadosa atenção dos modernos poderes de engenharia-jardinagem-planificação.[19] Há, portanto, uma autêntica contradição no coração da modernidade. Parece que não há possibilidade de satisfazer ao mesmo tempo a ambas as necessidades, igualmente pressionantes. Além de determinado ponto, os meios utilizados para satisfazer uma delas diminuem a probabilidade de que a outra seja jamais satisfeita.

Na sociedade moderna, o estigma situa-se no próprio centro da contradição acima. Num importante sentido, o estigma está flagrantemente em desacordo com os gritantes princípios instrumentais de reprodução da vida moderna; por essa razão, a própria instituição do estigma é ilegítima e em muitos casos forçada a uma existência subterrânea, praticada apenas sub-reptícia e sorrateiramente. Ao mesmo tempo, é praticamente indispensável. E assim há uma simetria paradoxal entre a situação do estigma e a das categorias que estigmatiza. As duas vivem sob ataque, mas devem esconder sua verdadeira identidade e procurar legitimações enganosas. Ambas operam sob condições que tornam suas ações autoderrotistas ou que pelo menos limitam severamente sua eficácia.

O convite liberal à assimilação, provavelmente a política da nação-Estado mais específica e autenticamente moderna, sofre de tensões semelhantes que refletem uma das contradições centrais da modernidade. Diante dela, a mensagem liberal em prol da assimilação cultural soa um toque fúnebre para o estigma, pois solapa o mais firme dos seus fundamentos — a natureza atributiva da inferioridade. A mensagem equivale a um convite permanente a todos e a cada um para que tomem o seu destino nas mãos e o tornem o melhor que puderem. Ela proclama o direito universal de pretender e atingir os mais altos e portanto os mais cobiçados valores. Ela oferece não apenas esperança, mas uma receita clara para sua realização: os melhores valores, na atraente formulação circular de John Stuart Mill, são aqueles reconhecidos e praticados pelas melhores pessoas. Num exame mais atento, porém, revela-se uma contradição interna. A contradição torna o convite tão enganador (e afinal frustrante) quanto tentador. Mas é uma contradição que a nação-Estado, empenhada na impressionante tarefa de "homogeneizar" o território que controla e assim legitimar sua reivindicação de ascendência, mal pode se permitir abandonar — como o convite à assimilação (assimilação é sempre um processo unidirecional) indiretamente reafirma o que era para ser provado — a superioridade e a benevolência dos governantes nativos.[20]

Em nenhum outro campo a contradição interna da "solução liberal" para o problema da heterogeneidade é mais visível que no impulso para "assimilar" os estranhos étnicos, religiosos ou — mais genericamente — *culturais*. Os determinantes da "estranheza" são nesses casos eminentemente flexíveis; feitos pelo homem, podem em princípio ser desfeitos pelo homem. Podem também ser desfeitos (por definição os "meramente culturais", como distintos dos econômicos, políticos ou mesmo *sociais*) com um gasto mínimo de recursos que podem se tornar escassos ou inacessíveis por razões de monopólio de alguém mais: desfazer exige apenas uma mudança de orientação, de compromisso comunitário, um esforço sincero de autocultivo e autorrefinamento ou conversão religiosa — tudo isso, evidentemente, dentro do alcance do indivíduo. É por isso que o campo em discussão é o mais óbvio campo de testes do programa liberal e aquele em que esse programa (embora não necessariamente a intenção que lhe deu origem) mais comumente encontra sua derrota.

Os estranhos étnicos-religiosos-culturais são com muita frequência tentados a abraçar a visão liberal da emancipação grupal (apagamento de um estigma coletivo) como uma recompensa dos esforços individuais de automelhoria e autotransformação. Muitas vezes saem do seu caminho para se livrar de tudo o que os torna distintos dos membros legítimos da comunidade nativa — e esperam que uma dedicada emulação das maneiras nativas os tornará indistintos dos hospedeiros e além disso garantirá sua reclassificação como pessoas de dentro, habilitadas ao tratamento que normalmente recebem os amigos. Quanto mais tentam, porém, mais rápido parece recuar a linha terminal. Quando por fim parece estar a seu alcance, um punhal racista é sacado e brandido da capa liberal. As regras do jogo são mudadas com pouco aviso. Ou melhor, só então os estranhos seriamente empenhados em se "autorrefinar" descobrem que o que erroneamente tomaram por um jogo de emancipação era de fato um jogo de dominação.

Sander Gilman falou da "maldição conservadora" que pesa sobre o projeto liberal: "Quanto mais você se parece comigo, mais eu sei o verdadeiro valor do meu poder, que você deseja partilhar, e mais me torno consciente de que você não passa de uma falsificação ordinária, de um intruso."[21] E Geoff Dench, autor de uma penetrante análise das estratégias usadas na luta desigual da emancipação, dá o seguinte conselho aos estranhos prestes a cair na armadilha da promessa liberal: "Por todos os meios declare a sua crença na justiça e igualdade futuras. Isso faz parte do papel. Mas não espere que essa justiça e igualdade se materializem."[22] O significado da oferta liberal em geral e do programa de "assimilação cultural" em particular é a afirmação do predomínio na sociedade daquela situação a partir da qual foi feita a oferta liberal. Aceitar essa oferta por seu valor ostensivo (e, pior ainda, agir de acordo com ela) significa expor esse significado.

Com efeito, definir o problema do "desestranhamento", da *domesticação* do estranho, como uma questão de decência e indústria do esforço do estranho para a assimilação através da aculturação é reafirmar a inferioridade, a indesejabilidade e o deslocamento da forma de vida do estranho; é proclamar que o estado original do estranho é uma mancha a ser removida; é aceitar que o estranho é congenitamente culpado e que cabe a ele expiar e provar seu direito à absolvição. Sua culpa está fora de discussão; é a irreversibilidade da remoção dos atributos que constituem a culpa que ele deve agora provar. O estranho deve demonstrar a ausência da velha abominação. Pior ainda, para tornar sua demonstração realmente convincente ele deve magicamente forçá-la retroativamente à *inexistência no passado*. Não basta exibir uma nova retidão. O estranho não pode deixar de ser um estranho. ("Eu costumava ser judeu", diz o personagem assimilado de uma piada judia. "Ah, sim", retruca o interlocutor, "sei como é isso. Eu costumava ser corcunda.") O máximo que pode ser é um *ex-estranho*, "um amigo em processo de aprovação" e em permanente julgamento, uma pessoa cuidadosamente vigiada e sob pressão constante para ser alguém que ela não é, a quem se diz que tenha vergonha da culpa de não ser o que devia ser.

Provar a ausência de uma característica é tarefa endemicamente inconclusiva (desfazer o passado é absolutamente impossível). É improvável que tal esforço jamais chegue ao fim. Menos provável ainda é alcançar um status no qual nenhuma suspeita ou dúvida possam ser levantadas de que a reabilitação, por mais espetacular que seja, é ainda incompleta, superficial ou fingida. Afinal, o que se exige dos "culturalmente estranhos" através do autorrefinamento é, em última análise, a eliminação da sua origem (mesmo a origem dos seus distantes ancestrais).

Esse é o limite último da domesticação pela aculturação, mas não sua única dificuldade. A aquisição da cultura nativa é um assunto inteiramente *individual*, enquanto a produção da "estranheza cultural" *visa sempre um coletivo.*[23] Da perspectiva da maioria nativa, "todos os estranhos são a mesma coisa". (Como observou Simmel, nas sociedades em que os impostos para os nativos eram diferenciados de acordo com a riqueza e o status, o "imposto judeu" era o mesmo para todos os membros da comunidade judaica.) A individualidade do estranho é dissolvida na categoria. É a categoria, não seus membros individuais, que é colocada e vista como a autêntica portadora, suprapessoal, da diferença cultural que desafia uma distinção inequívoca entre amigo e inimigo. Autêntica *pars pro toto*, o indivíduo estranho é visto metonimicamente como um microcosmo da categoria como um todo. Ele carrega sua categoria nos ombros, por assim dizer. É improvável que se livre desse fardo enquanto a própria categoria existir. Com efeito, a pessoa que tenta escapar sozinha ao estigma de estranho, através do esforço individual, logo se descobre presa num laço duplo. "Se os membros mais capazes e mais bem-sucedidos da minoria estão moralmente atados aos de menor sucesso, a participação em áreas competitivas da vida social torna-se para eles como que uma corrida de três pernas."[24] Caso lavem as mãos e rejeitem toda troca com "inferiores culturais" socialmente definidos como seus irmãos, são acusados de negligenciar o dever e, mesmo, de cumplicidade na perpetuação da culpa coletiva. Caso dediquem seus esforços à árdua tarefa de tirar os irmãos da miséria e atuar como agentes de sua elevação coletiva, isso é imediatamente encarado como uma prova (se uma prova se faz necessária) de sua contínua participação na mesmíssima categoria de estranhos da qual tentaram escapar. A existência contínua da categoria de estranhos é usada como um argumento contra a autenticidade da conversão individual. Mas também é usada qualquer tentativa individual de ajudar a emancipação da categoria como um todo. Se você faz algo, você perde. Se não faz nada, eles vencem.

Removendo a carga

Como se observou com frequência, uma vez presas nesse dilema (oferecida a isca da promoção e por fim da aceitação social, mas ao preço de se admitir primeiro a própria inferioridade, admissão que os arrogantes autores da oferta jamais esquecerão), as vítimas individuais da tentação liberal tendem a desenvolver um ódio a si mesmas — poderoso sentimento criativo-destrutivo melhor captado pelo conceito de Norman Cohn de *demônios interiores*. O tormento causado pelos demônios interiores transforma-se em agressão à categoria de origem — que lhes serve de protótipo e é percebida como sua corporificação. Mas também leva à constrangida aversão a si mesmo como algo incuravelmente infestado pelo bacilo de uma doença incapacitante e vergonhosa.

A notória inquietude do estranho lançado à posição de ambivalência que ele não escolheu e sobre a qual não tem controle (inquietude com frequência encarada pela opinião nativa como evidência de uma personalidade errática, neurótica e prontamente atribuída à deficiência inata da tribo do estranho) é assim produzida socialmente. Pode servir como exemplo didático de uma profecia que se cumpre a si mesma. Não é resultado da diferença cultural, mas uma aflição causada pela tentativa de apagá-la: uma doença endêmica da pressão assimilatória e dos sonhos irreais de reclassificação, admissão e aceitação. Pode-se concluir que definir a estranheza como fenômeno *cultural* é o ponto de partida de um processo que leva inexoravelmente à "revelação" de que a ambivalência não pode ser eliminada da existência, de que a estranheza tem bases muito mais sólidas e muito menos manipuláveis que diferenças "meramente culturais", transitórias e artificiais de estilo de vida e crença. Quanto mais bem-sucedida a prática da assimilação cultural, mais rápido será "descoberta" essa "verdade", como a incongruência cada vez mais resistente do estranho em assimilação cultural é ela mesma um artefato dessa assimilação. A *impossibilidade* inerente de executar o programa de "autorrefinamento" é então encarada como inépcia ou má vontade, *incapacidade* ou *desinteresse* de se autorrefinar. Na esteira do esclarecedor fracasso do programa de assimilação cultural, é a ideia do natural destino da raça que vem em apoio.

3
A autoconstrução da ambivalência

O encargo de ter de resolver a ambivalência recai, em última análise, sobre a pessoa lançada na condição ambivalente. Mesmo que o fenômeno da estranheza seja socialmente estruturado, assumir o status de estranho, com toda a sua consequente ambiguidade, com toda a sua incômoda sobredefinição e subdefinição, é algo que carrega atributos os quais no fim são construídos, sustentados e utilizados com a ativa participação de seus portadores — no processo físico da autoconstituição. Como todos os outros papéis (talvez ainda ligeiramente mais que os outros papéis), o papel de estranho precisa de aprendizado, da aquisição de conhecimento e habilidades práticas.

Ser um estranho significa, primeiro e antes de tudo, que nada é *natural*; nada é dado por direito, nada vem de graça. A união primitiva do nativo entre o eu e o mundo foi dividida. Cada lado da união foi colocado sob o foco da atenção — como um *problema* e uma *tarefa*. Tanto o eu como o mundo são claramente visíveis. Ambos requerem constante exame e precisam urgentemente ser "operados", "manejados", *administrados*. Sob todos esses aspectos, a situação do estranho difere drasticamente do modo de vida nativo, com consequências de longo alcance.

O conceito de *folha em branco*, da infinita flexibilidade e adaptabilidade humanas, outrora um dos favoritos de educadores e missionários, poderia muito bem ser costurado a partir da experiência dos estranhos. Afinal, ele reflete mal a condição do "nativo", nascida do fato de estar "dentro" da comunidade e crescendo dentro dela sem maior desafio exterior. O estado do nativo é "estar situado" ou "afinado" (Heidegger), o que só pode alimentar a *relativ-natürliche Weltanschauung* [visão de mundo relativa-natural] (Max Scheler), isto é, uma propensão natural a ver como "naturais" e portanto fora de discussão as condições de outro modo circunscritas, confinadas a este lugar aqui e agora. Ser um membro nativo de qualquer comunidade de sentidos equivale a ser suprido de critérios garantidos, "objetivos" de relevância, e de um "conhecimento graduado" (Alfred Schütz) que vai do raso ao profundo dependendo da relevância dos seus objetos — mas que está também cheio de buracos profundos de ignorância, muitas vezes apenas ligeiramente cobertos por um tapete de suposições.[1] O fato de que tal conhecimento possa ser incoerente e inconsistente, para um lógico ou mesmo para um *estranho* não "afinado" ou mal afinado, não está nem aqui nem lá. A única coisa que realmente conta é que ele "assume para os membros do grupo interior a aparência de uma coerência, clareza e consistência *suficientes* para dar a qualquer um uma chance razoável de compreender e ser compreendido". (Note-se que é um *estranho*, o sociólogo e refugiado Alfred Schütz, que fala aqui de *aparência*.) É graças a essa limitada mas crucial suficiência que, "para aqueles que cresceram dentro do padrão cultural, não apenas as receitas e sua possível eficiência mas também as atitudes típicas e anônimas exigidas por elas são uma 'coisa lógica' não questionada que lhes dá segurança e confiança".[2] Segurança e confiança são coisas a que não se pode renunciar facilmente. Na medida em que dependem da postura "ordinária", espera-se que os membros do grupo interior defendam zelosamente o caráter inegociável, imutável, absoluto mesmo de sua visão de mundo feita de conhecimento partilhado e graduado. Enquanto o defenderem com sucesso, ficarão efetivamente vacinados contra os horrores da existência ambivalente.

A situação existencial do estranho é radicalmente diferente. A ele é negado o luxo da presunção e da autocomplacência. A sua existência é opaca, não transparente. O estranho é o seu próprio problema. Sua identidade foi deslegitimada; seu poder de determinação, de "afinação", foi declarado criminoso na pior das hipóteses e, na melhor, aviltante. Aí não terminam, porém, os problemas do estranho. A peculiaridade da situação do estranho em relação aos nativos não se limita ao fato de *não* estar "afinado" da maneira certa e à consequente ausência de conhecimento e habilidades relevantes. Não pode ser simplesmente removida pelo processo de aprendizado e autoinstrução. Tal processo está fadado ao autoderrotismo. O mesmo conhecimento que serve de forma tão adequada às funções de vida dos nativos podem muito bem revelar-se inútil para os estranhos mesmo que (e particularmente se) conscientemente absorvidos e assimilados. Apesar da aparência em contrário, não é a falha em adquirir conhecimento nativo que constitui o forasteiro como um estranho, mas a *incongruente constituição existencial* do estranho como não sendo nem "de dentro" nem "de fora", nem "amigo" nem "inimigo", nem *incluído* nem *excluído* que torna o conhecimento nativo inassimilável.[3] Todos os determinantes essenciais da angustiosa situação do estranho estão além de qualquer coisa que o próprio estranho possa fazer. A incongruência do estranho nasce no leito de Procusto da oposição binária — única hospitalidade que a *relativ-natürliche Weltanschauung* dos nativos pode oferecer ao mundo ambivalente.

A primeira razão que torna impossível escapar à estranheza é exatamente a "naturalidade" do estado nativo. Cada um está "situado" ou não, "afinado" ou não. Toda a questão de "estar afinado" reside em que isso permite apenas um estado alternativo, ou melhor, faz todas as alternativas concebíveis se reduzirem a uma, com isso absolutizando sua própria condição. Só se é "afinado" na medida em que essa condição não tem história — não foi construída ou nascida. Não é possível "situar-se a si mesmo" ou "afinar-se". Ou melhor, o próprio fato de que "situar" e "afinar" são *desempenhos* e não *destinos* despoja-os exatamente dessa "naturalidade" que faz desses atos o que são e eficazes como são. A ideia de "autoafinação" é, para todos os propósitos e efeitos práticos, um oxímoro. A condição de "ser situado" ou "afinado" persiste apenas enquanto não é colocada sob o foco da atenção e não se torna um objeto de manipulação (isto é, enquanto permanece plenamente sob o feitiço do *das Man* de Heidegger, do *l'on* de Sartre). Mas isso — prestar atenção e manipular — é precisamente o que o estranho é forçado a fazer ou — voluntária ou forçosamente — tenta fazer. Ou ele é novo no grupo, no sentido literal, e então o que parece óbvio ao nativo a ele não parece e o que os nativos nem sequer pensam torna-se objeto de intensa reflexão para ele; ou a elevação do "conhecimento graduado" da área cinzenta das "evidências" para o nível da autoconsciência é desempenhada para o estranho pelo próprio grupo nativo quando questionam seu direito natural de participar daquilo em que os membros do grupo interior simplesmente participam sem ter de responder a nenhuma pergunta. Em virtude dessa ignorância ou do conhecimento que forçaram sobre ele, o estranho só pode questionar a maioria das coisas que os nativos consideram ou irrefletidamente tomam como inquestionáveis. Ele foi definido *a priori* como uma ameaça à clareza do mundo e, assim, à autoridade da razão. Agora a definição *a priori* é confirmada por sua ação. Seu olhar solidifica, torna palpável o modo de vida que só é eficaz se permanece transparente, invisível, não codificado.

Outra razão vai mais fundo ainda. O nativo não pode adotar a cultura nativa tal como ela é sem primeiro tentar rever alguns dos seus preceitos; talvez mesmo alguns dos preceitos que são cruciais ao estado nativo de segurança e autoconfiança. A cultura nativa o define e isola como um vilão — "nem amigo nem inimigo", aquele dentro/fora ambivalente que estabelece o limite da ordem do mundo da vida. Ao estranho não é destinado nenhum status dentro do reino cultural que quer tornar seu. Sua entrada significará portanto uma violação da cultura em que penetra. Pelo seu ato de entrada, real ou meramente pretendida, o mundo cotidiano dos nativos, que costumava ser um abrigo seguro, torna-se um território contestado, inseguro e problemático. Além disso, a própria boa vontade do estranho vira-se contra ele; seu esforço de assimilação isola-o ainda mais, realçando mais do que nunca sua estranheza e fornecendo a prova da ameaça que contém.

Exclusão para a objetividade

Só se pode bater numa porta quando se está do lado de fora; e é o ato de bater na porta que alerta os moradores para o fato de que alguém que bate está realmente fora. "Estar do lado de fora" lança o estranho à posição de *objetividade*: é um vantajoso ponto de vista exterior, destacado e autônomo a partir do qual os moradores (com sua visão de mundo, inclusive seu mapa de amigos e inimigos) podem ser observados, examinados e criticados. A própria consciência desse ponto de vista (um ponto de vista resumido pelo status do estranho) faz os nativos se sentirem desconfortáveis, inseguros nas suas maneiras e verdades domésticas. Além disso, a entrada é sempre uma passagem, uma mudança de status — e esse misterioso evento de avatar mais do que tudo coloca o "estranho de ontem e nativo em perspectiva" em conflito com o mundo onde deseja entrar, um mundo que baseia a sua confiança (e, antes de mais nada, sua atração para o estranho) na suposição de que ninguém jamais é transformado, de que ninguém jamais sai nem se encontra fora. O episódio da entrada marca o "ex-estranho" para sempre — como uma *criança trocada ao nascer*, uma pessoa que pode optar e escolher, que tem a liberdade que os "apenas nativos" não possuem, cujo status não pode jamais ter o mesmo grau de solidez, finalidade e irreversibilidade que o dos nativos. A lealdade que é simplesmente tida como garantida no caso dos nativos (e então entendida não como uma decisão de ser leal, mas como um destino comum) requer no caso do estranho de ontem um exame vigilante e desconfiado; e isso será sempre assim, pois sua adesão está desde o início comprometida, e sem esperança de redenção, pelo pecado original de ter sido livremente escolhida. Pode-se renunciar a tudo que foi objeto de escolha. A lealdade do estranho permanecerá sempre duvidosa. O próprio zelo com que ele se identifica ao novo lar isola-o. Sua insistência em estar à vontade é vista como admissão de culpa.

A tendência do estranho à *objetividade* (a ausência de raízes, o cosmopolitismo ou o alheamento total) é a mais séria acusação que a comunidade nativa tem contra ele. Com efeito, é através desse ressentimento que o modo de vida nativo pode melhor sustentar e reproduzir sua própria *naturalidade*, sua interioridade, seu egoísmo — os mais sólidos pilares da sua identidade. Na visão de mundo do nativo, a essência do estrangeiro é a ausência de lar. Ao contrário de um forasteiro ou estrangeiro, o estranho não é simplesmente um recém-chegado, uma pessoa temporariamente deslocada. Ele é um *eterno nômade*, sempre e em toda parte errante, sem esperança de jamais "chegar". A "objetividade" da sua visão (o cosmopolitismo, o antipatriotismo, a ausência de compromisso, a marca do "vira-casaca") consiste precisamente na sua capacidade de distinguir as estações da sua irrefreável peregrinação: no que lhe diz respeito, todas elas não passam de sítios confinados no espaço, fadados a se tornar passado no futuro. Ultrapassados e mais cedo ou mais tarde deixados para trás, todos lhe parecem idênticos na sua *negatividade*, uma vez que nenhum deles é um lar. ("Fomos bons alemães na Alemanha e portanto seremos bons franceses na França", declarou um refugiado que acabara de atravessar o Reno fugindo de Hitler, segundo relato de Hannah Arendt. Foi calorosamente aplaudido pelos companheiros de destino. Ninguém riu, comenta Arendt.)

Os nativos podem ver a liberdade que atribuem ao estranho com verdadeiro horror, com uma visão doentia ou (mais comumente) com uma mistura das duas coisas. Para o próprio estranho, no entanto, a liberdade parece antes de tudo uma profunda incerteza. Não mitigada pela disponibilidade ao menos temporária de um porto seguro, ela tende a ser vivida como uma maldição e não como uma bênção. A liberdade em estado puro é vivida como solidão, praticamente insuportável como condição crônica. Em casos extremos ela beira a loucura, mas mesmo em versões mais brandas tende a ser tratada como um problema mental. (Veja-se, por exemplo, o penetrante estudo de Sander L. Gilman sobre a história da *neurastenia* — conceito psiquiátrico que no final do século XIX englobava, como doença, a profunda inquietação, a autocrítica frenética e a obsessão com o sucesso e a aceitação social observadas ou prognosticadas em várias categorias de pessoas, todas mal definidas em termos das categorias sociais aceitas ou fragilmente apoiadas nas divisões sociais existentes.)[4] É, de qualquer forma, um estado em que a pessoa não deseja ficar permanentemente. Não por vontade própria, pelo menos.

É sobretudo por essa razão que — apesar de toda a sua incongruência interna — a oferta de "tornar-se nativo" pela adoção da cultura nativa, da assimilação, parece ao estranho uma proposta tão sedutora. Ela promete aquilo de que mais carece o estranho — uma localização inequívoca, um porto seguro, um lar. A carência aumenta a atração daquilo de que se carece. Seriam de esperar portanto, da parte do estranho, um zelo, um compromisso e uma identificação emocional raramente encontradas entre os nativos. Também seria de esperar uma tendência a proclamar pública e claramente a aspirada identidade. Seria de prever uma pródiga e floreada exaltação dos símbolos e artigos de fé da comunidade a que se aspira. Tudo isso é consequência natural da necessidade de convencer a audiência de que *se adquiriu* uma qualidade que outras pessoas — simultaneamente observadores e atores — *possuem* por direito. Mas para todas essas outras pessoas — os "nativos" — tudo isso pode parecer excessivo, "de mau gosto", ridículo ou dúbio. O que elas veem tenderá sempre a desaprovar aquilo mesmo que o estranho zelosamente tentou provar.

A estratégia que se segue à oferta assimilatória tem portanto seus limites intrínsecos, como a própria oferta. O mais das vezes, ela é autoderrotista; quando nada, torna a estranheza do estranho ainda mais intrusiva e exasperante. Infalivelmente, revela que essa estranheza é irredimível — qualidade que a promessa de assimilação tentou esconder. Prometera-se ao estranho que a plena "domesticação" se seguiria à reforma cultural, que a reforma das maneiras, a conduta pública correta e cônscia da etiqueta, o cuidadoso afastamento de tudo que mesmo remotamente parecesse estranho bastariam para ingressar no clube exclusivo dos nativos, dos que ditam as tendências. Essa promessa é desmascarada no momento em que é levada a sério e acompanhada do comportamento que ostensivamente exigia. Os verdadeiros obstáculos à entrada são agora revelados. Eles se mostram obstáculos econômicos, políticos e acima de tudo sociais — e nenhum deles é tão maleável, tão flexível à intenção subjetiva quanto os obstáculos "meramente culturais" pretendiam ser. Torna-se evidente que as divisões sociais não são causadas nem sustentadas pelas diferenças no grau de civilidade e polimento cultural, que a falácia da etiqueta consiste precisamente na aceitação tácita, tanto pelos ganhadores quanto pelos perdedores, da obrigação de esconder e na proibição de revelar as verdadeiras bases da diferença e do privilégio. Ao mesmo tempo, quando as causas da desigualdade são expostas como duras e inflexíveis, suas defesas favoritas são expostas como farsa. Não importa que a atuação sobre a oferta de aculturação tenda a desencadear reações defensivas da comunidade nativa, que vão da reintrodução de critérios imputativos de diferença (embora com uma roupagem moderna, "racional", racista), passando pela medicalização da alteridade como tal, até o aniquilamento do resíduo rebelde de diferença pela expulsão ou destruição do estranho.

Se o recurso ao racismo parece ser a maneira natural de salvar o *objetivo* do "programa de assimilação" ante o fracasso dos seus *meios* ostensivos, também o recuo para a "estranheza" como lar alternativo ao enraizamento e à confiança parece ser uma forma igualmente natural de salvar o *propósito* da autoadaptação cultural assim que o *veículo* oferecido pelo programa se mostra ineficaz.

Quase nunca um programa de recuo desse tipo foi tão bem exposto quanto na obra do filósofo judeu russo Lev Chestov, professor da Sorbonne no final da vida e um dos pilares dos existencialismo religioso. Marcado pelo estigma de uma minoria desprezada e objeto de ressentimento, embora destacando-se na atividade mesma que a maioria desdenhosa e ressentida brandia como sinal de sua superioridade e excelência, tendo passado com grande mérito em todos os exames de admissão e ainda assim sendo recusado pelo mundo acadêmico que se definia como guardião dos valores absolutos, universais e portanto alheios a toda diferença paroquial, Chestov[5] reagiu com um assalto frontal ao que era (como se dispôs a provar) um incurável *paroquialismo* da própria busca do *absoluto* em geral e dos valores absolutamente superiores em particular. A busca pelos filósofos do sistema último, da ordem completa, da extirpação de todo o desconhecido e ingovernável deriva — declarou ele — da adoração de um terreno firme e seguro, de um lar certo, e resulta na redução do infinito potencial humano. Tal busca do universal só pode degenerar em impiedosa exigência às possibilidades humanas. "O chão seguro mais cedo ou mais tarde cede sob os pés do homem, mas o homem continua a viver sem chão ou com um chão instável sob os pés, e então pára de contar com axiomas como verdades, chamando-os em vez disso de mentiras." A amarga experiência de um estranho expulso da porta em que bateu transparece sob um tênue véu no programa filosófico de Chestov:

> O homem estabelecido diz: "Como alguém pode viver com a incerteza do dia seguinte, como se pode dormir sem um teto sobre a cabeça?" Mas um acidente lançou-o fora de casa para sempre e ele passa as noites na mata. Não consegue dormir: tem medo dos animais selvagens, do seu próprio irmão vagabundo. Por fim, no entanto, confia sua vida à contingência, começa a viver a vida do vagabundo e talvez, mesmo, durma tranquilamente à noite.

A tarefa da filosofia, em vivo contraste com toda a tradição filosófica, é "ensinar os homens a viver na incerteza", "não a se acalmar, mas a perturbar". "Em toda parte e a cada passo, em cada oportunidade ou mesmo sem oportunidade, com ou sem razão, é necessário ridicularizar da maneira mais firme os juízos aceitos e afirmar paradoxos. Veremos então o que acontece."

Numa exibição precoce da postura "black is beautiful", Chestov não nega o valor de todas essas coisas que o pensamento dominante transformou em símbolos de superioridade. A ortodoxia filosófica é acusada de não cumprir a sua promessa, de destoar profundamente de seus próprios padrões. A promessa e os padrões não são questionados; pelo contrário, Chestov insiste em que apenas sua maneira de fazer filosofia pode fazer justiça a ambos. A verdade que se encontra dentro de um lar firmemente trancado dificilmente será de alguma utilidade fora; juízos formulados dentro de um quarto que, por medo de correntes de ar, nunca é arejado são dispersados com a primeira lufada de vento. A universalidade da verdade e do juízo nascidos em confinamento é apenas uma capa para a coerção que se alimenta da ânsia de dominação e do medo do espaço aberto. Uma universalidade não forjada só pode nascer da ausência de lar. "Enquanto a verdade for procurada pelo homem estabelecido, a maçã da Árvore do Conhecimento não será comida. A tarefa só pode ser realizada por aventureiros sem lar, por nômades naturais ..."

A mesa foi virada. É agora o estranho que pode encontrar a verdade que os nativos procuram em vão. Longe de ser um sinal de vergonha, a incurável estrangeirice do estranho é agora um sinal de distinção. O poder dos donos da casa não passa de uma farsa. A ausência de poder dos que não têm casa não passa de ilusão.

Depois de Chestov, poucas ideias novas podem ser recolhidas do elogio excessivo de Karl Mannheim à *freischwebende Intelligenz* [inteligência em suspensão livre]. Como em Chestov, a falta de aceitação social torna-se uma condição de comunicação não distorcida: o pária vira herói, a ambivalência da posição social revela-se como objetividade de pensamento. No competente comentário de Maurice Natanson, a vantagem do intrépido caçador de verdade de Mannheim é sua "existência nômade": "Não constrangido por qualquer compromisso formal, ele pode mover-se rapidamente pelas formulações tradicionais de causação, controle e previsão sociais." É graças à sua perpétua e irremediável ausência de lar que o intelectual de Mannheim se torna um "desmascarador, um penetrador de mentiras e ideologias, um revitalizador e desvalorizador de pensamentos imanentes, um desintegrador de *Weltanschauungen* [visões de mundo]".[6] Com efeito, uma espantosa força corrosiva, um criador que tira a sua força do poder de destruição. Se a realidade é constituída de tantos lotes privados fortemente protegidos e cercados, as pretensões à verdade não passam de desculpas para as ordens de exclusão e expulsão. É preciso primeiro derrubar as cercas.

Ponto por ponto, Mannheim desautoriza cada propriedade dos "estabelecidos" da qual derivam seu orgulho, contentamento e senso de segurança. Assim, qualquer grupo bem integrado é egoísta e portanto seletivamente cego: "nem todo aspecto possível do mundo entra no campo de ação dos membros do grupo, mas somente aqueles dos quais surgem dificuldades e problemas para o grupo". A solidez de raízes é uma receita para a mentalidade estreita e paroquial: "É claramente impossível obter um discernimento abrangente dos problemas se o observador ou pensador está confinado a um dado lugar na sociedade." A desconfiança com que o grupo trata o "inapto" é testemunho da própria incapacidade do grupo, mais que dos pecados do estranho. É a capacidade dos forasteiros "de ligar-se a classes às quais não pertenciam originalmente", de "se adaptar a qualquer ponto de vista ... porque eles e apenas eles estão em posição de escolher sua filiação", que os grupos bem estabelecidos não podem engolir. "Será que a capacidade de adquirir um ponto de vista mais amplo deveria ser considerada meramente uma possibilidade? Não apresenta antes uma missão?"[7]

O intelectual moderno é um errante perpétuo e um estranho universal. Ninguém de fato gosta dele exatamente por essa razão; em todo lugar ele está fora de lugar. A repulsa contínua recebida de todo mundo em toda parte não precisa, porém, resultar unicamente no fanatismo do desespero. A rejeição pode também abrir os olhos do rejeitado para o significado e o valor da própria posição (ou melhor, falta de posição) que foi a fonte do sofrimento. A rejeição significa, afinal, estar livre de obrigações. O expurgo significa que as lealdades grupais não precisam mais coagir a visão, e assim "a estreiteza e as limitações que restringem um ponto de vista" podem ser "corrigidas pelo choque com pontos de vista opostos". O exílio é uma bênção: os excluídos foram banidos para o único lugar "do qual se pode ter uma perspectiva global". Estão agora maduros para o papel de tomadores de decisão (ou, mais precisamente, tomadores de *boas decisões*), uma vez que "tomar uma decisão só é realmente possível sob condições de liberdade baseadas na possibilidade de escolha que continua a existir mesmo após a decisão ter sido tomada".[8]

Em outras palavras, enquanto proclama a condição única e superior do intelectual moderno, Mannheim recorre ao medo popular do espantoso poder que reside na terra de ninguém fora dos lotes seguros e habituais da família ou da comunidade. Ele abraça a finalidade do veredito nativo, a perpetuidade do exílio. Ele também aceita a convicção nativa de que o estranho jamais será como o nativo e jamais verá o mundo com os olhos do nativo. Por fim, concorda com a pior das suspeitas nativas: a de que a separação alimenta a animosidade por todos os valores locais. Mas ele forja de novo o estigma da vergonha e a justificação legal da ordem de exclusão num desafio militante à superioridade. Parafraseando Goffman, "em vez de se apoiar na muleta, ele joga golfe com ela".

Só em bases universais (leia-se: não paroquiais) ele proclama a favor do estranho intelectual que a verdade seja construída; e a universalidade, como aceitaria qualquer nativo, resulta da separação. O ponto de vista do exílio é o único determinante cognitivo da verdade universalmente impositiva. Os grupos bem arraigados e centrados em si mesmos inflaram suas opiniões estreitas a proporções ostensivamente universais com a ajuda de coerções de pensamento e a exclusão dos dissidentes. Assim fazendo, impediram a si mesmos de encontrar o que buscavam, desacreditando no processo o propósito mesmo da busca. Então os excluídos devem proteger o valor supremo da verdade universal de qualquer perigo extra. Eles farão o que não conseguiram aqueles que os excluíram. Provarão contra todas as evidências (e particularmente contra a opinião nativa dominante) que são os defensores e promotores mais firmes, leais e confiáveis dos valores dominantes. E podem fazer isso enquanto se recusarem a apagar sua diferença e insistirem em *permanecer estranhos*. É através da sua separação que eles servem aos valores que o grupo precisa e quer ter. O programa assimilatório pode muito bem ter falhado em garantir a unificação, mas antes de mais nada era uma falsa unificação que oferecia. A verdadeira será alcançada precisamente por aqueles para os quais falhou a promessa de aceitação.

O processo de autoconstrução isola ainda mais o estranho do grupo nativo com o qual ele ainda quer se integrar, agora como no período inicial do sonho assimilatório. O estranho oferece uma mistura única e irremediavelmente ambivalente de programa universalista e prática relativista. De forma a assegurar verdadeira universalidade ao modo de vida — propósito que partilha com o grupo nativo (com *qualquer grupo nativo*) —, ele deve expor como falsa e assim solapar a segurança dos valores que o grupo nativo (*qualquer um*) veio a considerar absolutos. O estranho visa a eliminação de todas as divisões que se colocam no caminho da humanidade uniforme, essencial; esta é a última esperança que lhe resta para apagar sua própria exterioridade. Para o grupo nativo, porém, o ímpeto do estranho para a *universalidade* significa mais do que tudo um confronto com o poder corrosivo e desintegrante do *relativismo*.

Digressão: Franz Kafka ou o desenraizamento da universalidade

Os judeus foram o protótipo dos estranhos na Europa dividida em nações-Estados empenhadas em aniquilar tudo que fosse "intermediário", indeterminado, nem amistoso nem inamistoso. No continente de nações e nacionalismos eles eram o único lembrete da relatividade da nacionalidade e dos limites externos do nacionalismo, o último resíduo de selvageria num mundo repleto de ordens locais, ervas daninhas que se propagavam no mundo composto de jardins cuidadosamente cultivados, nômades entre os sedentários (só os ciganos partilhavam essa característica dos judeus europeus — e assim, para

Hitler, tinham de partilhar seu destino último). Eles eram o próprio perigo contra o qual as nações tinham que se constituir. Eles eram a incongruência última — uma *nação não nacional*. Sua estranheza não se limitava a qualquer lugar específico; eles eram estranhos *universais*. Não eram visitantes de outro país, uma vez que não havia esse "outro país" — com efeito, nenhum país onde pudessem se dizer não visitantes ou estranhos. Os judeus eram a "estranheza encarnada", os errantes eternos, o resumo da aterritorialidade, a própria essência da falta de lar e da ausência de raízes, um espectro inexorcizável de convencionalidade na casa do absoluto, de um passado nômade na era do assentamento.

Como estranhos universais e portanto mais radicais, os judeus da Europa penetraram a profundidade plena da experiência do estranho. Para os mais perspicazes dentre eles, a universalidade da sua estranheza congelou-se como a universalidade da condição humana que eles achavam derivar da particularidade de sua experiência; sua particularidade adquiriu um valor universal. Não é que os judeus abraçassem a universalidade de forma mais ávida e com entrega maior que quaisquer outros. É que sua experiência, por suas características únicas, formulava o próprio padrão da universalidade. Estranhos de todas as esferas da vida podiam olhar essa experiência como um espelho e ver os detalhes da sua própria imagem que outros espelhos borravam e refletiam apenas vagamente. Foi a atormentada condição judaica de Franz Kafka, vivida dolorosamente, que permitiu a Camus e a Sartre ver na obra dele uma parábola do transe universal do homem moderno. Ela permitiu a Camus ler Kafka como um *insight* do incurável absurdo da vida moderna, de "l'étrangeté d'une vie d'homme"[9] [da estranheza da vida do homem]; permitiu a Sartre ver em Kafka a própria definição do Estranho: "L'étranger, c'est l'homme en face du monde ... L'étranger, c'est aussi l'homme parmi les hommes ... C'est enfin moi-même par rapport à moi-même."[10] ["O estranho é o homem diante do mundo ... O estranho é também o homem entre os homens ... Enfim, sou eu mesmo em relação a mim mesmo."]

Como seus heróis sem nome, Kafka experimentou a culpa sem crime, com a sua consequência: a condenação sem julgamento. Ele viveu num "mundo em que é crime ser acusado", no qual a suprema habilidade dos que não queriam ser condenados por esse crime era "evitar a acusação".[11] Essa, no entanto, era a habilidade impossível de obter. Não havia como escapar do mundo em que o crime era ser acusado. Esse mundo seria carregado onde quer que se fosse. "Minha imperfeição ... não é congênita, mas adquirida" — confidencia Kafka no seu diário:[12] não é natural nem criada pelo homem. Nem fado nem feito. É incongruente como a posição do estranho entre os nativos e tão impossível de combater como a outra incongruência. Com efeito, onde se encontraria o lar da imperfeição? "As reprovações jazem dentro de mim." "Eu mesmo", por assim dizer, "sou talvez o melhor auxiliar dos meus agressores. Pois eu me subestimo e isso significa em si mesmo uma superestimação dos outros" — o exterior é interior, os dois se entrelaçam, se misturam e interpenetram.

Um dos autodiagnósticos mais citados de Kafka é o veredito que pronunciou numa carta a Max Brod sobre a geração dos judeus germanizados (ou eram apenas germanizantes?) à qual pertencia: "suas pernas traseiras ainda estavam atoladas na condição judaica de seus pais e suas agitadas pernas dianteiras não encontravam novo chão. O desespero resultante tornou-se sua inspiração." A realidade era o oposto exato da utopia liberal e mostrava a suprema irrelevância do principal princípio estratégico do impulso assimilatório. ("Seja um judeu em casa e um homem na rua.") No pungente sumário de Martha Robert,

> em casa os jovens judeus de Praga viviam, pensavam e escreviam como alemães aparentemente semelhantes a outros alemães, mas fora da vizinhança ninguém se iludia, os "outros" reconheciam-nos imediatamente pelo rosto, pelas maneiras, pelo sotaque. Eram sem dúvida assimilados, mas somente na área restrita de seu germanismo emprestado ou, melhor ainda, eram "assimilados" com sua própria erradicação.[13]

Membro mais perspicaz dessa geração, Kafka compreendeu o que os outros mal ou apenas relutantemente notavam: que ele, como eles, "era judeu até na maneira de não ser judeu".[14] A assimilação gerava a realidade que se lutava por assimilar, a única que se podia esperar assimilar. A assimilação alimentava-se de si mesma e veio a tornar-se seu único propósito. Ela afastava do mundo deixado para trás mas não aproximava do mundo à frente que aparentemente visava.

Na aurora deste século, quando a tendência autoderrotista da assimilação ("O sistema de valores que tomaram emprestado não somente nunca foi deles integralmente, como sempre conteve elementos adversos a eles. Os alemães sempre viram a sua adoção desse sistema meramente como uma máscara por trás da qual olhava ameaçador o judeu não regenerado. Para o judeu alemão a máscara era, tristemente, a única realidade.")[15] passou a ser sentida de maneira ainda mais forte, os *Ostjuden* [judeus do Leste] foram gradualmente retirados de seu papel recente e nada invejável de *demônios interiores da assimilação ocidental* (ver capítulo 4): aquele passado, do qual continuavam lembrando seus civilizados primos ocidentais, estes tinham agora pouca esperança de jamais relegar ao esquecimento. De forma um tanto menos previsível, os *Ostjuden* foram promovidos a um novo papel, de "pessoas excessivas", que encarnavam tudo de que mais careciam os judeus ocidentais e que com atraso eles lamentaram ter abandonado. "Die Ostjuden sind ganze, lebensfrohe und lebenskräftige Menschen" [os judeus do Leste são pessoas totalmente alegres e cheias de vida], disse melancolicamente Nathan Birnbaum em 1912. Martin Buber — que fez mais que qualquer outro para substituir pelo mito do judeu oriental como símbolo de saúde cultural o velho mito do *Ostjude* como relíquia da mesma selvageria pré-cultural que a formal ética protestante aliada ao culto iluminista da civilidade se empenhou em extirpar — inadvertidamente desvendou a farsa do que fora alardeado como súbita mudança da sorte do *Ostjude* e da política para o *Westjude*. Como George L. Mosse argumenta de forma convincente, a descoberta de uma "nova e melhorada" versão do *Ostjude* foi mais um elo numa longa cadeia de empréstimos tomados à cultura dominante, sempre instigada (aberta ou subconscientemente) pela ânsia de "não diferir", de "ser como eles" e, portanto, "ser admitido". Mosse encontrou uma semelhança realmente espantosa entre a descrição sentimental de Buber sobre o gueto europeu oriental e a ideologia de Paul de Lagarde e outros porta-vozes da florescente *Volksgemeinschaft* [comunidade popular] alemã. As palavras favoritas de Buber eram *Blut, Boden, Volkstum, Gemeinschaft, Wurzelhaftigkeit* [sangue, chão, nação, comunidade, enraizamento]; seu prefixo favorito, "*Ur-*" [que dá o sentido de primitivo, original, anterior — N.T.].[16] Praticamente nunca os judeus tomaram emprestado uma ideologia majoritária que contivesse mais "elementos adversos a eles"...

O próprio encontro de Kafka com os *Ostjuden*, breve mas intenso e tormentoso, nas pessoas de um sr. Löwy, de uma sra. Tschissik e outros atores de uma companhia itinerante de teatro iídiche foi provavelmente o acontecimento isolado mais dramático de sua vida. Pela primeira vez, Kafka viu "pessoas que são judias de uma forma especialmente pura porque vivem apenas na religião, mas vivem nela sem esforço, discernimento ou aflição".[17] Essas palavras que registram amor, admiração e inveja expressam também a triste sabedoria da realidade sem esperança. Aqueles judeus puros eram puros somente porque *não entendiam* sua pureza. Eles não sabiam o que Kafka fazia e o que *não podia desaprender*. Sua pureza não era para ele; não era para ele nenhum daqueles traços que os tornavam tão atraentes. Não havia como voltar ao passado. Ou melhor, não havia um passado em Kafka ao qual ele *pudesse* retornar. Nas conversas diárias com seus novos amigos e mentores, ocorreu a Kafka que para os judeus a palavra "Mutter" não é apenas mãe, mas a palavra *alemã* para mãe, o que "a torna um tanto cômica"; para um judeu, "Mutter" "inconscientemente contém, junto com o esplendor cristão, a frieza cristã também, portanto a mulher judia que é chamada de 'Mutter' torna-se não apenas cômica, mas estranha". Assim, talvez "Mama" fosse um nome melhor para a mãe judia? Certamente seria... "se apenas não se imaginasse a 'Mutter' por trás dela"...[18]

Com discernimento acrescido de maldade, Richard Wagner escreveu certa vez sobre os estranhos e irredimíveis judeus que, tendo arrogantemente destruído seu relacionamento com prévios companheiros de sofrimento, acham sempre impossível criar uma nova conexão com a sociedade a que pretendem se integrar. E assim Kafka, nas palavras de Robertson, sentia que os judeus ocidentais como ele "estavam presos desconfortavelmente entre uma protetora comunidade judaica à qual não podiam voltar jamais e a sociedade ocidental que jamais os aceitaria de forma completa".[19] Horrível como era, essa suspensão num espaço social vazio era ainda um demônio menor. Muito mais macabro e pavoroso era o fato de que o vazio não estava "lá fora", mas *dentro* do homem que em vão tentava alcançar os dois suportes igualmente ilusórios. Carente de toda autoridade reconhecida de autodefinição, carente mesmo da linguagem que constrói as identidades, a vítima só podia existir *através desse vazio*, na brecha indescritível e sem nome entre uma realidade perdida e outra não encontrada. Kafka achava curiosamente insatisfatório o conto *Jüdinnen* [*Judias*], do seu amigo Max Brod; procurando uma explicação, anotou no diário:

> Faltam a *Jüdinnen* observadores não judeus, pessoas respeitáveis para o contraste que, em outros contos, salienta a condição judaica de modo a que ela avance na sua direção com assombro, dúvida, inveja, medo sendo enfim transformada em autoconfiança, mas que de qualquer forma só pode se erguer plenamente diante delas. É exatamente o que pedimos, nenhum outro princípio para a organização do material judaico nos parece justificável.

A condição judaica do judeu ocidental não podia mais se afirmar por si mesma. Mesmo na sua condição judaica — que, afinal, ele fazia o máximo para ocultar na escuridão segura dos aposentos da família — o judeu dependia da autoridade do gentio. Eram eles, os não judeus, as "pessoas respeitáveis", que tinham a exclusiva autoridade de definir o significado de ser judeu. Eram eles e somente eles que decidiam o princípio que permitia ao judeu juntar os fragmentos e pedaços do seu "material judaico" e formar um sentido. Por si mesmos, os judeus simplesmente não faziam sentido. Uma história dos judeus por si mesmos soava como uma mentira e, aliás, uma mentira hermeticamente impenetrável.

Talvez mais reveladora ainda seja a facilidade desinibida com que muda no registro de Kafka o ponto de observação:

> Da mesma forma, também, o salto convulsivo de um lagarto sob nossos pés numa vereda italiana nos delicia imenso e somos levados a nos curvar várias vezes, mas se os vemos às centenas numa loja rastejando confusamente uns sobre os outros em garrafões em geral usados para conservar picles, então não sabemos o que fazer.[20]

Procurando a prova de que sua primeira impressão da falha congênita de *Jüdinnen* era correta, Kafka tem que abandonar a mente perplexa da pessoa de dentro e ver ele mesmo o mundo com o olho penetrante da "pessoa respeitável". A autoridade de julgamento é em última análise dele e apenas em sua mente todas as provas podem ser concebidas e se tornar obrigatórias. E o que Kafka via pelo olho de um rico turista ou de um cliente de loja de animais à procura de lagartos era que, uma vez empilhados e deixados à sua própria companhia, os judeus eram ridiculamente sem sentido, incongruentes e insossos. Como lagartos num vidro de picles, os judeus encerrados em sua própria companhia devem ser vistos como fora do seu elemento, lançados num estado *antinatural*. Como um lagarto numa passagem de pedra italiana, o judeu "faz sentido" (para aqueles cujo juízo conta, cujo olhar dá sentido às coisas) apenas *individualmente*, quando constituído pela curiosidade do turista como uma atração turística. O estado *natural* do judeu é ser isolado — para ser observado, examinado, analisado e avaliado por um olho não judeu. Será então dado um veredito, o único veredito que sustenta a ordem e o sentido da existência judaica. Outros judeus não importam, assim como os outros lagartos no vidro. Como um dos personagens de Arthur Schnitzler observou, nenhum judeu realmente respeita o outro — não mais do que prisioneiros de guerra, especialmente quando não têm esperança. Eles podem odiar-se um ao outro ou se adorar, às vezes mesmo se amar, mas nunca se respeitar. Todas as suas relações emocionais desenvolvem-se naquela atmosfera de servidão espiritual e resultante duplicidade na qual o respeito está fadado a se sufocar.

Ele próprio um estranho universal e talvez o mais perspicaz dos estranhos universais, Kafka desfiava e delineava os traços universais da *estranheza*, esse único e verdadeiro herói, embora com muitas faces, de toda a sua obra literária. Ser um estranho é ser recusado e abdicar do direito à autoconstituição, à autodefinição, à identidade própria. É derivar o próprio sentido da relação com o nativo e do olhar discriminador do nativo. É esquecer a capacidade de criar um significado a partir do "material" herdado. É abdicar da própria autonomia e, com ela, à autoridade para dar sentido à própria vida. Ser um estranho significa ser capaz de viver uma ambivalência perpétua, uma vida substituta, de *dissimulação*.

Por si mesmo o estranho é desprovido de todos os atributos, é de fato um *homem sem qualidades* (exigia-se que os judeus fossem diferentes tanto dos não judeus quanto dos judeus, observou Gilman). Sejam quais forem as qualidades que possam lhe dar um corpo e assim retirá-lo do vazio, são qualidades gratuitamente conferidas e podem ser por capricho retiradas. Na sua ausência de substância, o estranho é um arquétipo da universalidade: sem peso, insubstancial, inefável, a não ser que injetado com conteúdos de outras pessoas; em nenhum lugar está em seu lugar "natural", é a própria antítese do concreto, do específico, do definido. O estranho é universal por não ter lar nem raízes. A falta de raízes relativiza tudo que é concreto e assim gera universalidade. Na falta de raízes tanto a universalidade quanto o relativismo encontram suas raízes. Sua afinidade veementemente negada é assim desmascarada. Ambos, à sua maneira, são produtos da existência ambivalente.

A revolução neolítica dos intelectuais

A essência da revolução neolítica foi a passagem do nomadismo à vida sedentária; ou, o que vem a dar no mesmo, da coleta de frutos ao cultivo de plantas que a natureza não produzia por si mesma. Se essa foi de fato a essência da revolução neolítica, então podemos dizer que o seu equivalente intelectual ocorreu nos anos seguintes à definição da *intelligentsia* por Mannheim como a categoria de estranhos que transforma o veneno de sua falta de lar na arma da verdade universal. Ou talvez essa revolução tenha decolado bem antes disso, só que Mannheim não a notou.

Na América da década de 80, "os colegas substituíram o público e o jargão superou o inglês", como disse recentemente Russell Jacoby. "Hoje os marxistas americanos têm gabinetes e vagas de estacionamento nos *campi* universitários." Com efeito, "ser um intelectual requer um endereço num *campus*". Nessas novas condições — tanto as oportunidades como as restrições que implicam — "a 'explosão' teórica marxista tem a força de um intervalo para o café num seminário", enquanto "uma visão crítica é ela mesma evidência de fracassos pessoais".[21] Mas Régis Debray[22] definiu os sucessivos períodos dos últimos cem anos da história intelectual francesa por referência ao tipo de moradia que ocuparam (universidades, editoras, veículos de comunicação de massa) — diferentes mas igualmente aconchegantes, bem mobiliadas, seguras, calorosas, confortáveis e muitas vezes até hospitaleiras. Se alguma vez foram nômades, os intelectuais já não o são. Eles chegaram, se estabeleceram e têm seus lotes que lavrar.

Com efeito, uma estrada imensa foi percorrida desde o *milieu artificiel* dos projetistas decididos, militantes e aflitos do *Grandioso Projeto*, que na opinião de Augustin Cochin fizeram uma "sociedade" toda deles, na qual "les participants figurent comme libres, libérés de toute attache, de toute obligation, de toute fonction sociale"[23] [os participantes figuram como livres, liberados de todo vínculo, de toda obrigação, de toda função social]. A força irresistível da revolução científico-tecnológica promovida pelo Estado panóptico esmagou aquela quase sociedade feita de discussão e opinião — e sugou o entulho. Intelectuais livres de outrora viraram professores universitários, consultores de governo, especialistas e funcionários das burocracias militar ou previdenciária. O pensamento saiu de seu isolamento. E achou confortáveis, acolhedores os vários lares que hoje habita. Os cavaleiros da universalidade tornaram-se defensores de hospitais, colégios, casas de ópera e institutos de pesquisa — de verbas e empregos, de salários e estatutos. De há muito deixaram de cerrar fileiras numa oposição solidária à sociedade que os transformou em estranhos. Raramente cerram fileiras — a não ser que esteja em jogo o próprio direito do especialista de dominar o seu campo, a sua especialidade. Fora isso, no que são todos solidários, há muita coisa a dividi-los, muito pouco a uni-los.

O intelectual de Mannheim, flutuante, isolado e voltado para dentro, não desapareceu completamente, embora com toda certeza seja hoje uma exceção — em guerra não tanto com a sociedade paroquial quanto com o paroquialismo dos seus colegas mais bem estabelecidos, saciados e satisfeitos. Foi esse paroquialismo que Theodor Adorno (uma das mais notórias "pessoas sem endereço permanente", o protótipo do sujeito flutuante, nunca e em parte alguma acomodado para sua própria satisfação e a dos anfitriões) encarou como o inimigo mais firme da "tentativa de mudar o mundo" que "se extraviava":

> O que difere do existente parecerá ao existente bruxaria, enquanto figuras de pensamento como proximidade, lar, segurança mantêm o mundo imperfeito sob seu feitiço. Os homens têm medo de que, perdendo essa mágica, eles percam tudo, porque a única felicidade que conhecem, mesmo em pensamento, é a de ser capaz de ater-se a algo — a perpetuação da falta de liberdade.[24]

Seu colega Max Horkheimer concordou: "Entre a vasta maioria dos governados há o medo inconsciente de que o pensamento teórico possa mostrar que sua penosa adaptação à realidade seja perversa e desnecessária."[25]

Observando o mundo racional no qual a especialização e o poder se fundiram e o conhecimento deixou de ser o poder dos que não têm poder, Max Weber não deu muita chance a pessoas como Adorno e Horkheimer: "O problema que nos assedia agora não é saber como essa evolução pode ser mudada, pois isso é impossível, mas ... o que podemos opor a esse mecanismo de modo a manter uma parte da humanidade livre desse parcelamento da alma, dessa suprema dominação da forma de vida burocrática."[26] Muito antes de Mannheim elevar o espectro do estranho universal à condição de Derradeiro Juiz, Weber compôs seu canto fúnebre à alma livre; manter livre uma parcela da humanidade era o máximo que se permitia esperar. Adorno e Horkheimer representavam essa parcela, uma parcela muito pequena e de consequências muito pequenas com certeza. Eles eram muitas vezes estranhos: estudiosos desgarrados num mundo de acadêmicos bem acomodados; alemães numa sociedade que os via como judeus; exilados de uma sociedade que nunca foi plenamente deles para uma sociedade que nunca quiseram fazer sua; filósofos europeus numa terra de anti-intelectualismo provinciano.

Tinham outros estranhos como eles por únicos companheiros e referências. A vida deles era a do exílio, com (na memorável descrição de Robert Michels) sua "animada troca de ideias nas noites livres, a companhia constante de homens das mais diferentes línguas, o isolamento forçado do mundo burguês de seus respectivos países e a suprema impossibilidade de qualquer ação 'prática'".[27] Logo o impossível tornou-se indesejável: o que não pode ser feito não vale a pena fazer. Pode-se também tirar orgulho da própria impotência: a surdez do mundo é testemunho do poder da mensagem. Com prazer, Adorno e Horkheimer encontraram na tradução de Paul Deussen para os *Upanishades* o que eles buscavam: um testemunho da irrevogável incompatibilidade entre o pensamento crítico, não comprometido, e o esforço para a mobilização do consenso popular que a ação prática demanda. Para fazer tal esforço, a ideia precisa se tornar um ordenado sistema teórico. Nesse processo, não pode permanecer por muito tempo não comprometida; logo deixa de ser crítica também.[28] Um papel ativo na vida não é compatível com a salvação da alma; a busca de coesão lógica que esse papel ativo requer não é compatível com a crítica libertadora. Os *Upanishades* (ao contrário da religião védica), os cínicos (ao contrário de seus sucessores estóicos), são João Batista (ao contrário de são Paulo) — todos se recusaram a produzir sistemas coesos, harmoniosos, academicamente respeitáveis, pois se recusavam firmemente qualquer envolvimento com a política em cuja atmosfera fétida não pode respirar o espírito livre.

Quanto mais exóticos e em menor número se tornam os marginalizados e isolados intelectuais no mundo da classe erudita bem estabelecida e comprometida na prática, mais radical e espiritual se torna seu compromisso com o universal e o absoluto, mais dissonante o contraste entre a univocidade de suas lealdades e a ambivalência de sua situação social. Eles são estranhos não apenas em relação aos "nativos" e seus valores dominantes. Antes e acima de tudo, da forma mais gritante e pungente, são estranhos em relação aos *colegas da classe erudita*. São traidores da lealdade à sua classe, hereges da ortodoxia de sua igreja. A universalidade que procuram é forjada pela oposição àquela particularidade da qual sua própria classe erudita (a classe que rejeitam e pela qual são rejeitados) lhes serve de protótipo. É a "ciência acadêmica", o "saber estabelecido", o "conhecimento burocratizado" que agora traduz o pecado da rendição aos interesses egoístas e paroquiais. É contra esses símbolos da queda que a ira e as mais venenosas flechas são agora dirigidas.

Não que as flechas alcancem o alvo. Com o conhecimento efetivamente traduzido em especialização institucionalmente entrincheirada, a visão de Mannheim da *intelligentsia* sem lar (imagem que cheirava a artimanha teórica o mais das vezes) parece cada vez mais nebulosa. Os especialistas são tudo, menos pessoas desenraizadas. Nem podem ser validamente acusados de *trahison des clercs* [traição aos sábios]. Não podem trair compromissos que nunca assumiram. Suas tarefas são específicas, decorrentes de problemas específicos. Colocados numa seção bem definida e institucionalizada de uma divisão geral do trabalho, eles não têm tempo para a antiga querela entre nativistas e universalistas e nenhuma utilidade para a luta entre as verdades eternas e o ceticismo moderno. Sua práxis como especialistas não gera nem ânsia de certeza nem inclinações relativistas. Quando nada, invalida as duas coisas e, acima de tudo, o conflito entre elas e a necessidade de escolha. Ao contrário dos imensos jardins do tamanho de sociedades vistos com cobiça pelos intelectuais flutuantes, cada um dos pequenos lotes cultivados pelos especialistas pode acomodar uma autoridade planificadora bem considerável (e absoluta) sem fazer de suas próprias fronteiras confinantes um problema. Com a redução da ânsia de expansão, murcha o desejo de universalidade. Com um interesse reduzido pelo vizinho por trás da partilha, some aos poucos o horror à relatividade.

Parece que a perspectiva cognitiva da classe erudita, dividida como se encontra hoje numa multiplicidade de seções especializadas que se ligam apenas frouxamente, não favorece nem o universalismo nem o relativismo e atenua consideravelmente a controvérsia entre os dois. Não admira que as filosofias mais populares de hoje sejam aquelas que humildemente admitem fronteiras de verdade localizadas, de base comunitária, ao mesmo tempo que lutam para defender sua prerrogativa de distinguir entre o certo e o errado dentro das linhas de fronteira aceitas. Pode-se dizer que nessas filosofias as *comunidades* (ou formas de vida, ou tradições, ou línguas) tornaram-se sinônimos da ideia de verdade: a comunidade é a área na qual uma verdade pode ser tida como objetiva e obrigatória, enquanto a verdade é objetiva e obrigatória na medida em que há uma comunidade que aceita isso e portanto a transforma em realidade dentro de suas fronteiras. A comunidade e a verdade são duas figuras retóricas que se referem uma à outra, cada uma legitimando-se através da outra num mundo de especialistas e verdade compartimentada.

A universalidade do desenraizamento

A "revolução neolítica" da elite espiritual, a espantosa transformação de intelectuais sem raízes em classe erudita estabelecida, é apenas um caso mais espetacular (talvez sentido de forma mais profunda por ser "mais próximo") num processo mais amplo que pode ser chamado de *privatização da estranheza*. Um corolário paradoxal da *privatização* é a *universalidade* da estranheza: o fato de "ser um estranho" é vivido, em graus variados, por todos os membros da sociedade contemporânea, com sua extrema divisão do trabalho e a separação de esferas funcionalmente separadas. Se os membros da classe erudita passam por essa experiência, fazem-no em geral mais como membros da sociedade do que como cientistas, tecnólogos, pensadores ou artistas. Nestas condições, suas atividades especializadas, firmemente ancoradas com a ajuda de companhias produtoras e distribuidoras, a divisão burocrática de funções e a hierarquia de comando, os sistemas institucionalizados de recompensa, as "redes", "círculos" e "pernas" (cafés, clubes, revistas) em que se apoia sua identidade de grupo[29] e que a sustentam, controlam e servem, são fatores de integração e participação, mais que de isolamento. Na sua condição privada, no entanto, como indivíduos, os membros da classe erudita partilham o modo de existência universal, do qual a experiência do isolamento é um componente importante e onipresente. A estranheza — de forma mais geral, a ambivalência existencial e mental — perdeu sua particularidade como condição humana; com essa perda se foi o seu antigo gume de rebeldia, potencialmente revolucionário. Tendo se tornado uma condição humana *universal* — um modo de "existência como tal" — ela não gera mais a universalidade como dinamite a ponto de explodir a fátua cotidianidade da vida paroquial. A estranheza não é mais uma percepção do outro lado da existência, um desafio ao aqui e agora, um ponto de observação favorável, o da utopia. Ela mesma virou rotina.

Como assinalou e argumentou convincentemente Niklas Luhmann, "com a adoção da diferenciação funcional, as pessoas não podem mais, como indivíduos, ser firmemente situadas num único subsistema da sociedade, devendo antes ser encaradas a priori como socialmente deslocadas".[30] Isto é, o indivíduo é uma "pessoa deslocada" por definição: é o próprio fato de não poder se subordinar inteiramente a nenhum dos inúmeros subsistemas funcionais que apenas em combinação constituem a plenitude do seu processo de vida (o fato, em outras palavras, de não pertencer inteiramente a nenhum dos subsistemas e de nenhum subsistema poder reivindicar sua submissão exclusiva) que faz dele um indivíduo. Em relação a cada subsistema, o indivíduo é uma unidade de muitos significados, um composto ambíguo — sempre um *estranho parcial*. Em relação a nenhum dos subsistemas é completamente um *nativo*. Em termos da sua biografia, o indivíduo contemporâneo passa por uma longa série de mundos sociais amplamente divergentes (no mínimo descoordenados, na pior das hipóteses contraditórios). Em qualquer momento dado de sua vida, o indivíduo habita simultaneamente vários desses mundos divergentes. O resultado é que é "extirpado" de cada um e não está "à vontade" em nenhum. Pode-se dizer que ele é o *estranho universal*. A tentação é afirmar que ele está "inteiramente à vontade" somente consigo mesmo. (Tal circunstância, assinalemos, crava o último prego no caixão do *compleat mappa mundi*; mas ao mesmo tempo ela tira o ferrão revolucionário da resistência ao paroquialismo das miniordens caseiras.) Com efeito, como Luhmann diria, para o indivíduo contemporâneo o ego se torna o lugar e o foco de toda experiência interior, enquanto o ambiente, dividido em fragmentos com pouca conexão entre si, perde muito dos seus contornos e de sua autoridade definidora de significados.

E todavia esse "estar à vontade consigo mesmo" é altamente problemático. Ele só pode se dar, quando se dá, como fruto de um esforço demorado e tortuoso. A fraca coordenação entre os subsistemas reflete-se na heterogeneidade do eu. Isolamentos parciais são incorporados e vividos como resistência do eu à integração. O eu é sobrecarregado com a tarefa impossível de reconstruir a perdida integridade do mundo; ou, mais modestamente, com a tarefa de sustentar a produção de sua identidade; de fazer por si próprio o que antes era confiado à comunidade nativa. De fato, é agora dentro do eu que essa "comunidade nativa", como quadro de referência da própria identidade, deve ser construída. E é somente dentro do trabalho de imaginação do eu que tal comunidade encontra sua existência, necessariamente precária.

Durante a fase *Sturm und Drang* da modernidade, viver num estado de desconforto, deslocamento e ambivalência exigia uma desculpa. A ausência de um endereço para onde encaminhar tal desculpa é um dos aspectos mais notáveis do nosso período da modernidade. Em geral os indivíduos se voltam para sua vida privada como único lugar onde esperam construir um lar em meio ao *desconforto e deslocamento universais*. Sua esperança, no entanto, é frustrada.

> ... continuamente, o vento frio do "deslocamento" ameaça essas frágeis construções. Seria um exagero dizer que a "solução" da esfera privada é um fracasso, pois há muito sucesso individual. Mas é sempre muito precário.[31]

E no que diz respeito à experiência do isolamento o que conta é o fato de o sucesso ser endemicamente *precário*, mesmo que vingue.

> Um mundo em que tudo está em constante movimento é um mundo no qual certezas de qualquer tipo são difíceis de obter ... O que é verdade num contexto da vida social do indivíduo pode ser um erro em outro. O que se considera certo num estágio da carreira social do indivíduo torna-se errado no estágio seguinte.[32]

O mundo de hoje não abole a estranheza e a ambivalência existencial de que está impregnado. Mas não oferece qualquer esperança de que o estranho possa ser redimido. E à medida que a ambivalência se torna uma experiência cada vez mais universal, diminuindo cada vez mais a perspectiva de redenção, a ânsia de liberdade vai minguando.

Há uma substancial diferença entre ser um estranho num mundo nativo bem estabelecido e ser um estranho num mundo em movimento. No primeiro caso, a miséria é acrescida da promessa, da esperança e de um programa de liquidação da miséria. A hierarquia aparentemente nítida dos valores e normas nativos define o que deve ser feito e o faz com autoridade inconteste. Os nativos encarnam o *universal* humano que torna paroquial e vergonhosa a forma de humanidade do estranho. É fácil (talvez natural) confundir então o esforço de assimilação dos padrões nativos dominantes com a promoção da verdade universal, definir o mal-estar de uma estranheza específica como deformação ou escassez de universalidade, identificar a ânsia de apagar uma diferença específica com a necessidade de limpar o espaço para o domínio uniforme e absoluto dos padrões universais. No segundo caso, porém, embora os estranhos permaneçam estranhos, eles não vivem mais entre os nativos; com efeito, não há nativos à vista. Na ausência de padrões incontestes, que possam sensatamente reivindicar ou aspirar à ascendência, a estranheza não é sentida como uma condição temporária. Muito menos que antes, parece uma condição insuportável, da qual se tem o dever de escapar. A diferença agora não carrega culpa; e a vergonha de ser culpado de diferença não mais incita o acusado a escapar do isolamento.

A visão da universalidade nasce da falta de raízes, mas seu reabastecimento só ocorre enquanto a falta de raízes continuar sendo uma condição *particular*, uma desvantagem, um desprivilégio. Uma vez que o deslocamento se torna uma condição universal, a particularidade é apagada, mas não da maneira outrora sonhada pelos deslocados. A relatividade torna-se agora o grande equalizador; é através da peculiaridade que se escapa ao estigma da diferença. Somente colocando-se à parte pode-se partilhar a desagradável situação dos outros e participar em pé de igualdade da condição humana universal. A estranheza tornou-se universal. Ou melhor, foi dissolvida; o que, afinal, vem a dar no mesmo. Se todo mundo é um estranho, então ninguém é.

Resta saber em que medida a disseminada aversão aos grandiosos projetos sociais, a perda de interesse pelas verdades absolutas, a privatização dos anseios redentores, a reconciliação com o valor relativo — meramente heurístico — de todas as técnicas de vida, a aceitação da irredimível pluralidade do mundo, em suma, todas essas tendências aflitivas mas estimulantes em geral enfeixadas sob o nome de *pós-modernidade*, são consequências duradouras da *abolição* da estranheza, alcançada com sua elevação a *condição humana universal.*

A ameaça e a chance

A ideia inerentemente polissêmica e controvertida de pós-modernidade refere-se em geral (ainda que tacitamente apenas) primeiro e acima de tudo a uma aceitação da inextirpável pluralidade do mundo; pluralidade que não é uma estação de passagem na estrada rumo à perfeição ainda não atingida (as imperfeições são muitas e variadas; a perfeição é, por definição, sempre uma), estação que mais cedo ou mais tarde será deixada para trás —, mas a qualidade constitutiva da existência. Além disso, pós-modernidade significa uma decidida emancipação face à ânsia caracteristicamente moderna de superar a ambivalência e promover a clareza monossêmica da uniformidade. Com efeito, a pós-modernidade inverte os sinais dos valores centrais à modernidade, como a uniformidade e o universalismo. E uma vez percebida como irredutível e improvável de convergir, nem de ser dissolvida numa forma de vida que visa a universalidade nem degradada por uma forma que visa a dominação universal, a variedade de formas de vida não apenas é aceita de má vontade como elevada à categoria de um valor positivo supremo. A pós-modernidade é a modernidade que admitiu a impraticabilidade de seu projeto original. A pós-modernidade é a modernidade reconciliada com sua própria impossibilidade — e decidida, por bem ou por mal, a viver com ela. A prática moderna continua — agora, entretanto, despojada do objetivo que outrora a desencadeou.

Na ausência da intenção de dominar, a presença de padrões mutuamente exclusivos nem ofende o desejo de congruência lógica nem desencadeia uma ação curativa. Falando idealmente, no mundo plural e pluralístico da pós-modernidade, toda forma de vida é em princípio permitida, ou melhor, não há princípios acordados evidentes (ou incontestavelmente acordados) que possam tornar qualquer forma de vida não permissível. Uma vez que a diferença deixa de ser uma opressão e não é vista como um problema que exige ação e solução, a coexistência pacífica de formas distintas de vida se torna *possível* em outro sentido que não o do temporário equilíbrio de forças hostis. O princípio da coexistência pode (apenas pode) substituir o princípio da universalização, enquanto o preceito da tolerância pode (apenas pode) tomar o lugar da conversão e da subordinação. Liberdade, igualdade e fraternidade fizeram o grito de guerra da modernidade. *Liberdade, diversidade e tolerância* constituem a fórmula do armistício da pós-modernidade. E com a tolerância transformada em *solidariedade* (ver capítulo 8), o armistício pode mesmo transformar-se em paz.

Pode-se assim *esperar* o desaparecimento de um dos fundamentos supremos do ímpeto destrutivo, na medida em que a autoafirmação de diferentes formas de vida perde o caráter de um jogo de eliminação. Pode-se encontrar espaço para novas formas sem esvaziar o espaço ocupado pelas formas existentes, de modo que o motivo mais importante para a retórica e a prática da destruição perde um bocado da sua força. (O mesmo acontece, podemos acrescentar, com o heroísmo romântico da novidade revolucionária. As revoluções preservam seu apelo apenas enquanto a experiência da diferença permanece intolerável. A aceitação da relatividade e a reconciliação com a ambivalência esvaziam a atração da mudança radical e condensada; com efeito, tornam a revolução sem sentido. Se não há padrões a serem preservados à custa dos outros, não há padrões que devam ser removidos para que outros possam existir. A estratégia da inovação implica uma estratégia da destruição apenas se a novidade visa deslocar.)

A aceitação da permanente diferenciação (e da pluralidade de ações principalmente coordenadas que a apoiam) está intimamente ligada à morte dos grandiosos projetos de engenharia social, à erosão da postura cirúrgica ou de jardinagem que ao longo de toda a era moderna caracterizou as atitudes e as políticas dos poderes instituídos — e acima de tudo os poderes da nação-Estado. A modernidade proclamou a artificialidade essencial da ordem social e a incapacidade da sociedade de alcançar uma existência ordeira por si mesma. Também proclamou que o estabelecimento da ordem social requer a distribuição assimétrica da atuação — isto é, a divisão da sociedade em atores e objetos de suas ações. A reivindicação exclusiva de uma atuação eleita para definir o estado de ordem como distinto do caos foi formulada na ideologia da superioridade da razão sobre as paixões, da conduta racional sobre os impulsos irracionais e do conhecimento sobre a ignorância ou superstição. A oposição entre esses valores abstratos tanto gerou como refletiu divisões sociais práticas. Mais importante, serviu à perpétua condensação da autonomia e da opção num polo da divisão social e à deslegitimação da vontade autônoma do outro lado. Além disso, essa oposição pode perder muito do seu poder incisivo quando o impulso da dominação se funde na atmosfera de coexistência e tolerância (opcional ou forçada). Ela pode (apenas pode) não sobreviver por muito tempo ao desaparecimento da ambição de engenharia que foi seu sentido e razão. Ela tirou seu significado das cruzadas e projetos missionários; dificilmente pode sobreviver a eles.

A memória da oposição, no entanto, incita a conceber sua queda em desgraça como a reabilitação da irracionalidade e a derrota da razão. O que é percebido dessa forma, porém, é meramente a súbita falta de sentido, ainda não inteiramente entendida, da distinção, numa época em que o destino planejado e projetado pelo homem deixou de diferenciar formas de vida ungidas para governar e outras marcadas para a colonização ou extinção. A irracionalidade é o refugo da indústria da racionalidade. O caos é o refugo que se acumula na produção da ordem. A assustadora incongruência do estranho é o rejeito que sobra depois que o mundo foi claramente dividido em fatias, uma chamada "nós" e outra chamada "eles". A ambivalência é um subproduto tóxico da fabricação de transparência semiótica. Irracionalidade, caos, estranheza, ambivalência são todos nomes dados ao inominado "além" para o qual não têm utilidade os poderes dominantes que se identificaram como razão, forças da ordem, nativos, significado. São subprodutos das ambições planificadoras, da mesma maneira que as ervas daninhas nascem em jardins projetados. Não têm outro significado senão a recusa de alguém em tolerá-los. Ou melhor, uma vez evaporados os solventes empíricos e restando apenas cristais sólidos, todos os seus múltiplos significados se resumem àquela diferença com que alguém, em algum lugar, se recusou a viver.

Há, como sugeriu Dick Higgins uma década atrás, questões *cognitivas* e *pós-cognitivas*. As primeiras perderam muito de seu fascínio, as outras são formuladas com frequência crescente. As questões cognitivas decorriam do axioma da *unicidade* efetiva ou presumível do mundo. No mundo único, um mundo sem alternativas para si mesmo, a tarefa é sondar o que esse mundo exige daqueles que querem encontrar seu lugar nele. As questões, portanto, são: "Como posso interpretar esse mundo do qual faço parte? E o que sou nele?" As questões pós-cognitivas não desfrutam do luxo que o velho axioma oferecia. Na verdade, mal têm axiomas de onde partir com confiança. Nem têm endereço claro. Antes de se porem a explorar o mundo, têm que descobrir que mundo(s) há para explorar. Daí as perguntas: "De que mundo se trata? O que deve ser feito nele? Qual dos meus eus deve fazê-lo?" — nessa ordem.

Projetando retroativamente usos discursivos posteriores, Brian McHale renomeia as questões de Higgins como *modernistas* e *pós-modernistas*, respectivamente.[33] Ele observa também que, segundo divisões filosóficas ortodoxas, as questões cognitivas pertencem à epistemologia, enquanto as pós-cognitivas são primordialmente ontológicas; assim, as questões "pós-cognitivas" não são absolutamente *cognitivas*, pelo menos não em sentido estrito. Elas vão além das fronteiras da epistemologia. Ou melhor, remontam à questão fundamental do ser, que deve ser resolvida *antes* que a epistemologia possa assumir seriamente a sua tarefa e a qual a maioria das questões epistemológicas formuladas durante a idade moderna supunha resolvida. Assim, são questões tipicamente modernas: "O que há para ser conhecido? Quem o conhece? Como o conhece e com que grau de certeza?" As questões tipicamente pós-modernas não vão tão longe. Em vez de situar a tarefa para o conhecedor, elas tentam situar o próprio conhecedor. "O que é um mundo? Que tipos de mundo existem, como se constituem e como diferem?" Mesmo quando partilham uma preocupação com o conhecimento, os dois tipos de indagação formulam seus problemas de modo diferente: "Como o conhecimento é transmitido de uma pessoa para outra e com que grau de segurança?" Isso em oposição a: "O que acontece quando mundos diferentes são colocados em confronto ou quando as fronteiras entre os mundos são violadas?" Note-se que as questões pós-modernas não encontram utilidade para a "certeza" ou mesmo para a "segurança". A univocidade da epistemologia moderna parece irremediavelmente deslocada nessa realidade pluralista com a qual a indagação ontológica pós-moderna primeiro se reconcilia e à qual depois é dirigida. Aquele desejo imenso de poder que animou a busca do definitivo (única coisa que poderia animá-la) desperta agora pouca paixão. Somente sobrancelhas se erguem ante a autoconfiança que outrora fez a busca do absoluto parecer um projeto plausível.

Parece que no mundo da ambivalência universal da estranheza o estranho não é mais atormentado pela ambivalência do que é e o absolutismo do que *deveria ser*. Essa é uma nova experiência para o estranho. E já que a experiência do estranho é uma que a maioria partilha, esta é também uma nova situação para o mundo. Com essa nova experiência, nem o estranho nem o seu mundo devem permanecer os mesmos. Mas quais as consequências?

Richard Rorty resumiu recentemente da seguinte forma o feito de Proust:

> Como Nietzsche, ele se livrou do medo de que havia uma verdade anterior sobre si mesmo, uma essência real que outros deviam ter detectado. Mas Proust foi capaz de fazê-lo sem pretender que conhecia a verdade que fora escondida das figuras de autoridade dos seus primeiros anos. Conseguiu desbancar a autoridade sem se estabelecer ele mesmo como autoridade, desbancar as ambições dos poderosos sem partilhá-las.[34]

A grande chance da pós-modernidade é reproduzir em escala maciça o feito pessoal de Proust. O perigo formidável da pós-modernidade é que — se a chance não for aproveitada — pode ressuscitar ambições defuntas (ou que apenas hibernam?) da adolescência moderna e injetar nos contemporâneos o desejo de revivê-las. A história, disse Marx, sempre ocorre duas vezes. Primeiro como tragédia, depois como farsa. Mas pode ser, como aconteceu com muitas de suas previsões, que ele tenha trocado a ordem de sucessão dos gêneros.

4

Um estudo de caso na sociologia da assimilação I: Na armadilha da ambivalência

Gostaria de ser um romano, pois não posso,
Sendo um volsco, ser o que sou. Condição?
Que boa condição pode um tratado encontrar
Na parte que está submissa?

Shakespeare, *Coriolano*, I, x, 4-7

No título deste capítulo há mais do que uma referência incidental à expressão *prisioneiros da ambivalência*, cunhada por Geoff Dench como subtítulo de seu estudo perspicaz e cheio de empatia sobre a angustiosa situação das minorias numa sociedade aberta. Embora reconhecendo a verdade da imagem-mestra, creio que os achados deste capítulo são melhor traduzidos pela metáfora da *armadilha*, em vez de *prisão*. A história que se conta neste capítulo é a da oferta moderna da assimilação *atraindo* suas vítimas para um estado de crônica ambivalência com a isca de bilhetes de ingresso no mundo livre do estigma da alteridade.

Literalmente, assimilação significa tornar semelhante. A etimologia histórica mostra que em algum ponto do século XVII o campo de referência do termo começou a ser estendido gradualmente até abranger os usos mais familiares e comuns hoje em dia. Como outros termos surgidos da nova experiência da modernidade nascente e de práticas nomeadoras até então não nomeadas (ou melhor, até então inexistentes), ele reestruturou a memória do passado, trazendo à luz aspectos antes insuspeitados. Os processos que o novo termo tentou captar foram retrospectivamente postulados, buscados, imputados ou encontrados e documentados nas sociedades do passado cuja consciência não continha nem o conceito nem as visões que ele despertou.

Uma ação consciente, historicamente enquadrada, foi, por assim dizer, "desistoricizada" e encarada como um processo perpétuo e universal, como uma característica geral da vida social como tal, enraizada na natureza da coabitação humana (algo como a propensão demasiadamente humana à imitação, formulada por Tarde) mais do que presa a qualquer corpo ou projeto político historicamente específico. De repente pareceu que em toda parte e em todas as épocas as diferenças de comportamento dos seres humanos tenderiam a desaparecer ou pelo menos se tornar indistintas; que sempre e onde quer que seres humanos de hábitos distintos vivessem perto uns dos outros, tenderiam com o tempo a se tornar mais parecidos; hábitos profundamente distintos seriam gradualmente deslocados e substituídos, de modo que resultaria mais e mais uniformidade. Essa visão da lógica da coabitação humana estava em total contradição com a prática pré-moderna, bem recente e até então inquestionada, mas agora rapidamente suprimida e forçosamente esquecida, que aceitava a permanência da diferenciação, considerava uma virtude "o apego ao que é afim", penalizava a rivalidade e o cruzar de fronteiras e, em geral, encarava as diferenças com equanimidade, como um fato da vida que não exigia mais ação curativa que tempestades de primavera ou nevascas de inverno.

Se a origem metafórica do termo "cultura" está agora amplamente documentada, o mesmo não é verdade quanto ao conceito de assimilação. Isso é lamentável, uma vez que o começo dos usos modernos de "assimilação" fornece uma chave única para a *hermenêutica sociológica* do termo, isto é, para a revelação das estratégias de ação social que originalmente procuraram expressão no tropo emprestado, apenas para se esconder depois por trás de sua nova denominação "naturalizada", e dos aspectos dessas estratégias que antes de mais nada fizeram o termo emprestado "se encaixar".

Verificamos no *Oxford English Dictionary* que o primeiro uso registrado do termo "assimilação", que precedeu de um século as aplicações metafóricas posteriores, foi de ordem biológica. No relato biológico do século XVI (o dicionário registra 1578 como data do primeiro uso documentado), "assimilação" referia-se aos atos de *absorção* e *incorporação* realizados por organismos vivos. Inequivocamente, "assimilação" significava *conversão*, não uma mudança autoadministrada; uma ação realizada por um organismo vivo sobre o seu ambiente passivo. Significava "converter numa substância de sua própria natureza", "a conversão por um animal ou planta de material exterior em fluidos e tecidos idênticos aos seus". Os primeiros usos metafóricos incipientes do termo datam de 1626, mas só a partir de meados do século XVIII o significado foi generalizado para um inespecífico "*tornar* semelhante". O uso contemporâneo, no qual o ônus passa do organismo conversor ao "material absorvido" ("*ser* ou *tornar-se* parecido a..."), veio por último e se tornou corrente apenas por volta de 1837 — exatamente na época em que foi feito pela primeira vez um convite à assimilação (ou, mais precisamente, foi dada *a ordem* nesse sentido) pelos nacionalismos nascentes.

Podemos supor que o que tornou esse termo *biológico* atraente para os que buscavam um nome para novas práticas *sociais* foi acima de tudo a assimetria que implicava, a inequívoca unidirecionalidade do processo (a própria oposição ao "nivelamento" implicado na imagem de "se tornarem mais parecidos um com o outro"). Como parte de um relato biológico, "assimilação" representava a atividade do organismo que se alimentava, que *subordinava* partes do ambiente a suas próprias necessidades e o fazia *transformando-as* — de modo que elas se tornariam idênticas aos seus próprios "fluidos e tecidos" (o organismo simultaneamente como *causa finalis* e *causa efficiens* do processo e seu resultado). O conceito evocava a imagem de um corpo vivo, ativo, a injetar seus próprios conteúdos e a gravar sua própria forma em algo diferente dele e fazendo isso por sua própria iniciativa e com seu próprio objetivo (*tendo que fazê-lo* para permanecer vivo); de um processo durante o qual a forma e conteúdos da outra entidade passavam por uma mudança radical, enquanto a identidade do corpo "assimilante" era mantida e, com efeito, permanecia constante através da única maneira possível — pela absorção. Foi essa imagem que tornou o conceito *biológico* eminentemente adequado à sua nova função semântica, *social*. Uma vez colocado em seu novo uso metafórico, o conceito captou o recente impulso para a uniformidade, melhor expresso na abrangente cruzada cultural em que embarcaram as novas nações-Estados modernas (ou nações em busca de um Estado). O impulso refletia e previa a chegada da *intolerância à diferença*.

O Estado moderno significava a perda de poder da autogestão comunitária e o desmantelamento dos mecanismos locais ou corporativos de autopreservação; além disso, o Estado moderno minou as bases sociais das tradições e formas de vida comunitárias e corporativas. A autorreprodução das formas de vida fundadas na comunidade ou se tornaram impossíveis ou pelo menos encontraram obstáculos formidáveis. Isso, por sua vez, rompeu o automatismo irrefletido e a "naturalidade" que marcavam a reprodução de padrões de comportamento humano no seu estágio local e comunal. A conduta humana perdeu sua aparência anterior de naturalidade; perdida também estava a expectativa de que a natureza seguiria seu curso mesmo se (e particularmente se) inassistida e deixada a sua própria sorte. Com a espinha dorsal da autorreprodução comunitária quebrada ou se desintegrando rapidamente, o Estado moderno estava fadado a se empenhar no controle deliberado dos processos sociais numa escala sem precedentes. Com efeito, ele precisava gerar *intencionalmente* o que no passado se podia confiar que apareceria *por conta própria*. A nação-Estado moderna não "assumiu" a função e a autoridade das comunidades e corporações locais; ela não "concentrou" os poderes anteriormente dispersos. Ela presidiu à formação de um tipo de poder inteiramente novo, diferente de todos os poderes do passado por seu alcance, penetração e ambição sem precedentes.[1]

A ambição era criar artificialmente o que *não se podia esperar* que a natureza criasse; ou melhor, o que não se devia *permitir* que criasse. O Estado moderno era um poder planejador, e planejar significava definir a diferença entre ordem e caos, separar o próprio do impróprio, legitimar um padrão às expensas de todos os outros. O Estado moderno difundia alguns padrões e se punha a eliminar todos os outros. No todo, ele promovia a similaridade e a uniformidade. O princípio de uma lei uniforme para todo mundo em um dado território, da identidade dos súditos como cidadãos, proclamava que os membros da sociedade, como objetos de atenção e vigilância do Estado, eram indistinguíveis um do outro, ou pelo menos deviam ser tratados assim. Além disso, quaisquer qualidades distintivas de grupo que possuíssem foram declaradas ilegítimas. Desautorizadas e portanto subversivas, essas qualidades agora geravam ansiedade: eram testemunho da inconclusão da tarefa de construção da ordem e da vulnerabilidade da ordem.

Na sua essência, portanto, a assimilação foi uma declaração de guerra à ambiguidade semântica, às qualidades sobre ou subdeterminadas. Foi um manifesto do dilema "ou/ou": da obrigação de escolher e de escolher inequivocamente. Mais importante ainda, era um lance de uma parte da sociedade para exercer um direito monopolista de conferir autoridade e significados obrigatórios a todos — e assim classificar seções "não ajustadas" do corpo administrado pelo Estado como *estrangeiras* ou *insuficientemente nativas*, fora de sintonia ou de lugar e portanto necessitadas de uma reforma radical. Essa prerrogativa era um parágrafo único (embora de forma alguma menor) no projeto geral de substituir o estado de coisas *natural* por uma ordem *artificialmente* planejada, no lance dos planejadores de exercer um direito monopolista de separar as categorias "ajustadas" das "desajustadas", as "de valor" das "inúteis" e estabelecer as condições nas quais podia ocorrer (se podia) a passagem das segundas para as primeiras.

Acima de tudo, a visão da assimilação era uma confirmação indireta da hierarquia social das formas existentes de vida. Ela assumia a superioridade de uma forma de vida e a inferioridade de outra; ela transformava sua desigualdade em axioma, tomava-a como ponto de partida de todo argumento e assim tornava-a segura contra o exame minucioso e o desafio. Ela efetivamente reforçava essa desigualdade fazendo da ambivalência (isto é, a violação de categorias política e socialmente impostas) um crime grave e punindo os seus portadores por cometê-lo. Além disso, a discriminação dos setores "desajustados" do corpo social e político era explicada por referência a suas próprias falhas, imperfeições e sua própria "alteridade". A aceitação da assimilação como uma visão e uma estrutura para uma estratégia de vida era equivalente ao reconhecimento da hierarquia existente, sua legitimidade e, acima de tudo, sua imutabilidade.

A visão e o programa de assimilação eram também uma importante arma no esforço da nação-Estado moderna de minar ainda mais a coerência e o poder de resistência de instituições competidoras de controle social que limitavam ou podiam limitar sua ambição de soberania absoluta. Transformados em objetos de presumível assimilação, esperava-se que os súditos do Estado admitissem a inferioridade de sua forma de vida presente. O convite para escapar à classificação estigmatizante através da aceitação de uma forma de vida não estigmatizada era, por outro lado, estendido aos indivíduos *enquanto indivíduos*. A assimilação era um convite aos membros individuais dos grupos estigmatizados para abandonarem a lealdade aos grupos de origem (ou aos grupos para os quais haviam sido designados pelas decisões classificatórias das autoridades estatais), para desafiarem o direito desses grupos a estabelecer padrões próprios e impositivos de comportamento, para se revoltarem contra o poder desses grupos e renunciarem à lealdade comunitária. A assimilação era, por assim dizer, um convite estendido por cima das cabeças dos poderes comunitários e corporativos e em direta oposição a eles. A assimilação era, portanto, um exercício de descrédito e de enfraquecimento das fontes potencialmente competidoras de autoridade social, comunitárias ou corporativas. Visava afrouxar o laço em que esses grupos competidores mantinham seus membros. Visava, em outras palavras, a eliminação de tais grupos como forças de competição efetiva ou viável.

Uma vez alcançado esse efeito — subtraído o prestígio às autoridades comunais e anulados seus poderes legislativos — a ameaça de um sério desafio à estrutura de dominação existente foi praticamente eliminada. Os competidores em potencial foram despojados do seu poder de resistir e de se envolver num diálogo com sequer uma chance remota de sucesso. Coletivamente, eles não tinham poder. Foi deixado aos indivíduos buscar livrar-se do estigma coletivo de estranheza alcançando as condições estabelecidas pelos guardiães do grupo dominante. Os indivíduos foram deixados à mercê dos guardiães. Eram objeto de exame e avaliação minuciosos por parte do grupo dominante, que detinha um completo controle sobre o significado de sua conduta. O que quer que fizessem e fosse qual fosse o significado que pretendessem dar a suas ações, reafirmariam *a priori* a capacidade de controle do grupo dominante. Seu clamor pela admissão reforçava automati-camente a exigência de dominação deste último. O convite permanente para se tentar o ingresso e sua aceitação confirmava o grupo dominante na sua condição de detentor, guardião e plenipotenciário de valores superiores, além disso dando substância material ao conceito de "superioridade de valor". O próprio fato de fazer o convite estabelecia o grupo dominante na posição de *poder arbitrário*, força encarregada de instituir os exames e avaliar o desempenho. Membros individuais das categorias declaradas subpadrões eram agora medidos e avaliados pelo nível de sua conformidade aos valores da elite nacional dominante. Eram "progressistas" caso se esforçassem por imitar os padrões dominantes e apagar todos os traços dos seus padrões originais. Eram rotulados de "atrasados" caso mantivessem lealdade aos padrões tradicionais ou se não fossem aptos ou rápidos o bastante em se livrar desses traços residuais.

O que tornava particularmente sedutor o convite permanente e desarmava moralmente era o fato de que ele vinha disfarçado de benevolência e tolerância; com efeito, o projeto assimilatório entrou para a história como parte do programa político *liberal*, da posição tolerante e esclarecida que exemplificava todos os traços mais caros de um "Estado civilizado". O disfarce efetivamente encobria o fato de que a oferta assimilatória devia ter tacitamente assumido, de modo a fazer sentido, a rigidez das normas discriminatórias e a finalidade do veredito de inferioridade dos valores não conformistas. A tolerância, entendida como estímulo às "atitudes progressistas" expressas na busca da "automelhoria" individual, era significativa apenas na medida em que as *medidas* de progresso não eram negociáveis. Sob a política de assimilação, o tratamento tolerante dos *indivíduos* estava indissoluvelmente ligado à intolerância para com as coletividades, seus modos de vida, seus valores e, acima de tudo, seus poderes de legitimação de valor. Com efeito, a primeira era um poderoso instrumento para a exitosa promoção da segunda.

A efetiva privação dos privilégios de autoridades geradoras ou legitimadoras de valor foi representada como a universalidade dos valores apoiados pela hierarquia instituída. De fato, no entanto, a alegada universalidade dos valores saudados e promovidos autoritariamente não tinha outro substrato material senão a soberania convenientemente protegida dos poderes julgadores de valor. Quanto mais efetiva a supressão das fontes possíveis de desafio, menor era a chance de que fosse desmascarada a pretensão de universalidade e da absoluta validade de atribuir valor como função do monopólio de poder. O grau com que valores localmente dominantes podiam reivindicar com crédito uma validade supralocal era uma função de sua supremacia local.

O caso dos judeus alemães

Acontece que parte considerável da teoria sociológica da assimilação moderna foi formulada por referência explícita ou implícita à experiência judaica.[2] Isso não foi nada acidental, uma vez que tanto o programa assimilatório das nações-Estados modernas como as reações a ele por parte da população visada desenvolveram-se explícita e plenamente no contexto dos problemas assimilatórios judaicos. Como os judeus enfrentaram a pressão assimilatória em praticamente toda sociedade em processo de modernização na Europa, seus problemas em nenhum momento foram confinados a uma nação-Estado e desde o início sugeriram uma perspectiva comparativa, implicando uma necessidade e uma possibilidade de generalização. Todo o processo podia ser examinado de um ponto favorável de observação, supralocal e supranacional, circunstância que revelava os limites e contradições internas do processo, de outra forma passível de ser subestimado.

Na imagem acadêmica e popular da assimilação judaica, da entrada do judeu no mundo moderno (ou da sua saída do gueto), a história dos judeus alemães ocupa o lugar central e em muitos aspectos prototípico. Várias circunstâncias contribuíram para isso.

A mais óbvia é o fato de que quase todos os fundadores e heróis judeus ou nascidos judeus da cultura moderna, de Marx a Freud, de Kafka a Wittgenstein, escreveram suas contribuições essenciais à consciência moderna em alemão. Qualquer investigação do contexto social e cultural que lhes deu coragem e determinação para destruir e criar, qualquer busca de uma experiência biográfica peculiar que seria depois reprocessada e sublimada em suas ideias, levam inevitavelmente ao exame da vida judaica na Alemanha (ou, mais corretamente, nos países da Europa central e oriental sob influência da língua e cultura alemãs).

Igualmente óbvia é a posição essencial que os judeus alemães (e, de forma mais geral, as comunidades judaicas de língua alemã) ocuparam por mais de um século entre todos os judeus da Europa que viviam na órbita dos processos de modernização. Até a deflagração da Grande Guerra e por uma parte considerável do período entreguerras, os judeus alemães se gabavam de ser a comunidade mais rica, mais bem estabelecida e culturalmente mais avançada e criativa da diáspora. Coletivamente, estavam firmemente estabelecidos no papel de principais abastecedores das ideologias, autodefinições e modas judaicas. Através de Moisés Mendelsohn serviram de ruptura para o casamento do judaísmo com o Iluminismo. Através de Theodor Herzl fizeram o mesmo serviço com o casamento da condição judaica com o nacionalismo moderno. Com igual poder e autoridade, estabeleceram padrões para a reavaliação e a "modernização" da lei judaica, para o projeto de emancipação através da aculturação e para as vias de escape à identidade judaica. O *Allgemeine Zeitung des Judentums* tinha todo o direito de se proclamar em 1890 como "ponto de encontro espiritual de todos os judeus instruídos".

Um tanto menos óbvio, mas ainda assim um fator importantíssimo do predomínio dos judeus alemães, foi a sua posição limítrofe entre as pequenas comunidades judaicas ocidentais, bem estabelecidas e no geral afluentes, e as vastas camadas orientais de judeus empobrecidos. Os judeus alemães viviam sob vários aspectos um estilo de vida de fronteira, inseguro, desafiador e aventureiro. No topo da evidente fronteira geopolítica havia também uma fronteira cultural: enquanto os judeus ocidentais se orgulhavam do seu crescente refinamento cultural, seus parentes do Leste afundavam cada vez mais no que, pelos padrões ocidentais, só podia ser visto como um misticismo pré-moderno, retrógrado, ridículo e vergonhoso, na superstição e na "falta de cultura". Situados mais próximos dos judeus orientais que qualquer outra comunidade judaica ocidental (na verdade, próximos demais para se sentirem à vontade — a incorporação da Posnânia e da Silésia à Alemanha unificada tornou inatingível a separação topográfica, política e social da tribo "incivilizada"), os judeus alemães tiveram que assumir o papel de fronteira de etnógrafos, intérpretes e mediadores culturais. Seguros na sua autoridade de narradores coletivos, eles formularam a identidade e a problemática dos judeus do Leste para uso de todas as outras comunidades judaicas. Pode-se aventar a hipótese de que, sem a mediação alemã, os judeus da Europa oriental permaneceriam sem voz e invisíveis para seus irmãos ocidentais — pelo menos até o começo do seu êxodo em massa para o Ocidente no final do século XIX. O fato é que sua chegada foi por toda parte precedida pela narrativa alemã e o estereótipo que ela forjou e disseminou. A recepção que receberam no Ocidente e as políticas que viram aplicadas a eles foram primeiro tentadas e testadas nos postos de fronteira judaicos da Alemanha. Assim, por toda a "alta modernidade" e no auge da assimilação judaica, os judeus alemães foram a cavilha vital que manteve unidos os dois ramos da diáspora judaica europeia. Como resultado, embora não necessariamente por seu próprio intuito, eles serviram de área de teste para a viabilidade da assimilação cultural como veículo de integração social numa sociedade moderna (ou melhor, em processo de modernização). Pela mesma razão, sua história pode oferecer o inventário mais completo das forças impulsionadoras da assimilação, dos dilemas com os quais confronta os que a perseguem e dos obstáculos que está fadada a encontrar no caminho para esse alvo.

Por último, mas não menos importante, a excepcional plenitude e o potencial paradigmático do quadro oferecido pela história dos judeus alemães decorrem do fato de que foi na Alemanha e em terras de língua alemã que a modernização foi primeiro vivida como um processo *consciente*, motivado, informado desde o início pela percepção do destino último e assim guiada por estratégias publicamente discutidas e propositalmente selecionadas. Em linha com a experiência de modernização alemã em geral, a experiência de modernização do judeu alemão foi portanto automonitorada, refletida e teorizada a um grau não atingido em outros casos aparentemente similares. Ela deixou na sua esteira um impressionante volume de evidência processada e pré-interpretada que fornece um *insight* verdadeiramente único da vida cotidiana de pessoas arrastadas pelo redemoinho da rápida mudança social mas ainda assim convictas de que navegavam barcos individuais. O que se aplicava à Alemanha como um todo só podia se refletir de forma vigorosa e autoconsciente na experiência modernizadora dos seus judeus. Como comentou Jacob Katz no livro que organizou recentemente, "a modernização judaica na Alemanha foi articulada".[3] Nenhuma outra comunidade judaica documentou seu itinerário de modernização de maneira tão completa. Se a modernização foi de alguma forma discutida em outra parte, como regra o foi na forma de comentários ou críticas às ideias inicialmente articuladas pelos pensadores e políticos judeus na Alemanha e de conclusões teóricas e pragmáticas tiradas delas.

Por causa disso tudo, a história dos judeus que habitavam a área de domínio cultural alemão foi selecionada aqui como o caso focal e principal fonte factual da nossa investigação sobre a assimilação judaica, mas também dos mecanismos sociológicos gerais dos modernos processos assimilatórios.

A lógica modernizadora da assimilação judaica

As ambições universalizantes das nações-Estados emergentes, que depois se tornaram um traço onipresente e possivelmente o mais saliente de toda a modernização, foram primeiro proclamadas pelo Iluminismo francês e transformadas num problema prático para a maior parte da Europa pela Revolução Francesa — de forma bem viva e pungente pela conquista napoleônica e a primeira tentativa moderna de unificação pan-europeia que a seguiu. A aurora dos ideais e estratégias universalistas encontrou os judeus em condições de gueto ainda virtualmente incólumes. Na opinião de Michael A. Meyer,

> À medida que transcorria o século XVIII, tornou-se mais e mais evidente que os conceitos de uma natureza humana universal, de uma lei natural universal e da racionalidade universal excluíam o judeu como uma grossa anomalia. Mas uma coisa era tirar a conclusão abstrata e outra aplicá-la. Para a maioria dos escritores do século XVIII, particularmente do continente, o judeu de carne e osso, com sua barba, roupas estranhas e lei cerimonial completamente irracional parecia algo menos que um ser humano.[4]

O fato de que os judeus diferiam do resto da população, ou melhor, de cada uma das muitas partes diferentes da população, não era de forma alguma único. Ao contrário, estilos de vida profundamente diferentes praticados por, atribuídos ou imputados a classes ou camadas sociais mutuamente segregadas, permaneceram uma regra trivial e incontestada nos séculos que precederam a era moderna. Neste sentido, a condição diferente dos judeus fez deles apenas um caso dentre muitos num vasto conjunto de fenômenos, coletivamente definidos pela nação-Estado modernizante como seu grande, talvez mesmo maior, desafio e preocupação — como aquela diversidade que deve dar lugar à uniformidade da moderna ordem social.

Como no restante dos casos dessa categoria, a autonomia comunitária judaica era uma abominação do ponto de vista das tendências absolutistas, monopolistas e onipresentes do pretensioso poder estatal valentemente nacionalista. Tinha de ser esmagada ou reduzida aos poucos traços considerados irrelevantes e inócuos graças à despreocupação ou indiferença do Estado. O peculiar status legal dos judeus — restrições legais junto com privilégios, exclusões residenciais e ocupacionais junto com autonomia jurídica — tinha que dar lugar a novos códigos universais que não reconheciam prerrogativas de grupo e portanto não podiam reconhecer a forma legal de discriminação.

Se a igualdade progredia de forma hesitante em terras alemãs, era por razões não relacionadas especificamente aos judeus; o destino da modernização alemã estava ligado à complicada história da unificação alemã. Os judeus alemães que invejavam a igualdade legal outorgada pelo Código Napoleônico a seus parentes do outro lado do Reno e que reivindicavam de modo cada vez mais vociferante seu próprio *Gleichberechtigung* [título de igualdade] lutavam, porém, para acelerar um processo que (apesar dos inúmeros e sérios recuos) estava fadado a se concluir de qualquer forma; tanto mais assim pela própria impaciência modernizadora da Alemanha. A igualdade perante a lei significava, afinal, o solapamento da autonomia comunal, o descrédito da autoridade comunal, a corrosão das influências centrífugas das elites comunais e corporativas; era uma parte indispensável do processo que levou à instituição do poder estatal moderno com seu monopólio legislador e coercitivo.

A abolição dos privilégios e discriminações legais era apenas um aspecto do impulso moderno para a uniformidade. A modernização era também uma cruzada *cultural*, um poderoso e inexorável ímpeto para extirpar diferenças de valores e estilos de vida, costumes e linguagem, crenças e comportamento público. Era, antes e acima de tudo, um ímpeto para redefinir como inferiores todos os valores e estilos culturais que não aqueles endossados pela elite modernizante (e particularmente os valores e estilos que resistiam ao processo de *Gleichschaltung* [unificação]), taxando-os como sinais ou estigmas de atraso, retardamento, debilidade mental ou, em casos extremos, de insanidade. A cruzada cultural tinha como objetivo último o estabelecimento de estrita hierarquia cultural. A lealdade a valores e estilos de vida desacreditados equivalia ao confinamento nas camadas inferiores da escala cultural. Quando insistiam nessas lealdades, os indivíduos arriscavam-se à exclusão do universo selecionado para a atividade missionária e a uma condenação perpétua de estranheza. Se, por outro lado, tentavam abandonar os valores desacreditados e abraçar os endossados, isso era interpretado como mais uma prova da validade e desejabilidade universais dos valores dominantes e da superioridade de seus portadores.

Nessa armadilha os judeus — e em especial os mais ricos e instruídos — caíam com entusiasmo e abandono. Parecia racional que, uma vez apagadas as idiossincrasias culturais e dissolvida a diversidade numa cultura nacional uniforme, a face indiscriminadamente *humana* emergiria e seria reconhecida como tal. Revendo a era de grandes esperanças e amargas frustrações, Peter Pulzer comentou a

> aceitação acrítica da ortodoxia pré-1848 de que a unificação nacional alemã traria a salvação judaica; havia uma relutância geral em reconhecer o lado negro de todo nacionalismo, não apenas o alemão: o potencial intolerante, autoritário, xenófobo e agressivo da mentalidade nacionalista. Nada ilustrava melhor isso que o desejo de importantes setores da opinião judaica de apoiar os antiliberalismos da era liberal, como a Kulturkampf e as leis antissocialistas.[5]

O que realmente importava no fim era o fato de que a elite nativa é que usurpou e zelosamente protegia o direito de julgar e decidir se os esforços para superar a inferioridade cultural foram realmente sérios e, acima de tudo, bem-sucedidos (com efeito, nunca é demais ressaltar que toda a ideia da melhoria social como tarefa da assimilação extraía seu sentido da presença dessa elite firmemente arraigada e incontestada; assimilar significava reconhecer, ainda que indiretamente, sua incontestável superioridade). Para os indivíduos que pretendiam ser admitidos na companhia dos eleitos, o mundo virou um campo de testes e a vida um permanente processo de julgamento. Confinaram-se numa vida sob investigação, a um exame perpétuo e incessante. Logo perceberam, se já não sabiam, que estavam sob observação, que a observação jamais levaria a um juízo final e irrevogável e que passar com méritos pelas sucessivas provações não os livraria de novos testes. Também entenderam que não lhes seria permitida qualquer influência sobre o conteúdo dos exames e sobre os padrões pelos quais os resultados seriam julgados. Eram exames viciados e a junta de examinadores tinha plena liberdade de mudar os papéis e as regras de correção sem aviso prévio.

Philip Roth resumiu com sua habitual sagacidade e precisão as consequências dessa estrutura assimétrica de poder: "Os judeus não são as pessoas que os antissemitas dizem que são." Os "antissemitas" — ou, mais corretamente talvez, os desconfiados, atentos e vigilantes donos da casa — montaram o cenário para os esforços judaicos de autoconstrução e autodignificação ao listar os traços pelos quais os judeus eram condenados. Eles, os donos da casa, tinham toda a iniciativa, que se estendia por toda a extensão do drama da assimilação: desde escrever a cena até a crítica da produção e a sanção última de despedir o elenco. O que os judeus faziam adquiria sentido pela avaliação dos outros. Eles eram instados a provar que as acusações levantadas contra eles não eram verdadeiras (ou *não o eram mais*); mas as mesmas pessoas que acusavam pronunciariam a irrefutabilidade das provas. Tanto o apelo à assimilação quanto a suprema improbabilidade de que fosse adequadamente atendido (isto é, de uma maneira que o júri provavelmente achasse satisfatória) decorriam da mesma fonte: a estrutura de poder da dominação cultural e social, que se tornara tanto mais esmagadora e menos contestável pela abolição da diferenciação legal e a declaração da igualdade legal.

Concluindo seu estudo de uma vida inteira sobre Heinrich Heine e sua obra, S.S. Prawer encontrou seu herói tendo feito tudo que lhe aconselharam fazer e instado a "se livrar" de sua condição judaica. Heine tentou executar a tarefa "mostrando-se ostensivamente inapto para o tipo de carreira mercantil ou bancária na qual tantos judeus ... foram extraordinariamente bem-sucedidos ...", "procurando sobretudo a companhia de não judeus nas universidades de Bonn e Götingen e endossando o espírito duelista das sociedades estudantis", repudiando pública e abertamente a sabedoria do judaísmo como um fóssil de tempos idos e vergonhosos sem utilidade ou valor para o homem moderno, recusando-se raivosamente a ser definido como judeu por amigos ou inimigos, aceitando mesmo que a condição judaica era uma "doença" que precisava ser curada e se superando no escárnio e ridicularização de todos os aspectos físicos ou de conduta estereotipados como tipicamente judeus, como "o aspecto físico desajeitado e a deselegância, o nariz 'judeu', a aparência doentia dos judeus da Europa oriental, a agiotagem e o comércio judeu de roupas usadas, o 'gênio' mercantil dos judeus, o comportamento *parvenu* dos *nouveaux riches* judeus, os *Fresser* [glutões] ou bêbados que 'desprezavam os voos mais altos da mente'" ou os vestígios de iídiche na fala.[6]

Com efeito, Heine citava com liberalidade o catálogo de pecados e faltas judaicos dos quais, por decisão da elite cultural dominante, era preciso arrepender-se ou que se deviam corrigir como condição para o veredito de "está tudo perdoado". Referia-se a eles com uma paixão que muitas vezes superava o fervor dos não judeus, graças à sua suprema sagacidade e talento para a ironia, como também à sua intensa sensação de vergonha; depois de aceitar a superioridade dos ideais que não eram os seus de berço, Heine deve ter sido esmagado pelo desejo de purificar-se das marcas de nascença que os ideais aceitos condenavam. E no entanto seus esforços não alcançaram o objetivo e não foram afinal recompensados. Quanto mais alto protestava sua independência da condição judaica, mais esta se projetava e evidenciava. (Martha Robert escreveu sobre Freud, que ao contrário de Heine, nunca negou sua condição judaica mas acreditava que ela contribuía para a "ciência humana" como tal, que "seus esforços para passar despercebido apenas chamavam a atenção"; Freud era "identificado como judeu pelo esforço mesmo que ele esperava o tornasse irreconhecível".)[7] A exibição de paixão assimilatória era percebida como a prova mais convincente de sua identidade judaica. Para os franceses, entre os quais afinal Heine se estabeleceu como embaixador e defensor autonomeado da cultura alemã, ele devia ser um alemão. Para os alemães, ele era inequívoca e irremediavelmente um judeu. Nada que Heine fizesse ou pudesse fazer o ajudava.

Também não ajudou Marx a demonstrar suas credenciais não judias o fato de expressar suas discordâncias políticas com armas como o repúdio do adversário ideológico Lassalle como "negro judeu" ou manifestar repugnância por sua "constante tagarelice com voz falsamente exaltada, gestos expansivos, antiestéticos, o tom professoral" e "a comilança grosseira e a intrometida concupiscência". A resignada sabedoria de Ludwig Börne (contemporâneo de Heine e Marx) traduziu a experiência de toda a geração e anteviu a de várias gerações de judeus alemães: "Alguns me acusam de ser judeu, alguns me perdoam, alguns até me louvam por sê-lo. Mas todos pensam nisso."[8]

Muitas décadas após essas palavras terem sido postas no papel, outro judeu alemão, Jacob Wassermann, descobriria que, por mais alemão que fosse seu estilo, ele deixaria em tudo a marca da condição judaica. Como explicou seu amigo, de forma simpática mas não dando qualquer esperança de redenção, "a condição judaica é como uma tintura concentrada: uma quantidade mínima basta para dar um caráter específico — ou pelo menos alguns traços dele — a uma massa incomparavelmente maior". Wassermann não encontrou qualquer evidência para provar que o amigo estava errado. Tudo que aprendera com dificuldade por experiência própria apontava a verdade da opinião do amigo. Nenhum dos seus críticos e colegas alemães "admitiria que [ele] também carregava uma cor e um sinal da vida alemã", ainda que o mundo visse seus romances como deliciosos espécimes da literatura alemã de alta qualidade. Tudo que seus leitores alemães — admiradores e críticos igualmente — achavam impecável e incontestavelmente "alemão" na sua obra, livre de uma única mancha ou sombra que a afastasse dos padrões aceitos do romance alemão, eles atribuíam ao zelo, astúcia ou talento judeu para a imitação, não à germanidade de Wassermann. As "características inconscientes e inerentes [de seus escritos] pareciam-lhes um produto deliberado da engenhosidade judaica, da esperteza judaica para adaptar e disfarçar, do perigoso poder de tapear e ludibriar".[9]

Depois de muitos anos de trabalho incessante e muitas realizações literárias amplamente aclamadas, Wassermann perdeu a fé no sucesso final dos seus esforços. Começou a ver que a falta de apreço por suas obras como contribuições à literatura, arte, cultura e consciência alemãs não era um revés temporário, um resultado acidental do descaso ou azar. Amargamente, Wassermann deu adeus aos sonhadores cujas ilusões antes partilhara e cuja ingenuidade ele agora compreendia: "nenhum feito, nenhum renúncia de si mesmo, nenhum tributo ou provação, nenhuma figura ou imagem, nenhuma melodia ou visão serão suficientes para lhe dar [ao judeu alemão], como coisas lógicas, a confiança, a dignidade e a inviolabilidade que o mais ínfimo dos que se encontram no campo oposto preza ao máximo". Por não lhe ser contada, não saber ou não admitir essa verdade inegociável, ao judeu alemão nenhuma humilhação é poupada. No caminho para a derrota final ele se torna uma figura ridícula, ironizada. "Tenho que empregar a mais ardente persuasão, o esforço mais extremo ali onde outros precisam apenas fazer um gesto"; ele é tentado a embarcar na conduta que a opinião hostil e suspeitosa exigira de início, apenas para apontá-la depois como uma prova da arrogância e intromissão judaicas e usá-la como argumento decisivo contra a concessão ao zelote da plena cidadania da cultura nativa. E a busca do alvo cuja distância aumentava com o diligente esforço de atingi-lo era incitada a prosseguir para sempre, de modo que não haveria fim para a humilhação dos corredores nem escassez de desculpas para seus detratores. "Eu era forçado, a cada nova obra, a recomeçar tudo de novo, num trabalho de Sísifo ... Outros dispunham de uma conta a crédito e lhes era permitido sacar de tempos em tempos. Eu, no entanto, tinha que apresentar minhas credenciais toda vez, apostar toda a minha fortuna."[10]

As dimensões da solidão

À medida que a rejeição adquiriu a aterradora regularidade de rotina diária, a solidão passou de infortúnio episódico a condição padrão. A solidão era agora aquele mundo no qual a questão da vida era ser levada e ao qual o eu tinha que se ajustar para dar um sentido à vida. Hábil dissecador como era da psique humana, Wassermann forneceu um intransigente *insight* desse mundo de solidão, suspenso no espaço despovoado, ambivalente e sem sentido que se estendia entre mundos inacessíveis de comunhão e participação:

> Nenhum indivíduo se dizia meu afim, nem grupo algum; nem as pessoas do meu sangue nem aquelas a quem eu ansiava me juntar; nem os da minha própria espécie nem os da minha escolha. Porque eu havia afinal decidido fazer uma escolha e a fizera. Foi meu destino interior, mais do que uma decisão livre, que produziu minha separação do antigo círculo. O novo, no entanto, não me recebeu nem me aceitou.[11]

Revendo no exílio americano o drama do amor não correspondido e não consumado dos judeus pela germanidade, Kurt Lewin pôde generalizar a tragédia social intensamente personalizada da ambivalência que Wassermann partilhou com tantos outros da sua própria geração e das precedentes:

> É característico dos indivíduos que cruzam o limite entre grupos sociais não estarem seguros de pertencer ao grupo no qual estão entrando nem também àquele de que estão saindo ... A causa da dificuldade não é *pertencer a muitos grupos*, mas a *incerteza* quanto a pertencer a qualquer deles.[12]

A elite instruída dos judeus alemães tinha cada vez menos confiança e crescente evidência em contrário de que sua pretensão à plena e incondicional participação na sociedade e cultura alemãs fora aceita ou que o seria no futuro mesmo distante. O que tornava a incerteza particularmente insuportável era a falta de uma linha de trincheira na retaguarda para onde pudesse recuar em caso de derrota. Com as linhas de retirada para a comunidade judaica original não mais transponíveis, ela estava imobilizada numa terra de ninguém, exposta de todos os lados aos projéteis inimigos, sem nenhum lugar para se esconder a não ser as crateras deixadas pelos ataques anteriores.

Havia deixado as velhas trincheiras para avançar, claro. Mas as deixara porque as trincheiras não pareciam mais uma defesa segura ou que valesse a pena defender. Por mais ineficazes que se pudesse considerá-las sob outros aspectos, o efeito imediato, inegável e palpável das pressões assimilatórias do Estado moderno ou modernizante, nacional ou nacionalizante, foi o descrédito dos exércitos privados e das fortificações construídas coletivamente. Atraídas pelos convites feitos apenas aos indivíduos, as pessoas deixavam seus esconderijos comunitários se pudessem e os viam antes como prisões que abrigos se não o conseguissem. Comunidades que no passado aprenderam a viver e sobreviver num ambiente hostil e indiferente não podiam muito bem manter sua integridade por muito tempo quando confrontadas com as ofertas individuais enganosamente benignas de um lar e de fraternidade, tornadas tanto mais atraentes pela alternativa de uma franca e absoluta condenação em caso de recusa. Não apenas essas ofertas não eram as únicas opções de lar no mercado, como sua qualidade de acomodação fora questionada e declarada obsoleta e inferior. Os residentes restantes ressentiam-se de seus deveres comunitários e tentavam firmemente reduzi-los a meros fundamentos de rotina cujo significado nem entendiam nem queriam sondar. Atraídos pelos prêmios cintilantes oferecidos em outra parte, os residentes passaram a considerar seus endereços como riscos — por vezes degradantes, sempre constrangedores.

Após algumas décadas de aventura assimilatória, pouco restou da coerência pré-moderna do mundo judaico. Novas gerações continuaram a nascer naquele mundo e a lhe serem designadas por nascimento. Mas mal entendiam o significado dessa designação. O que viam dificilmente podia despertar entusiasmo, muito menos devoção. "Praticamente não ficaram traços nem de comunidade nem de religião. Para falar com exatidão, éramos judeus apenas no nome", escreveu Wassermann sobre sua infância, passada à sombra do "edifício bizantino" de uma sinagoga moderna cuja "presunçosa magnificência" visava esconder o fato de que "a fé está perdendo seu poder sobre o coração dos homens".[13] Quando iniciou sua longa viagem de volta ao judaísmo, Gershon (então Gerhard) Scholem percebeu que a identidade judaica de seu pai era superficial demais para acomodar as raízes que ele queria atingir. Essa identidade estava reduzida a um ritual, e cuidadosamente despojada de toda emoção. A tradição judaica, embora aceita e mesmo (superficialmente) observada, era tratada com excessiva leviandade para a recém-despertada sensibilidade de Scholem. Ele se sentiu profundamente ofendido quando seu pai, um honesto representante da "ampla classe média liberal judia", "de longe o grupo numericamente mais forte" de judeus alemães na época, acendeu o charuto na vela do Sabbath, resmungando uma bênção de mofa: "boirei pri tobakko".[14] Scholem acabou por acreditar que se quisesse identificar-se como judeu (e com isso não se referia, nem nessa época nem depois, à ortodoxia judaica na sua versão rabínica) teria primeiro que descartar a falsa condição judaica na forma sustentada e perpetuada pelo que quer que restasse da comunidade judia na Alemanha. Na sua famosa e não enviada carta ao pai, Franz Kafka queixava-se de que não lhe ofereceram nenhum "material judaico" com o qual moldar sua identidade; dificilmente se poderia considerar os entediantes e apáticos serviços da sinagoga e as festas grotescas e irônicas da Páscoa como material que pudesse ser usado para moldar qualquer coisa que não o desenraizamento espiritual. Kafka foi condenado a viver "na sociedade onde o nascimento o colocara, sem lhe dar o direito de sentir-se em casa";[15] uma parte dessa sociedade sempre olharia para ele como um forasteiro e intruso ("que desgraçado", queixou-se Kafka numa carta a sua irmã Ottla, "esse nunca pode se apresentar direta e inteiramente"), enquanto a outra parte não lhe oferecia tijolos suficientes nem cimento para construir uma casa.

O próprio zelo com que os judeus tentavam se livrar daquilo que as elites nativas declaravam ser marcas de um alienígena passou a integrar o estigma da condição judaica. Com uma lógica tortuosa que para suas vítimas parecia mais um feitiço, o *Entjudung* judeu, o exercício de modéstia e autoapagamento, era percebido pela opinião nativa como *Verjudung*, isto é, como a invasão e conquista judaicas de áreas vitais da sociedade e cultura nacionais que deveriam ser mantidas puras, livres da corrosiva influência estrangeira. (Wagner acusou os artistas judeus, convictos de estarem dando uma valiosa contribuição à cultura alemã, de transformar as artes em *Kunstwaarenwechsel* [artigos de troca].)[16] Quando Heine e Börne se destacaram como *jornalistas* — tornando-se mestres orgulhosos do discurso direto, do estilo leve, do comentário bem informado e irônico — o próprio jornalismo virou símbolo da condição judaica — uma invenção judaica para todos, um retiro judeu para alguns, uma conspiração judaica para os mais hostis formadores nativos de opinião. A tensão aguda e incurável entre a resistente peculiaridade judaica e a utopia da assimilação estava destinada a permanecer, nas palavras de Jacob Katz, "uma característica central da história da comunidade judaica" na Alemanha pós-iluminista.[17] A peculiaridade permaneceu resistente em parte porque a emancipação legal chegou tarde demais para os judeus entrarem nas velhas profissões anteriormente proibidas, em parte porque continuavam a exercer ocupações "judias por definição" às quais haviam sido confinados e encerrados no passado, mas também e de modo bastante notável porque à medida que passavam a exercer novas atividades e se destacavam nelas, essas novas ocupações tendiam espantosamente a ser redefinidas como judaicas. A prática profissional que essas ocupações moldaram e promoveram era definida como fruto do espírito judeu e as habilidades que exigiam eram definidas como qualidades inatas do caráter judeu.

A tradicional *segregação* pré-moderna dos judeus adquiriu portanto uma forma nova e mais sutil: a do *isolamento*. A separação territorial e funcional foi substituída (às vezes meramente encimada) pelo isolamento social e a solidão espiritual. A aculturação não incorporou os judeus à sociedade alemã, mas transformou-os numa categoria separada, ambivalente, incongruente, numa anticategoria, a dos "judeus assimilados", afastada tanto da tradicional comunidade judaica quanto das elites nativas alemãs. No jogo invencível da assimilação, os judeus de educação alemã viram-se transferidos do gueto territorial fechado para o gueto da incongruência social e da ambivalência cultural. Ao contrário da velha condição judaica de que os assimilantes queriam se emancipar, a nova classe de judeus assimilados sofria de um status profundamente ambíguo, marcado pela contradição e a contínua fricção entre a autodefinição e a classificação socialmente impositiva.

Os judeus assimilantes agiam sob a pressão de provar sua germanidade, embora a própria tentativa de prová-la fosse lançada contra eles como evidência da sua duplicidade e, com toda probabilidade, também de intenções subversivas. O círculo estava fadado a ser vicioso pela simples razão de que os valores aos quais os judeus eram instados a se render para obter aceitação eram os próprios valores que tornavam impossível a aceitação. A *germanidade*, como todas as qualidades impostas pela nação, era singularmente inapropriada para a assimilação através do aprendizado e melhoria pessoal. A nação não é um produto de aprendizado, por mais demorado que seja. Nação é comunidade de destino e de sangue ou não é nação absolutamente. No momento em que começa a melhoria pessoal de um indivíduo, a questão da filiação nacional já foi estabelecida há muito tempo; nenhum zelo de autodisciplina pode refazer o passado ou declará-lo inexistente.[18] Qualquer coisa que se possa adquirir no curso do autotreinamento deve parecer lamentavelmente pálida e irreal se comparada com a solidez do passado sedimentado e petrificado. Não havia portanto nada acidental no fato de que o sistema de valores tomado emprestado pelos judeus assimilantes "não apenas nunca foi inteiramente deles como sempre conteve elementos adversos a eles. Os alemães sempre viram a sua adoção meramente como uma máscara por trás da qual olhava ameaçador o incorrigível judeu. Infelizmente, para o judeu alemão a máscara era a única realidade."[19]

O resultado paradoxal do esforço assimilatório foi que os próprios estilos de vida e atividades que pretendiam eliminar a separação eram vistos como razões para isolar os que os praticavam. Ao contrário do ditado popular "seja judeu em casa e homem na rua", os pretensos alemães *só* se sentiam realmente alemães *em casa*, onde podiam tranquilamente fazer o jogo da ilusão sem serem perturbados pelo olhar perscrutador e antipático das ruas alemãs. Ou conscientemente *procuravam* a companhia de pessoas como eles — de outros judeus embarcados na perigosa aventura da assimilação — ou, para seu espanto e horror, *descobriam-se* nessa companhia por um processo de seleção negativa. Onde quer que fosse — em Düsseldorf, em Hamburgo, em Berlim, em Paris — Heine "era cercado de colegas judeus de vários credos e vários graus de compatibilidade".[20] Quase um século depois, Scholem descobriu que o mesmo era verdadeiro quanto à sua família altamente assimilada, "germanizada": ela praticamente não tinha relações sociais com não judeus. "Um dia me dei conta de que, para relações amistosas, nossa casa só era visitada por judeus e que meus pais só visitavam judeus." Quase inteiramente judias eram as "aulas de dança" frequentadas por adolescentes de "boas famílias alemãs". No seu jubileu, o pai de Scholem recebeu visitas de cortesia de colegas gentios, mas achou que seria "impróprio" retribuí-las.[21] (Uma das irônicas consequências desse isolamento social era a ignorância judaica da intensidade da judeofobia entre o povo; os judeus não se encontravam com antissemitas nem paravam para ler a imprensa antissemita, de modo que suas "esperanças e disposição de integrar-se cresciam como em uma estufa" — os judeus eram livres para sonhar sem serem perturbados pela contraprova da dura realidade. Tinham oportunidade de pregar apenas aos convertidos e, assim, a Alemanha em que queriam se integrar existia essencialmente na sua fantasia coletiva, onde ficava imune ao teste empírico.)

Poderosas forças, que Kafka dizia residirem "ao redor dentro de mim", externas e internas, aquelas internalizadas e estas projetadas para fora, combinavam-se para puxar os judeus alemães, por mais "assimilados" que fossem, de volta a si mesmos. Foi a experiência dessa comunidade invisível, mas bastante real, de meio refugiados, meio excluídos (porque firmemente enclausurada e por fim alimentando-se espiritualmente de si mesma) que foi moldada na "Alemanha judaica": o alvo de seu esforço assimilatório e a caução contra a qual foi sacada a confiança no sucesso final.

Imaginando a Alemanha real

A imaginada "Alemanha real" era a única Alemanha à qual os judeus podiam razoavelmente esperar ser admitidos. Os mais brilhantes dentre eles compreendiam bem isso, mas dificilmente abandonavam a esperança de que a Alemanha empiricamente dada — "tal como é, aqui e agora" — iria afinal aproximar-se do ideal judeu. Os corajosos decidiram apressar o processo de fusão, pregando a glória da Alemanha "virtual", como os judeus a imaginavam, contra tudo que distanciasse a "realidade empírica" do ideal — embora o mais das vezes se consolassem com a crença de que a história estava do lado da sua luta e de que "a longo prazo" a Alemanha ideal se revelaria contra a resistente mentira temporária da realidade. Dessa "Alemanha virtual", supostamente escondida dentro do exterior nada atraente da Alemanha prática e lutando para libertar-se, eles eram autênticos e ardorosos patriotas, apaixonados. Muitos alemães, porém, não reconheciam no objeto da lealdade e amor judeus o lar nacional que eles próprios queriam, dependendo da tendência política, preservar ou construir. "Na luta para unificar uma sociedade alemã a partir de um tecido político desfeito, o judeu se tornou símbolo de tudo que frustrava esse esforço. Ele era cosmopolita, o resíduo do Iluminismo ... alimentando-se do organismo alemão no qual jamais poderia ser absorvido."[22] E assim foi que a "emancipação significou uma fuga não apenas do passado de gueto, mas também da história alemã".[23] A primeira tornava a segunda necessária, não podia ser obtida sem ela. O esforço da assimilação lançou os judeus numa colisão frontal com a sociedade mesma à qual queriam se assimilar.

O que na prática se expressou como a troca de uma particularidade, ortodoxa judaica, por outra, alemã, só pôde ocorrer com a ajuda de uma ideologia de aniquilamento de *toda particularidade* em nome de valores humanos *universais*: os da ciência, da racionalidade, da verdade, que abarcarão toda a humanidade. (Os judeus, escreveu Immanuel Wolf em 1822, "devem elevar-se e a seu espírito ao nível da ciência, pois essa é a atitude do mundo europeu ... E se algum dia um laço unirá toda a humanidade, vai ser o laço da ciência, o da razão pura, o da verdade.")[24] Para os alemães, no entanto, sua própria emancipação (isto é, o estabelecimento da unidade política, econômica e cultural da nação clamando por um lugar de honra na Europa em rápida modernização) significava primeiro e acima de tudo uma vigorosa promoção da identidade coletiva alemã — com os equipamentos usuais conjuntos e exclusivos da tradição histórica e da cultura. Não admira que *Das Junge Deutschland* [A Jovem Alemanha], movimento criado por gente como Heine e Börne com a explícita intenção de combater o atraso político e o paroquialismo cultural e ético alemães, fosse visto com horror e repulsa por seus destinatários alemães e logo rebatizado de *Das Junge Palestine*. Os esforços judeus para tornar a Alemanha que amavam mais adequada à coabitação humana civilizada (transformação que, acreditavam, aumentaria a glória da Alemanha entre as nações esclarecidas) eram entendidos como atividade subversiva que ameaçava solapar a integridade e a força da nascente comunidade nacional. Friedrich Rühs ("o judeu não pertence realmente ao país em que vive") e Heinrich Leo ("a nação judaica destaca-se notavelmente entre todas as outras nações deste mundo pelo fato de possuir uma mentalidade realmente corrosiva e destrutiva") estabeleceram o modelo do que viria a ser a reação alemã padrão à promoção judaica dos ideais do Iluminismo.[25]

Os entusiastas judeus do Iluminismo e da Alemanha e, acima de tudo, da Alemanha esclarecida não aceitaram o veredito; recusaram-se a reconhecer sua legitimidade e as credenciais daqueles que o reiteravam com firme e monótona determinação. Eles se consideravam autênticos e lícitos porta-vozes do verdadeiro espírito da cultura alemã e não viam nenhum motivo pelo qual não deveriam fazer o trabalho de preservar e ressuscitar tudo o que havia de nobre na tradição alemã, trabalho que muitos alemães não judeus negligenciavam ou se recusavam a fazer. Já Moisés Mendelsohn (ainda mal tolerado em Berlim e tendo assegurado o direito de residência, normalmente negado aos judeus, apenas como um favor pessoal) achava adequado e imperativo criticar seu monarca Frederico, o Grande, por escrever poesia em francês e desprezar a beleza da língua alemã. Com o passar do tempo, o trabalho não avançou, mas o zelo dos seus executores tornou-se cada vez mais intenso. Em 1912, Moritz Goldstein fez uma pergunta angustiada, cuja validade e oportunidade seus leitores judeus intelectuais se recusaram firmemente a aceitar: o que se deveria pensar do fato de que a herança cultural alemã daquela geração estava em larga medida sob custódia dos judeus, enquanto a grande maioria do povo alemão contestava a autoridade deles para isso?[26] A pergunta de Goldstein provocou bastante comoção mas pouca reforma prática. Os mais eminentes jornalistas judeus alemães da época, como Maksimilian Harden ou Theodor Wolff, destacavam-se na crítica irreverente às mais apreciadas instituições alemãs e se distinguiam da maioria dos colegas não judeus por uma total falta de contenção em profanar o sagrado, inclusive o exército e o próprio Kaiser, enquanto o crítico de teatro Alfred Kerr, temido por todos, exercia um poder verdadeiramente ditatorial sobre um amplo espectro da vida artística alemã.

A espantosa autoconfiança dos judeus transformados em classes alemãs instruídas pôde se sustentar por gerações de desapontamentos e derrotas apenas em função da crença na distinção entre a *essência* e a "mera *aparência*" de germanidade. De acordo com essa crença, a desagradável realidade das fobias alemãs do presente estava fadada a ser varrida pelas águas puras da humanidade não conspurcada que jorrava da fonte da "verdadeira germanidade"; a verdade do espírito alemão finalmente apareceria, independente dos recuos temporários. Era preciso distinguir entre a cultura alemã e as maneiras dos alemães (de certa forma surpreendentemente semelhante à distinção feita mais tarde por Lukács entre a racional e autorizada "consciência de classe" e a breve e fraudulenta "consciência da classe"). Foi essa crença que permitiu a Hermann Cohen afirmar no prefácio de sua *Ethik des reinen Willens*: "Ao passo que devo adotar uma postura de oposição por princípio a esse estilo moderno de germanismo, sinto-me fortalecido por saber que estou retomando o poder original da essência do espírito alemão, contrária a suas efêmeras distorções."[27]

O "poder original" e a "essência" do espírito alemão eram feitos das lembranças de breve período "clássico" do Iluminismo alemão, das imagens idealizadas de Schiller, Lessing, Goethe, Kant, Herder, tratados com reverência só concedida anteriormente aos patriarcas do Velho Testamento. O lugar elevado ocupado por Goethe no panteão da cultura alemã era sustentado com unhas e dentes nos salões intelectuais comandados por Rahel Varnhagen, Dorothea Mendelssohn e Henriette Herz. Ali, como nos textos de inúmeros biógrafos e analistas judeus dos clássicos alemães, os profetas da cultura alemã eram louvados pela promoção de valores humanos universais, e a própria germanidade era definida como uma atitude de abertura ao universalmente humano, como uma capacidade de formular ideias válidas para toda a humanidade. Os judeus alemães celebravam o espírito alemão por sua suposta (e com certeza ansiosamente desejada) emancipação face ao paroquialismo nacionalista. Eles pintavam o ícone que veneravam com os pincéis da Razão extraterritorial e a paleta da moralidade ampla da espécie. Certo, também faziam o máximo para melhorar a face real de modo a parecer com sua imagem idealizada. Os mais formidáveis teóricos da lei alemães da escola racionalista foram quase todos judeus (destacando-se dentre eles Georg Jellinek, Eduard Lasker, Eduard Gans e Hugo Preuss). E o apelo aos filósofos alemães para retomarem suas raízes kantianas, germaníssimas porém as mais universalistas, partiu de um judeu de Marburgo, Hermann Cohen.

A maior parte de sua vida, Cohen acreditou com entusiasmo incondicional na simbiose alemã-judaica. Que havia uma "afinidade eletiva" (*Wahlverwandschaft*) entre as essências judaísta e germânica era para Cohen uma proposição "não essencialmente descritiva mas normativa". "Dizia com efeito: há um número de forças sociais e intelectuais atuando nas culturas históricas alemã e judaica que podem e devem ser usadas para impulsionar ao máximo e o mais rápido possível todo dinamismo que possuam rumo ao objetivo de uma sociedade mundial cosmopolita, humanista e ética ..."[28] Em outras palavras, a essência tanto do judaísmo quanto do germanismo residia na sua tendência comum a anular suas respectivas identidades. A "germanidade" de Cohen seria alemã ao máximo no momento em que se preenchesse do humanismo que nada sabe de alemão ou judeu.

Por essa razão é que Hegel, na época a influência dominante na filosofia acadêmica alemã, foi considerado inaceitável por Cohen. Afinal, Hegel obrigava seus seguidores a aceitarem o real como produto da Razão, como encarnação da racionalidade; algo que Cohen não podia aceitar sem abdicar do seu direito a criticar a Alemanha *tal como era* em nome da Alemanha *tal como deveria ser* por injunção da Razão e como, portanto, podia e finalmente se tornaria. A Alemanha posterior tinha que ser promovida como um imperativo moral, uma entidade racionalmente exigida — de modo que pudesse suportar sua angustiante situação presente e permanecesse intacta mesmo que por um tempo fosse um alvo infinitamente remoto para a realidade política e social empiricamente dada. Foi por essa razão que Cohen buscou Kant, passando por cima de Hegel, na procura de uma forma adequada e uma legitimação para o repúdio filosófico da Alemanha real em nome da Alemanha que deveria ser. Kant permitiu a Cohen afirmar de forma clara e intransigente no seu *Begründung der Ethik* que a unidade última da humanidade é simultaneamente o critério e o objetivo da ética e que a ética luta por recriar o homem de acordo com a *ideia* de humanidade.[29] A imagem de Cohen para a verdadeira *Deutschtum* [germanidade] permaneceu altamente seletiva até o fim. O jovem Nicolai Hartmann queixou-se de que tinha de esconder os livros de Nietzsche quando esperava uma visita de Cohen.

Ao mesmo tempo, Cohen contribuiu imensamente para o culto do Estado como autoridade suprema autorizada a repelir e, se necessário, esmagar interesses arraigados de classes, categorias e similares. O Estado devia desempenhar o papel de poder universalizante; com esse objetivo ele tinha o direito e o dever de desenvolver a lei exclusivamente de acordo com a ideia de si mesmo. Essa imagem do Estado como poder universalizante e "humanizante" nasceu da tenra memória das promessas de um Estado libertador, emancipante e habilitador do começo da era moderna. Mas também se prestava facilmente a uma interpretação inteiramente oposta, aquela que se projetou quando a outra capacidade do Estado alemão (a de promover não a simbiose mas a incompatibilidade de alemães e judeus) se revelou em todo o seu esplendor homicida. O potencial para tal interpretação estava firme e inamovível na concepção que definia emancipação como *homogeneidade* em vez de *pluralismo*, como anulação das diferenças em vez de sua igualdade, como onipotência de um Estado planificador em vez de sua contenção por uma sociedade multicultural, autoafirmativa e autogovernada. À luz dessa concepção, dificilmente se poderia ter ressentimento dos alemães que, em vez de admitir a emancipação como condição necessária à mescla de culturas, exigiam o autoapagamento da identidade judaica como pré-requisito para a admissão na sociedade alemã. Uma ou duas gerações depois, eles exigiriam e executariam o apagamento dos próprios judeus. E o fariam com a ajuda do mesmíssimo Estado moderno onipotente, como sempre decidido a universalizar e assim tornar obrigatória a única condição humana que considera de acordo com ele mesmo.

Rickert teria afirmado que o pensamento de Cohen não era tanto uma questão de filosofia mas de raça. Não acertou longe do alvo. Teria acertado ainda mais se houvesse acrescentado que era questão de uma raça específica esperando emancipar-se pela assimilação a outra raça que, ao contrário dela, estava decidida a preservar e cultivar sua identidade.

Vergonha e embaraço

A pressão assimilatória da sociedade nativa alemã, que fazia da conformidade cultural a condição da emancipação social e política, refletia-se na mente da minoria-alvo como um desafio colocado pela universalidade da essência humana ao paroquialismo e idiossincrasia comunais. Daí a visão tipicamente *minoritária* dos valores *majoritários*, discutida acima; mas também uma reavaliação completa e totalmente negativa da tradição cultural própria, típica de uma minoria aflita sob severa pressão assimilatória. Só com a ajuda das duas operações mentais intimamente relacionadas, resultando na *internalização da ambivalência*, é que a rendição de uma particularidade a outra podia ser visualizada, com uma mistura de orgulho e autorrecriminação, como uma promoção da inferioridade e atraso de sua própria peculiaridade comunalmente circunscrita a padrões humanos superiores, progressistas e universais.

A identidade tradicional era tratada de duas maneiras mutuamente complementares, praticadas por todos os setores "autouniversalizantes" da minoria, embora em proporções variadas. No caso do movimento *Wissenschaft von Judentum* [visão de mundo do judaísmo] (poderosa corrente intelectual empenhada em contestar a carga da incompatibilidade básica entre os valores inerentes à história judaica e os valores proclamados e praticados pela "civilização humana", ou melhor, uma imagem dessa civilização concebida a partir da perspectiva da tarefa assimilatória), a tradição judaísta era primeiro *transfigurada* e depois *desjudaizada.* A transfiguração, segundo Scholem, consistia na "concentração unilateral de interesse nos assuntos que tinham valor escusatório", isto é, naqueles elementos do judaísmo que podiam ser vistos como afinados aos padrões racionalísticos da era moderna. De forma correspondente, os ingredientes que não podiam facilmente satisfazer as exigências eram marginalizados, declarados estranhos, atípicos ou excêntricos, repudiados com umas poucas palavras de ridicularização ou simplesmente desprezados em silêncio. Acima de tudo, claro, foi este o destino das correntes mística, messiânica e gnóstica da tradição judaísta. "Do ponto de vista do judaísmo esclarecido, purificado e racional do século XIX elas pareciam inapropriadas, inúteis, e portanto foram descartadas como antijudaicas ou, no mínimo, meio pagãs." Os conteúdos da sabedoria judaica foram rearrumados, de forma que alguns podiam ser exibidos para exame e admiração dos nativos de "inclinação universalista", enquanto o resto era empacotado e trancafiado nos porões escuros da casa, jamais visitados. "O que se passava no porão era escrupulosamente evitado. Esses eruditos consideravam apenas as relações intelectuais de salão: a Bíblia de Lutero, Hermann Cohen e Kant, de Steinthal e Wilhelm von Humboldt." Uma vez purificada de todos os elementos dissonantes, "incivilizados", e reduzida até os ossos à "pura universalidade", a tradição judaica (ou melhor, o que quer que restasse dela) parecia indistinta da linguagem dominante (ou o que quer que se imaginasse como tal), exceto por alguns rituais e costumes inócuos, indiferentes e por fim engraçados. Não parecia haver razão para insistir na sua identidade distinta e no seu valor único. O único passo racional que restava era desfechar um *coup de grâce*, um golpe de misericórdia. Com efeito, como confidenciou a Gotthold Weil uma das mais eminentes figuras da escola *Wissenschaft von Judentum*, Moritz Steinschneider, "só temos uma coisa a fazer: dar aos restos do judaísmo um enterro decente".[30]

Reescrever a história e a filosofia do judaísmo era, por razões óbvias, paixão e passatempo de uns poucos eleitos. Uma vez resolvida a fazer da pressão assimilatória um veículo da ascensão social, a grande maioria dos judeus estava pronta para pagar o preço integral do ajuste cultural para a prometida entrada na sociedade nativa. Para essa maioria, tal ajuste apresentava-se mais modesta e mundanamente como uma tarefa de *Sittlichkeit* [moralidade], de aquisição de maneiras refinadas e respeitáveis, de novos padrões de limpeza e correção, de etiqueta sexual, de conduta adequada em público. Com a ambivalência internalizada, a fuga à angustiante e nada invejável situação era agora uma tarefa pessoal. O que quer que fosse "caracteristicamente judeu" em todos os campos da arte de viver tinha de ser reprimido e suprimido, abraçando-se inequivocamente os caminhos e maneiras da nação anfitriã como únicos padrões da decência humana universal e do comportamento adequado. Uma resolução da Conferência de Escolas Judaicas realizada em Baden em 1834 dá bem o padrão do que estava por vir:

> É fato bem conhecido que em tempos remotos estabeleceu-se um dialeto degenerado, o assim chamado dialeto judeu-alemão. Ele é caracterizado, entre outras coisas, pela pronúncia e entonação incorretas, muitas vezes desagradáveis ... A maior parte da comunidade judaica, através da educação, abandonou esse dialeto e só uma parte das classes inferiores o conservou. A experiência nos mostra não apenas que esses indivíduos são objeto de zombaria dos seguidores de outras religiões como também criam uma sensação de repulsa nos seus companheiros de fé.[31]

Com efeito, foi a repulsa que desencadeou e pôs em movimento uma verdadeira e ampla cruzada cultural egocêntrica. A sensação de repulsa era vista como o preço do ingresso na boa sociedade. Essa repulsa era sentida como um sinal de refinamento e assim acreditada: afinal, a boa sociedade que estabelecia as regras para dela se participar proclamava claramente a etiqueta formal da conduta em público como condição simultaneamente necessária e suficiente da humanidade. A repulsa produzida pelos sinais de diferença nascia da promessa de se partilhar essa humanidade, que seria a recompensa da rendição à uniformidade. A promessa era uma farsa desde o início mas, antes que fosse desmascarada, podia gerar mais e mais sonhos e inspirar novas ações. À medida que se tornava cada vez mais evidente a dificuldade de materialização dos sonhos e que as ações normalmente não davam resultado, a memória da promessa enchia os sonhadores e atores de *vergonha*, alimentada pela suposição de desleixo. A vergonha, por sua vez, dava à promessa moribunda um novo alento e a reforçava contra a necessidade de admitir que a contraprova acumulada era decisiva e irrefutável.

A vergonha foi, de fato, o escudo protetor mais eficiente do mito civilizatório e, simultaneamente, a mais judaica das emoções. ("Que judeu não se encolheu ante um comportamento que considera ostentatório...?" — perguntou Peter Gay,[32] de modo puramente retórico.) Ela impedia a vítima do mito de desmascarar a promessa, incitando-a, ao contrário, a ter um olho crítico sobre suas próprias falhas — quais sejam, por definição, todos os traços verdadeiros ou imputados de personalidade privada ou, particularmente, pública que as elites nativas decidiam destacar como desculpa para a rejeição de pedidos de ingresso. A falha podia ser os terríveis *mauscheln*, aos quais Herzl se referiu em 1897 como uma "distorção do caráter humano, indescritivelmente ordinários e repelentes". Podia ser pior ainda: o iídiche, de comum acordo considerado uma degradante caricatura da língua humana, isto é, do alemão. (O iídiche "tornou-se alvo de condescendente gracejo para a maior parte dos judeus ... [de] piadas e um certo escárnio distanciado, pois o iídiche era, claro, a língua dos *Ostjuden* ... *Não* falar iídiche era o que não fazia um judeu alemão, como bom alemão.")[33] Era arrogante, barulhento e indicava um comportamento impertinente em locais públicos, assim como o hábito judeu de "falar com as mãos". (Num restaurante não judeu a gente vê as pessoas comendo e as ouve conversando, enquanto num restaurante judeu a gente vê as pessoas conversando e as ouve comendo — dizia uma das típicas piadas autodepreciativas, tributo da vergonha ao recato "civilizatório".)

Nas pungentes palavras de Shulamit Volkov:

> Sentia-se vergonha ao esquecer ou negligenciar, mesmo por um momento, as regras estritas do jogo da civilização. Por causa das regras estritas de comportamento que os judeus alemães impunham-se a si mesmos, a vergonha era algo que sempre sentiriam. Seu senso peculiar de responsabilidade e solidariedade mantinha-os também quase continuamente num estado de embaraço.[34]

Por sinal, a responsabilidade e solidariedade a que Volkov se refere dificilmente poderiam ser explicadas como sinais de uma piedade familial peculiar aos judeus alemães ou de zelo assimilatório insuficiente. Como os demais e severos pré-requisitos da emancipação, a responsabilidade pelos membros menos afortunados da casta judaica, que nos seus esforços autocivilizatórios se arrastavam atrás das elites, era imposta à vanguarda da assimilação pela própria lógica do processo assimilatório. O sucesso da assimilação devia ser avaliado e considerado individualmente, mas o estigma de que deveria livrar a assimilação bem-sucedida era coletivo, atribuído à comunidade como um todo. Enquanto as massas judias persistissem nas suas maneiras tradicionais, nenhuma ornamentação de suas elites civilizadas bastaria para convencer a opinião nativa de que a condição judaica deixara de ser um estigma e para livrar as elites do embaraço que sentiam dessa "vergonha por tabela". Geração após geração, as tropas avançadas da assimilação tiveram que enfrentar o dilema já experimentado por David Friedlander, o sucessor imediato de Moisés Mendelssohn. Como Meyer descobriu, Friedlander não "tinha praticamente nada do judeu comum", tendo passado a maior parte da vida em círculos distantes, ricos e educados, de industriais e intelectuais berlinenses. "Mas, apesar de todo o seu distanciamento em relação aos judeus de classes inferiores, ortodoxos e do Leste europeu, Friedlander não podia voltar-lhes inteiramente as costas. Tanto eles como ele levavam o nome de 'judeus'."[35] Bem antes de *assumir* responsabilidade pelo esclarecimento de seus atrasados semelhantes e começar a praticar sua solidariedade, Friedlander (como várias gerações de sucessores) fora *sobrecarregado* com essa responsabilidade e obrigado a fazer da solidariedade um dever para com o mundo ao redor.

Foi por causa do destino, não do espírito, comum que a responsabilidade e a solidariedade tornaram-se tão inevitáveis quanto eram importunas e desagradáveis. E, no entanto, a ação movida pelo desejo de se livrar do embaraço apenas realçava a unidade de destino e condição social que era a fonte primordial do embaraço. Por mais que tentassem desautorizar seus incivilizados semelhantes, os assimiladores eram julgados pelo desempenho geral da comunidade que a sociedade nativa teimosamente considerava como um todo único. A negação enfática de responsabilidade apenas acrescentava evidência e irrefutabilidade à suspeita de duplicidade e falsidade de suas pretensões. A resignada admissão de responsabilidade, por outro lado, levava às relutantes exibições de solidariedade que tornavam "auto-evidente" e portanto reforçavam o laço que fazia mofa do programa de emancipação individual. Uma vez internalizada, a ambivalência revelava-se uma prisão sem saída.

Os demônios interiores da assimilação

No folclore da assimilação, os *Ostjuden* (judeus do Leste europeu) não tiveram direito a uma identidade própria. Sua imagem, em vez disso, foi montada a partir de preocupações e pesadelos dos assimilantes judeus ocidentais. Serviram de imensa lata de lixo de características humanas dentro da qual foi jogado tudo que perturbava a consciência do judeu ocidental e o enchia de vergonha (e assim seu estereótipo fornece uma visão única dos recantos mais obscuros da atormentada e envergonhada alma da vítima e joguete do sonho assimilatório). De acordo com Theodor Reik, nas piadas judias alemãs da virada do século os judeus da Europa oriental "são pintados não em seu próprio ambiente, mas em contraste com a civilização ocidental e suas exigências"; por exemplo, as exigências de "limpeza do corpo". Quando esquecia de tomar banho, o judeu assimilante vergonhosamente revelava o inculto e incultivado judeu (oriental) ainda não totalmente extirpado, ainda arraigado dentro dele, o judeu que nem sequer sabia o que os outros queriam dizer quando falavam de banho. ("Um quarto com banheiro?" — perguntam ao judeu Teitelbaum, da Galícia, num hotel vienense. "Tomou um banho hoje de manhã?" — perguntam a outro visitante da Galícia, Cohn. "Por quê? Está faltando algum?")

O embaraço ficou quase intolerável quando os judeus da Europa oriental, até então figuras mais ou menos mitológicas seguramente encerradas em seus distantes guetos e nas piadas pejorativas dos vizinhos ocidentais, deixaram sua reserva natural em bandos e começaram a se instalar bem perto das fortalezas da assimilação. Não se podia sair de casa sem deparar face a face com a fonte mesma da vergonha que se sentia: a própria diferença judaica que a *Mensch* [gente], no caminho para se tornar *Kulturmensch* [gente de cultura], tinha o dever de esconder ou, melhor ainda, de erradicar.

Não importava quanta caridade fosse por fim relutantemente oferecida, pouco amor era dispensado pelos assimilados judeus alemães aos pobres ou ortodoxos vizinhos do Leste europeu. De acordo com evidências recolhidas por Wertheimer, só raramente os judeus alemães "se dignavam misturar aos refugiados ou imigrantes [da Polônia e da Rússia] e, nessas ocasiões, agiam por dever e não por autêntica preocupação pelos necessitados irmãos judeus". Seus verdadeiros sentimentos pelos judeus "tradicionais" eram um tanto gritantes demais para deixá-los à vontade, mas foram bem expressos por Hugo Ganz:

> Sua preguiça, sua imundície, sua eterna disposição para trapacear não podem deixar de encher o europeu ocidental de sentimentos muito penosos e pensamentos nada edificantes, apesar de todos os ensinamentos da história e do desejo de ser justo. Surge o desejo ruim de que o mundo se livre, de alguma forma indolor, desses objetos desagradáveis ou o pensamento igualmente desumano de que não seria nenhuma grande pena se essa parte da população polonesa absolutamente não existisse. Ou renunciamos a nossas ideias de limpeza e honestidade ou acharemos grande parte dos hebreus orientais inteiramente desagradáveis.[36]

Os eslavos e outros vizinhos nas terras a leste da fronteira eram um alvo fácil para o desenfreado nacionalismo alemão da época da unificação bismarckiana. Como que antecipando a retórica nazista, eles eram descritos como portadores de doenças e epidemias, dos quais era preciso eliminar os piolhos ao cruzarem a fronteira alemã e que muitas vezes eram transportados pelo país em trens fechados que só podiam parar em estações de quarentena adequadamente equipadas. Em Hamburgo, em 1892, e em Marburgo, em 1894, imigrantes judeus da Polônia foram culpados pela irrupção do cólera. Seguindo a lógica distorcida da construção de fronteiras, a insalubridade dos orientais era relacionada a seus padrões culturais pré-humanos, sua linguagem bárbara (a língua polonesa era desprezada como "miseravelmente degenerada", "inviável", "meio asiática" e, em geral, como inferior ao alemão), inquietação inata e incapacidade para os sentimentos e lealdade nacionais (o tema predileto dos caricaturistas alemães era a fantástica transformação do esfarrapado mascate polonês Moische Pisch no dono de armarinho berlinense Moritz Wasserstrahl e no figurinista parisiense Maurice La Fontaine).[37] A opinião judaica esclarecida seguia esse fio condutor, junto com a lógica contraditória com a qual era representada a substância do estigma. Assim, por um lado, os judeus orientais eram criticados por serem "totalmente estranhos aos judeus alemães em virtude de seus costumes, pontos de vista e modo de vida"; por outro, afinando com as repetitivas acusações alemãs sobre a duplicidade judaica, afirmava-se contra eles que tentavam livrar-se da aparência "bárbara" com a mesma diligência e cuidado de que tanto se orgulhavam os assimilados judeus alemães. Como escreveu o *Allgemeine Zeitung des Judentums* em 28 de maio de 1872, "esses judeus podem ser registrados na polícia como judeus, mas sua maneira de viver é totalmente antijudaica. Quando essas pessoas cruzam a fronteira polonesa e tiram os casacões, não observam mais a lei judaica. As mesmas pessoas que levavam uma vida tão ortodoxa nas cidades polonesas agora jogaram fora todas as leis judaicas."[38]

Política, social e psicologicamente, o desprezo aos novos imigrantes judeus tinha sua utilidade, em particular porque dava oportunidade de partilhar os profundos e abertos sentimentos dos alemães. No competente resumo de Wertheimer,

> nada, afinal, une mais uma pessoa às outras do que um inimigo comum. Além disso, o antissemitismo tinha uma função especial na economia psíquica do judeu alemão: o ódio aos forasteiros desviava para outro alvo, o ódio a si mesmo. Por fim e mais importante: erigir esse alvo para o ódio ao judeu, como piamente acreditavam muitos judeus alemães, desarmaria inteiramente o antissemitismo alemão.

Além do mais, "os recém-chegados ameaçavam reviver uma imagem do judeu que os nativos trabalharam duro para apagar".[39]

Na síndrome psicológica da assimilação, a vergonha e o embaraço competiam entre si pelo lugar de destaque. Uma vez aceita a pressão assimilatória do nacionalismo nativo como legítima e autorizada, os que a aceitavam como tal internalizavam sua situação ambivalente e assim se condenavam à vigilância de que nunca teriam permissão para relaxar. Permaneceriam para sempre em guarda contra os aspectos ocultos do seu ser que agora encaravam como obsoletos, infamantes e portanto vergonhosos. E estariam ansiosos em deslocar, projetar e exteriorizar novamente a angustiante experiência da ambivalência: para sempre examinariam e censurariam outros portadores do estigma hereditário que desejavam apagar — mas apenas para descobrir com desalento que o sonhado momento do desarmamento e descanso não estava mais próximo do que antes.[40]

No final do século XIX (pelo menos na Europa continental e na Alemanha mais que em qualquer outro lugar), a armadura universalista do "homem enquanto tal" perdeu muito do seu brilho original. Continuava a cintilar, quando cintilava, apenas na memória coletiva dos assimiladores mais resistentes e teimosos. As elites nativas abandonavam rapidamente a retórica universalista, ao mesmo tempo que buscavam abrigo para suas ambições nacionalistas na "herança partilhada", desenterrada às pressas ou feita sob encomenda, do destino e cultura populares. Elas agora se fortificavam atrás dos baluartes do

Volksgeist, que nenhum estranho seria autorizado a penetrar. Os *Völker* [povos] em rápida ascensão orgulhavam-se não tanto do seu *Geist* [espírito] refinado quanto do *Körper* [corpo] saudável. E assim, de repente, ouve-se de Nathan Birnbaum que "die Ostjuden sind ganze, lebensfrohe und lebenskräftige Menschen" [os judeus do Leste são pessoas totalmente alegres e cheias de vida] e se leem ensaios de Martin Buber repletos de conceitos como *Blut, Boden, Volkstum, Gemeinschaft* e *Wurzelhaftigkeit* [sangue, chão, nação, comunidade e enraizamento] extraídos do vocabulário nascente do *Volk* alemão.[41] Mais uma vez, os "judeus da Europa oriental" se transformam num mito construído de acordo com as mais recentes preocupações de seus irmãos ocidentais mais civilizados. Dessa vez, no entanto, o impacto da vergonha é, por assim dizer, mediado. Ele não alimenta a fantasia diretamente, mas pela instigação de uma busca febril da tradição que a pessoa pudesse glorificar e de que pudesse se orgulhar. Na era do nacionalismo *volkisch* [popular] narcisístico e explosivo, só se poderia razoavelmente pretender a estima universal por referência ao próprio pedigree de coragem, valor, masculinidade, energia e a uma tradição com raízes firmementes cravadas no princípio dos tempos, mas ainda viva, criativa e progressista.

Ou assim pelo menos acreditavam alguns judeus livres de culpa. Os judeus alemães "não aceitariam nem acreditariam que eram forasteiros evitados pelos alemães — sequer por nacional-socialistas".[42] Como se tornava cada vez mais evidente que ser alemão significava pertencer a um *Volk* e não à nebulosa humanidade *Eigenschaftenlos* [sem qualidades] no estilo de Goethe ou Schiller, muitos esperavam poder se engraçar com os alemães moldando os equivalentes judeus da *Volksgemeinschaft* [comunidade popular] alemã, dos heróis populares tipo Siegfried, do *Führer Prinzip* [princípio do líder].[43] Em todos esses aspectos, os *Ostjuden* vinham a calhar. Eles estavam a uma distância segura, não ligavam para as preocupações de seus irmãos assimilados e portanto não se importavam com o que estes pensavam, diziam ou escreviam.

A miraculosa metamorfose do patinho feio num lindo cisne foi, portanto, obra do mesmo e velho mágico que antes invocara a imagem do *Ostjude* como um selvagem imundo, ignorante e imoral remanescente dos tempos pré-civilizados. Mesmo quando louvava seu pobre irmão oriental, o intelectual judeu germanizado preservava — com efeito, reafirmava — sua superioridade: fora ele, afinal, quem havia revelado e exibido os tesouros que de outro modo permaneceriam para sempre adormecidos. Fora ele quem dera forma às virtudes que os judeus do Leste possuíam sem saber, incapazes como eram de apreciar o próprio valor. A laboriosa construção do *Volk* judeu a partir de pedaços e fragmentos arbitrariamente selecionados da vida no gueto, como o desenho de caricaturas depreciativas que a precedeu, foi induzida pelas preocupações assimilatórias judaicas e guiada pela ânsia de se livrar da vergonha, então como antes instigada pela consciência de estar atrasado face aos padrões dominantes do dia. Ela definitivamente não implicava aceitar como iguais os judeus da Europa oriental, de fato como sujeitos capazes de falar de e por si mesmos com a mesma autoridade que a dos seus esclarecidos simpatizantes.

Vale a pena notar que, em todo o período de flerte romântico com a imagem do hassídico como equivalente judeu mais próximo do herói popular alemão e do *homem natural*, os novos amores só foram amados a distância (quanto maior, melhor). A afinidade espiritual e religiosa seriamente proclamada não era considerada uma licença para a proximidade física (esta era reconhecidamente uma questão política, não de imaginação). O influxo de *Ostjuden* continuou malvisto como antes. Ninguém queria procurar os cintilantes esplendores do jovem cisne no patinho feio do "vizinho ao lado". O recém-nascido Siegfried judeu da Europa oriental passava mal em viagem e era incisivamente aconselhado a ficar em casa.

Contas não acertadas

Em retrospectiva, o romance tempestuoso, muitas vezes trágico e ocasionalmente ridículo com a assimilação parece conter tanta evidência de indignidade quanto de elevação de espírito. Pouco antes de morrer, Scholem escreveu com amargura e veneno sobre a "miserável falta de dignidade" dos assimiladores "servis, implorantes e súplices" que, em vez de se preocuparem com o que "tinham a *dar* como judeus", só pensavam no que "tinham que *abandonar* como judeus"; como pretensos e por isso sempre superzelosos sumo sacerdotes da cultura nativa, só podiam parecer cômicos para todos que não eles mesmos.[44] E no entanto o acerbo e petulante obituário composto por Scholem para o diálogo judeu-alemão que nunca existiu parece em alguns pontos o lamento de um amante traído e ofendido, vítima de adoração não correspondida. Não havia, talvez, nada *intrinsecamente* errado na ideia de fundir as duas culturas; foram antes os supostos parceiros alemães, ao abandonar sua própria herança luminosa e não suportar a ideia de ver estranhos colhendo-a e usando-a diante de seus olhos, que causaram a derrota de uma aventura de forma alguma moribunda em si mesma.

Os sentimentos que Scholem conseguiu controlar e no geral suprimir, só raramente permitindo que aflorassem à superfície, tiveram com outros escritores rédea muito mais solta. Abundam as apologias póstumas do episódio da assimilação, ainda que muitas delas se mascarem de farisaico acerto de contas com os insensíveis e mal agradecidos parceiros nativos do diálogo. Muitas vezes abertamente, mas na maioria dos casos sub-reptícia ou mesmo subconscientemente, fazem-se tentativas febris de absolver da acusação de estupidez ou, pior ainda, de depravação de caráter os que sonharam com a assimilação. Por razões que são fáceis de entender, os descendentes dos judeus alemães têm que tentar com mais afinco que os outros, pois foi na Alemanha que a vaidade do projeto de assimilação foi exposta com uma brutalidade que não deixou nada para a imaginação nem lugar para controvérsia.

Certo, a vingança clara e desavergonhada dos arroubos de amor duramente rejeitados é rara e de modo algum representativa. (Ninguém escreve hoje como Jacob R. Marcus, que aprovou a decisão de Hitler de fechar a fronteira a "uma invasão de judeus do Leste europeu", "culturalmente estranhos" e "intelectualmente inferiores" e portanto uma ameaça à Alemanha; e que sugeriu que a união dos Estados germânicos foi pioneiramente defendida em 1848 por patriotas judeus alemães dos quais Hitler era um herdeiro testamentário.)[45] A maioria dos autores, com sucesso variado, gosta muito de manifestar seu ceticismo. Eles não poupam esforços para distanciar-se daquele alegre e imprudente abandono com que alguns dos seus ancestrais mergulharam de cabeça na voragem de um ambiente estranho e hostil tomado equivocadamente por aconchegante e convidativa piscina. E, no entanto, um esforço em nada menor é feito para desaprovar a acusação mais grave ainda de desígnio doloso e para substituí-la por uma mais leve, de perdoável ignorância: afinal, os infelizes "alemães de fé mosaica" não sabiam e não podiam saber o que sabemos hoje. Sua ignorância, por assim dizer, era sua imunidade. Por tudo o que sabiam, sua estratégia seguia uma via natural de forma lógica impecável. Quase tudo o que sabiam parecia mostrar que estavam na trilha certa; por isso sua autoconfiança e perseverança eram bem justificadas. Não foi culpa deles se, no final, as coisas se passaram de uma maneira que não podiam prever. Mesmo as facetas menos estimadas de sua conduta e pensamento eram expressões de seus feitos bem reais (ou aparentemente reais) no caminho que escolheram.

Assim George L. Mosse explica que a repulsa que os judeus alemães aculturados sentiam pelos judeus do outro lado da fronteira não era particularmente judaica. Ao contrário, era testemunho da quase completa "germanidade" dos judeus alemães. Refletia o "choque entre a cultura germânica e o modo de vida das povoações judias em suas fronteiras". "Esses homens", conclui Mosse, indiretamente descartando assim a suspeita de vergonha e medo mais profundos, nascidos da assimilação e especificamente judeus, "eram patriotas e sua atitude para com as civilizações eslava e judia aplicava-se igualmente a todas as civilizações estrangeiras ... A imagem do judeu tornou-se parte dessa rejeição geral a 'estrangeiros'."[46] Outro eminente historiador, Peter Gay, não poderia concordar mais. Ele descarta como injusto e condenavelmente vingativo o abuso atribuído à conduta dos judeus alemães de outrora pelos "judeus do Leste europeu". A verdade, diz Gay, é que

> os judeus alemães de Berlim zombavam dos seus irmãos de além-fronteira não meramente porque queriam demonstrar ser alemães, mas precisamente porque *eram* alemães. Como seus concidadãos gentios, eles viam os novos imigrantes da Ucrânia e da Galícia como desajeitados, barulhentos, sovinas, realmente estranhos e nitidamente inferiores. Assim, se o judeu alemão achava os *Ostjuden* embaraçosos por medo de ser identificado com eles, também os via assim porque eram, para ele, realmente embaraçosos. O preconceito era apenas mais um emblema da sua germanidade.

Mais uma vez, agora postumamente, as vítimas do preconceito são convidadas a levar a culpa por sua rejeição. Mais uma vez, a culpa é desviada, pelo menos alguns centímetros, daqueles que praticavam a rejeição. Por mais claro que se veja hoje através da névoa da autoilusão, é psicologicamente de todo impossível aceitar que não havia mais que ingenuidade e ilusão na entusiástica e orgulhosa celebração judaica da adotada germanidade. "Quando escreviam monografias, pintavam quadros ou regiam orquestras", insiste Gay, os judeus alemães "o faziam de um modo que, devo repetir, não se podia distinguir do modo alemão."[47]

Gay não está nem de longe sozinho no apego a essa opinião. Os mais representativos porta-vozes dos judeus alemães do período pré-nazista viam na sagrada trindade de Goethe, Schiller e Lessing (por vezes complementada por santos menores mas igualmente reverenciados, como Kant, Fichte e Herder) não apenas a garantia da aliança entre as culturas alemã e judaica, mas também uma viva e decisiva evidência de que, de fato e por sua própria natureza, as duas culturas são imanentemente parecidas e guiadas pelo mesmo espírito. Muito depois de terem os alemães transportado o último resíduo de seus admiradores e autoproclamados irmãos espirituais judeus para onde os rejeitados parentes deles, europeus orientais, viveram antes (e foram depois assassinados), a causa da "afinidade eletiva" entre as condições judaica e alemã não recebeu descanso. Uma das mentes mais perspicazes (e, por autodefinição, críticas) entre os judeus alemães, Max Horkheimer escreveu profusamente sobre a inquebrantável afinidade, senão a identidade, entre as versões judias e alemãs do idealismo, sua inflexível e intransigente esperança e sua filosofia da endêmica ilusão da verdade.[48]

O velho argumento parece continuar inalterado muito depois de ter perdido o último fiapo de significado prático. As velhas batalhas são de novo travadas, embora desta vez apenas na mente atormentada de um dos protagonistas. (O outro protagonista, alemão — ou foi antes um adversário? — de há muito concedeu a vitória teórica ao outro lado, depois de alcançar uma vitória prática.) Batalhas novamente travadas revivem a antiga vergonha dos "desajeitados estranhos" importunos. Essa vergonha ainda fere, agora como memória abafada, sob a forma nova e ainda mais dolorosa de culpa. Ela clama por ser exorcizada ou definitivamente questionada. Como se perdeu o momento da redenção, a única coisa que resta é provar que antes do mais não havia nada a redimir. Deve ter havido pelo menos uma verdade rudimentar na germanidade judia e, portanto, deve ter havido alguma verdade nas acusações proferidas pelos judeus alemães contra seus vizinhos da Europa oriental. Se estes eram acusados, só tinham que culpar a si mesmos. Ser acusados, conclui-se, era a sua culpa. A culpa sobreviveu à acusação.

O projeto da assimilação e estratégias de resposta

A experiência dos judeus alemães oferece um ponto de observação útil do qual podem ser melhor apreciadas algumas facetas cruciais, embora muitas vezes pouco enfatizadas ou subestimadas, do mecanismo de assimilação.

1. A assimilação, enquanto distinta do intercâmbio ou difusão cultural em geral, é um fenômeno tipicamente moderno. Seu caráter e significado derivaram da moderna "nacionalização" do Estado, isto é, do comando do Estado moderno para a unificação legal, linguística, cultural e ideológica da população que habita o território sob sua jurisdição. Esse Estado tendeu a legitimar sua autoridade através da referência à história e ao espírito comuns e a um único e exclusivo modo de vida, mais do que a fatores extrínsecos (como, por exemplo, direitos dinásticos ou mera superioridade militar), que em geral são indiferentes para as diversificadas formas de vida dos súditos.

2. A brecha entre o projeto de homogeneidade inerente à ideia de nação, proposto pela nação-Estado, e a heterogeneidade prática das formas culturais no reino sob administração unificada do Estado constituía portanto um desafio e um problema, aos quais os Estados nacionais responderam com cruzadas culturais visando a destruição de mecanismos comunais autônomos de reprodução da unidade cultural. A época em que se formaram os Estados nacionais caracterizou-se pela *intolerância* cultural; de forma mais geral, pela insuportabilidade de e pela impaciência com toda *diferença* e suas inevitáveis consequências: a diversidade e a ambivalência. Práticas que não derivavam do padrão cultural assistido pelo poder ou não se conformavam plenamente a ele eram vistas como estranhas e potencialmente subversivas para a integridade nacional e política.

3. A *nacionalização do Estado* (ou melhor, a *estatização da nação*) misturou a questão da lealdade política e da confiabilidade (vistas como condições para a garantia dos direitos de cidadania) à da conformidade cultural. Por um lado, o modelo nacional postulado servia de objetivo ideal da cruzada cultural, mas por outro era usado de antemão como padrão pelo qual era testada a participação no corpo político e explicadas e legitimadas as práticas de exclusão e discriminação aplicadas àqueles que seriam desqualificados por não passar no teste. Como resultado, cidadania e conformidade cultural pareciam fundir-se; a segunda era vista como condição mas também como meio de alcançar a primeira.

4. Nesse contexto, a eliminação da diversidade cultural e a aquisição de uma cultura diferente, assistida pelo poder, eram erigidas e percebidas como o veículo primordial da emancipação política. A consequência era o ímpeto de setores avançados e politicamente ambiciosos das populações "estranhas" de buscar excelência na prática dos padrões culturais dominantes e desautorizar as práticas culturais de suas comunidades de origem. A perspectiva de plena cidadania política era a principal fonte do poder sedutor do programa de aculturação.

5. O ímpeto da aculturação punha em teste a identidade ostensiva da política e da cultura e expunha a ambivalência de que era inevitavelmente carregada a fusão e que a longo prazo se revelou responsável pelo fracasso final do programa assimilatório.

(a) A assimilação cultural era uma tarefa e uma atividade intrinsecamente individuais, ao passo que a discriminação e a emancipação políticas aplicavam-se à comunidade "estranha" (ou excluída) como um todo. Como a aculturação estava fadada a se processar de forma desigual e a envolver vários setores da comunidade em grau e velocidade variados, os setores avançados pareciam contidos pelos relativamente atrasados. Eram presos na situação de ambivalência da qual descobriam na prática ser impossível escapar. Cortar os laços com a comunidade não era saída para o impasse, uma vez que a maturidade coletiva para a aceitação, como a capacidade de carga de uma ponte, seria medida pela qualidade do seu setor mais fraco. Por outro lado, a decisão de agir como um intermediário cultural ou um missionário da cultura dominante, de modo a acelerar a transformação cultural da comunidade nativa como um todo, era vista como a confirmação da afinidade que retardava a elite emancipante. Isso reforçava a comunhão de destino entre os setores aculturados e os "culturalmente estranhos" da comunidade, tornando ainda mais severas as já rígidas condições de aceitação política.

(b) O caráter evidentemente *adquirido* de traços culturais ganhos no processo de aculturação destoava da natureza *herdada* e *atribuída* da condição de membro da nacionalidade, apenas ligeiramente coberta pela fórmula da cultura comum. O fato de que sua semelhança cultural foi *adquirida* tornava os aculturados diferentes do resto, "não realmente como nós", culpados de duplicidade e provavelmente também de más intenções. Neste sentido, a assimilação cultural no âmbito de um Estado nacional era autoderrotista. Por assim dizer, a comunidade nacional, embora ela mesma um produto da cultura, só podia sustentar-se como nação através da enfática negação de uma base "meramente cultural", isto é, artificial. Em vez disso, ela extraía sua identidade do mito da origem comum e da *naturalidade*. O indivíduo era seu membro ou não era, não tinha como escolher isso.

(c) Embora de fato alienasse seus agentes da comunidade de origem, a assimilação nem por isso levava a uma plena e incondicional aceitação pela nação dominante. Para desespero deles, os assimilantes descobriam que tinham com efeito *se assimilado unicamente ao processo de assimilação*. Outros assimilantes eram as únicas pessoas em volta que partilhavam seus problemas, ansiedades e preocupações. Tendo deixado para trás suas comunidades de origem e perdido suas afinidades sociais e espirituais anteriores, os assimilantes aterrissavam em outra comunidade, a "comunidade dos assimilantes" — não menos isolada e marginalizada que aquela de que escaparam, mas além disso também irremediavelmente ambivalente. Irremediavelmente, pois a nova alienação revelava uma marcada tendência à autoexacerbação. A *Weltanschauung* dos assimilantes fazia-se agora a partir da experiência comum de sua "comunidade" exclusiva (embora não escolhida nem desejada) e ganhava forma através de um discurso conduzido sobretudo dentro da sua moldura. Mostrava no caso uma acentuada tendência a ressaltar o caráter "universal" dos valores culturais e a lutar contra todo e qualquer "paroquialismo". Tal circunstância punha suas percepções, filosofia e ideais em curso de colisão com as percepções, filosofia e ideais "nativos", efetivamente impedindo que a brecha entre eles fosse jamais superada.

Apesar da evidência crescente da falta de perspectiva e inutilidade dos esforços assimilatórios, a configuração social sedimentada pela política da assimilação era uma armadilha da qual havia poucas saídas, se é que havia. Era, presumivelmente, o profundo e contínuo isolamento das vítimas dos sonhos assimilatórios que levava à espantosa constância com que a maioria dos judeus alemães se apegava a suas armas em todas as ocasiões. Provavelmente pela falta objetiva ou subjetiva de outras opções realistas, eles decididamente se recusavam a admitir a futilidade do seu sonho, mesmo quando a maré montante de antissemitismo vicioso e racista, com claras conotações exterminatórias, varria o país ferido após o colapso do Império Alemão. Gradualmente, o drama da assimilação tornou-se grotesco antes de terminar em tragédia. Quando a República de Weimar, desde o início inoculada de doença incurável, entrou nos anos finais de declínio e decadência, líderes dos "alemães de fé mosaica" (em nome dos quais Löwenfeld perguntara, menos de quarenta anos antes, se "estamos mais próximos dos judeus franceses do que dos católicos alemães") acharam necessário invocar a ameaça de retaliação dos judeus de todo o mundo como sua última sanção contra o juízo final que se aproximava; além disso, "faziam-se suspeitos aos olhos daqueles a quem queriam convencer de sua lealdade e para os quais se voltavam em busca de apoio e proteção".[49] Poucos anos depois, chegou o dia do juízo final, os "alemães de origem judaica" sentiram-se obrigados a fazer uma opção inequívoca e a fizeram: o órgão oficial dos judeus alemães declarou que, como sempre ocorrera, os judeus alemães "estão com a Alemanha contra todos os ataques estrangeiros". Eles " são, sempre foram e só podem ser fiéis à Alemanha".[50]

Até o fim, apenas uma minoria relativamente pequena, embora séria e perspicaz, viu através da autoilusão e declarou o projeto de assimilação morto e enterrado. Esses poucos — como o judeu francês Bernard Lazare, objeto do elogio de Hannah Arendt — voltaram sua raiva contra os *parvenus*, os ingênuos subornados da assimilação que brandiam seus ganhos individuais para desviar a atenção das perdas sofridas por seus irmãos inferiores: "sempre que o inimigo busca o controle, ele faz questão de usar algum elemento pacificado da população como seu lacaio e capanga, recompensando-o com privilégios sociais, como uma espécie de presente".[51] Uma minoria um tanto maior, mas ainda uma minoria, chegou à conclusão de que a velha política de assimilação estava moribunda e que não se poderia manter viva a ideia sem uma ampla revisão. Aqueles que descobriram as contradições internas e, portanto, a futilidade última das esperanças assimilatórias em geral ou pelo menos da política original de assimilação buscaram um remédio ou uma estratégia alternativa. O remédio era uma ação política visando a reforma ou revolução das regras que guiavam na prática (diferentemente da teoria declarada) a concessão de direitos políticos e sociais. ("Assim que o *pária* entra na arena política e traduz sua condição em termos políticos, ele se torna por força um rebelde.")[52] Essa ação pretendia, por assim dizer, levar a nação-Estado a sério, forçá-la a acatar sua própria intenção expressa de fazer a admissão à comunidade nacional depender exclusivamente da conformidade demonstrada aos valores e cultura nacionais e assim livrar-se da ambivalência que a assimilação continuava gerando e ao mesmo tempo, antes de mais nada, deslegitimando.

A essência dessa reação ao fracasso cada vez mais visível do Estado nacionalista em cumprir sua promessa foi expressa de maneira sucinta por Milton Himmelfarb: "Tanto a honra quanto o interesse exigiam que tentassem mudar o estado da sociedade em que fazia uma substancial diferença política e social o fato de ser judeu ou cristão. O temperamento e as circunstâncias determinavam se trabalhariam por essa mudança de forma convencional ou revolucionária."[53] Com efeito, não havia escassez de judeus alemães que tinham escolhido um dos dois caminhos. Barrados da ativa participação política nos partidos e movimentos abertamente nacionalistas (apesar de todo o entusiasmo ultrapatriótico e autêntica dedicação nacionalista alemã que muito assimilante demonstrava com profusão e sinceridade), os judeus entraram em números desproporcionalmente grandes no campo liberal e suas muitas extensões, a maioria culturais e jornalísticas. Esperavam usar as instituições existentes do poder político para impor a promessa assimilatória como um contrato obrigando *ambas* as partes e remover por meios políticos todos os obstáculos sociais e culturais à conclusão dos esforços assimilatórios. Ao mesmo tempo, grande número de judeus juntou-se ao nascente movimento social-democrático basicamente pelas mesmas razões — embora com menos confiança na capacidade da ordem liberal "realmente existente" de aperfeiçoar seu desempenho até então. Na avaliação que faziam da magnitude da mudança necessária para apagar o estigma da condição judaica, seguiram os passos de Karl Marx — cujo pai, na opinião de Murray Wolfson, conseguiu (como os pais deles) "criar no filho um sentimento de vergonha pela origem judaica e pela aparência servil de sua tentativa [do pai, Heinrich] de escapar dela". Em vez do servilismo paterno, concluiu Karl, era preciso nada menos que "uma organização da sociedade que abolisse as precondições e portanto a possibilidade da mascateação", tornando assim impossível o próprio "pechinchar judaico" do qual Heinrich Marx sentia a compulsão de se desculpar. "Por outro lado, se o judeu reconhece que é fútil a sua natureza *prática* e age para aboli-la, ele se livra da sua condição anterior e trabalha para a *emancipação humana* enquanto tal, voltando-se contra a expressão *prática suprema* do autoisolamento humano."[54]

No final do século XIX tornara-se evidente que o avanço dos judeus dentro da sociedade alemã existente tinha limites e que o sucesso econômico e educacional dos indivíduos não garantia por si só a igualdade política, a aceitação social e a libertação do preconceito e da discriminação. O fraco e submisso liberalismo alemão refreava-se em romper o monopólio político das elites fundiárias conservadoras e nacionalistas. Wistrich calcula que, depois de 1893, os judeus não batizados virtualmente desapareceram das bancadas dos partidos alemães burgueses e conservadores no Reichstag. Entraram em massa, porém, na representação parlamentar do movimento socialista em ascensão, constituindo regularmente a partir de 1881 mais de 10 por cento desse bloco (proporção dez vezes maior que na população como um todo).[55] Dentro do SPD (Sozialdemokratische Partei Deutschlands), porém, os judeus formavam uma categoria muito especial. Ao contrário da maioria dos filiados e da liderança não judaica, eram na maior parte de famílias prósperas da classe média e, acima de tudo, altamente instruídos no geral (no parlamento de 1912, por exemplo, 11 dos 12 deputados socialistas judeus tinham formação universitária, contra apenas 20 dos 98 não judeus). Sem um propósito consciente da parte deles e sem pressões externas discerníveis, os ativistas judeus do movimento socialista viram-se fortemente concentrados em áreas selecionadas da atividade partidária. Eram a maioria entre os jornalistas e teóricos do partido e entre os professores das escolas partidárias. Esses papéis lhes asseguravam uma posição central e altamente prestigiosa na vida partidária e, através dela, na política alemã como um todo. Os mesmos papéis, no entanto, tornaram sua posição dentro do partido cada vez mais incômoda e alvo de ressentimento generalizado no momento em que o movimento político radical dos primeiros anos se transformou num *establishment* altamente burocratizado que se interessava acima de tudo em preservar rotinas seguras (e portanto sempre mais confortáveis) e servia de canal para a ascensão social de sindicalistas e outros ativistas das camadas "populares".

Quando a integração e a preservação se tornaram a necessidade e o apelo do momento, em vez da mobilização ideológica, os cismas e minúcias teóricas em que se destacava a elite partidária dos judeus instruídos passaram a ser vistos com suspeita e crescente ressentimento por parte da liderança cada vez mais pragmática e instintivamente utilitária. Os novos líderes partidários da geração Noske, administradores e burocratas promovidos na maioria das direções sindicais, sentiam-se ameaçados e incomodados quando forçados por sofisticados intelectuais e "pessoas de princípios" a debater questões de nenhuma utilidade ou relevância imediatas visíveis para suas preocupações práticas e tarefas objetivas. Viam os intelectuais do partido como um corpo estranho, como invasores alheios aos assuntos que pertenciam por direito aos trabalhadores alemães. Seguindo o bem estabelecido padrão alemão, o esforço para expulsar a interferência então vexatória dos princípios ideológicos e dos preceitos teóricos tomou a forma de um ataque aos *Ostjuden*. Os ideólogos dedicados e radicais eram descartados mais facilmente quando chamados de "judeus poloneses sujos", enquanto sua dedicação à pureza teórica das ideias socialistas era desprezada como fruto de sua irremediável mentalidade oriental e incapacidade de entender o espírito e os anseios da classe operária alemã.

Uma estratégia alternativa, por assim dizer, baseava-se na convicção de que a prática da nação-Estado não pode ser reformada, de que o fracasso da assimilação não é nem contingente nem retificável e de que o Estado só pode ser a casa de uma nação; em outras palavras, a convicção de que uma nação sem Estado só pode se emancipar constituindo-se como Estado ou pelo menos alcançando uma soberania semelhante à do Estado. Na ponta final da pressão assimilatória, a nação-Estado encontrou solo fértil para propagar-se. Ela produziu um antinacionalismo sofrível, que refletia como um espelho todas as marcas características da moderna nação-Estado de cuja rejeição nasceu: suas ambições uniformizantes, a intolerância à diferença e à peculiaridade, a promoção do caráter atribuído da inclusão comunitária e a fusão da inclusão política com a conformidade cultural e de ideias. Implicava uma aceitação convicta do padrão geral, colocando em questão apenas o papel do próprio indivíduo na sua consecução.

Restam poucas dúvidas de que o nascimento do sionismo político, com toda certeza na sua versão mais consequente, a de Herzl, foi produto da desintegração dos esforços assimilatórios, mais do que fruto da tradição judaica e da ressurreição do amor por Sião. Como Carl E. Schorske colocou, Herzl, conhecido por sua aversão ao judaísmo tradicional, que acusava de exercer um impacto física e mentalmente deformador sobre os judeus,

> criou sua abordagem altamente criativa da questão judaica não a partir de um mergulho na tradição judaica, mas dos seus

> esforços inúteis em deixá-la para trás ... Até a concepção que Herzl tinha do Sião pode ser melhor entendida se vista como uma tentativa de resolver o problema liberal através de um novo Estado judeu e de resolver o problema judeu através de um novo Estado liberal.[56]

A opinião de Schorske é amplamente partilhada, exceto pelos eruditos politicamente comprometidos. Na visão de Egon Schwartz: "A fórmula mais adequada até hoje à vida e à obra de Herzl define seu sionismo como composto dos fragmentos do frustrado liberalismo austríaco e sua cultura como um total preenchimento do ideal da assimilação."[57] (Como diz o memorável veredito de Scholem, do ponto de vista dos judeus *alemães* o programa sionista era antes e acima de tudo uma maneira de resolver o problema dos *Ostjuden*. A ideia de que os próprios sionistas deveriam com efeito ir para a Palestina, sugerida cautelosamente pela primeira vez em 1914, foi um choque para muitos simpatizantes filantrópicos do sionismo que se viam como alemães.) O sionismo de Herzl pode ser visto como tentativa de alcançar um duplo feito: salvar os judeus do colapso do liberalismo europeu e salvar o liberalismo das consequências do seu colapso na Europa.

Limites últimos da assimilação

Uma lista bem abrangente de estratégias concebíveis e utilizadas na prática em resposta às ambiguidades interiores e em última análise destrutivas do projeto assimilatório não esgotaria, porém, a importância histórico-social do romance moderno com a uniformidade, em especial como começa a ser visto agora. A longo prazo, as estratégias desenvolvidas conscientemente, junto com as ideologias veementemente contestadas que as promoveram e justificaram, retiram-se para o passado, onde podem ser vistas com uma boa dose de distanciamento e ironia (amarga, digamos) e se tornar assuntos de interesse sobretudo arquivístico. O que em vez disso se destaca como sedimento autenticamente duradouro e talvez irremovível do episódio assimilatório é o papel histórico do contexto assimilatório como ponto de observação a partir do qual se poderia ter a revelação mais profunda da condição humana moderna: como lugar social dentro do qual o transe mais tarde experimentado de forma universal por toda a sociedade moderna afligiu inicialmente uma minoria selecionada, forçando-a a intensa autoanálise e reflexão.

A assimilação foi a linha de frente da engenharia social, o gume da ordem que avançava. Com a espontaneidade desacreditada e o questionamento da capacidade de automonitoramento da natureza, a ordem tornou-se sinônimo de monopólio do poder, de controle e repressão da "alteridade" resistente. A ambivalência (uma ponte indesejada sobre o suposto abismo entre o interior ordeiro e o exterior selvagem, ou uma membrana osmótica indiscreta que reduz a nada toda tentativa de separação) era a negação da ordem, uma negação que a produção da ordem em geral e seu braço assimilatório em particular não podiam evitar de gerar em volume crescente. Na produção da uniformidade, a ambivalência era o refugo industrial. Como acontece com todo refugo, era evitada, vista com repulsa e suspeita de poderes mágicos venenosos.

Se a assimilação era a linha de frente da moderna engenharia social, os judeus se viram em toda a Europa no front dos esforços assimilatórios. Grupo reconhecidamente desajeitado e disperso que não respeitava fronteiras nacionais, em toda parte eram um símbolo e lembrete das fragilidades internas da assimilação e, pior ainda, do caráter ilusório da sonhada ordem. O estudo cabal e revelador de Robert Casillo sobre o antissemitismo, o fascismo e a mitologia no pensamento e na obra de Ezra Pound (poeta que levou extremamente a sério a ambição modernista e fez dela sua missão pessoal de vida) fornece uma análise bastante penetrante do fenômeno que pode bem servir de caso arquetípico da demonologia gerada pelo projeto moderno de perfeição produzida pelo homem:

> ... os judeus, que Pound trata como intoleravelmente diferentes, são essenciais ao seu texto ... Sem os judeus, sem a arbitrária atribuição de diferença e de confusa alteridade a esse grupo, sem a arbitrária repressão do parasita através da violência, Pound jamais seria capaz de realizar, sequer provisoriamente e de forma questionável, seu grande projeto de dar o nome certo às coisas ... A possibilidade de antissemitismo está sempre presente em Pound toda vez que seu texto, consciente ou inconscientemente, transgride suas próprias categorias, leis e suposições, em momentos de confusão, contradição e indecisão. Em suma, o antissemitismo é inseparável daquelas instâncias em que Pound não pode comandar o sentido, em que a significação inequívoca é talhada pela sobredeterminação ou polissemia da metáfora, em que seus conceitos essenciais e aparentemente fixos e inequívo-

cos ... se revelam inerentemente confusos e em última instância indecisos.

"A contraditória e confusa representação dos judeus nos escritos de Pound" — conclui Casillo — é testemunha de "sua atitude persistentemente indefinida em relação à Natureza, à História, ao feminino, ao instinto, à sexualidade, ao inconsciente, à produção e muitos outros conceitos cuja definição precisa é exigida dentro do projeto de reconstrução cultural de Pound."[58] Por meio dos judeus, as muitas contradições insolúveis do projeto ordenador foram separadas, "objetivadas", isoladas do próprio projeto, fundidas num todo coerente, confortantemente formuladas como uma contribuição estranha nascida de motivos adversos, realçadas e condenadas. Foram assim situadas, intelectualmente desautorizadas e dessa forma preparadas para a extinção física, mesmo que apenas simbólica.

A mente de Pound movia-se entre dois universos. Um era luminoso, harmonioso, belo, elevado — porque transparente e ordeiro. O outro, escuro e impenetrável, povoado por micróbios, germes, bacilos, fungos. (Observemos que as bactérias, vírus e outros habitantes do universo microscópico têm dois atributos em comum: devido a sua ação *corrosiva*, desintegradora, são por natureza inimigos da saúde e do equilíbrio orgânico; e são *invisíveis*, portanto difíceis de localizar e manter a uma distância segura. Esses mesmos traços definem toda ambiguidade e, em particular, os judeus — assimilados ou ansiosos por isso — tais como vistos da mesa de controle do projeto ordenador.) Cada um dos universos de Pound precisava do outro. Obviamente, o segundo precisava do primeiro para sua existência de parasita.[59] Mas o primeiro precisava do segundo também: como uma desculpa para o infinito adiamento de sua própria chegada, como uma escusa para sua própria impossibilidade. Como não podia haver ambivalência no mundo da luz, toda ambivalência que havia tinha de ser acomodada no mundo da escuridão. O significado mais profundo da ambivalência é a impossibilidade da ordem. O significado da escuridão de Pound era a impossibilidade da luz — e a impossibilidade de admitir essa impossibilidade.

Pound odiava os judeus (e os odiava de todo o coração e com toda a força mental, com esse ódio autêntico e saudável que não pode mais distinguir a repulsa física do horror intelectual) porque ansiava encontrar a malha perfeita de palavras em que todas as coisas têm seu justo lugar, cada uma apenas um lugar, e onde nenhum lugar é ocupado por duas coisas ao mesmo tempo. Essa malha perfeita é uma poderosíssima metáfora da ordem — aquela ordem pela qual batalham os poderes terrenos desde a aurora da humanidade. Como esses poderes, Pound despertou para a ilusão do seu ideal: a construção da ordem parecia resultar apenas no acúmulo de ambiguidades. Como os poderes frustrados na sua busca da ilusória monossemia nacional da terra, Pound — na sua busca da ilusória monossemia da linguagem — precisava encontrar a fonte primordial da teimosa ambivalência. Tanto os poderes terrenos como Pound a encontraram nos judeus.

"Lama judaica", "pântano de alta lamentação", "esgotos da Palestina", "incerta e fétida emanação", "lama fervilhante de uma lei secreta"[60] — são algumas das roupagens em que os judeus aparecem na versão poundiana da guerra dos mundos. Todas as roupagens verbais sugerem disformidade, coisas escorregadias e putrefatas. Também sugerem um chão lamacento, traiçoeiro, e uma viscosidade sem escapatória. "Lama", "pântano", "miasma", "cloaca" são os tropos favoritos do discurso de Pound sobre os judeus. Em última análise, significam todos a mesma coisa: caos. Para Pound, como para o impetuoso e aventureiro mundo moderno que ele representava no seu grau mais obsessivo e extremo, os judeus eram a confusão que confundia o sonho da ordem. Eles foram escolhidos para esse papel — porque, coletivamente, ofereciam a mais clara evidência do fracasso do sonho.

Não que os judeus rejeitassem a incorporação no novo mundo que batalhava por se dividir nitidamente em lotes de administração nacional. Era, antes, a *incongruência topológica* do projeto que o tornava autoderrotista e desencadeava a busca de um bode expiatório, assim indiretamente fazendo da incorporação dos judeus algo implausível. *A condição lamacenta dos judeus era ela mesma produto do impulso rumo a um mundo sem lama.* A ambivalência dos judeus era atributo da modernidade tanto quanto a busca obsessiva de uma ordem social transparente, projetada e controlada.

Para a grande maioria dos judeus ocidentais, a assimilação significou pouco mais que uma mudança de hábitos — outro jogo linguístico, outro jogo de relacionamento cotidiano, outro código simbólico modístico ou comportamental. Seja como o seu vizinho, não se destaque, não se faça notar na multidão de iguais; o comando de Judah Leib Gordon, "seja judeu em casa e homem na rua", significava "seja invisível em público"; torne imperceptível a sua condição de judeu. Tudo isso, por sua vez, significava aceitar o direito dos anfitriões de definir o código, estudar esse código com afinco e diligência, adquirir um domínio impecável de sua aplicação. Tem sido ressaltado inúmeras vezes que os judeus assimilantes se tornaram em massa reconhecidos mestres da arte de interpretar. Destacaram-se em sondar e absorver a intenção da partitura, texto ou roteiro de outra pessoa. Também se concentraram em grande número em profissões com normas claras, rígidas e bem estabelecidas que definiam padrões aparentemente unívocos do que é próprio ou impróprio. Se lhes fosse permitido, entrariam alegremente no serviço público e em departamentos do governo, com sua rígida e monótona rotina burocrática. Mostraram um bocado de boa vontade em se tornar homens "voltados para o outro" (Riesman) ou de "organização" (Whyte). Aprendiam avidamente e aceitavam alegremente o direito dos nativos de ensinar. Seu talento para a mímica era tão excepcional que se tornava desconcertante. Esse talento também se revelava sua ruína — sempre e onde quer que os anfitriões estivessem inseguros de si ou estabelecessem regras que prometiam mais do que eles pretendiam dar, regras que fingiam incluir quando visavam a excluir. Nesses casos era despertada a vigilância dos reguladores. E, então, não era a alteridade, mas a habilidade mímica, a rapidez com que eram descartados os adornos exteriores da alteridade, que se tornava sua maior preocupação, acusação e alvo.

Drumont, percebendo um judeu "oriental", não reformado e irreformável, dentro da primorosa carapaça francesa, deu o tom para o que estava por vir. Novas condições de aceitação seriam desavergonhadamente autoanulantes: um judeu podia *tornar-se* francês apenas se *fosse* francês, quer dizer, se não fosse judeu. As condições de ser judeu e ser francês foram declaradas mutuamente exclusivas — não estágios de um processo de vida nem duas faces da mesma identidade. Para Drumont e outros escritores da sua linha, a identidade nacional não era questão de aprendizado, mas de destino. Ou melhor, havia claros limites intransponíveis para o que o aprendizado podia fazer à identidade de alguém.

O racismo, como se admite, foi a voz mais alta e forte no novo coro: há coisas que não podem e não devem ser assimiladas. Há coisas estranhas e que jamais deixarão de sê-lo. O que a natureza separou o homem não pode reunir. Acima de tudo, a natureza decretou a pureza das raças. Quando raças puras se misturam, nascem monstros. Monstros de ambivalência. A ambivalência não pode ser removida através da boa vontade e autorreforma. Deve ser erradicada com uma separação forçada (o extermínio, se necessário), evitando-se com uma segregação igualmente impositiva que retorne.

O racismo foi a voz mais estridente de alarme em face da ambiguidade. Mas o alarme era emitido, e ainda o é ocasionalmente, de maneira menos áspera, embora não menos ansiosa. De forma invariável, passa uma descrença fundamental na capacidade do judeu *realmente* se tornar o que professa ser e no que aparenta ter-se tornado com esse suposto sucesso. Visa revelar "a essência" por trás das "aparências": a essência do judeu por trás da aparência de "homem enquanto tal". Mais precisamente, por trás da enganosa semelhança exterior com um americano, francês ou inglês.

Desse último estilo (reconhecidamente moderado, sinuoso e hipócrita, mas uma forma de racismo do mesmo jeito) é refinado exemplo a paródia muito lida de John Murray Cuddihy. A mensagem central da sátira de Cuddihy é bem direta: a condição judaica dos judeus é inextirpável e a assimilação é uma impostura. O judeu assimilado é uma contradição: uma ambiguidade — e irremediável. Cuddihy se apraz em desmascarar o "estranho nexo pré-moderno", os "laços étnicos paroquiais", a "teimosa realidade residual" que se ocultam sob a pele de "professores de Harvard" e outros luminares da vida cultural e intelectual americana. Concluindo, ele anuncia a chegada de um "novo marranismo"*. Muito da contribuição judaica, ou talvez toda, para a ciência e cultura modernas pode ser explicado como o esforço de intelectuais judeus em superar (diante dos outros e de si mesmos) o "mal-estar social" que sua duplicidade só podia gerar. Marx, Freud, Lévi-Strauss e seus colegas menores (ou talvez melhor protegidos) estavam todos, cada um à sua maneira, procurando o mesmo objetivo ilusório; as famosas e grandiosas visões com que enriqueceram a cultura contemporânea não passavam de metáforas visando dignificar seus problemas pessoais de ordem tribal (de outra forma embaraçantes). Graças ao discernimento e vigilância de Cuddihy, agora sabemos, por exemplo, o que era afinal o estruturalismo:

> Através do "idealismo" universal e a-histórico da ideologia da antropologia estrutural, o precoce envolvimento de Lévi-Strauss com a sua condição de judeu, o antigo "problema judaico",

---

* De *marrano*, termo ibérico para judeu ou mouro que se dizia cristão mas secretamente seguia sua própria religião. (N.T.)

desapareceu. A "antinomia primordial", o "dado" primário da socialização dos judeus no Ocidente na era pós-Emancipação, a saber, a "classificação primitiva" do mundo entre "goyim" e "nós outros", foi engolida e assimilada, sublimada nas grandiosas oposições binárias entre natureza e cultura, cru e cozido, noite e dia.[61]

Sem dúvida Cuddihy pôs o dedo num problema real: a indelével "assinatura judaica" na cultura moderna, a participação realmente excepcional, maciça e sem precedentes dos judeus assimilantes e assimilados na revolução cultural da modernidade; essa revolução que, ao mesmo tempo, brotou "do próprio coração" do "projeto da modernidade", foi produto das pressões e tensão geradas pelo impulso moderno para a ordem artificialmente planejada e influenciou decisivamente no descrédito desse projeto. Seguindo uma velha tradição, no entanto, Cuddihy tenta defender o objetivo contra as tendências destruidoras que sua busca originou, descartando essas tendências como meras emanações de preocupações judaicas paroquiais e retrógradas; quando a verdade da questão era que a pressão assimilatória, essa marca registrada da política moderna, lançou os judeus em contextos sociais nos quais as contradições da modernidade eram sentidas de maneira mais pungente e portanto mais fáceis de perscrutar, compreender e teorizar. As contribuições judaicas para a cultura moderna são melhor entendidas não como expressões da "luta judaica com a modernidade", mas como subprodutos da "luta da modernidade consigo mesma", efeitos colaterais que daquele lugar em que a modernidade lançou os judeus eram mais visíveis que da maioria dos outros pontos de observação.

Com efeito, as pressões assimilatórias — cortesia do Estado nacionalista e dos *Kulturträger* apoiados pelo Estado — que se abateram sobre os judeus europeus não resultaram apenas em almas dilaceradas, vidas destroçadas, desalento e desesperança. Nem ofereceram a suas vítimas apenas a escolha entre uma guerra contra uma sociedade dúbia ou a emulação dessa duplicidade e sua retirada da sociedade para um lugar distante e esperançosamente seguro em que pudesse se transformar de sinal de fraqueza em instrumento de força dos judeus. Certamente, o episódio assimilatório fez tudo isso. Mas realizou mais. Sem qualquer intenção prévia, por inércia e não por desígnio, as pressões assimilatórias produziram um contexto social de potencial criativo único e sem precedentes. Com um resultado virtualmente oposto àquele que se pretendia, as pressões geradas pelo projeto moderno contribuíram fortemente para o nascimento e florescimento da cultura moderna — talvez o subproduto mais espetacular e precioso desse projeto, apesar de amplamente inesperado.

As antinomias da assimilação e o nascimento da cultura moderna

As vítimas mais perspicazes dessas pressões assimilatórias que prometiam a integração mas produziam desolação estavam plenamente cônscias de uma força criativa nascida do seu sofrimento. Com ninguém isso foi mais verdadeiro que com Franz Kafka, um homem que perdeu todas as ilusões e assumiu integralmente a sua classificação como "judeu ocidental" — mas como uma distinção de escritor e não como uma destituição.

> Nós dois [escreveu a Milena] estamos, afinal, familiarizados com espécimes característicos de judeus ocidentais; eu sou, até onde posso perceber, o mais judeu ocidental de todos — o que quer dizer (se é que posso exagerar) que não me foi concedido um só segundo de tranquilidade; nada me foi concedido, tudo tem que ser adquirido, não apenas o presente e o futuro, mas também o passado ...[62]

Aos nativos é que é *concedida* a existência, de forma que podem vivê-la em tranquilidade — *ser* em vez de *vir a ser.* Ostensivamente se ofereceu aos estrangeiros o mesmo tipo de felicidade; mas Kafka sabia o que tantos dos seus companheiros de sina foram lentos demais em perceber ou teimosos ou medrosos demais para admitir: que a oferta era uma mentira, uma vez que não se pode *adquirir* o que só pode ser uma *dádiva do destino.*

Ao contrário de tantos outros que partilhavam a mesma situação angustiosa que ele, Kafka viveu conscientemente a sua vida de incerteza e escuridão, de luta por objetivos que sempre se afastavam antes de serem alcançados. Não tendo *recebido* nada, não se *deve* nada. Nenhum preconceito tolda os olhos, nenhum compromisso sujeita os lábios. Isso não significa o fim do sofrimento. Mas também não significa nenhum limite à liberdade. O que resta é viver essa liberdade: uma tarefa penosa, uma chance empolgante.

Kafka escreveu — sobre alguém como ele, sobre si mesmo:

> Ele tem dois antagonistas. Um o empurra por trás, desde sua origem. Outro bloqueia o caminho à sua frente. Ele luta com os dois. O primeiro efetivamente o apoia na luta com o segundo, pois quer levá-lo adiante; e da mesma forma o segundo o apoia na luta com o primeiro, pois naturalmente o força para trás. Mas é apenas teoricamente assim. Pois não são apenas os dois protagonistas que estão lá, mas ele mesmo também, e quem realmente conhece suas intenções? Seja como for, ele tem o sonho de que em algum momento de descuido — que exigiria no entanto uma noite tão escura como nenhuma noite pode ser — saltará da linha de combate e será promovido, em função de sua experiência nessa guerra, a juiz dos antagonistas em luta.[63]

O episódio da assimilação, consumado com um horripilante final, foi talvez a "noite escura" da qual a infeliz vítima de uma guerra invencível pôde emergir como juiz da futilidade da guerra. As vítimas tiveram a chance de desmascarar a oferta assimilatória; mais do que isso, entretanto, puderam estar entre os primeiros a ver o que era o sonho moderno da uniformidade, os primeiros a se libertarem do moderno horror à diferença, os primeiros a investir francamente contra a religião moderna da intolerância; puderam ser dos primeiros a vislumbrar a condição humana universal no status do estranho como excluído social. Como colocou Hannah Arendt:

> ... a partir de sua experiência pessoal, os poetas, escritores e artistas judeus devem ter sido capazes de desenvolver o conceito de pária como tipo humano — um conceito de suprema importância para a avaliação da humanidade nos nossos dias e que exerceu sobre o mundo gentio uma influência em estranho contraste com a ineficiência espiritual e política que constituiu a sina desses homens entre seus próprios irmãos.[64]

O projeto assimilatório da modernidade deu à luz seus próprios coveiros. Montou inadvertidamente o palco onde seria encenado o drama da cultura moderna para casas lotadas, com espantosa e prolongada aclamação. Havia, pode-se dizer, uma *afinidade eletiva* entre a experiência dos objetos do projeto assimilatório (e, para colocar de forma mais geral, do ímpeto moderno contra a ambivalência) e a emergência da antinômica cultura moderna.

Afinidade eletiva não é uma relação causal. Nem é uma questão de "similaridade". É, antes, uma relação de *isomorfismo*, de "comutação" entre dois conjuntos autônomos de fenômenos: as relações internas entre fenômenos de um conjunto podem ser representadas como réplicas das do outro conjunto. Como cada conjunto pode ser "estruturado" de mais de uma maneira, a estrutura suscitada pela perspectiva da "afinidade eletiva" não passa de uma das possibilidades enfeixadas na presença dos conjuntos. Como todas as estruturas, esta é uma violação: ela impõe suas próprias prioridades e suas próprias irrelevâncias; compele alguns fenômenos à proeminência enquanto relega outros ao esquecimento. Foi esta a operação que Edmond Jabès (*Le Livre des questions*, 1963) teve que realizar *tanto* com a condição judaica *quanto* com a de escritor para poder dizer que a "dificuldade de ser judeu" *coincide* "com a dificuldade de escrever; porque uma coisa e outra não passam da mesma espera, a mesma esperança, a mesma exaustão" (ou o que Maria Tsvetaieva teve que realizar quando insistiu em que "todos os poetas são judeus").[65]

Os motivos antinômicos que se combinam no fenômeno da modernidade (o ímpeto para a universalidade dissolvendo-se na prática em celebração do pluralismo; a busca do fundamento absoluto da verdade que, descoordenada, leva ao reconhecimento do irremediável relativismo do conhecimento; o sonho de clareza semiótica que revela o mundo como irremediavelmente equívoco; o culto da integração que desnuda o desenraizamento; com efeito, a própria "localização dupla" da ambivalência — selecionada como alvo de ataque do projeto moderno mas ainda assim situada no coração mesmo da mentalidade moderna), assim como as mais notórias embora mais autodestrutivas das obsessões caracteristicamente modernas (a naturalidade através da artificialidade; a espontaneidade através do controle, a liberdade através do projeto), redundaram num contexto social em que, para citar *Finnegans Wake*, a questão principal era "quem é quem quando todo mundo era algum outro". A desestabilização, o "até segunda ordem" ou a ausência de identidades bem definidas e de boas razões para preferir uma à outra foram a suprema experiência de vida, e no entanto a vida era vivida sob uma pressão incessante e esmagadora para se *construir* uma identidade aprovada tanto privada quanto publicamente, agradável e aceitável, por medo de banimento em caso de fracasso ou negligência. Em guerra uma com a outra (*porque* estavam em guerra), a cultura moderna e a vida moderna "davam sentido" uma à outra. E foram os judeus — expostos a poderosa pressão assimilatória, instados e pressionados a abandonar e adquirir identidades, a construir o seu eu a partir de vislumbres do eu de outras pessoas, a se autoafirmarem e se autonegarem, a se tornarem diferentes do que eram e ficarem parecidos ao que não eram, a simular e dissimular — foram os judeus dos primeiros a experimentar todo o impacto da condição moderna e a se conscientizar plenamente das terríveis consequências de uma reação inadequada.

Em outras palavras, a ponta judaica do impulso modernizador constituía ótima localização para formar e elaborar conscientemente os padrões intelectuais que se tornariam marcas características da cultura moderna. E vice-versa — tais marcas projetam-se de modo mais aguçado e melhor se abrem ao exame quando vistas em conjunção com a situação social que notoriamente repercutem. Isso não significa que a cultura moderna seja "judaica" no seu caráter. Nem que os judeus são "modernos" por natureza. Mas que na sua luta contra a ambivalência a modernidade lançou os judeus (como continua a lançar outros "estranhos") numa situação de ambivalência tão profunda e aguda que despe a condição humana de seus disfarces particularísticos e, em consequência, desnuda essa ambivalência que constitui a universalidade da condição humana moderna: a realização e falência do projeto moderno.

Harold Bloom escreveu sobre o mundo avidamente modernizante, que ostensivamente tudo absorve embora na prática segregue tudo: "O representante psíquico dessa tendência não da consciência individual mas da história humana, alegórica ou ironicamente considerada, é a imagem de um exilado errante, impelido para a frente no tempo por todas as vicissitudes da injustiça e da exclusão ..."[66] O exílio, o deslocamento, a ambiguidade e a indeterminação seriam o quinhão dos judeus antes que se tornassem condição humana universal. Para ser mais preciso, foram o quinhão de algumas gerações judaicas transitórias, supensas no espaço vazio entre uma tradição que já haviam abandonado e um modo de vida que teimosamente lhes negava o direito de acesso. Foi nesse espaço vazio que a contingência e ambivalência últimas do transe existencial humano e as decorrentes maldição e bênção da autoconstituição e formação de sentido não tinham onde se esconder e assim forçaram caminho para a visão da condição humana — nua, desavergonhada e intrometidamente. Assim aconteceu que os intelectuais judeus sem pátria foram os primeiros a cambalear (ou melhor, a ser empurrados) para esse espaço sem esconderijo.

Desde então, a falta de um lar, o desenraizamento e a necessidade de autoconstrução deixaram de ser a marca registrada dos judeus. Os judeus se estabeleceram — enquanto seus vizinhos não judeus ficaram menos seguros do que se imaginavam antes. Colocando de modo diferente: os judeus foram finalmente admitidos no mundo que nesse meio tempo perdera muito de sua capacidade (ou abandonara muito de sua pretensão) de conferir identidade pela concessão ou recusa de admissão. Vendo a questão por outro ângulo ainda: forçados ao estado de ausência de um lar pelas pressões assimilatórias da modernidade (e assim descobrindo a contingência e ambivalência de ser), os judeus foram os primeiros a provar o gosto da existência pós-moderna. Mais tarde eles encontraram um lar, mas só depois que o próprio mundo se tornou pós-moderno. Então perderam o que os distinguia — mas só porque "ser distinto" virou a única marca verdadeiramente universal da condição humana.

Com isso, o zelo assimilatório da empreendedora modernidade quase desapareceu. Na parte do mundo onde celebrava seus maiores triunfos, a modernidade aprendeu (ou — a prudência convida à precaução — *está aprendendo*) a viver com sua própria impossibilidade. Não apenas o preto mas todas as cores agora são bonitas e têm permissão de exibir juntas a sua beleza, embora cada tipo de beleza seja diferente do outro. Isso pode ainda não ser uma *coalizão* em arco-íris, mas certamente é um arco-íris de *coexistência*. E assim também uma cultura múltipla, polissêmica, tipo arco-íris, desavergonhadamente ambígua, reticente em fazer julgamentos, por força tolerante com os outros porque, finalmente, é tolerante consigo mesma, com sua contingência última e a inexauribilidade das profundezas interpretativas. Pound não poderia perder sua judeofobia sem abandonar o sonho da harmonia imperturbada, da correspondência realmente um a um entre nomes e coisas; mas não poderia manter por muito tempo sua judeofobia (pelo menos não na sua forma viciosa, paranóica e exterminatória) se tivesse que interromper o sonho.

Por um sinistro paradoxo, dificilmente edificante, a eclosão de criatividade intelectual judaica que se sedimentou como cultura moderna foi resultado da intolerância da modernidade. É improvável que essa intensidade criativa sobreviva (de qualquer modo, não na sua forma original espetacular) à entrada num mundo indiferente à diferença e surdo às lisonjas dos pregadores da perfeição última. Terminado o drama da assimilação (ou melhor, nos lugares *onde* terminou), terminou também a história do papel cultural único, criativo e original do judeu.

5

Um estudo de caso na sociologia da assimilação II: A vingança da ambivalência

Não sei, nunca saberei, no silêncio você não sabe, você deve continuar, eu não posso, não posso continuar, vou continuar.
Samuel Beckett

Nem toda experiência assimilatória foi trágica. Nem toda é culturalmente criativa. Aliás, o contrário é que parece verdadeiro — e tanto mais que em todo o mundo ocidental o espírito de cruzado do modernismo esgota-se no entretenimento oferecido pela "herança comum" de produção fabril, enquanto identidades promovidas por lojas e pessoalmente montadas substituem os mitos etiológicos do destino, do sangue e solo comuns e das missões coletivas. A vida diária da assimilação é estúpida — desanimada e desanimadora. Dificilmente uma fonte de agonia; certamente não um estímulo à iconoclastia, à discordância intelectual, ao aventureirismo cultural.

Para a grande maioria dos judeus ocidentais, confortavelmente instalados nas classes média e média alta — nacionais, locais, mas de forma alguma militantemente paroquiais — a assimilação significa apenas não ficar atrás dos Jones. "Não destoar do vizinho" é o único mandamento — e fácil de seguir, difícil de causar preocupações mais excruciantes do que, como comentou Cynthia Ozick de forma cáustica, ser instado a "correr e comprar uma bandeira para se nivelar com a rua".[1] A assimilação dissipou-se numa conformidade geral de aparências públicas que convivem pacificamente com uma variedade de conteúdos privados. A aberta uniformidade é tão mais fácil de manter porque a diversidade (particularmente enquanto permanecer discreta) está sendo cada vez mais reconhecida como a maior das virtudes pessoais, como um dever e um orgulho. Na cornucópia de estilos de vida de classe, geração, ocupação, região ou apenas socialmente desligado, livremente errante, é difícil separar, como um desafio especial, formas de vida que podem ser etnicamente enraizadas e assim sujeitas a outras regras mais inquietantes que o restante das múltiplas dimensões da diversidade. A memória de sua condição única no passado sobrevive, se é que sobrevive, nos ocasionais soluços de vergonha e embaraço das gerações mais velhas e que envelhecem rápido. Em geral, parece, concentra-se a atenção, sem dramaticidade, nos esforços dos afluentes judeus residentes nos subúrbios para "serem como" os demais moradores afluentes dos subúrbios, da juventude judaica para absorver e reproduzir o estilo de vida recente dos jovens, dos profissionais judeus para viver e se vestir e decorar os escritórios da maneira certa e adequada para profissionais de posição semelhante, dos acadêmicos judeus para agir de acordo com a última moda do campus.

Retirou-se o ferrão da pressão assimilatória (ou do pouco que restou dela) não por qualquer coisa que tenham feito os judeus, mas pelo que aconteceu ao mundo no qual os judeus se têm assimilado. Este é agora um mundo moderno falecido ou pós-moderno de particularidade universal, um mundo integrado pela diversidade, pouco preocupado com a diferença e resignado à ambiguidade. A agudeza e profundidade das diferenças que a pressão assimilatória deveria apagar não têm nenhuma medida objetiva além da intensidade do impulso de um dado nacionalismo à ascendência e dominação.

Focalizemos mais atentamente esse último ponto. Na Europa oriental comunista e particularmente nos vastos domínios da União Soviética, os judeus passaram de fato por uma assimilação mais completa que em qualquer outra parte do Ocidente. Nos costumes, na língua e nos estilos culturais eles são em grande parte indistinguíveis de seus vizinhos, a um nível não superado sequer nos afluentes subúrbios americanos. Eles não têm sequer congregações religiosas e "causas judaicas" a distingui-los, pelo menos nominalmente, dos outros burocratas, médicos, advogados, artistas e comerciantes. E no entanto dizer que o drama da assimilação acabou no seu caso seria com toda probabilidade algo ilusório e certamente prematuro. Nos longos anos de governo comunista, os problemas gerados pela autoafirmação nacional foram refrigerados, não resolvidos. Apenas esperaram um aumento da temperatura política para se reativarem com um vigor que apenas se tornou mais explosivo devido à longa hibernação. Como se verifica agora, os judeus totalmente aculturados se veem vulneráveis e não menos expostos — talvez mais — que qualquer outro ingrediente da infusão da bruxa.

Entre os nacionalismos despertados de repente, confrontando as pressões unificadoras e uniformizantes do Estado soviético, os judeus, que ao contrário de todas as outras nações em luta pela soberania não têm reivindicações territoriais nem a menor esperança de autossuficiência econômica e social, são o único grupo naturalmente casado, para o melhor e para o pior, com esse mesmo Estado. Os judeus são, no sentido pleno da expressão, uma "nação-Estado", dependente da proteção estatal e devendo ao Estado central soviético suas condições de vida e garantias de segurança coletiva. Com a resultante suspensão no vazio que se estende entre um Estado sem base nacional e as muitas nações lesadas sem um Estado, os judeus parecem feitos sob medida para o papel de bola do futebol político. Hannah Arendt comenta que em toda a história moderna judaica, "nos 150 anos em que os judeus realmente viveram entre os povos europeus ocidentais e não apenas em suas vizinhanças, sempre tiveram que pagar com a miséria política pela glória social e com o insulto social pelo sucesso político".[2] Na mistura explosiva de nacionalismos insatisfeitos e insaciáveis que constitui a atual União Soviética, os judeus são um alvo imediato óbvio da descarga venenosa contra o Estado considerado culpado de asfixiar as aspirações nacionais. Para os portadores das ambições grã-russas (pode-se recolher essas ambições em cada edição de revistas como *Nash Sovremennik*, *Moskva*, *Molodaya Guardia*, *Literaturnaya Rossiya*), os judeus simbolizam a "conspiração internacionalista (liberal ocidental)" contra o espírito e tradição únicos da Mãe Rússia. Se as forças grã-russas perderem sua batalha e seu controle sobre nações subordinadas, os judeus podem enfrentar, para variar, pressões assimilatórias contraditórias e incompatíveis da parte dos novos poderes nacionalistas que herdarão a memória histórica dos judeus como inimigos de toda e qualquer autoafirmação nacional.

Na experiência dos judeus ocidentais, porém, pode-se falar de assimilação judaica em larga medida no tempo passado. A agonia e o esplendor da assimilação foi aí um episódio relativamente breve e localizado da história moderna. Ele abrangeu umas poucas gerações no tormentoso mas curto período necessário aos Estados modernos para adquirir sua forma nacionalista historicamente indispensável mas transitória. Abrangeu apenas algumas gerações lançadas no caldeirão das ardentes paixões nacionalistas, gerações já cortadas de suas raízes mas ainda não absorvidas pelo novo composto, gerações forçadas a dar o máximo para construir a partir do nada um domicílio que outros à sua volta consideravam algo em que normalmente se nasce dentro e que se herda. Foi dessas gerações que Kafka falou como animais quadrúpedes (de fato, não passariam nos requisitos de humanos pelos padrões então vigentes) cujas pernas traseiras já tinham mal tocado o chão enquanto as dianteiras procuravam em vão um apoio no vazio. O espaço vazio, extraterritorial no qual esses "homens sem qualidades" estavam suspensos era sentido como uma sinistra mistura de paraíso e inferno: o paraíso das chances infinitas, o inferno da infinita irrealização do sucesso. Para algumas gerações, os viajantes — forçados a decolar, proibidos de aterrissar — não tinham outra morada além desse espaço vazio. A agonia e o esplendor da assimilação confinaram-se àquele breve voo pelo vazio da não identidade. Atraídos, ludibriados ou coagidos a voar, os viajantes — quer ansiosos em subir ou apenas forçados a flutuar contra a vontade — eram uma presa fácil do breve privilégio dessa vasta e nítida visão chamada, com um toque de admiração e ciúme, a "visão do pássaro".

O resultado, claro, tende a colorir a lembrança do processo. Que o drama da assimilação judaica foi mais uma tragédia do que uma alegre fábula moral edificante ficou evidenciado para os seus atores (isto é, os que tiveram a sorte de sobreviver ao último pano) sobretudo pelo final violento. Produções poupadas desse final são lembradas com menos horror, até com nostalgia e orgulho românticos. Nos casos em que não desembocou em Auschwitz, a assimilação ainda é lembrada, num estilo liberal, como a história da emancipação, da libertação e do triunfo da razão. O velho núcleo judaico americano e britânico não teve a grave oportunidade de ver a cara de seus irmãos, de seus "patrícios" gentis, polidos e civilizados — vizinhos e sócios — durante as "deportações". Mas, como vimos antes, com o passar do tempo, mesmo os judeus alemães sobreviventes tenderam a diluir os aspectos desastrosos do romance fracassado e a lembrar com ternura os prazeres românticos. Essa tendência é mais acentuada ainda no caso de países mais afastados do olho do furacão e que portanto apenas indiretamente partilham a responsabilidade pelo desastre final. Por exemplo, como observou recentemente David S. Landes, "pelo fato de que os que escrevem história francesa quase invariavelmente amam o seu assunto ... a história do antissemitismo francês é muito problemática, difícil de se conviver e de reconciliar com as próprias emoções. Judeus e não judeus preferiram não falar a respeito, na esperança talvez de evitar questões espinhosas ou de deixar em paz os cães adormecidos."[3]

Com toda a justiça, o drama assimilatório, na Alemanha ou qualquer outro lugar, independente de todos os seus altos e baixos, nunca foi um desastre sem alívio. Mais importante ainda, não podia ser visto dessa forma por seus atores antes que caísse o pano final sobre a *Vaterland* dos "alemães de fé mosaica" e subisse de novo sobre Auschwitz e Treblinka. Eles não sabiam o que seus filhos sabem; sua ignorância vai longe, explicando o seu obstinado otimismo face à evidência adversa. (Hoje vemos essa evidência, com a sabedoria da visão retrospectiva, como sinais prenunciando a tormenta que se avizinhava; eles, no entanto, se achavam autorizados a descartá-la como as últimas divagações do passado que se retiravam sob a pressão da marcha triunfante e irrefreável da civilização humana.)

Na Alemanha e no Império Austro-Húngaro, a emancipação dos judeus era uma história de sucesso surpreendente e ininterrupto por todos os padrões disponíveis e considerados relevantes à época. Na casa paterna de Sigmund Freud as paredes eram cobertas de retratos de famosos estadistas do império e figuras públicas, muitas dos quais judias ou de extração judia. De acordo com o esplêndido estudo de Robert S. Wistrich, "os judeus impunham sua marca em tudo, nos bancos, no comércio, na indústria, nas profissões liberais, na imprensa e na política. Também nas universidades a expansão da elite burguesa judaica estava bem a caminho por volta de 1880." Os estudantes judeus constituíam 31% das matrículas totais dos *Gymnasien* clássicos de Viena, cerca de 20% nas *Realschulen*, 48% nas faculdades de medicina, 22% nas faculdades de direito e 15% em filosofia.[4] Em vista dessa entrada maciça e aparentemente irrefreável na sociedade convidativa, hospitaleira, aberta, mesmo as mais extremas expressões de devoção assimilacionista aos sonhos nacionalistas dos anfitriões[5] devem ter parecido menos aberrantes do que parecem hoje; é difícil e injusto rir delas como meros produtos da ingenuidade e miopia políticas.

Compreendemos agora melhor que os infelizes participantes do drama poderiam que, na esfera da influência cultural alemã (e das aspirações políticas alemãs), os sonhos assimilatórios estavam condenados desde o início — pelo menos como processo macio e pacífico. A espantosa congestão de reivindicações nacionais mutuamente contraditórias e potencialmente inimigas era a principal razão. As contradições inevitavelmente presentes em todo programa assimilatório foram levadas a um nível de intensidade excepcional pelo simples fato de que nenhum nacionalismo podia ser aplacado sem antagonizar alguns outros, e assim nenhuma conformidade gozava de plena confiança e cada declaração de lealdade era constantemente colocada sob suspeita e sob exame microscópico.

> Com quais exatamente da miríade de nacionalidades da velha Áustria se esperava assimilarem-se os judeus? Quem de fato eram os "hospedeiros" do ponto de vista do judeu assimilante? Como se definia quem era "austríaco" ou "não austríaco" num império dividido numa multidão de regiões, províncias, distritos, sociedades políticas, grupos étnicos em guerra e entidades linguísticas?

Compreensivelmente, confrontados com uma ampla gama de escolhas, embora sendo por natureza uma "nação-Estado", um grupo que se apoiava no Estado e apenas no Estado para a garantia e proteção de seus direitos políticos e sociais ainda precários, os judeus estavam inclinados a optar pela cultura e a língua do Estado, que eram alemães.

> Mas o germanocentrismo dos judeus austríacos era apenas um lado do problema. Quando, na segunda metade do século XIX, os judeus da Hungria e da Galícia começaram a adotar uma orientação magiar ou polonesa, em vez de alemã, a situação pouco melhorou. O realinhamento judeu com os magiares e os poloneses da Galícia quase de imediato provocou o antissemitismo das nacionalidades submetidas, "sem história", oprimidas pela aristocracia húngara e polaca.[6]

Foi a irremediável incompatibilidade dos sonhos de ascendência territorial e de monopólio do poder, alimentado em igual medida por todos as nações-Estados existentes ou em potencial da Europa centro-oriental no final do século XIX e início deste, que redundou nos judeus vingativos. De todos os grupos étnicos, culturais e linguísticos que cambaleavam sob a insuportável pressão de reivindicações políticas contraditórias, os judeus foram oprimidos como a própria essência do fracasso e principal causa da frustração — uma ambivalência *tout court*.

Mesmo sob circunstâncias "ordinárias", a exposição a pressões assimilatórias tem, pelo menos potencialmente, um poderoso impacto no sentido de abrir o olho: ela permite às vítimas mais perspicazes desvendar os segredos e mistérios da existência social que permanecem invisíveis para os plácidos e indiferentes "nativos". Com as circunstâncias alcançando uma complexidade sem paralelos em nenhum outro lugar, tal impacto — tal oportunidade — deve ter sido incomumente profundo. Sugiro que aí, mais que em qualquer outra coisa, reside a causa da espetacular "ruptura judaica na cultura moderna", do surpreendente papel criativo e original que algumas gerações de judeus recém-assimilados e assimilantes desempenharam, em certa fase da história em uma área selecionada do mundo em modernização, para moldar o que agora com justiça chamamos a *cultura da modernidade*.

O contra-ataque da ambivalência

Ionesco declarou certa vez: "Sinto que cada mensagem de desespero é a afirmação de uma situação da qual cada um deve tentar livremente encontrar a saída."[7] Observemos que é a ânsia de escapar que define o estado de desespero; e, para articular-se como desespero, este deve ser uma ânsia sem escapatória óbvia, nem saída assinalada. O caminho para escapar tem ainda de ser *encontrado* ou aberto nas paredes. E a busca da saída ou sua construção tem de ser empreendida "por cada um", isto é, individualmente. É de presumir-se que a comunidade desconhece essa saída ou que não a divulgaria se a soubesse ou que, se dissesse, isso de nada adiantaria. É por isso que o desespero é o que é. Ele sempre aponta para fora de si mesmo. Alguns diriam: ele aponta para a frente. Mas chamamos de "para a frente" a direção tomada pela estrada que nos leva para fora do estado de desespero. O progresso, podem dizer, é uma memória do desespero passado e uma determinação de escapar do desespero presente.

O drama da assimilação produziu um bocado de desespero. E assim inspirou um agudo desejo de escapar. Como a maioria dos caminhos tentados se mostrou bloqueada, circular ou decepcionante, desencadeou-se a construção maciça de novas estradas. À medida que aumentava vigorosamente a busca de nova estradas, a confiança nos velhos caminhos continuou a se dissipar. Não que o colapso dos sonhos assimilatórios desacreditou um conjunto particular de crenças anteriormente abraçadas e agora rejeitadas; antes, desautorizou o próprio hábito (para tomar emprestada a frase de Arnold) de acreditar firmemente, de forma e firme e dogmática. Como se os que buscavam os novos caminhos antecipassem o veredito proferido mais tarde por George Orwell: "Nada se ganha ensinando uma palavra nova a um papagaio." "O inimigo é a mente de gramofone, concorde-se ou não com o disco que está sendo tocado no momento."[8] A profunda suspeita e o medo das multidões reunidas na praça da cidade para celebrar sua impensada comunhão, das opiniões que davam corpo a sua unidade, do alegre abandono com o qual aferravam-se a essas opiniões eram sentimentos extremamente pungentes entre pessoas tão diferentes como Freud, Kraus, Schnitzler, Lukács, Adorno, Husserl, Tucholsky, Wittgenstein, Canetti ou os filósofos elegantes do *Wienerkreis* [Círculo de Viena]. Qualquer crença deveria despertar vigilância e as faculdades críticas, pela simples razão de ter sido abraçada pela multidão intolerante.

Diziam de Freud que ele profanou o passado, envenenou o presente e matou o futuro. Era algo sem dúvida dito pela multidão ou para ela. Para essa multidão, o presente era limpo e ordenado apenas se o passado fosse sagrado; e era o esmero do presente que dava vida ao futuro (isto é, fazia dele um tipo de presente perpétuo, imortal). Freud e outros como ele eram vistos como pessoas que "envenenavam o presente", porque se recusavam a acreditar em coisa alguma, porque declinavam aceitar como verdade o que era apoiado pelo consenso geral, porque se recusavam a aceitar qualquer verdade como final e a isentar qualquer confiança do teste crítico. Eram detratores do *senso comum* — e, por causa disso, seu ato de traição abalava os próprios fundamentos do presente, que de repente se tornava incerto e não confiável. Fizeram mais, na verdade: indicavam que as opiniões só se baseavam sobre os próprios pés, uma vez que as autoridades por trás das quais se escondem não têm direito de passar certificados de verdade. Eram destruidores da segurança, arruinadores da ordem e da paz de espírito.

Insurgindo-se em 1908 contra a indicação de Georg Simmel para a universidade, um certo Dietrich Schäfer considerou que o traço "mais judeu" dele era o "seu comprometimento com a sociologia: ver a sociedade como o principal agente formador da comunidade humana, em vez do Estado e da Igreja".[9] Para fazer justiça a Schäfer, deve-se admitir que não estava longe da verdade. Quando os abundantes textos de Simmel são comparados aos de Weber, Sombart e à série de figuras menores nas nascentes *Sozialwissenschaften* [ciências sociais] alemãs, ficamos espantados com a escassa atenção que ele dá ao Estado, à Igreja e a outros poderes de "primeiro plano" que carimbam a realidade social com o selo da ordem sagrada e com o lugar marginal que lhes reserva em sua visão das coisas humanas. Aliás, mesmo a categoria *sociedade* desempenha apenas um papel subsidiário na sociologia de Simmel: a sociedade é apenas uma forma instável, frágil e em perpétua mudança, sedimentada no interminável processo da *socialidade*. Se a sociologia dos grandes sistemas religiosos foi a preocupação de Weber durante toda a vida, a obra magna de Simmel foi a filosofia do dinheiro. Enquanto Weber falava do impacto racionalizante da burocracia estatal, Simmel analisava a espontaneidade da formação de grupos. Weber buscava os fundamentos da autoridade legítima, Simmel investigava as condições sociais por trás da conformação mental curiosamente cética e *blasée* do homem moderno. Enquanto para Weber o intelecto humano era antes e sobretudo a fonte e o produto de uma ordem cada vez mais racional ("principalmente coordenada", na imortal definição de Parsons), para Simmel ele era, junto com o dinheiro, essa solução ácida que dissolve todas as certezas e hierarquias estabelecidas. Se Weber buscava o segredo da ordem social no controle que os valores exercem sobre as ações humanas, Simmel escreveu sobre essa massa indistinta de impressões na qual tudo flutua com a mesma gravidade específica e nada é único, supremo ou absoluto. Na visão de Weber, o triunfo iminente da ordem social racional combinava com o domínio da razão na vida individual; Simmel via uma grande e crescente defasagem, opressiva e deprimente, entre a civilização coletivamente sedimentada e a capacidade de absorção do espírito humano.

Uma crença é uma crença é uma crença — tal parecia ser a mensagem daquela sociologia de cuja marca "judaica" Schäfer se queixava. A crença pode ser poderosa, esmagadora; e o é com frequência, de fato. Por mais poderosa, permanece no entanto sempre um *artefato* da sociedade, da socialidade, da interação humana. Não há como recorrer a uma essência eterna, a preceitos primordiais, a fundamentos absolutos da verdade — nada, de fato, além da preferência por um credo em vez de outro, a qual, como toda preferência, pode ser desafiada, criticada e em última análise desacreditada e rejeitada.

Dificilmente se poderia esperar que esse tipo de ideia fosse bem recebido pelos servidores da nação-Estado moderna e que seus arautos fossem premiados. Como tantas vezes antes, seus mensageiros foram objeto de ira. Schäfer falava por essa maioria que precisava de crenças como verdade — como toda a verdade e nada além da verdade; de crenças que funcionavam como cetro do poder, como legitimação da norma, como licença para eliminar a dissensão e banir os dissidentes. "A sociedade recusa-se a permitir que essa questão seja ventilada porque tem má-fé sob vários aspectos ... A sociedade mantém uma condição de hipocrisia cultural, que está fadada a se fazer acompanhar de um senso de insegurança e uma necessidade de resguardar uma situação inegavelmente precária pela proibição da crítica e da discussão", anotou Freud tristemente com seus dedos chamuscados de tabaco. E ele sabia o que lhe dava força para enfrentar essa proibição e continuar a escavar essa grossa armadura de hipocrisia: "Nem é talvez inteiramente por acaso que o primeiro advogado da psicanálise tenha sido um judeu. Professar a crença nessa nova teoria exigia uma certa disposição para aceitar uma situação de solitária oposição — algo com que ninguém está mais familiarizado do que um judeu."[10] O "judeu" a quem Freud se refere, uma pessoa marcada acima de tudo pela solidão, pelo fato de estar só, é naturalmente o judeu que ele conhece pela autópsia e introspecção: o judeu da era do nacionalismo e da assimilação, o judeu já afastado de sua origem mas ainda não admitido em nenhum outro lar.

E todavia há mais do que um toque de paradoxo no fato de que o assalto final à hipocrisia social, às falsas aparências de verdade socialmente sustentada, foi no caso de Freud (como no caso dos cruzados do Círculo de Viena contra a metafísica, de Husserl e outros detratores da "atitude natural") lançado com a cobertura de outra autoridade cessionária da verdade — a ciência. A guerra contra verdades indiscutíveis tomou a forma de uma disputa sobre o direito de fazer afirmações universalmente válidas e impositivas, de um esforço para arrancar tal autoridade do Estado, da Igreja e de outros organismos executivos dos "nativos", e colocá-la nas mãos de instituições que poderiam razoavelmente esperar obter e defender a autonomia. Como os caminhos para as posições de autoridade tradicional — religiosa — continuavam solidamente fechados e os que levavam às novas posições — políticas — só se abriam para os que possuíam certidões de nascimento selecionadas, a ciência era o único jogo em que se podia confiar na habilidade, na diligência e talento, em vez da força de mão, para decidir o resultado. Martha Robert escreveu sobre Freud que, "na sociedade em que ele estava fadado a viver e trabalhar, havia apenas duas maneiras de um judeu escapar à humilhação: ganhar muito dinheiro ou acumular bastante conhecimento para forçar o reconhecimento geral". De humilhação Freud ouvira falar o pai e havia bastante à sua volta para estimular uma frenética busca de escapatória. A ciência parecia oferecer uma saída. Prometendo distribuir seus prêmios apenas ao talento e às realizações e respeitar exclusivamente o poder da argumentação, ela parecia ser a força sonhada capaz de libertar o presente de sua hipoteca com o passado. Freud esperava "os dois benefícios" da ciência: "uma grande descoberta que o tornasse famoso e o admitisse na 'boa' sociedade esclarecida".[11]

Foi na ciência, portanto, que Freud buscou o tribunal de apelação contra a humilhação administrada por uma sociedade que não era nem boa nem esclarecida. Mas não chegou à ciência como um litigante ávido em reverter uma sentença desfavorável ou arguindo prejuízos. O orgulho ferido não seria curado simplesmente com a anulação do veredito. Era preciso mais para restaurar a honra. Certo, era preciso mostrar que a sentença original partia de premissas falsas e que a instância inferior orientou-se por informações equivocadas; era preciso provar também, no entanto, que a corte havia excedido suas atribuições e que, antes de mais nada, não tinha competência para julgar. O primeiro veredito tinha que ser anulado, declarado vazio e sem validade; não bastava um perdão. Freud chegou à ciência como um rebelde — ainda que fosse, politicamente, moderado, liberal, ligeiramente conservador e não tivesse qualquer simpatia por bandeiras vermelhas e barricadas. Precisava usar a autoridade da ciência para desmascarar outra autoridade cujo veredito desejava invalidar. Precisava de uma ciência cuja autoridade pudesse ser utilizada dessa forma. Tinha que construir essa ciência, praticamente a partir do nada. Como no caso de Kafka, "tudo tinha que ser adquirido", pois "nada era concedido".

Interpretando a surpreendente decisão de Freud (no seu último livro, sobre Moisés e o monoteísmo) de declarar Moisés um egípcio e de culpar os judeus pela sua morte, Robert conjeturou que "ele desejava ser filho não de um homem ou país quaisquer, mas, como o profeta assassinado, apenas filho da obra de sua vida".[12] Mas os desejos de Freud, ao que parece, importaram pouco quando, já com 80 e tantos anos, finalmente se pôs a escrever seu único romance histórico sobre a glória e a tragédia de um homem com o qual secretamente se identificara a maior parte da vida. Naquela altura, o tratamento que deu ao herói não podia mais ser uma declaração de intenções; era, antes, o último olhar retrospectivo de um velho para a estrada trilhada e deixada para trás.

Não que Freud não quisesse ser filho do seu pai; não lhe era permitido sê-lo — não sem ser perseguido pela culpa e aleijado pela vergonha. Recém-chegado à capital e não completamente assimilado, o pai de Sigmund estebeleceu estreitos limites para até onde podia ir seu prodigioso filho e ainda continuar orgulhoso da lealdade filial e reivindicando a herança familiar. Quando Sigmund Freud, ávido viajante e colecionador de antiguidades, após muitos adiamentos finalmente chegou à Acrópole, sua primeira, mais pungente e memorável sensação foi de culpa. Como lembrou anos mais tarde:

> Deve ter acontecido que uma sensação de culpa se juntou à satisfação de ter chegado tão longe: havia algo errado ali, algo proibido desde tempos remotos. Tinha algo a ver com a crítica infantil ao pai ... Parece que a essência do sucesso era ter ido além do que fora o pai e que exceder o pai fosse ainda algo proibido ... O próprio tema de Atenas e da Acrópole continha em si mesmo evidência da superioridade do filho. Nosso pai lidou com negócios, não teve educação secundária e Atenas não poderia significar muito para ele ...[13]

Mas, como observou Theodor Reik, "ter vergonha da própria condição judaica" e "ter vergonha dos pais" são variedades psicologicamente idênticas de vergonha[14] (isto é, se acontece que os pais sejam judeus). Além de estar nos negócios em vez de ter frequentado um *Gymnasium*, o pai de Sigmund Freud era também um judeu e — com ou sem educação secundária — era improvável que os pais judeus em Viena favorecessem para os filhos o caminho rumo à Acrópole. Quando os filhos eventualmente se aventuravam tão longe, dificilmente poderiam partilhar com os pais a alegria de alcançar o seu destino. Daí a culpa que envenenava a satisfação da chegada — a mosca da traição no bálsamo do orgulho.

Também ser filho de um país não era questão meramente de vontade. Não da vontade do filho, pelo menos. O filho era ilegítimo, para começo de conversa. Conseguir uma adoção era sua única esperança. O melhor que lhe era permitido esperar era uma terra natal *adotiva*, talvez uma terra *madrasta*, benevolente ou severa, mas de uma vez afastada para sempre. Ao contrário do filho natural, o enteado não podia reivindicar amor como um direito. Tinha que provar merecimento para isso. Tinha que obtê-lo, ganhá-lo. Sua integração familiar era desprovida da segurança própria da integração mesma. Só podia permanecer como uma integração falha; um aviso de exclusão podia ser dado a qualquer momento e a rejeição surgir sem aviso prévio. Mesmo que não ocorressem exclusão ou rejeição, o filho adotivo ouviria vezes sem conta que devia sua sorte à magnanimidade dos pais adotivos. Exigiriam que fosse agradecido, pródigo em elogios, duas vezes mais cuidadoso e disposto a agradar. Se fizesse o que lhe mandavam, seria porém acusado de insinceridade ou de más intenções e seu entusiasmo seria ridicularizado, escarnecido e por fim indicado como evidência de sua integração incompleta. Não importa o que fizesse para bajular o favor do país adotivo, seria esse país que teria a palavra final.

A terra madrasta decidiria o significado das intenções do enteado. Era realmente necessário esforçar-se ao máximo para garantir que o significado, quando finalmente atribuído, correspondesse à intenção. Não era fácil igualar a liberdade do país para vacilar e cavilar. "Ele tinha que conquistar o mundo intelectualmente", escreveu Erich Fromm sobre Freud, "se quisesse livrar-se da dúvida e da sensação de fracasso."[15] (Como que a confirmar essa atenuante sabedoria de Fromm, vinte e tantos anos depois que essas palavras foram escritas, no auge do clamor antissemita insuflado pelo governo, outro judeu — Arthur Rubinstein — era festejado em Varsóvia como "grande filho da nação polonesa"). E assim restava a Freud "ser o filho da obra de sua vida". Não porque o quisesse, mas porque se resignou a sê-lo, e no fim da vida não restava dúvida de que sua própria obra era de fato o único lugar que ele podia com justiça e sem medo de rejeição ou desapontamento chamar de *seu* país e — verdadeiramente — de *sua família.*

Segundo todos os padrões, a obra da vida de Freud foi uma formidável mãe-pátria, fonte de inesgotável orgulho, se é que se deva buscar orgulho na glória de seu país. Com certeza, ombreou aquele país que recusou oferecer-se a Freud como um lar seguro e que no final o exilou: era igualmente autocontida, completa, proselitista, imbuída de uma missão misssionária, intolerante com toda dissidência e tendente à *assimilação*, absorvendo suas próprias alternativas antes que amadurecessem e se tornassem resistência e rebelião. "A própria psicanálise é a cultura que pretende descrever ..." O inconsciente só pode ser estruturado como a linguagem de Freud e o ego e o superego são textos de Freud: "Tornamo-nos textos de Freud e o *Initiatio Freudi* é o padrão necessário para a vida espiritual de nosso tempo."[16]

Freud ou a ambivalência como poder

"A palavra de Deus" — assim Scholem interpreta a tradição judaísta — "deve ser infinita ou, colocando de maneira diferente, a palavra absoluta é como tal sem sentido, mas é *prenhe* de sentido. Aos olhos humanos ela entra em corporificações significantes finitas que marcam inúmeras camadas de sentido ... A própria chave pode ser perdida, mas um imenso desejo de buscá-la permanece vivo."[17] Citando Rawidowicz, Susan A. Handelman lembra a seus leitores que uma coisa (talvez a única) que Deus deu aos judeus, através de Moisés, foi um texto *para interpretação*. Não uma coleção de proposições definidas que apenas aguardam uma elucidação de sentido (um sentido determinado de uma vez por todas e transparente para aqueles que podem ler e lerão), mas precisamente um texto *para ser interpretado* e reinterpretado e interpretado novamente, uma vez que seus sentidos são muitos, inesgotáveis e imprevisíveis, produzidos mais do que revelados no e através do processo interminável de interpretação. "A interpretação é o grande imperativo de Israel e o segredo de sua história."

A dádiva de Deus foi um texto que "continua a se desenvolver toda vez que é estudado, a cada nova interpretação". Cada interpretação que tenta *substituir* o sentido expresso do texto torna-se meramente uma sua extensão; a metonímia nasce da metáfora. O texto está vivo, embora morto se não galvanizado por sua constante negação. Ele existe pelo constante crescimento e perpétua regeneração de si mesmo. O processo nunca termina, jamais pode acabar, nunca chegará ao fim. As interpretações realimentam o texto, "fazem parte do emaranhado e se entrelaçam com o próprio texto — da mesma forma que novas células e tecidos produzidos por e acrescentados a um organismo vivo. Cada interpretação, tendo enriquecido o texto, apenas acrescenta urgência ao seu próprio trabalho e apela a novos estudos, nova busca de sentido; cada passo na penetração do texto latente acrescenta novos e mais complexos significados latentes àquela forma de vida que se chamou texto. O conceito de conteúdo latente que precisa ser descoberto pelos processos hermenêuticos, que coloca tanto Freud quanto os rabinos em direção oposta à tradição literal protestante, rejeita qualquer tentativa de definir significado por meio de uma redução do manifesto a um único referente singular latente."[18] A "dádiva do Deus judeu", por assim dizer, era a esmagadora necessidade de buscar um sentido, o conhecimento de que a sede de sentido é tão insaciável quanto insondável é a profunda sabedoria divina, e a determinação de continuar a busca — por mais parcial e temporária que fosse a recompensa. A dádiva de Deus foi, por assim dizer, o conhecimento da *ambivalência* e a capacidade de viver com esse conhecimento.

Traçar claras linhas divisórias entre o normal e o anormal, o ordenado e o caótico, o sadio e o doentio, o racional e o louco é tarefa do poder. Traçar essas linhas é dominar; é a dominação que usa as máscaras da norma ou da saúde, que ora aparece como razão, ora como sanidade, ora como a lei e a ordem. A dominação anseia representar o outro lado da relação que esconjura (já definida como insanidade, desordem, anomalia, doença) como um agente por si só, como um parceiro igualmente poderoso e ávido, uma cópia em carbono, uma imagem espelhada e um rival; mas o suposto oponente é meramente produto do poder definidor, um sedimento de seu sonho monopolítico, um detrito de seu trabalho incompleto. O poder expurga seus inimigos negando-lhes o que luta para garantir a si próprio; e o inimigo existe apenas através dessa negação. Vomitando o inimigo, o poder deseja purificar-se da ambivalência, tornar a ambiguidade uma divisão clara, a polissemia em oposição. Quando (se) o consegue, os inseparáveis terão sido separados, os indivisíveis divididos e a existência não mais parecerá frágil nem o mundo misterioso. Classificado sem um resíduo, o mundo vai se prostrar à espera de comando; será transparente — como os atos e intenções dos internos no Panóptico de Bentham. O poder é uma luta contra a ambivalência. O medo da ambivalência nasce do poder: é o horror (premonição?) que o poder tem da derrota.

Foi preciso um estranho como Freud — mantido firmemente na ponta receptora da guerra contra a ambivalência, embora rebelando-se contra a sua rejeição — para ver através dos próprios fundamentos ambivalentes da realidade. As separações tidas como naturais não passavam de convenções promovidas e revividas por coerção; a assim chamada norma da saúde social não passava de um artefato de repressão com a assistência do poder. Excetuando o usurpado direito do poder de narrar a realidade, não haveria qualquer diferença óbvia de status entre atos "normais" de pessoas "normais" e "sintomas neuróticos", entre os sonhos e a "coisa real", entre a razão louvável e as paixões mórbidas, entre a superfície luminosa e as profundezas em trevas, entre o aconchegante interior e o intimidante exterior. Não haveria id sem o superego.

"Certos atos mentais comuns de pessoas normais ... deviam ser encarados à mesma luz dos sintomas dos neuróticos; quer dizer, tinham um *sentido*, que era desconhecido para o sujeito mas que podia ser facilmente descoberto por meios analíticos." "Os sonhos são, de maneira bem geral, estruturas mentais suscetíveis de interpretação."[19]

Tudo — quer dito com ou sem sentido — tem sentidos, sentidos que devem ser redescobertos quando sub-repticiamente suprimidos e testados e retestados quando ostensivamente transparentes. "Uma forma de o psicanalista começar a interpretar o aparentemente sem sentido é imaginar um contexto no qual isso teria sentido. Uma maneira de começar a interpretar uma declaração aparentemente com apenas um sentido óbvio é imaginar outros contextos nos quais a mesma linguagem teria outros significados."[20] A psicanálise devia ser *uma arte da interpretação*. Ela transformava o mundo humano, *todo ele* (não apenas a sua parte anormal, doente, desprotegida e incontrolada), num texto a ser interpretado; ela se recusava a aceitar como significados os rótulos atribuídos ou como identidades os nomes de código dos arquivos. Além disso, ela *desconstruiu* esse mundo. Ao fazer perguntas, ela sabotava a *estrutura* cuja substância era a proibição de perguntar. A própria essência do desafio psicanalítico era não privilegiar nenhum código de interpretação, não escolher nenhum sentido à exclusão dos outros. As coisas não são o que nos disseram que são ou o que fomos forçados a acreditar que devam ser.

Só o homem é sujeito às neuroses, só a vida humana tem a estrutura da neurose, assim como "apenas o homem está condenado a se dilacerar entre dois destinos, porque no seu ego existe uma faculdade que incessantemente observa, critica e compara e dessa forma se coloca contra a outra parte do ego". Essa divisão entre observador e observado é a condição humana incorporada e transformada no drama da psique. Para esconder que não são o que fingem ser, os poderes do mundo forçam o homem a acreditar que ele não é o que deveria ser. Obcecado com o autoexame, o homem se esquece de checar as credenciais do mundo. A ambivalência dos poderes societários é transformada no medo importuno da própria inadequação. A rebelião que deveria acontecer frustra-se na neurose que efetivamente acontece. Esse transe, diz Ernst Simon, "reflete-se de modo particular no judeu da diáspora moderna".[21] Freud, o judeu da moderna diáspora, sentiu toda a força do golpe. Escolhendo os judeus como alvo primário e campo de provas do impulso assimilatório, os poderes modernos fizeram deles uma involuntária vanguarda do mundo futuro, marcado pela ambiguidade polissêmica, o relativismo e a subdeterminação crônica. Dificilmente foi uma coincidência que o impulso tenha topado com aqueles escolhidos como suas principais vítimas.

O moderno impulso nacionalista apenas aumentou a pungência cortante de uma experiência de forma alguma nova na história da diáspora. Os judeus eram usados para ser observados, criticados, comparados: para ser *julgados*, sem que se lhes permitisse julgar os juízes. Eles aprenderam bem cedo (e o demonstraram à saciedade na doutrina cabalística que se desenvolveu no limiar dos tempos modernos) que o mal condenado pelo julgamento surge no seu rastro:

> ... desenvolveu-se gradualmente a doutrina que via a fonte do mal no crescimento superabundante do poder de julgamento tornado possível pela consubstanciação e separação da qualidade do julgamento de sua união costumeira com a qualidade da amável gentileza. O puro julgamento, não moderado por qualquer mistura mitigante [e é isto o que geralmente é o julgamento pelo outro, um julgamento hostil, inimigo — Z.B.], produzia por si mesmo o *sitra abra* (o outro lado), assim como um vaso cheio até transbordar deixa vazar o líquido supérfluo para o chão.[22]

A novidade introduzida pelos tempos modernos foi o feito único e notável do projeto assimilatório: aquartelar "guarnições" dentro das "cidades conquistadas", transformando os defensores em magistrados, oprimindo os acusados em perpétua autocondenação e escusas ao mesmo tempo que ostensivamente os libertava dos julgamentos externos, substituindo-os pela autocrítica. Foi essa novidade que, mais do que tudo, pôs em relevo a unidade orgânica do bem e do mal, agora sob a forma de uma interpenetração e mútua determinação de norma e anomalia, saúde e doença, razão e loucura.

"A loucura geralmente ocupa uma posição de *exclusão*; é o *exterior* de uma cultura. Mas a loucura que é lugar *comum* ocupa uma posição de *inclusão* e se torna o *interior* da cultura ... Dizer que a loucura de fato virou nosso lugar-comum é ... dizer que a loucura no mundo contemporâneo aponta para a radical ambiguidade do interior e do exterior." Esta é a lição que Shoshana Felman tirou da descoberta à qual Freud foi incitado pela moderna invenção da, por assim dizer, *vigilância interiorizada*. Uma vez notada e registrada essa "ambiguidade radical", no entanto, outra ambivalência — aquela inata a toda interpretação e entendimento — vem à superfície. A loucura é um tributo pago à superioridade da razão; no seu desafio aos vereditos da razão, a loucura reafirma que o domínio da razão não pode ser desafiado. Se, no entanto, para desempenhar esta função, a loucura deve ser elaborada ela mesma como irrazoável (isto é, *não* consciente de ser loucura) ao mesmo tempo que se pressente como razão (isto é, reconhecendo a autoridade exclusiva da razão, seu direito monopolístico de marcar posição e formular opiniões), como podemos saber onde termina a razão e começa a loucura?

> Se a loucura enquanto tal é definida como um *ato de fé* na razão, nenhuma convicção razoável pode de fato estar isenta da suspeita de loucura. Razão e loucura são portanto inextricavelmente ligadas; a loucura é essencialmente um fenômeno do pensamento, ou do pensamento que clama por denunciar, no pensamento de um outro, o Outro do pensamento; aquilo que o pensamento não é. A loucura só pode ocorrer dentro de um mundo em conflito, dentro de um conflito de pensamentos.[23]

O mundo moderno é um mundo de conflito; é também o mundo de um conflito que foi *interiorizado*, que virou um conflito *interior*, um estado de ambivalência e contingência pessoais. Este é um mundo que dá à luz a loucura da mesma maneira que um jardim faz nascer ervas daninhas. O jardineiro pode diferenciar as plantas do jardim e as ervas daninhas — porque ele tem o poder de defini-las como tais; seu veredito é impositivo enquanto durar sua autoridade para definir. O que acontece no entanto se a autoridade for desafiada, como deve ser o caso mais cedo ou mais tarde quando as "plantas" e "ervas daninhas" são humanas, e seres humanos chamados a se tornar plantas de jardim e se vacinar contra o canceroso crescimento das inferiores "ervas daninhas"? Como podem *eles* distinguir o normal do anormal, o certo do neurótico, a razão da loucura?

Todos os paradigmas que Harold Bloom achou "essenciais em Freud" (a criação através da catástrofe, o romance em família e a transferência), ele os viu também "marcados pela ambivalência".[24] Todos misturam *amor* e *ódio*, essas marcas de nascença dos amigos e inimigos. Todos misturam *atração* e *repulsa*, esses tijolos da amizade e da inimizade. Os paradigmas de Freud parecem ter sido moldados com a experiência do *terceiro ambivalente*, o estranho, trazido ao mundo para carregar a cruz dos conflitos mundanos. No cume do Gólgota, olhando do alto daquela cruz, o estranho proclama a impostura da ordem mundana, essa ambiguidade que as oposições a sustentar a ordem podem apenas encobrir, não solucionar.

Nenhuma interpretação é completa nem permite que se satisfaça com a sua verdade, proclama Freud — embora sempre lute para tal e, enquanto luta, possa de fato "melhorar". Mas "melhorar" não significa aproximar-se mais da verdade que possa legitimamente *excluir* suas alternativas. Significa, ao contrário, mais tolerância face a contrainterpretações suspeitas e ainda desconhecidas, mais modéstia e uma perspectiva ampla o bastante para *incluir* outras possibilidades já adivinhadas ou ainda insuspeitadas. Por razões explicadas anteriormente, Freud reivindicava para o seu trabalho a autoridade e o prestígio da ciência; mas queria que sua obra fosse reconhecida como um empreendimento tão absolutamente sério e efetivo quanto pode ser a ciência nos seus melhores momentos — ao mesmo tempo que se recusava a dissolver a identidade da psicanálise na prática arrogante da ciência então dominante como exercício de monopólio e exclusão.

Acima de tudo, a questão a que Freud se recusava obstinadamente dar uma resposta que o fizesse estimado do *establishment* acadêmico era esta: "Existe tal coisa como o fim natural de uma análise ou é realmente possível conduzi-la a um fim?"[25] De todas as interpretações de quaisquer dos sonhos analisados, por mais convincentes e plausíveis, Freud escreveu que elas "continuam possíveis, embora não provadas; devemo-nos acostumar com o fato de um sonho ser assim capaz de ter vários significados. Além disso, a culpa disso não deve sempre recair sobre a incompletude do trabalho de interpretação; pode também ser antes de mais nada inerente aos próprios pensamentos sonhados latentes".[26] O trabalho do analista deve trazer satisfação, pode aliviar o sofrimento, até curar; mas dificilmente pode terminar e seus efeitos jamais podem ser seguros e finais. A tarefa do analista "é trazer à tona o que foi esquecido, a partir dos traços deixados ou, mais corretamente, *construí-lo*". Como um arqueólogo, o analista "tira suas inferências dos fragmentos de lembranças, das associações e do comportamento do sujeito da análise ... Mas é uma 'construção' quando se dispõe ante o sujeito da análise uma peça da sua história antiga que ele esqueceu." Há alguma garantia de que a reconstrução seja fiel aos eventos efetivos? É a verdade, a única e exclusiva, que o analista expõe ante o analisando? "Pode parecer que nenhuma resposta geral se possa dar a essa questão em qualquer circunstância ... É verdade que não aceitamos o 'Não' de uma pessoa sob análise por seu valor aparente; mas também não deixamos passar o seu 'Sim'." Toda construção, por assim dizer, "é incompleta, uma vez que cobre apenas um pequeno fragmento dos eventos esquecidos". E assim os cientistas de Freud "não pretendem que uma construção individual seja algo mais que uma conjetura à espera de exame, confirmação ou rejeição".[27]

O mundo é ambivalente, embora seus colonizadores e governantes não gostem que seja assim e tentem a torto e a direito fazê-lo passar por um mundo não ambivalente. As certezas não passam de hipóteses, as histórias não passam de construções, as verdades são apenas estações temporárias numa estrada que sempre leva adiante mas nunca acaba. Mais nada? Muita astúcia foi utilizada e muito veneno destilado em relação à ambivalência — esse flagelo de toda intolerância e de toda pretensão monopolística — para falar de hipóteses, construções ou estações temporárias como se "não passassem de..." A ambivalência não é para ser lamentada. Deve ser celebrada. A ambivalência é o limite de poder dos poderosos. Pela mesma razão, é a liberdade daqueles que não têm poder. É graças à ambivalência, à riqueza polissêmica da realidade humana, à coexistência de muitos códigos semióticos e cenários interpretativos, que o "conhecimento associativo do intérprete é investido de poderes notavelmente amplos, incluindo até o privilégio hermenêutico de deixar perguntas figurarem como parte das respostas".[28]

Kafka ou a dificuldade de nomear

Do uso quase obsessivo que Kafka fazia da conjunção *aber* [mas] seu perspicaz intérprete Herman Uytersprott tem o seguinte a dizer:

> De todos os autores alemães, Kafka é o que de longe mais usa a conjunção adversativa "aber". Com efeito, utiliza-a em média com duas ou três vezes mais frequência que todos os demais autores ... A razão disso está na notável complexidade de uma alma que não pode simplesmente ver e sentir em linha reta, uma alma que duvidava e hesitava não por covardia ou precaução, mas por clarividência. Uma alma que a cada pensamento, cada percepção, cada afirmação, ouvia instantaneamente um diabinho a sussurrar-lhe: *aber...* E então essa alma tinha que registrar esse demoníaco "aber" para nossa maior "confusão dentro da clareza".[29]

O *aber* de Kafka, porém, não representa mútua exclusão: não transmite essa certeza com a qual a *oposição* é normalmente afirmada e a necessidade de *escolha* declarada. Bem parecido com a visão de Freud do interminável e para sempre incompleto processo de interpretação, ele não assinala a determinação de *ein Entweder-Oder* [um ou... ou], mas a resignação de *ein Nebeneinander* [um lado a lado] — de estar ao lado numa incongruente mas irrompível união. Jill

Robbins recentemente ressaltou de novo o constante uso kafkiano das justaposições *paratáxicas*: versões, explicações, interpretações de eventos e atos são acumuladas umas sobre as outras, narradas *lado a lado*, cada uma independente, separada, aparentemente com um sentido, mas juntas não fazendo sentido algum devido a contradições lógicas — incompatibilidade que as torna mutuamente exclusivas. (*Parataxe* — outro termo em "para" — significa que "cláusulas ou frases são dispostas de forma independente, numa versão coordenada e não numa construção subordinada" — de modo que nenhuma indicação é oferecida ao leitor sobre qual versão deve ser preferida, qual ocupa o lugar central na estrutura da interpretação, nem sequer se existe tal hierarquia ou se as interpretações enumeradas pertencem ao mesmo esquema ou são extraídas de mundos isolados. Parataxe significa, primeiro e antes de tudo, ausência de hierarquia. Como na percepção de Simmel sobre a condição moderna, todas as versões de descrição flutuam, por assim dizer, com a mesma gravidade específica, são iguais umas às outras e nada contêm que possa sugerir uma escolha fácil.) Inventários de explicações dispostos parataxicamente transmitem uma inconclusividade interpretativa sem perspectivas, o vácuo último do entendimento.

À medida que ficam juntas e porque ficam, não podendo senão permanecer em sua mútua companhia (uma vez que nenhuma tem o direito de se isolar — por si só, cada uma é uma mentira), cada interpretação cancela as demais. Entre si, provêm o que cada uma separadamente nega e oculta: a impossibilidade de penetrar toda a profundidade do mundo de significados em camadas múltiplas. (Podemos lembrar os exercícios para desvendar os sentidos ocultos de sequências de conversa aparentemente simples e autoexplicativas, que Harold Garfinkel costumava apresentar a seus alunos: essas pequenas demonstrações práticas da verdade desnudadas nas parataxes de Kafka. Como logo descobriram os alunos de Garfinkel, para seu grande desconcerto, nenhuma interpretação, por mais rica e elaborada, chegava sequer perto do inventário completo de todas as suposições silentes que tinham de ser feitas pelos interlocutores para se comunicar, para sustentar os frágeis significados de suas afirmações.) Cada interpretação, por si, promete entendimento; juntas, revelam a agonia do sonho não gratificado e ingratificável de compreensão.

Mas fazem mais do que isso. Depois de listar duas séries de trocas paratáxicas, Jill Robbins faz a pergunta crucial: "Existe algum 'eu' que possa dizer isso?"[30] O desespero da hermenêutica posta a nu pela parataxe não é um desespero de que o intérprete possa se apropriar, tornar seu, assimilar, domesticar, inscrever no livro de regras de um jogo. O desespero da hermenêutica impede a possibilidade de um *sujeito de entendimento*. Ele não tem sujeito. Não sendo o desespero de ninguém, ele elimina o sujeito. No centro ou por baixo, descobre-se um vazio em que o sujeito lutava para ser. Esse vazio é produto de entendimento frustrado; mas esse vazio é também o começo, a própria possibilidade desse esforço de entendimento que está fadado no fim a dar em nada mas que não pode jamais chegar a esse ponto terminal além do qual não há começo.

Vazio, ambivalência e falta de clareza devem ter residido lá desde o início dos tempos. Raramente, se é que alguma vez, entrevistos pelos viajantes, permaneceram no entanto totalmente incógnitos para os estabelecidos. Para usar a distinção feita por Benjamin entre duas modalidades do ato de contar histórias, havia poucos *marinheiros* para trazer de volta ao porto de partida as histórias de terras distantes, misteriosas e assustadoras; enquanto as histórias de *camponeses* não tinham uma pitada sequer do abismo que se abre para além da última cerca da aldeia. Os judeus foram dos primeiros a se aventurar (ou ser empurrados para) tão longe, a ir lá em grande número e ficar por lá tempo bastante para dar uma boa olhada nos arredores. Esses judeus foram empurrados para o vazio por pressões assimilatórias contraditórias; viajaram porque não tinham permissão para se estabelecer e sabiam que sua condição era a de viajantes porque lhes diziam da importância de ficarem quietos. Foram forçados para o espaço aberto e a ambivalência e tinham plena consciência de quão ingovernáveis e ilimitados eram esse vazio e falta de clareza encontrados na morada que não escolheram. Como Kafka confessou a Max Brod, suas patas traseiras ainda estavam atoladas na condição judaica de seus pais, enquanto as dianteiras se debatiam sem encontrar um novo chão; o desespero resultante foi sua inspiração. Nenhuma canção é tão pura — confidenciou Kafka numa carta a Milena — quanto aquela que entoam os que se encontram nas profundezas do inferno. É o canto deles que confundimos com as canções dos anjos. "Em Praga", escreve Martha Robert, "Kafka não podia ser 'assimilado': era germanizado, isto é, sua língua era o único substituto para o que quer que lhe houvesse negado o destino — uma terra natal, uma pátria, um presente e um passado." Essa língua (acontecia, no caso de Kafka, de ser o alemão) não servia de passe para qualquer comunidade nem para um presente ou passado comuns que qualquer nativo pudesse aceitar (fato por demais visível sendo essa língua o *alemão*, idioma de um Estado nacionalista militante, intolerante e egoísta). Tal língua podia portanto ser abraçada na sua pureza: desligada, fechada em si mesma, liberta; a língua como vazio e abertura, como ambivalência e permanente convite àqueles que buscam entender.

Com o tempo Kafka veio a perceber, diz Martha Robert, "que ele era judeu até na maneira de não ser judeu".[31] Escreve ela: "até". Mas Kafka sabia mais do que isso: ele sabia que era precisamente no fato de não ser judeu num sentido comunal, tribal, ritualístico — no fato de não ser absolutamente "tribal" — que sua angústia existencial como judeu se manifestava de forma mais plena. Ao despir os judeus de seus rituais tribais, as modernas pressões assimilatórias — embora inadvertidamente — abriram a condição de ser judeu à sua própria possibilidade insondável. O povo que herdou o livro em branco e o carregou consigo durante séculos sem perceber plenamente a oportunidade que encerrava agora tinha os olhos forçosamente abertos para o seu vazio. Para esse vazio que era a sua chance. Para o vazio que não era nada mais que uma ânsia de preenchimento.

> Ouvi soar uma trombeta e perguntei a meu criado o que significava. Ele nada sabia e nada ouvira. No portão parou-me e perguntou: "Aonde vai o senhor?" "Não sei", respondi, "apenas sair daqui, apenas sair daqui. Fora daqui, nada mais, é a única maneira de atingir o meu objetivo." "Então sabe o seu objetivo?" — perguntou. "Sim", retruquei. "Acabo de lhe dizer. Fora daqui — este é o meu objetivo." (*A partida*)

> ... Ninguém, absolutamente ninguém, pode abrir caminho para a Índia. Mesmo em seus dias os portões para a Índia eram inacessíveis, embora a espada do Rei apontasse para eles. Hoje os portões recuaram para lugares mais remotos e elevados; ninguém aponta o caminho; muitos carregam espadas, mas só para brandi-las, e o olho que tenta segui-los se confunde. (*O novo advogado*)

> Estou de pé na última plataforma do bonde e completamente inseguro da minha posição neste mundo, nesta cidade, na minha família. Nem mesmo casualmente poderia indicar quaisquer reivindicações a fazer com justiça em qualquer sentido. Não tenho sequer uma defesa a oferecer por estar de pé nesta plataforma, segurando esta correia, deixando-me levar por este

> bonde, nem para as pessoas que abrem caminho ao bonde, caminham tranquilamente ou olham as vitrines. Ninguém me pede que ofereça uma defesa, na verdade, mas isso é irrelevante. (*No bonde*)[32]

O objetivo é estar fora daqui. A espada do Rei apontou outrora para os portões que agora retrocederam e as espadas, hoje em dia, apontam em tantas direções que os olhos a segui-las se confundem. Não se pode explicar por que se está onde se está, por que se move onde se move. Mas tudo isso é irrelevante, pois sair *é o objetivo*. O único objetivo a ter. "Sim", diz Walter A. Strauss,

> Kafka é Ahasverus, o Judeu Errante, e é também a corporificação da variação especial do tipo no século XX: o assimilado e ainda não assimilado, o apegado ao judaísmo e no entanto desligado dele, cavaleiro errante e dragão; um emissário a que foi confiada uma mensagem que não ouviu direito ou não compreendeu bem; herói-libertador cuja força é sua fraqueza; um Parsifal — mas este é um "tolo *impuro*" — que faz perguntas demais e nunca a pergunta certa.[33]

Kafka é feito de oposições. Ou melhor, da negação das oposições — da *parataxe* das oposições. A vida de Kafka, como a vida moderna, é uma vida intermediária: intermediária no espaço, intermediária no tempo, intermediária em todos os momentos fixos e lugares estabelecidos que, graças à sua fixidez, gabam-se de um endereço, de uma data, de um nome próprio.

Se Martha Robert está certa, em todos os seus romances e contos Kafka fala apenas de si mesmo (que escritor não o faz?). Então, foi a sua experiência do judeu assimilado/não assimilado, o cavaleiro errante da modernidade e o dragão que o cavaleiro deve matar, que se refundiram nessas monstruosas e incongruentes criaturas, híbridas, bastardas, super e subdefinidas que povoam os seus escritos. Um homem que se transforma em inseto; um macaco que se transforma em homem; um cão que se torna filósofo; meio gato, meio cordeiro; meio morto, meio vivo; e o mais incoerente de todos, ao ponto de ser coerente, *Odradek* — "de origem alemã, apenas influenciado pelos eslavos", uma coisa que "parece bastante sem sentido, mas à sua maneira perfeitamente acabada. De qualquer forma, exame mais detido é impossível, uma vez que Odradek é extraordinariamente lépido e não pode jamais ser apanhado." Quando se pergunta a Odradek qual é o seu nome ou onde mora, ele "ri; mas é apenas o tipo de riso sem pulmões a sustentá-lo" (*Preocupações de um homem de família*).

Quando os heróis de Kafka têm nomes, são ridículos, inconsequentes e — de origem pouco clara e incerta — confusos, não indicativos. Parece que a função desses nomes consiste sobretudo em desmascarar a arrogância da nomeação, em demonstrar a impossibilidade da designação. Mas os heróis dos principais romances de Kafka não têm nomes próprios, nenhum nome próprio. São designados por sinais sem a pretensão de designar. Trazem rastros evanescentes de nomes que talvez tenham sido esquecidos (embora seja isso de pouca importância, uma vez que não interessam agora); ou começos de nome apenas esboçados, sub-reptícios, ainda à espera de nomeação. Os heróis talvez sejam inomináveis. Ou seus nomes, impronunciáveis. "Escrevo meu nome abertamente" — verbalizaria Jabès o que Kafka disse com seu silêncio. Na abertura de uma sociedade "em que seu nascimento o colocou sem autorizá-lo a se dizer aí em casa, o indivíduo chamado Kafka era apenas meio *apresentável*, se é que o era". Seu nome deve ter sido engolido e dissolvido por essa abertura que era, ela mesma, uma enfática negação da possibilidade de nomear, da ansiada mas sempre ilusória identidade.

Mais uma vez, a particularidade judaica tornou-se moderna universalidade. A falta de nome de Kafka precede e introduz o mundo *moderno*, um mundo em que os nomes não são recebidos mas feitos e que, enquanto são feitos, não oferecem uma data fixa nem um lugar estabelecido e anulam a própria esperança dessa oferta. No seu limiar, a modernidade forçou aos judeus a visitar esse vazio, essa "terra propícia ao silêncio e à escuta infinita" (Jabès) que eles até então ocuparam meio inconscientemente; e a mapeá-la e trazer o mapa toda vez que voltasem de sua jornada. Esse mapa o mundo moderno podia usar agora na sua própria jornada para o vazio de seu próprio futuro. Agora, "qualquer um ou ninguém pode ser judeu" (Derrida).

Simmel ou a outra ponta da modernidade

Simmel foi talvez o sociólogo mais prolífico, o mais publicado e lido de seu tempo. E, no entanto, as suas tentativas de uma vida inteira para obter uma indicação universitária não o levaram a parte alguma. Ofereceram-lhe uma cátedra numa universidade de província, em Estrasburgo, apenas um ano antes de sua morte. Requerimentos, apoiados por recomendações as mais autorizadas e um impressionante registro editorial, eram regularmente recusados. Pode ser que as comissões de nomeação e os assessores que buscavam para opinar sobre a obra de Simmel se ressentissem de sua origem judaica — ainda uma séria desvantagem, dado o espírito nacionalista e a prática discriminatória nas universidades alemãs. É provável, no entanto, que, mais do que a certidão de nascimento de Simmel, pesasse para os guardiães acadêmicos a substância de sua sociologia, tão flagrantemente avessa aos escritos sociológicos padrões da época, tão diferente, tão (sentiam) *alheia*, tão *judia*.

A rejeição da sociologia de Simmel sobreviveu a seu autor. Os sociólogos acadêmicos levaram muitos anos para admitir Simmel nos cânones de sua tradição. Foram necessárias mais algumas décadas para incluí-lo entre os "pais fundadores" da sociologia. Só agora Simmel começa a ser reconhecido como um (talvez *o* mais) poderoso e perspicaz analista da modernidade, como um escritor que formulou como heresia o que muito depois de sua morte se tornaria senso comum do saber sociológico, como um pensador mais que qualquer outro sintonizado com a experiência contemporânea, como o inventor de um estilo sociológico que veio a ser apreciado como o mais adequado, mais afinado com o tipo de realidade social que pretendia descrever. Agora, gradualmente, os mesmos aspectos da sociologia de Simmel que na sua época o confinaram às margens da profissão começam a ser vistos como antecipações estranhamente perspicazes da forma das coisas por vir. Os vícios passados de Simmel viraram virtudes; as fraquezas, méritos.

Simmel foi acusado de uma certa fragmentação nas suas análises. Ele abordava a realidade social ora de uma perspectiva, ora de outra, cada vez focalizando apenas um fenômeno, tipo ou processo social. Com tal prática, a realidade emergia de seus textos como um punhado de estilhaços de vida e migalhas de informação, longe dos modelos completos, abrangentes, harmoniosos e sistemáticos de "ordem" ou "estrutura social" oferecidos por outros sociólogos e considerados *de rigueur* pela ciências sociais da época. A realidade dissipava-se, por assim dizer, nas mãos de Simmel, fragmentava-se e recusava-se a ser remendada pelo impacto unificador da Igreja, do Estado ou do *Volksgeist*. Isso perturbava muitos leitores de Simmel e, mais que quaisquer outros, aqueles que se ressentiam da perspectiva de vir a ser seus colegas acadêmicos. Hoje vemos que a "fragmentação" das análises de Simmel era algo sob medida para a condição humana que ele, ao contrário dos colegas, percebia por trás da fachada das ambições totalizantes dos poderes instituídos; da mesmíssima realidade social que hoje emergiu dos destroços dos fracassados sonhos de engenharia com toda a sua estilhaçada, fragmentária e episódica verdade — e que como tal foi reconhecida. Pode-se dizer que Simmel desmascarou a imaginada totalidade numa época em que a maioria dos contemporâneos ainda lhe cantava louvores. Ter sido excluído da ordem onidevorante promovida pela "realidade suprema" do Estado certamente aguçou a visão de Simmel, ajudando-o a ver logo o que outros só veriam muito mais tarde. A glória foi conferida postumamente a Simmel, graças ao fato de a experiência universal ter emparelhado com seu discernimento outrora idiossincrático. Agora todos sabemos o que ele teve de enfrentar para abrir caminho sozinho. Pode-se captar a evidência dessa luta na cética, serena e digna sabedoria das pioneiras percepções de Simmel.

Tome-se, por exemplo, sua audaciosa dessacralização (profanação?) de valores. Celebrados como absolutos e atemporais pelos poderes terrenos desejosos de aquecer-se em sua glória reflexa, os valores foram brutalmente derrubados por Simmel do seu pedestal ideológico e colocados no devido lugar: a busca de gratificação que nunca se encontra onde se espera encontrá-la e que paradoxalmente deve sua atração ao sacrifício que exige — todos os sentimentos de valor "devem ser em geral ganhos apenas adiantando-se a outros valores"; é o "desvio para alcançar certas coisas" que faz "encará-las como valiosas"; as coisas "valem exatamente o que custam. O que secundariamente parece significar que custam o que valem". São os obstáculos no caminho, "a ansiedade de não deixar escapar o objetivo, a tensão da luta por ele", que formam o mistério do valor.[34]

O ponto de observação de Simmel não era um escritório na burocracia estatal nem uma de suas réplicas acadêmicas. Do seu ponto de observação, era improvável que emergisse uma visão "globalizada", "demograficizada" da "sociedade" (isto é, do território reivindicado para a administração estatal). Simmel vasculhava a condição humana da perspectiva de um errante solitário, apelidado depois de *flâneur* por Walter Benjamin (ao comentar o famoso ensaio de Baudelaire sobre a maneira como a arte *moderna* pode captar a fugidia existência *humana*). O *flâneur* é uma testemunha, não um participante; ele está *dentro*, mas não é *do* espaço onde flana; é um *espectador* do interminável espetáculo da turbulenta vida urbana, espetáculo com constante troca de atores que não conhecem suas falas com antecedência, espetáculo sem roteiro, diretor ou produtor — mas com a garantia de se manter para sempre em cartaz graças ao engenho e inventiva dos personagens. Tal como visto pelo *flâneur*, o espetáculo não tem começo nem fim, nenhuma unidade de tempo, lugar ou ação, nenhum desfecho ou desenlace escrito *a priori*. Esse espetáculo tem que se construir à medida que se desenrola; fazer-se, fragmento por fragmento, com seus próprios recursos. A questão interessante, portanto, (a única questão sensata) é como se pôde ele fazer e como se faz e refaz sem guia ou roteiro. A sociologia de Simmel não tinha lugar para a "sociedade"; ele buscava o mistério da *socialidade*. A sociologia de Simmel trata da arte de construir — não dos grandiosos projetos arquitetônicos cônscios de sua harmonia.

Infalivelmente Simmel diagnosticou a falência, ou talvez a mentira original, daquela "natureza humana universal" que no começo do período *Sturm und Drang* da modernidade serviu de disfarce para o assalto à diferença e as renovadas tentativas de reprimir a alteridade. ("O homem aperfeiçoado", que se esperava surgir uma vez afastadas todas as coerções à "condição universal", "não podia exibir diferenças", "uma vez que era perfeito"; "tudo que se precisa fazer" é libertar o homem "individualizado por traços empíricos, posição social e configuração acidental" de "todas essas influências e diversões históricas que arruínam sua essência mais profunda" e, então, "o homem enquanto tal" "pode emergir nele".) Simmel observou também, muito antes que outros sequer percebessem, que a realidade da vida moderna havia desafiado os sonhos de totalização; mais precisamente, que os sonhos eram autoderrotistas. Sob o impacto do poder universalizante, a condição humana desenvolveu-se numa direção exatamente oposta à intenção:

> ... em toda a era moderna, a busca do indivíduo é por si mesmo, por um ponto fixo e não ambíguo de referência. Ele precisa desse ponto fixo com urgência cada vez maior em vista da expansão sem precedentes das perspectivas teóricas e práticas, da complicação da vida e do fato correlato de que não pode mais encontrá-lo fora de si mesmo. Todas as relações com os outros são portanto em última instância meras estações no caminho pelo qual o ego chega ao seu eu. Isto é verdadeiro quer o ego se sinta basicamente idêntico a esses outros por ainda precisar dessa convicção de apoio ao se apoiar apenas em si mesmo e nos seus próprios poderes, quer seja forte o bastante

para suportar a solidão de sua própria qualidade, estando lá a multidão apenas para que cada indivíduo possa usar os outros como uma medida de sua incompatibilidade e da individualidade do seu mundo.[35]

Aqueles que já compreenderam e aqueles que continuam a apegar-se convulsivamente a velhas ilusões estão na mesma situação angustiosa. Os "estabelecidos", os nativos, os "integrados" não são diferentes dos isolados, rejeitados ou sem pátria — apenas não o sabem ainda. É preciso ter força para suportar a solidão. São "os integrados" que não possuem essa força e isso precisamente por fugirem do destino da autoconstrução para o enganoso abrigo da imaginada participação.

Enquanto continuarem nesse abrigo, é improvável que admitam a verdade da descoberta de Simmel. Como é possível comunicar a própria experiência? O que há para ser transmitido no curso dessa comunicação? Como pode o conhecimento que "objetiva" o conteúdo de uma mente subjetiva ser apreendido por outra mente em toda a sua subjetividade original? Essas perguntas soam familiares para nós; constituem, prontamente admitimos hoje, a agenda do mundo em que *todos* vivemos, o "finado mundo moderno" ou "pós-moderno". Mas antes de se terem tornado a agenda do mundo enquanto tal, foram a agenda do discurso sociológico de Simmel. Ele fez o que todos fazemos hoje, só que meio século antes de nós: colocou o mistério da comunicação e do entendimento entre *diferentes* formas de vida no foco mesmo da sua investigação e no centro da sua reconstrução da socialidade:

> Nas ciências sócio-históricas ... a identidade essencial do conhecimento e seu objeto ... ainda nos leva à mesma conclusão equivocada: essa forma de naturalismo que sustenta que o conhecimento é possível como simples reprodução de seu objeto e concebe a fidelidade de sua reprodução como o critério do próprio conhecimento. A tarefa de nos capacitar a ver o evento "como realmente aconteceu" é ainda ingenuamente imposta à história. Em oposição a essa visão, é necessário deixar claro que toda forma de conhecimento representa uma tradução de dados imediatos numa nova linguagem, uma linguagem com suas próprias formas, categorias e exigências intrínsecas ... [O] tipo de entendimento que seria imediata consequência da natureza homogênea das duas mentes seria ou uma forma de leitura

mental, de telepatia, ou exigiria uma harmonia preestabelecida de mentes.[36]

Não sendo a telepatia nem a harmonia preordenada proposições viáveis, toda comunicação entre as mentes está fadada a envolver tortuosos processos de codificação e decodificação e, acima de tudo, de tradução. Dada a complexidade do processo, quase certamente a comunicação não alcançará seu declarado propósito: haverá restos de significados não recuperados e a sede de mais interpretação jamais será saciada. "Assim, a típica situação problemática do homem moderno vem à luz: seu senso de ser cercado por um número incomensurável de elementos culturais que não são nem insignificantes para ele nem, em última análise, significativos."[37] Este é, descobriu Simmel, o destino último do homem lançado na condição moderna. Simmel chegou a essa conclusão (ou foi empurrado para ela?) antes da maioria dos seus contemporâneos.

O outro lado da assimilação

A revelação da ambivalência por Freud (sua propensão a situar conceitos nos limites e entre os limites, de modo que desafiam a distinção entre o físico e o somático, o interior e o exterior, o sentido e a falta de sentido), a percepção de Kafka sobre a ausência última de fundamento da condição humana, o rebaixamento da sociedade por Simmel ao jogo da socialidade, a reabilitação por Chestov da suprimida possibilidade humana, tudo isso se une na filosofia da *indecidibilidade* de Jacques Derrida. Nas palavras de dois editores americanos de Derrida, "toda a ideia de que a consistência lógica e o método científico podem levar-nos às verdades ou verdade que governam a existência humana é a tendência platônica do pensamento ocidental que Derrida questiona. Ele lê Freud como Freud leu a si mesmo e a outros — com um olho voltado para o contingente, o acaso, o evento fortuito e o lapso."[38] A tendência contra a qual Derrida se levanta em armas é a abominação do acaso, o horror do contingente, que desencadeou e motivou a longa marcha para uma ordem perfeita e imutável, para a norma arrogante da necessidade e a transparência cognitiva do mundo ao nosso alcance (a clareza intelectual e a eliminação do acaso são, de fato, tautologicamente relacionadas — uma vez que só se pode ter um conhecimento realmente claro e completo do que é regular e repetitivo e que portanto não carrega qualquer informação), tudo que alcançou seu ponto culminante nas ambições planificadoras, ordenadoras e ajardinantes da modernidade.

Derrida restaura o indeterminado em sua justa condição de base de todo ser, ou melhor, expõe a impostura das longas tentativas de eliminá-lo de sua posição ou desvirtuar a sua presença. Todo esforço para determinar resulta em mais indeterminação; toda tentativa de codificar, de sobrecodificar, de fixar tem que simultaneamente aumentar a soma total (se é que se pode falar aqui de somas) de acaso e indeterminação. Cada passo interpretativo cria novas tarefas de interpretação. A interpretação produz mais interpretação. A interpretação se transforma em parte do que está interpretando e portanto aumenta a totalidade a ser interpretada — está inscrita no mundo que inscreve. Não pode senão inscrever-se no livro cuja leitura é chamada a fazer. O que distingue a obra de Derrida é o sincero reconhecimento da "necessidade metodológica de incluir-se na questão e no problema, aceitando responsabilidade por sua própria reflexibilidade e erro"; a disposição de "abandonar a tradição da autocerteza, de ficar à margem das condições de sentido definidas nessa tradição". Para Derrida, não existe ponto de vista exterior último, a dura realidade não textual "lá fora", à qual a interpretação do texto devesse referir-se na esperança do julgamento derradeiro e final. O texto desenvolve-se no curso de sua penetração interpretativa. A interpretação não pode senão permanecer nessa relação confusa mas altamente criativa com o texto, que é ao mesmo tempo metonímico e metafórico; a interpretação transforma-se numa extensão do texto ao tentar suplementá-lo.

No seu estudo extremamente original da crítica literária contemporânea, Susan A. Handelman retrata a estratégia interpretativa de Derrida como a reemergência do modo interpretativo rabínico na moderna teoria literária. As regras hermenêuticas rabínicas, em agudo contraste com o pensamento grego, "surgiram não num processo de abstração do texto, que poderia então ser separada e manipulada de forma independente do texto". Os comentários rabínicos "fazem parte da trama e entrelaçam-se" ao próprio texto. Chocam-se de forma acentuada com o que Handelman chama de "literalismo protestante", caracterizado pela antítese do literal e figurativo e a "incapacidade de existir dentro da tensão de ausência-na-presença que caracteriza o reino linguístico", por seu medo do significado múltiplo e uma tentativa de escapar disso para "uma teologia e hermenêutica da imanência, da graça e do sentido unívoco, e uma finalidade para o jogo livre da interpretação" — e vendo "toda a história passada da interpretação" como uma *prefiguração* da "final e completa interpretação"[39], palavra destinada a apagar-se transformando-se em carne.

Nem a justaposição nem a opção parecem ser, por assim dizer, simples ou diretas. A estratégia interpretativa de Derrida não é uma questão de rejeição e retorno, de repúdio da tradição hermenêutica do mundo cristão e ressuscitação da dos rabinos. Menos ainda é uma questão de simples substituição da segunda pela primeira. É, antes, o fato de que a hermenêutica ocidental seguiu sua própria lógica imanente de desenvolvimento e alcançou um ponto crítico em que suas antinomias internas não podiam mais ser resolvidas por meios que ela mesma era capaz de gerar. Pode-se dizer que se a visão interpretativa rabínica recebe o que lhe toca, é porque a crise da hermenêutica ocidental levou-a ao ponto em que isso foi possível.

Jacques Derrida, obcecado como é pela dialética das assinaturas e datas (esses espetaculares esforços humanos para fixar, reter, solidificar — e os mais espetaculares fracassos desses esforços; tanto a data como a assinatura se apagam, por assim dizer, pela simples necessidade de ocorrerem novamente; fazem seu trabalho de *individuação* graças à recorrência, mas por causa dessa recorrência não podem realizar o seu trabalho), sugere que: "Formalmente pelo menos, a afirmação do judaísmo tem a mesma estrutura que a da data." Isto é, ambas são atos de autoapagamento, inseparáveis do ato de autoafirmação. "Eu sou judeu ao dizer: o judeu é o outro que não tem essência, que não tem nada de seu ou cuja própria essência é não ter nenhuma. Assim, a um só e mesmo tempo, tanto a alegada universalidade do testemunho judaico ... como o incomunicável segredo do idioma judaico, a singularidade do 'nome impronunciável'."[40] Não tendo nada de seu, sendo um não-ser, um vazio a ser preenchido, um vazio que se estende para o preenchimento, não tendo essência, tendo uma não essência a se tornar essência, uma não essência à espera das essências do mundo, é essa "assinatura judaica", a "datação judaica", singularidade do judeu que torna a condição judaica — em algum ponto da história — universal.

A universalidade da ausência e do vazio é a única universalidade que existe; a singularidade judaica é a única universalidade que existe; toda universalidade é judaica. Esse era o sentido do que disse Maria Tsvetayeva: "Todos os poetas são judeus." Ou da frase de Celan: "O judeu, você sabe, o que ele tem, o que realmente lhe pertence, isso ele não empresta, nem pede ou devolve jamais." Ou a de Borges:

"Meus livros são profundamente judaicos." Definir o judeu é (tão tentador e impossível quanto) definir o escritor, o poeta, a criatura semelhante à aranha suspensa na rede textual que vai tecendo; é definir o humano.

Por que a condição judaica e o universalmente humano se procuram, se definem, se misturam? Por que é que Tsvetayeva, Borges, Celan, Joyce, tentando captar esse vazio, essa não essência que é a primeira morada e o último refúgio da universalidade, só podem encontrar o judeu na sua rede? ("Primeiro achei que era um escritor. Depois percebi que era judeu. Então não mais distingui em mim o escritor do judeu, porque um e outro são apenas o tormento de um mundo antigo", confessou Edmond Jabès. Em outra parte ele admite que o judeu é "a figura do exílio, da errância, da estranheza e da separação, condição que é também a do escritor".[41] Por que descobrem que "essa dificuldade de ser totalmente judeu" é a mesma "dificuldade de todo mundo em ser completamente humano"?[42] A leitura não pode se realizar sem a escrita. O leitor é um escritor enquanto lê; os leitores escrevem seus livros nos livros que estão lendo, para que esses livros possam ser lidos. "Descobrir", diz Jabès, "significa, afinal, criar." Do escritor (e, repitamos, todo leitor é um escritor) escreveu Borges:

> Trata-se de um homem que tem um mundo infinito diante dele e então começa a desenhar navios, âncoras, torres e cavalos, pássaros e assim por diante. Por fim descobre que o que desenhou é um retrato de seu próprio rosto. Isso, naturalmente, é uma metáfora do escritor; o que o escritor deixa atrás de si não é o que escreveu, mas sua imagem ...

Mais uma vez, a questão da universalidade está em jogo, mas com um papel invertido. "O sentido", escreve Robert Alter,[43] "talvez pela primeira vez na literatura narrativa, foi concebido como um processo, que exige contínua revisão — tanto no sentido ordinário quanto no sentido etimológico de ver ... de novo —, contínua suspensão de julgamento, consideração de múltiplas possibilidades, meditação sobre as brechas na informação fornecida." E foi precisamente esse sentido como processo interminável que se descobriu nas "tormentas do Mundo Antigo", tal como revisto por olhos modernos:

> Num século sem deus e mundano, atordoado pelo vislumbre do vazio, Jabès revela os fantasmas obsessivos da teologia que há muito se pensava postos em descanso. Nietzsche proclamou a

morte de Deus mais de um século atrás, mas a obra de Jabès testemunha que foi a morte apenas de um certo Deus, um Deus clássico — ou talvez fosse melhor dizer um certo aspecto de Deus, o luminoso, confiado garante do sentido.[44]

Como a obra de Freud, Kafka, Simmel, Chestov[45] ou Jabès, a hermenêutica de Derrida coloca-se *do outro lado da assimilação*. A localização certamente ajudou-a a ser o que é. O feito mais espetacular, embora totalmente não planejado e imprevisto, do drama assimilatório foi o estabelecimento de espaços liminares, sobre e subdeterminados, em que a experiência moderna pôde ser vivida e a cultura moderna pôde nascer. As pretendentes nações e as nascentes nações-Estados embarcaram na aventura assimilatória brandindo a ideia de uma contradição fundamental entre o judaísmo e a civilização moderna. Enquanto perseguiam o fantasma da homogeneidade, produziam as condições sob as quais a condição de judeu tinha de passar por uma profunda transformação. E passou. Mas não emergiu do longo e tortuoso processo de "mudança de identidade" como um corpo estranho desajeitadamente inserido no tecido da vida moderna; nem perdeu sua identidade no fluxo indiferente da vida moderna em que "tudo flui com a mesma gravidade específica". Emergiu, em vez disso, da provação assimilatória como a contribuição seminal para a ruidosa, crítica e rebelde cultura da modernidade, como a consciência moderna que milita contra a condição moderna e assim desmascara suas pretensões. Foi a lógica interna e perversa da homogeneização coercitiva que redundou na *condição de estranheza universal* de suas vítimas, uma condição da qual se recolheram os preceitos da cultura moderna.

Que foi isso o que aconteceu é evidenciado pelo fato de que a atividade cultural judaica, e particularmente a atividade judaica nessa cultura que mais tarde veio a ser definida como moderna, foi distribuída (tanto espacial quanto temporalmente) de forma desigual. Alcançou a mais alta intensidade no local e época em que as obsessões assimilatórias estavam no auge do fanatismo e crueldade e a continuidade das tradições judaicas no ápice do frescor e menos corroídas. Esse lugar foi a Europa centro-oriental e a época, a virada do século: um caldeirão fervente de nações incompletas, incertas, inseguras de si mesmas, cujo futuro estava encarregado da tarefa de criar um novo passado, nações que só podiam fazer justiça a seus sonhos injustiçando outras, que só podiam afirmar sua identidade através da agressão, que tinham primeiro de moldar a realidade que invocariam para legitimar sua presença. A insegurança alimenta a belicosidade e em nenhum outro lugar da Europa nem em outra época qualquer da história europeia foi o zelo proselitista das pretendentes nações tão venenoso nem a intolerância dos Estados nascentes tão impiedosa.

Lançados entre as reivindicações territoriais e culturais conflitantes, os judeus tiveram negada a chance de uma assimilação exitosa antes mesmo de — quer por vontade, quer à revelia — se renderem a seus termos. Logo descobririam os mais perspicazes dentre eles que eram iguais a Gustav Mahler, "três vezes desterrado: como boêmio entre os austríacos, como austríaco entre os alemães e como judeu em toda parte". As reivindicações nacionais eram incompatíveis e ninguém resumia essa incompatibilidade de forma mais gritante que os judeus, esses estranhos universais, de ubiquidade supranacional. Certo, as nações aspirantes estavam bastante ansiosas por utilizar os serviços judaicos na busca da conversão cultural. Os judeus eram dotados da condição magiar para os camponeses eslavos mais fracos, portadores da cultura alemã para os tchecos de Praga, profetas do *Geist* germânico na capital multilíngue do Império Habsburgo. Pode-se suspeitar, no entanto, que se recorria de bom grado aos serviços judaicos sobretudo porque os servidores podiam ser facilmente dispensados uma vez seus serviços não fossem mais necessários. Aconteceu tudo exatamente como profetizou outro perspicaz europeu centro-oriental, Arthur Schnitzler: "Quem criou o Movimento Nacionalista Germânico na Áustria? Quem deixou os judeus em apuros e os desprezou de fato como cachorros? Os nacionalistas alemães. E exatamente a mesma coisa vai acontecer com os socialistas e os comunistas. Assim que o jantar estiver pronto para ser servido, vão enxotá-los da mesa."[46]

Pode-se dizer talvez que quanto mais vicioso o zelo assimilatório, quanto mais esforçados os agentes da conversão, mais espaçoso e culturalmente vigoroso tendeu a ser "o outro lado da assimilação". Este, em última análise, dependia do caráter e postura do nacionalismo nativo e *definitivamente não* do zelo com que os judeus respondiam ao convite para a assimilação e do sucesso que obtinham.[47] O episódio da espantosa criatividade cultural dos judeus nasceu da agonia e do sofrimento, assim como a universalidade da cultura moderna nasceu do drama do paroquialismo moderno. Foi talvez necessário primeiro agonizar na ponta receptora do moderno impulso para a ordem, a certeza e a uniformidade para aprender a viver com a polissemia, a ambivalência e as infinitas possibilidades de um mundo indeterminável. Por fim, o mastro do pelourinho passou à história como o ninho do corvo de onde se divisou pela primeira vez a terra da modernidade.

6
A privatização da ambivalência

Com nenhum poder terreno decidido a erradicá-la, a ambivalência passou da esfera pública à privada. É agora, em larga medida, uma questão pessoal. Como tantos outros problemas sociais globais, este deve agora ser atacado individualmente e resolvido, se o for, com meios privados. A obtenção de clareza de propósito e sentido é uma tarefa individual e uma responsabilidade pessoal. O esforço é pessoal. E igualmente o fracasso do esforço. E a culpa pelo fracasso. E a consequente sensação de culpa.

A carga que a privatização da ambivalência colocou nos ombros individuais requer uma estrutura óssea de que poucos indivíduos podem se gabar. Uma espinha fraca pode ruir sob o peso. Para afastar o risco de colapso, são necessários suportes artificiais. O caminho privado para a clareza requer um monte de serviços fornecidos socialmente: mapas detalhados, sinalização confiável, indicadores de distâncias.

Considere-se o caso seguinte.[1]

Mais ou menos uma década atrás, Emily Cho ofereceu às mulheres americanas um serviço computadorizado de assessoria em moda. O questionário que se pedia às clientes em perspectiva para responder investigava a imagem que a cliente queria projetar e como desejava que essa imagem fosse modificada para passar a individualidade — o jeito *único*, na verdade — do seu eu e caráter. O resto devia ser feito pelo computador, que descobriria como a cliente devia montar seu guarda-roupa de forma a atingir os seus objetivos. A empresa de Emily Cho foi um grande sucesso.

No começo, ela achava que a atenção das suas clientes deveria ser desviada ao máximo da ideia de que "suas esperanças e sonhos pessoais eram entregues a um frio computador". Para sua surpresa, logo notou que a estratégia oposta era mais eficiente: "a ideia do computador era exatamente o que atraía as mulheres". As clientes pareciam gostar do envolvimento com alta tecnologia, na qual aparentemente confiavam para um conselho preciso e acurado que se pode esperar apenas de uma clínica cientificamente controlada. Afinal, "o que precisavam era de uma fórmula clara para se vestir bem, não de uma ideia caprichosa nascida do cérebro de outra mulher". A senhorita Cho acreditava, porém, que suas clientes ainda precisavam sentir que a "máquina distante, possivelmente desgovernada", não operava por conta própria. A consciência de que outra mulher, a própria senhorita Cho, estava de alguma forma presente para manter o computador sob controle era tranquilizadora. Pelo menos foi a conclusão a que chegou a senhorita Cho.

Há algumas observações, todas relevantes para o nosso tema, que se podem fazer enquanto tentamos captar o sentido da experiência da senhorita Cho e de suas clientes.

Primeiro, parece que o que explica o fato de as clientes terem aceitado a proposta de Emily Cho com tanto entusiasmo foi que se sentiam ante uma tarefa ambivalente que não podiam enfrentar com facilidade exatamente porque seus dois lados pareciam anular-se um ao outro. A tarefa era, nada mais nada menos, a de estabelecer a *autonomia* através da *submissão*: tornar-se um indivíduo pela integração e afirmar a própria personalidade por meios impessoais. O caráter *único* que buscavam devia ser determinado *comunalmente* (portanto, sem ambiguidade). A individualidade, pode-se dizer, não bastaria a si mesma, a não ser que fosse comunicada e entendida como tal — quer dizer, *partilhada* com os outros.

Segundo, a solução para o dilema. As clientes de Emily Cho viam a eliminação da ambivalência como uma *tarefa* que tinham de realizar. Tanto a integração quanto o caráter individual único eram vistos como atributos que não são dados naturalmente, mas que precisam de um esforço consciente a ser gerado e sustentado; têm de ser "construídos". E construí-los era visto como a tarefa (talvez um dever) da pessoa envolvida.

Terceiro, a tarefa de construir implicava transformar a integração *e* a individualidade em *imagens* visíveis, quer dizer, em objetos perceptíveis aos outros; deviam ser imagens *adequadas*, isto é, que fossem com certeza lidas adequadamente e interpretadas de acordo com a intenção da pessoa. As imagens, ao contrário da condição com que lidam, devem ser livres de ambivalência. É por essa razão que devem ser expressas num código supraindividual, partilhado e *autorizado*.

Quarto, o acesso a um código partilhado significava na prática a expressão da integração e da individualidade em objetos simbólicos que assegurassem significados socialmente aceitos, de tal forma que a probabilidade de uma leitura errada fosse reduzida. Tais objetos, supunha-se, existem. A tarefa era localizá-los e eventualmente obtê-los para que pudessem ser usados. No caso descrito, podiam ser obtidos através de uma transação de mercado.

Quinto, uma vez que os operadores do mercado faziam reivindicações contraditórias sobre o valor hermenêutico de objetos concorrentes, buscava-se uma autoridade (uma "opinião objetiva", imparcial, mais sólida e confiável do que a mera visão de "uma outra pessoa") para reduzir a incerteza e aumentar a chance da escolha certa. Tal autoridade era de bom grado — e com alívio — creditada à ciência, como instituição armada de garantias internas de imparcialidade e ausência de paixão. (Era para essa instituição que o computador servia de encarnação palpável.)

Sexto, o acesso direto à ciência sendo barrado à pessoa comum, era necessário um mediador para traduzir as necessidades pessoais e subjetivas em questões que pudessem ser respondidas na linguagem imparcial e confiável mas hermeticamente fechada e altamente técnica da ciência, traduzindo depois de volta o veredito científico em conselho prático para a pessoa leiga. Uma pessoa privada podia *compreender* as necessidades da cliente, mas só a ciência *sabia* como satisfazê-las. O mediador procurado, alguém em quem a cliente pudesse realmente *confiar* (conceito desenvolvido, com grande eficácia, por Anthony Giddens no seu *Consequences of Modernity*, Cambridge: Polity Press, 1989), era alguém que combinava a capacidade pessoal de compreender com o poder da ciência de tomar decisões corretas.

Tal mediador é chamado um *especialista*.

O especialista é uma pessoa capaz, simultaneamente, de interrogar o fundo de confiabilidade e conhecimento suprapessoal e de entender os pensamentos e anseios mais íntimos de uma outra pessoa. Como intérprete e mediador, o especialista abarca os mundos, de outro modo distantes, do objetivo e do subjetivo. Ele é a ponte sobre o abismo que existe entre as garantias de estar do lado certo (o que só pode ser social) e fazer as opções que alguém deseja (o que só pode ser pessoal). Na ambivalência dos seus talentos, ele ecoa, por assim dizer, a condição ambivalente do seu cliente.

No seu próprio balanço da experiência, Emily Cho enfatizou a importância da "humanidade" do mediador. Observemos, no entanto, que para suas clientes Cho era uma entidade presente, assim como seu computador, sobretudo como uma "crença". Não sabemos se as clientes tiveram algum intercâmbio pessoal com a chefe da empresa; não sabemos sequer se alguma vez a encontraram pessoalmente. As clientes acreditavam que ela existia, mas tudo o que sabiam é que ela era o "ser" na ponta receptora do questionário que preenchiam e a fonte do guia pessoal de moda que recebiam. O que parecia tornar importante a existência de Emily Cho para as clientes não era sua "humanidade", mas a *confiança* que tinham na *função* de mediação e interpretação que ela desempenhava. Emily Cho era a confiança corporificada; o fato de que seu corpo era *humano*, de carne e osso, era secundário e contingente. Em princípio, uma engenhoca mecânica capaz de realizar a mesma função poderia substituí-la sem maior prejuízo para a satisfação das necessidades que antes de mais nada tornavam desejáveis os seus serviços. Joseph Weizenbaum descobriu (para sua surpresa e logo para seu desapontamento) que seu programa de computador Eliza, que simulava uma sessão psicanalítica, foi entusiasticamente bem recebido não apenas por psiquiatras (que viram nele a oportunidade para as pessoas "falarem sobre si mesmas, se descarregarem, obtendo *insights* sobre seu comportamento problemático" em muito maior número do que permitiria a quantidade existente de analistas experientes),[2] mas também pelos pacientes em perspectiva (com efeito, a própria presença da simulação computadorizada do psiquiatra "liberava" um paciente potencial "latente" nas pessoas expostas). Antes da sua descoberta, Weizenbaum (assim como a senhora Cho) achava que o intercâmbio humano era o componente crucial do processo psicoterapêutico, que o processo era efetivo de uma maneira moralmente aceitável sobretudo graças à interação de um humano em necessidade de ajuda e de outro humano pronto e disposto a ajudar. Como ficou visível, no entanto, os pacientes não se importavam de falar para um "artefato não humano", na medida em que suas aberturas pareciam adequadas para o que sentiam como sendo seu problema e em que o resultado eram respostas corretas — isto é, lógicas — às afirmações que as precediam. Com efeito, a secretária de Weizenbaum (que o viu trabalhando durante meses no programa e que portanto não poderia certamente ter ilusões sobre sua natureza inventada) começou certo dia a "conversar" com o computador; depois de trocar algumas frases com ele, ficou tão absorvida na "conversa" e achou o intercâmbio uma coisa tão pessoal e íntima que se sentiu embaraçada pela presença do patrão e pediu ao professor que deixasse a sala.

O especialista, em outras palavras, é definido não tanto pelas qualidades e posses que o caracterizam mas pela função que os receptores de seus serviços entendem que está desempenhando. São os problemas que esses receptores enfrentam no seu processo de vida que definem plenamente o especialista. O especialista é, por assim dizer, uma condensação da necessidade difusa de sanção confiável — porque supraindividual — da individualidade.

A busca do amor ou os fundamentos existenciais da competência especializada

De acordo com Niklas Luhmann,[3] com a passagem de uma sociedade pré-moderna estratificada para a sociedade moderna funcionalmente diferenciada (isto é, uma sociedade na qual as divisões atravessam as localizações sociais dos indivíduos isolados), "as pessoas individualmente não podem mais ser localizadas de modo firme num único subsistema da sociedade, mas devem antes ser encaradas a priori como socialmente deslocadas". Todos os indivíduos são deslocados e de forma permanente, existencial — onde quer que se encontrem no tempo e o que quer que façam. São *estranhos* em toda parte e, apesar dos seus esforços em contrário, em todos os lugares. Não há um só lugar na sociedade em que estejam realmente à vontade e que possa conferir-lhes uma identidade natural. A identidade individual torna-se portanto algo a ser ainda alcançado (e presumivelmente a ser criado) pelo indivíduo envolvido e nunca segura e definitivamente possuído — uma vez que é constantemente desafiado e deve sempre ser de novo negociado. Seguindo o caminho apontado muito antes por Georg Simmel (o indivíduo condenado a uma busca interminável de um ponto fixo em si mesmo, uma vez que não pode mais encontrá-lo fora de si — todas as relações com os outros sendo em última análise meras estações na estrada pela qual o eu chega a si mesmo), Luhmann procura as causas da tendência dos indivíduos de interpretar sua situação "em termos de sua própria pessoa", isto é, de sua preocupação com a autodefinição, a autoidentidade, a autoafirmação — em suma, as causas de seu egocentrismo e individualismo — na diferenciação, complexidade e portanto opacidade crescentes de redes interativas.

As categorias gerais não bastam agora para a autoidentificação, que só pode ser alcançada sob a forma do caráter pessoal único.

Nesse momento, entretanto, encontramos o paradoxo no qual repousa a condição existencial dos membros da sociedade moderna. Por um lado, o indivíduo precisa definir uma diferença estável e defensável entre sua própria pessoa e o mundo social mais amplo, impessoal e impenetrável lá fora. Por outro lado, porém, essa diferença, precisamente para ser estável e confiável, precisa de afirmação social e deve ser obtida de uma forma que também desfrute de aprovação *social*. A individualidade depende da conformidade social; a luta pela individualidade requer que os laços sociais sejam fortalecidos e a dependência social aprofundada. O mundo subjetivo que constitui a identidade da personalidade individual só pode ser sustentado por meio da troca intersubjetiva. Nessa troca, um parceiro "deve ser capaz de dar seu apoio ao mundo do outro (embora suas experiências interiores sejam altamente individuais)".

Luhmann chama essa troca de amor. Deve ficar claro pela forma como foi introduzida a noção de "amor" que, na utilização de Luhmann, ela é semanticamente deslocada das tradicionais associações românticas do termo e, de fato, não se refere de modo algum a sentimentos pessoais ou estados emocionais em geral; Luhmann vai, por assim dizer, à "base funcional" friamente cognitiva do que é na superfície uma relação carregada emocionalmente. No uso idiossincrático de Luhmann, "amor" representa um *modo de comunicação* específico, no qual as pessoas podem se engajar em princípio *com ou sem* experimentar as afecções que o termo no seu uso tradicional e popular implica ou requer. Há, portanto, uma discrepância inerente entre o que é exigido para se preencher a função do intercâmbio de tipo amoroso e os critérios que as pessoas estão inclinadas a aplicar para descobrir se a relação amorosa ocorreu e avaliá-la como própria ou um simulacro.

É por essa razão, diria Luhmann, que na prática social as relações amorosas tendem a ser confusas, ambíguas, tensas e a gerar profunda ansiedade. Uma vez que se assume na interpretação popular do amor que a relação amorosa só pode se efetivar quando impulsionada pela "sinceridade"[4] e acompanhada de "sentimentos verdadeiros", todos os exemplos práticos de intercâmbio amoroso têm que estar contaminados por uma suspeita corrosiva de que o parceiro pode trapacear "representando" sentimentos considerados necessários mas nesse caso ausentes. A busca do amor, determinada pela modalidade de existência moderna e portanto fadada a ser sempre retomada por mais amarga que tenha sido a experiência até então, carrega portanto desde o início um componente doentio: o medo da perfídia. Consequentemente, tende a ser pontuada por tentativas de superar a incerteza e a encontrar métodos confiáveis para extirpar a fraude e distinguir o "verdadeiro amor" do mero fingimento de um trapaceiro.

Tais tentativas tornam-se tanto mais obsessivas e fervorosas quanto mais autônoma (isto é, única) e idiossincrática (e portanto bizarra do ponto de vista da "norma") se torne a personalidade do indivíduo. A autoconfiança torna ainda mais esmagadora a necessidade de amor do que no caso de uma personalidade que se apaga, submissa e heterônoma. Mais individualidade requer mais amor para sustentá-la. Uma vez, no entanto, que a probabilidade de aprovação social diminui com o aumento da autonomia pessoal e da idiossincrasia, quanto maior a necessidade, menos provável a sua satisfação.

No sentido funcional de Luhmann, pode-se pensar o amor como um modo de comunicação caracterizado pela transformação da experiência interior de uma pessoa na ação de outra. "O amante, que se espera afirme opções idiossincráticas, é obrigado a *agir*, porque é confrontado com uma opção que deve ser feita" (isto é, não tem escolha entre validar ou descartar as opções); "o ser amado, por outro lado, apenas *experimentou* algo e espera que ele se identifique com essa experiência. Um tem que se envolver, enquanto o outro (que está também para sempre atado a um mundo projetado) só teve que fazer a projeção". O amor na concepção de Luhmann é um negócio extremamente egoístico, egocêntrico; não admira que para a pessoa na ponta receptora desse amor a tarefa emergente seja uma ordem exagerada; a vigilância com a qual o desempenho será observado e os critérios exigentes pelos quais será julgado tornam-na particularmente incômoda. Nas relações amorosas comuns, os amantes em perspectiva assumem assim mesmo a tarefa, em geral com a (vã) esperança de que a assimetria inicial do padrão será no final retificada por uma reação recíproca, de modo que ambos os parceiros receberão em troca dos seus esforços serviços similares aos que prestaram. As relações amorosas "ordinárias" postulam a mutualidade — isto é, requerem que cada parceiro concorde em assumir simultânea ou sucessivamente tanto o papel "projetor" quanto o "afirmador", que concorde em "projetar" e "atuar", em ser amado e amante ao mesmo tempo. Elas postulam, portanto, que a interação não é iniciada (e muito menos sustentada) meramente pelas necessidades de um dos parceiros, mas por uma *mútua* atração de ambas as partes, com os dois lados persuadidos "a ficar juntos para o melhor ou para o pior"; em outra palavras, pela paixão, não pelo cálculo.

Considerando a enormidade e a importância da função que se espera do amor para o "estranho universal" (esse habitante "*a priori* deslocado" do mundo moderno), a paixão parece ser, no entanto, um fundamento frágil e débil demais para a esperança de que a função seja preenchida sempre, continuamente e na quantidade desejada. Os custos de manutenção do preenchimento da função num nível de intensidade suficientemente elevado por um longo período são enormes — ao passo que, como vimos anteriormente, as necessidades primárias que fizeram do amor uma necessidade funcional não geram nem alimentam afeições por si mesmas. Para a função primária a ser desempenhada pelo amor, a paixão é supérflua; não é nem inevitável nem necessária. É apenas o método de assegurar o cumprimento da função pela imposição da reciprocidade sobre um padrão essencialmente assimétrico que torna a paixão indispensável. Mas, quando isso acontece, a sustentação da reciprocidade e, portanto, o cumprimento da função começam a depender de um constante e contínuo suprimento de emoção, que a tornam frágil e vulnerável.

Tempos atrás, Richard Sennett cunhou o nome *intercâmbio destrutivo* para uma relação na qual ambos os parceiros buscam obsessivamente o direito à *intimidade* — a "abrir-se" com o parceiro, a partilhar com ele a verdade total e mais pessoal de sua vida íntima, a ser "absolutamente sincero", a não esconder nada, por mais perturbadora que possa ser a informação para a outra pessoa (uma postura fundamentada na crença de que "você interage com os outros na medida do quanto lhes diz sobre si mesmo", no "medo de que não se possui um eu enquanto não se falar sobre ele com outra pessoa" e também na fantasia de que a identidade pode de fato ser livremente construída pela fala, de que não existe uma "dura realidade", uma sociedade "como algo diferente das transações íntimas"[5]). Na visão de Sennett, desnudar a própria alma diante do parceiro lança sobre os ombros da outra pessoa um peso enorme; pede-se a ela que aprove coisas que não despertam necessariamente seu entusiasmo; mais: pede-se que seja "sincera" e "honesta" na resposta. Sennett afirma que nenhuma relação duradoura e particularmente nenhuma relação *amorosa* duradoura pode ser erigida no terreno instável da mútua intimidade. As chances contra essa possibilidade são esmagadoras: os parceiros se empenham em demandas mútuas que nenhum dos dois pode satisfazer (ou não gostaria de satisfazer, considerando o preço); ambos sofrem e sentem-se atormentados e frustrados com o resultado — e o mais comum é desistirem no meio do caminho, pararem de tentar. Um ou outro decide pular fora e buscar a autoafirmação em outra parte.

Repitamos: a destrutividade da comunhão buscada pelos amantes é causada antes e acima de tudo pela implicação[6] da reciprocidade. Para sustentar o ânimo, para continuar a buscar a autêntica reciprocidade, é preciso coragem para enfrentar a possibilidade de recuos e reviravoltas. Deve-se também aprender a viver com os defeitos do parceiro. Uma vez almejada em ambas as direções, a intimidade torna necessários a negociação e o compromisso. E no entanto são precisamente a negociação e o compromisso que um ou ambos os parceiros podem estar impacientes ou preocupados demais para suportar alegremente. Afinal, duas projeções pessoais *distintas*, muitas vezes contraditórias, devem ser aceitas e afirmadas simultaneamente — tarefa sempre difícil e com frequência impossível.

Não admira que a demanda de um substituto funcional do amor surja das tentativas frustradas de se obter a "coisa real" (e, se há demanda, segue-se logo uma oferta): uma demanda de algo que *desempenhe a função* do amor (isto é, que supra a confirmação da experiência interior, depois de absorver pacientemente uma confissão plena) sem pedir *reciprocidade* em troca; isto é, algo que explicitamente admitiria — e aceitaria — a inerente assimetria do relacionamento. Aqui, podemos postular, reside o segredo do impressionante sucesso e popularidade das sessões psicanalíticas, do aconselhamento psicológico, das terapias de grupo, da orientação matrimonial etc. Em todos os casos semelhantes, pelo direito de confessar e ser absolvido, de "abrir-se", de tornar conhecidos de outra pessoa os sentimentos mais íntimos e receber no fim a ansiada aprovação da própria identidade, não é necessário pagar na mesma moeda; basta pagar com dinheiro. Sendo o dinheiro o que é (um meio de *liquidar* a troca, de acertar as contas de uma vez por todas e assim eliminar qualquer obrigação futura), obtém-se um serviço sem assumir o dever da reciprocidade. O pagamento monetário transforma a relação do paciente ou cliente com o analista numa relação impessoal, assim afastando o perigo de uma consciência culpada: ele limpa o estigma do egoísmo, da preocupação do paciente consigo mesmo e da falta de preocupação com o parceiro. O paciente, por assim dizer, "compra sua retirada" da obrigação emocionalmente onerosa e custosa de mutualidade. E pode-se assim, digamos, *ser amado sem amar*. A pessoa pode preocupar-se consigo mesma e ter essa preocupação partilhada sem ter que pensar na outra pessoa que assumiu a obrigação dessa partilha meramente como parte de uma transação comercial. Numa transação monetária franca, o paciente compra a ilusão de ser amado. (Deve-se mencionar, porém, que sendo o amor unilateral tão "contrário à natureza" quanto uma moeda de uma só face, ou, de forma mais precisa, estando em sério desacordo com o modelo de amor socialmente aceito, o exercício psicanalítico é notoriamente infestado pela tendência do paciente a tomar a conduta fictícia do analista como uma expressão de "amor verdadeiro" e a reagir com um comportamento que vai além dos termos estritamente comerciais, impessoais e reconhecidamente assimétricos do acordo. Esse fenômeno de *transferência* prova indiretamente, se uma prova se faz necessária, que a função da psicanálise é a de um substituto pago para o amor.)

As técnicas psicanalíticas são apenas um espécime de categoria muito mais vasta de bens e serviços que respondem à necessidade de um substituto para o amor. Numa sociedade de mercado, tais bens e serviços são mercadorias (embora não pareça ser esse seu atributo essencial; podem-se conceber outras formas de distribuir e obter esses serviços e outros meios de alcançar um efeito semelhante de anulação da reciprocidade que o pagamento monetário consegue com tamanho sucesso). O mercado põe à disposição uma ampla gama de "identidades", das quais pode-se escolher uma. Os reclames comerciais se esforçam em mostrar em seu *contexto social* as mercadorias que tentam vender, isto é, como parte de um *estilo de vida* especial, de modo que o consumidor em perspectiva possa conscientemente adquirir símbolos da autoidentidade que gostaria de possuir. O mercado também oferece instrumentos para "construir identidade" que podem ser usados diferencialmente, isto é, que produzem resultados algo diferentes uns dos outros e que são assim "personalizados", feitos "sob medida", melhor atendendo às exigências da individualidade. Através do mercado, podem-se colocar juntos vários elementos do "identikit" completo de um eu. A mulher pode aprender como se expressar de forma moderna, liberada, desembaraçada ou como uma dona de casa razoável, séria, cuidadosa; pode-se aprender a ser um magnata impiedoso, autoconfiante, empreendedor, ou um camarada amável, calmo, ou um macho de físico exuberante, ou uma criatura sonhadora, romântica, sedenta de amor — ou qualquer mistura de algumas ou todas essas imagens.

A atração das identidades promovidas pelo mercado reside em que os tormentos da autoconstrução e da subsequente busca de aprovação social para o produto acabado ou semiacabado são substituídos pelo ato menos aflitivo, muitas vezes agradável, de escolher entre padrões prontos. As identidades negociadas vêm acompanhadas do rótulo da aprovação social colado de antemão. A incerteza quanto à viabilidade da identidade autoconstruída e a agonia de procurar confirmação são assim evitadas. Os *identikits* e os símbolos de estilos de vida são endossados por pessoas com autoridade e pela informação de que um número impressionante de pessoas os aprova. A aceitação social não precisa portanto ser negociada — desde o início ela é, por assim dizer, "inerente" ao produto posto no mercado.

Com essas alternativas disponíveis e sua crescente popularidade, o método original de resolver o problema da autoformação através do amor recíproco tem cada vez menos chance de sucesso. Como vimos antes, a negociação de uma aprovação *mútua* é uma experiência potencialmente traumática para os parceiros no amor. O sucesso não é possível sem um longo e dedicado esforço e uma boa dose de autossacrifício de ambas as partes. Com toda probabilidade, o "poder de resistência" seria maior e o esforço e sacrifício feitos com mais frequência e zelo se os substitutos "fáceis" não estivessem disponíveis. Com esses substitutos amplamente promovidos e fáceis de obter (o único sacrifício necessário é desfazer-se de uma quantidade de dinheiro), há evidentemente menos motivação para um esforço mais laborioso e demorado. Com frequência a primeira barreira é suficiente para um ou ambos os parceiros quererem diminuir a velocidade ou abandonar inteiramente a corrida. Mais comumente ainda, os substitutos são primeiro buscados com a intenção de "complementar" e daí fortalecer ou ressuscitar a relação amorosa em dificuldade; mais cedo ou mais tarde, no entanto, os substitutos descarregam essa relação de sua função original e drenam a energia que impulsionava os parceiros a buscar de início sua ressurreição. Com o amor ainda menos viável do que antes, a demanda de serviço especializado cresce mais — e assim *ad infinitum*. Paradoxalmente (ou será um paradoxo?), a privatização da ambivalência incita e sustenta o crescimento irrefreável da competência pública e de uma densa rede de especialistas públicos em resolver problemas privados.

Uma das manifestações da desvalorização do amor foi extensamente discutida por Richard Sennett: a tendência ao *erotismo*, a ser expulsa e superada pela *sexualidade*. Erotismo significa o uso do desejo sexual e, em última análise, do ato sexual como tijolo de uma relação amorosa duradoura, de uma parceria social *multifuncional* e portanto estável, ao passo que sexualidade significa a redução do ato sexual a uma única função, que é a satisfação do desejo sexual. Tal redução é com frequência suplementada por precauções que visam prevenir que a relação sexual dê origem a simpatia e obrigação mútuas e que assim cresça e se transforme numa parceria pessoal plena. A "emancipação" da sexualidade do contexto do erotismo (expressa de modo mais integral no amor *romântico*) deixa todas as relações — sexuais e não sexuais — consideravelmente enfraquecidas. Falta-lhes agora (ou têm que partilhá-lo com outros usuários) um recurso bastante poderoso e descobrem que é ainda mais difícil alcançar a estabilidade.

É o fracasso do modelo "ordinário", recíproco, de amor apaixonado em resolver problemas sérios gerados pelo "deslocamento *a priori*" da pessoa moderna que cria a necessidade de substitutos comerciáveis para o amor. Com a disponibilidade crescente desses substitutos, as fraquezas dos padrões tradicionais ficam gritantemente expostas, salientadas, tornando-se odiosas e sobretudo intoleráveis. O custo psicológico relativo de insistir nas soluções tradicionais é visto então como cada vez mais fantasioso e injustificável, o que por sua vez faz disparar a demanda de substitutos e — sendo o mecanismo de mercado o que é — leva a longo prazo à expansão quantitativa e qualitativa da oferta. Os dois fatores estão presos num laço duplo de reforço mútuo, com as *soluções* tradicionais (quer dizer, o amor romântico ou apaixonado) progressivamente desvalorizadas e despojadas de atrativos e a *competência especializada* como substituto cada vez mais procurado e disponível em variedade e volume crescentes.

Voltando então ao começo: sendo a competência especializada, por assim dizer, um *amor sem amor* (sem os riscos da reciprocidade, sem a perturbadora dependência da paixão), ela não precisa ser oferecida por um parceiro *humano*. Do lado do usuário, nada em princípio impede a substituição de especialistas humanos por sistemas especializados de computação ou interlocutores eletrônicos como a Eliza de Weizenbaum (embora esses substitutos de inteligência artificial, ocupando o nicho antes reservado a laços interpessoais íntimos, não possam senão ser investidos pelos usuários de qualidades próprias ao lugar que agora ocupam; daí os elementos de culto nas atitudes do usuário e a tendência largamente observada de *personalizar* os parceiros eletrônicos da troca). Quando nada, o valor acrescido do *glamour* da alta tecnologia aumenta a autoridade da competência especializada oferecida, reforçando assim o seu fascínio e impacto.

O paradoxo dessa *individualidade* que só pode ser construída pela confirmação *social* é o fundamento existencial da competência especializada. Ele dá o padrão geral; as necessidades específicas de competência funcionalmente diferenciada podem ser vistas como casos especiais. O caso que examinamos acima com algum detalhe pode servir de metáfora para virtualmente todos os múltiplos ramos especializados de serviço profissional impessoal voltado para o uso pessoal; uma indústria pública que serve às consequências da privatização da ambivalência.

A redistribuição de habilidades

Do ponto de vista do usuário, a especialização oferece soluções socialmente aprovadas para os desconfortos e ansiedades individuais, depois de formulá-los autorizadamente como *problemas* que exigem soluções. As soluções apresentadas são específicas para os problemas. Antes de serem oferecidas, portanto, os próprios problemas já devem ter sido socialmente aprovados; eles precisam de um mapeamento socialmente subscrito do mundo vivenciado que os constitui como "problemas" que pedem "soluções". A especialização entra na vida do indivíduo já num estágio inicial, quando um difuso e vago desconforto pessoal — incerteza, ambivalência da experiência — é formulado na linguagem *interpessoal* dos problemas *individuais* que pedem a aplicação de soluções *supraindividuais* (isto é, "objetivas", com endosso autorizado). Desafiando essa lógica ostensiva, no entanto, o mais comum é que a disponibilidade de soluções preceda a formulação. Com efeito, a experiência de vida é vista como ambivalente apenas se a vida sem ambiguidade é oferecida como opção possível; o desconforto pessoal é interpretado como um conjunto de *problemas* não resolvidos na medida em que soluções socialmente aprovadas são disponíveis e oferecidas. No fim, é tremendamente difícil decidir sobre a prioridade da competência especializada e dos problemas existenciais; eles só podem ser definidos reciprocamente, em termos mútuos.

A autoridade social da competência especializada repousa em quatro suposições intimamente relacionadas.

Primeiro, o indivíduo é em geral um agente autocontido e fechado em si mesmo, potencialmente no controle do seu próprio projeto de vida. O indivíduo tem a posse de faculdades racionais que deveriam em princípio permitir a seleção (ou melhor, a descoberta) do projeto que melhor se encaixa às suas qualidades específicas. A identidade persistentemente ambígua e uma permanente incerteza quanto à escolha são portanto sintomas de ignorância ou negligência pessoal, degradantes e embaraçantes. São, por essa razão, uma condição desconfortável, uma causa justificável para a autocondenação e a infelicidade.

Segundo, o desconforto pessoal (físico ou espiritual) é uma condição essencialmente remediável e, portanto, não pode nem deve ser tolerado. É dever do indivíduo procurar escapar da condição infeliz; a persistência do desconforto equivale a uma negligência do dever.

Terceiro, cada caso de infelicidade tem sua causa específica, de tal modo traçada que pode ser apontada, isolada, "mirada" e ser objeto de uma ação direta de modo a neutralizá-la ou removê-la. A infelicidade é portanto explicável em termos que tornam factível a ação para remediá-la: descrever o desconforto é apontar o método para removê-lo ou aliviá-lo. O dever do indivíduo é procurar tal explicação. A não especificidade persistente do sofrimento é testemunho da falta de conhecimento diagnóstico.

Quarto, para cada caso de sofrimento (ou melhor, para cada *causa* de sofrimento) há ou deve haver um remédio adequado. Entre os remédios à disposição, um é o mais adequado. É novamente dever do indivíduo procurar, encontrar, selecionar e aplicar esse remédio. A persistência do sofrimento é uma evidência da ausência de conhecimento e habilidades práticas necessários para fazê-lo.

Embora partam do axioma da *privacidade* dos problemas individuais, essas suposições veem os indivíduos como entidades inerentemente não autossuficientes; a autonomia do indivíduo, a responsabilidade pela autodefinição se traduz no fim como o dever de achar a saída correta do estado de insuficiência e, acima de tudo, como a obrigação de procurar ativamente essa saída. Em outras palavras, os indivíduos são vistos como agentes que se devem apoiar em forças que não controlam de modo a obter um controle satisfatório de si mesmos.

A vida em sociedade é inconcebível sem um conjunto de habilidades que capacitam o indivíduo a interagir com outros ao mesmo tempo em que preserva sua própria integridade (isto é, em que se reproduz como sujeito capaz de interação). Tais habilidades são disponíveis em qualquer sociedade e são sempre socialmente transmitidas. Ao contrário do que sugerem seus inúmeros críticos, o fato de que a sociedade moderna é composta de pessoas "*a priori* deslocadas", lançadas numa condição de "estranheza universal", não faz dela uma exceção à regra acima; nem cria um jogo com novas regras. A notória "tendência à perda de habilidade", o "desaparecimento das habilidades sociais" etc. dificilmente podem ser encarados como características únicas da sociedade moderna. Podem ocorrer nesse tipo de sociedade como em qualquer outro. A história das sociedades tem sido, sempre, uma história de aprendizado tanto quanto de *esquecimento*. Em todas as épocas certas habilidades foram desvalorizadas, caíram no esquecimento e em desuso, para serem eventualmente substituídas por outras, novas.

O que parece ser uma característica realmente *moderna*, no entanto, é uma ascendência gradual mas inexorável de habilidades que devem ser mediadas por instrumentos extrapessoais, supridos socialmente, que só podem ser adquiridos através de um ato de troca. Tais habilidades sistematicamente desalojaram (e eventualmente expulsaram) habilidades mais antigas que permitiam aos indivíduos agir sem recorrer à ajuda externa — as habilidades tipo "curto-circuito", que permitiam aos indivíduos agir sobre suas motivações com recursos "naturalmente" à sua disposição. Os homens e mulheres modernos parecem ter o mesmo destino de Tom e Jerry, os personagens do famoso desenho animado, que esqueceram totalmente a antiga arte da luta entre gato e rato, conduzida com a ajuda dessas armas confiáveis e sempre disponíveis que são as patas e as garras e as estratégias de esconde-esconde, devendo em vez disso usar cada vez mais equipamentos técnicos sofisticados e tecnologias cada vez mais elaboradas e engenhosas de emboscada e escapada em alta velocidade.

Dizendo de outra maneira: a sociedade moderna é um lugar de *ação mediada*. Poucas, se é que alguma das tarefas mundanas diárias podem ser realizadas sem o concurso de conhecimento supraindividual — especializado — que pode vir embutido num instrumento ou num dispositivo tipo caixa-preta, ou ser entregue na forma verbalizada de instruções escritas ou faladas. As habilidades necessárias para o desempenho efetivo da tarefa estão encerradas em artefatos ou nos comandos de uma instrução passo a passo. As habilidades que os indivíduos utilizam por conta própria são portanto reduzidas ao serviço de uma única necessidade: a de localizar e ter acesso a artefatos ou instruções adequados à tarefa que querem realizar. O mais comum é serem contempladas apenas as tarefas ou empreendidas apenas as ações que se tornaram factíveis pelos meios disponíveis ou conhecidos.

Isso não é necessariamente uma novidade ou uma característica única da sociedade moderna. Em todos os contextos sociais, o know-how acessível define o âmbito das ações que serão provavelmente consideradas e empreendidas. O que é de fato uma novidade moderna é o fato de que o know-how em questão está irrecuperavelmente dividido em duas partes: uma relacionada ao desempenho efetivo da tarefa, outra à descoberta e uso dos catalisadores pessoais dela. Das duas partes, apenas a segunda é exigida dos indivíduos envolvidos em atividades no âmbito do seu mundo de vida e é provavelmente possuída por eles. O que vive não pode sustentar sua própria vida. O próprio processo da vida é mediado.

Usando metáforas populares, pode-se dizer que, junto com outras dimensões do sistema social moderno, o mundo dos indivíduos modernos foi submetido aos processos de *taylorização* e *fordização*. O primeiro processo consiste, por assim dizer, na simplificação das escolhas com que são confrontados os indivíduos envolvidos nas operações produtivas diretas. Reduzida ao estritamente essencial e expurgada ao máximo de todos os fatores casuais e irrelevantes, a situação em que se colocam esses indivíduos torna-se um instrumento com o qual os tomadores de decisão no alto da hierarquia manipulam e por fim determinam as escolhas. A taylorização bem-sucedida poupa os operadores dos tormentos da incerteza e da hesitação, uma vez que as decisões que restam a serem tomadas por eles pessoalmente são guiadas por critérios de fatores únicos e portanto lhes permite um cálculo fácil, racional e tranquilizador. O processo de fordização, por outro lado, consiste em remover as habilidades do operador e investi-las na maquinaria que ele opera. É agora o *objeto* do trabalho, não o trabalho mesmo, que se torna especializado; as habilidades tornam-se elementos do *ambiente externo* do ator. A fordização passa a responsabilidade pelos resultados da ação do operador para os instrumentos que opera e em princípio permite ao indivíduo envolver-se numa gama quase infinita de atividades que requerem habilidade, bem além das habilidades que ele mesmo domina.

O efeito combinado dos dois processos na conduta da vida diária é a criação de uma superestrutura especializada de tomada de decisões, acima do nível do efetivo desempenho da tarefa, e a exclusão dos que realizam tarefas de todo o processo de tomada de decisões. Esse duplo efeito é alcançado pela redução das tarefas que os executores devem realizar a operações as mais elementares e simples (como engolir a pílula certa preparada e prescrita por especialistas para "solucionar" — neutralizar — um complexo problema interpessoal); por sua vez, ele promove ainda mais essa redução.

A redução é sentida como uma libertação de necessidades incômodas da vida e de fato parece liberdade. Uma vez que a suposta disponibilidade de soluções tornou desconfortável viver com problemas não resolvidos, procuram-se avidamente soluções; encontrá-las, escolhê-las e apropriar-se delas é visto como um ato de emancipação e um aumento da liberdade pessoal. E no entanto, uma vez que as habilidades pessoais necessárias para lidar diretamente com os problemas não são mais disponíveis e as soluções aparecem apenas sob a forma de instrumentos comerciáveis ou aconselhamento especializado, cada passo no interminável processo de solucionamento de problemas, embora sentido como mais uma extensão da liberdade, reforça ainda mais a rede da dependência. A crescente incompletude e insuficiência do indivíduo e a estrutura cada vez mais complexa da dependência parecem ser os efeitos últimos da privatização da ambivalência. Ou pelo menos o são nas condições atuais.

O controle da competência especializada supraindividual sobre o mundo vivido pelo indivíduo é *autorreprodutivo*. Tendo efetivamente disposto de todas as alternativas viáveis, ele exibe uma capacidade de crescimento virtualmente desimpedida. Uma vez que é visto como condição de liberdade e não como de opressão, é improvável também que sua expansão encontre séria resistência. Finalmente, a autoridade e a aprovação social da especialização já não dependem mais do sucesso dos seus resultados. O fracasso de um instrumento ou receita específicos para cumprir sua promessa não resulta em desapontamento do cliente; o mais comum é produzir uma autorrecriminação e desencadear uma demanda maior e uma busca ainda mais frenética de serviço especializado melhor e mais eficiente. Se os indivíduos pararem por um momento para refletir e tentarem formular as bases de sua estratégia de vida, com toda certeza identificarão as perspectivas de uma vida feliz e sem problemas com o irrefreável progresso do conhecimento especializado e da tecnologia que gera.

A autorreprodução da competência especializada

A competência especializada cria e estimula a necessidade de si mesma. A substituição das habilidades pessoais pelas habilidades do especialista não significa exclusivamente a provisão de meios mais efetivos e à prova de falhas, além de menos onerosos, para lidar com os *problemas existentes*. Também significa a criação e principalmente uma multiplicação ilimitada de novos problemas que tornam indispensável a competência especializada.

Separando o saber do fazer e os sabedores dos fazedores, a especialização mediadora e a tecnologia assessória tornam o mundo de *todos* os membros da sociedade (ninguém é especialista na *totalidade* das funções da vida) num território de permanente e aguda ambivalência e incerteza. Com efeito, uma característica bem eminente da sociedade moderna é "uma insegurança fundamental acerca de atividades que as pessoas têm praticado há dezenas de milhares de anos. Uma delas é não confiar na própria experiência mas nos conhecedores especializados..."[7] Na definição substancial de Harold Perkin: "O século XX tornar-se-ia não o século do homem integral, que sabe onde seu calo dói, mas o do especialista profissional que 'sabe melhor' o que é bom para ele."[8] Acrescentemos que a condição de "sentir dor" é ela mesma definida pelo especialista e percebida como tal em decorrência da definição; o próprio fato de que há uma "condição melhor" oferecida pelos especialistas e declarada ao alcance do indivíduo molda a experiência da condição presente como dolorosa e cria assim a própria insegurança para a qual oferece remédio. São os especialistas que estabelecem os padrões de normalidade. Não importa como esses padrões sejam estebelecidos, deixam de fora um naco considerável de realidade que, pelo fato de ser deixado de fora, vira uma anomalia que requer tratamento. Tal anomalia não é transitória ou contingente; é parte integrante do processo promotor da norma e assim, em essência, não eliminável. A remoção de uma anomalia específica apenas abre espaço para outra, gerada pelo aperto maior dos padrões.

O padrão geral foi vivamente ilustrado pelo processo de "medicalização" da vida social, recentemente pesquisado de novo por Ruth Harris: "em toda parte", descobriu ela, "os médicos viam perigo" e suas definições de "casos para tratamento médico" aumentaram bastante em consequência, abrangendo assim condições que antes não eram consideradas de qualquer interesse médico. Os médicos da virada do século instavam firmemente a uma redefinição do estado da sociedade como uma coleção de problemas médicos. Assim, "descobriu-se" que os desajustados urbanos — os mendigos e sem-teto — sofriam de neurastenia; os trabalhadores grevistas, de histeria; os homens de classe média, de estresse físico; as mulheres de classe média, de neurose. "... [Os] conceitos psiquiátricos eram formulados a partir de certas dicotomias chaves — o normal e o patológico, mente e corpo, o elevado e o inferior, direita e esquerda, equilíbrio e desequilíbrio, economia e excesso, controle e desinibição" — cada uma separando e produzindo um território livre de problemas e uma zona cinzenta de ambivalência. "Enfatizava-se o sucesso ou fracasso das mulheres e dos homens em satisfazer certos papéis sociais prescritos"; a intervenção médica especializada era de antemão legitimada pela decisão original de prescrever papéis (isto é, de considerar toda idiossincrasia uma anormalidade).[9]

Num exame mais acurado, os que se declaram servidores viram controladores. Uma vez que o relacionamento do indivíduo com a natureza e a sociedade é efetivamente mediado pelas competências especializadas e a tecnologia que as serve, são aqueles que possuem essa competência e administram suas técnicas que comandam as atividades vitais. O próprio mundo da vida é saturado de especialização — estruturado, formulado, monitorado e reproduzido. É então a técnica produzida e controlada pelo especialista que constitui o verdadeiro ambiente da vida individual. Nesse ambiente surgem em grande parte a ambivalência e a insegurança e, com elas, grande parte dos perigos percebidos. Esses perigos são produzidos de duas formas essenciais.

Primeiro, a própria precisão, decisão e radicalidade com que o conhecimento especializado concentrado, focalizado, cientificamente baseado (e, acima de tudo, livre de tarefas), ao contrário das habilidades tradicionais e socialmente difusas, é capaz de lidar com a tarefa à sua frente, tendem a criar desequilíbrios acentuados em outras áreas do sistema de vida. Efeitos colaterais imprevistos requerem nova especialização e criam demandas para dividi-la ainda mais. Segmentos da rede de especialização, de outro modo mutuamente isolados, apresentam assim tarefas sempre novas uns aos outros, dessa forma reforçando, no efeito geral, a subsistência da rede como um todo — mesmo em momentos de derrota e desgraça individuais (ou melhor, especialmente nesses momentos).

Segundo, quanto mais concentrado, especializado e autônomo se torna determinado campo de especialização, maior a chance de que novas habilidades (no sentido de novas capacitações técnicas) sejam inventadas, as quais de início não terão qualquer aplicação clara. Sua presença, no entanto, colocará em destaque áreas do mundo da vida antes não percebidas; redefinirá como vexatórios elementos da rotina de vida anteriormente neutros ou com os quais se lidava facilmente (tornar-se-ão intoleráveis pelo próprio fato de não terem de ser mais tolerados); redefinirá esses elementos como fatores não adequadamente definidos, opacos, ambíguos, mal controlados e portanto geradores de medo; como problemas com os quais se precisa "lidar", que devem ser isolados ou removidos. À medida que se difunde informação sobre novas técnicas e habilidades, gera-se o desejo de adquiri-las, contratá-las e utilizá-las. Em vez de alcançar a prometida redução do número de problemas que perturbam o controle da vida, a crescente sofisticação das técnicas especializadas redunda na multiplicação dos problemas. Técnicas em busca de aplicação mascaram-se de problemas que pedem solução.

A primeira forma com que, no seu processo de resolução, se multiplicam os problemas que demandam especialização foi analisada com perspicácia e sagacidade por Gregory Bateson.[10] As ciências e tecnologias orientadas para os problemas são guiadas pela percepção de *propósitos*: "O que acontece é que os doutores pensam que seria bom a gente se livrar da pólio, do tifo ou do câncer." Uma vez alcançado o propósito, os médicos descobrem novos problemas e formulam novos propósitos. "A medicina acaba sendo, portanto, uma ciência total, cuja estrutura é essencialmente a de uma sacola de truques." Alguns desses truques são extremamente valiosos e sua descoberta permite que as pessoas se livrem de problemas bem reais. No entanto, "Cannon escreveu um livro sobre *A sabedoria do corpo*, mas ninguém escreveu um livro sobre a sabedoria da ciência médica, porque sabedoria é precisamente o que lhe falta. Considero sabedoria o conhecimento do sistema interativo maior — esse sistema que, se perturbado, pode gerar curvas exponenciais de mudança". Para ajudar a visualizar os resultados gerais do pensamento especializado voltado para um objetivo, Bateson apresenta uma parábola do Éden:

> Numa das árvores havia um fruto, bem no alto, que os dois macacos não podiam alcançar. Então começaram a *pensar*. Esse foi o erro. Começaram a pensar com um propósito.
>
> Pouco a pouco, o macaco cujo nome era Adão arranjou um caixote vazio, colocou-o sob a árvore, trepou nele, mas ainda assim não podia alcançar o fruto. Então arranjou outro caixote e colocou-o em cima do primeiro. Aí subiu sobre os dois e finalmente pegou a maçã.
>
> Adão e Eva ficaram quase ébrios de entusiasmo. *Aquela* era a maneira de fazer as coisas. Planejar A, B, C e chegar a D.

> Começaram a se especializar em fazer coisas de forma planejada. Com efeito, expulsaram do Jardim o conceito da própria natureza sistêmica total deles e da natureza sistêmica total do Éden.
>
> Depois de expulsarem Deus do Jardim, puseram-se realmente a trabalhar nesse negócio com um propósito e logo logo desapareceu o solo arável. Depois disso, várias espécies de plantas tornaram-se "daninhas" e alguns animais viraram "pragas"; e Adão descobriu que a jardinagem era um trabalho bem mais difícil...
>
> Eva começou a lamentar esse negócio de sexo e reprodução. Sempre que esses fenômenos básicos interferiam com seu modo de vida agora voltado para um propósito, ela se lembrava da vida maior que fora expulsa do Jardim. Então ela começou a lamentar o sexo e a reprodução e, quando chegava ao parto, achava o processo muito doloroso.

A moral da parábola é clara. Cada resolução de problema gera novos problemas. (Somos quase tentados a dizer: o que passa por solução do problema A é a formulação dos problemas B, C, ... *n* que precisam ser resolvidos; o conhecimento aumenta durante a resolução de problemas, mas igualmente a quantidade de problemas.) De fato, é a ação voltada para um propósito que tem a maior responsabilidade pela geração dos aspectos da condição humana sentidos como desconfortáveis, preocupantes e que precisam ser retificados. Perseguindo um remédio específico para uma inconveniência específica, a ação induzida pelo especialista está fadada a desequilibrar tanto o ambiente sistêmico da ação quanto as relações entre os próprios atores. É o desequilíbrio artificialmente criado que se sente mais tarde como um "problema" e é visto assim como a garantia para a formulação de novos propósitos.

Há, no entanto, na parábola outra mensagem menos evidente de imediato. Está oculta na redefinição que Eva dá às necessidades da "vida maior" (que ela presumivelmente suportava antes com equanimidade) como opressivas, incômodas e insuportáveis — e, acima de tudo, como injustificadas. Com o pensamento dotado de um propósito firmemente no comando, nenhuma dor, sofrimento ou a mera realidade ligeiramente aquém do prometido e portanto a perfeição imaginável parece ter sentido e portanto precisa ser tolerada. Em vez disso, ela é agora entendida como contingência, como um desconforto que deve ser totalmente eliminado da vida (com a devida determinação e as técnicas e recursos corretos). Nesse processo, de novo, revela-se a capacidade do pensamento com um propósito se propagar e expandir.

A segunda maneira de garantir a automultiplicação dos problemas que demandam especialização foi analisada de modo pungente e notável por Jacques Ellul. A tecnologia, diz ele, desenvolve-se porque se desenvolve;[11] a tecnologia procede de uma maneira causal, nunca orientada para um objetivo.[12] Parece haver uma contradição entre a análise de Bateson sobre a dinâmica da especialização em termos de propósitos e o áspero veredito de Ellul. O conflito, no entanto, é meramente aparente. O pensamento com um propósito dá a legitimação geral para o papel estratégico que a especialização e a tecnologia reivindicam no controle da vida cotidiana. Uma vez obtida e arraigada a autoridade, uma vez atingida a situação em que o "homem na nossa sociedade não tem referência intelectual, moral ou espiritual para julgar e criticar a tecnologia", sobretudo por se criar um círculo fechado de modo que "nada pode ter sentido intrínseco, obtendo sentido apenas pela aplicação tecnológica",[13] a tecnologia não precisa mais de legitimação para manter o processo em curso. A especialização e a tecnologia tornam-se sua própria legitimação. Com efeito, a tecnologia vira um conjunto de "soluções em busca de problemas".[14] A mera presença de know-how tecnológico e recursos disponíveis assume o papel de fator primário para um maior desenvolvimento, que por sua vez justifica sua necessidade e reivindicações de uma crescente partilha de recursos sociais e uma estima social cada vez maior.

> A tecnologia só avança rumo a alguma coisa *quando* é empurrada de trás. O técnico não sabe por que está trabalhando e geralmente não se importa muito. Ele trabalha *porque* tem instrumentos que lhe permitem realizar determinada tarefa, ter sucesso em uma nova operação ...
>
> Não há qualquer apelo a um objetivo; há coerção de um motor colocado atrás e que não tolera nenhuma parada da máquina ...
>
> A interdependência dos elementos tecnológicos torna possível um número bem grande de "soluções" para as quais não há problemas ...
>
> Dado que podemos voar até a Lua, o que podemos fazer *sobre ela* e *com ela*? ... Quando os técnicos chegaram a um certo grau de tecnicidade no rádio, nos combustíveis, nos metais, na ele-

trônica, na cibernética etc., todas essas coisas se combinaram e tornaram óbvio que podíamos voar pelo cosmo etc. Foi feito porque podia ser feito. Isso é tudo.[15]

Em outras palavras, a competência especializada torna-se sua própria causa (em vez de seu propósito mesmo). Não é o caso, falando estritamente, de uma "especialização para si mesma" (ou, por assim dizer, "para" qualquer outra coisa). É, antes, o caso de uma especialização que aparece porque o cenário está dado para que seja gerada, porque aquilo que já foi criado "não pode ser perdido" e porque é errado — insensato e vergonhoso — não fazer o que, em princípio, se é capaz de fazer. Os grandes avanços no desenvolvimento da especialização e seus instrumentos tecnológicos são medidos agora pela descoberta e focalização dos "problemas" para os quais ela se tornou capaz de fornecer "soluções", mais do que encontrar soluções para problemas já detectados e formulados. O conhecimento e know-how já acumulados buscam, de forma febril, aplicação. Eles remapeiam a condição humana como objeto de suas práticas "novas e melhoradas".

Devido à determinação causal, mais que teleológica, dos avanços da especialização e sua utilização, é na prática inconcebível que o desenvolvimento venha a se interromper algum dia. É especialmente impensável que um serviço já disponível ou que se suponha acessível possa ser deixado de lado e não seja usado deliberadamente por causa de outras considerações não técnicas, como por exemplo o fato de ser moralmente questionável ou por concepções filosóficas sobre o valor intrínseco da autonomia humana.

Sempre que essas coisas se chocam com a aplicação de um potencial tecnológico, são automaticamente classificadas como retrógradas e, por essa razão, descartadas e condenadas. Alternativamente, como o desenvolvimento da especialização tecnológica não está submetido a qualquer propósito específico mas ao dever de utilizar o utilizável, todas as razões pelas quais uma linha particular de desenvolvimento devesse ser abandonada são *a priori* deslegitimadas e descartadas como carentes de sentido do ponto de vista tecnológico e portanto irrelevantes. Em suma, às razões extrínsecas, não tecnológicas, são negados o direito e a autoridade de interferir na direção que pode tomar o desenvolvimento da capacidade técnica e especializada. A essência da autolegitimação da competência especializada (e ao mesmo tempo da sua declaração de independência, autossuficiência e imunidade moral) está contida no lema comercial cada vez mais na moda:

"Tudo o que você possa fazer você pode fazer melhor." E no seu anverso: "É um crime ou pecado não fazer melhor se você pode."

> [Na maioria dos produtos] a oferta vem antes da demanda e a discussão técnica sobre as características dos produtos toma o lugar de qualquer análise sobre a demanda social. Esses argumentos técnicos têm dupla face. Por um lado, uma vez que surgiram essas capacidades técnicas, é necessário utilizá-las para não ficar atrás no tempo; por outro, seu uso permite que se faça mais, melhor e com menos esforço do que antes, e isso só pode levar a uma felicidade maior.[16]

Vamos dar mais uma olhada nos dois fatores que mais que quaisquer outras circunstâncias impedem que a especialização diminua o ritmo de expansão e que se enfraqueça o controle que exerce sobre a vida.

Primeiro, como cada ato de solução especializada de problemas concentra-se na tarefa colocada à sua frente e como a perfeição da competência especializada se mede por sua capacidade de definir com "mais precisão" as tarefas que tem diante de si (isto é, de circunscrevê-las de modo mais estrito), quanto mais eficazes se tornam as aplicações do conhecimento especializado, menos provável será a coleta de efeitos das ações dos especialistas em áreas não focalizadas. Os efeitos das práticas especializadas individuais em áreas específicas vazam para bem além de seu setor ostensivo de aplicação (suposto falsamente como autônomo) e entram em contato com outras práticas especializadas que, em geral, são igualmente focalizadas de modo estrito. Se as práticas especializadas combinam-se num sistema, tal sistema emerge *ex post facto* como consequência imprevista de muitas ações que só podem ser eficazes caso se recusem a antecipar — a reconhecer, de fato — a sistematicidade de suas consequências. Ninguém supervisiona o processo de emergência do sistema e ninguém pode vasculhar nem muito menos controlar a operação do sistema emergente.

No entanto, essa "perda de controle" não resulta de complacência ou descuido. Nem pode ser retificada ou evitada. Se as consequências sistêmicas da prática especializada fossem levadas em conta, a eficiência da competência especializada seria solapada. Uma cegueira voluntária para as consequências sistêmicas é a *condição* necessária ao sucesso do especialista. Os resultados espetaculares da intervenção especializada não foram alcançados *apesar* dessa cegueira, mas *por causa* dela. A opção é entre cegueira e impotência. A especialização prospera graças à sua habilidade para atomizar, dividir o sistema natural numa crescente multiplicidade de tarefas cada vez menores e portanto mais controláveis. Quase abdicando da própria essência do seu poder, ela só pode gerar portanto um sistema de tipo natural, não planejado nem controlado, mas feito pelo homem a partir dos subprodutos do seu próprio sucesso. Se é este o caso, porém, então o próprio progresso do conhecimento e prática especializados aumenta a imprevisibilidade e a incontrolabilidade do sistema. Como observamos tantas vezes antes, o mero esforço "para colocar as coisas em ordem" gera sempre novas áreas de ambivalência que escapam ao controle. Novos problemas continuam a ser produzidos e com eles nova demanda de ação especializada; nenhuma autocura é concebível se a doença é resultado de interferência externa com mecanismo natural de autoequilíbrio. A maioria das inovações em especialização e tecnologia "direcionada" de produção especializada visa reparar danos causados por tecnologias e especializações mais antigas. O dano causado pela especialização só pode ser reparado por mais especialização. Mais especialização significa, por sua vez, mais danos ainda e um aumento da demanda de cura especializada.

Segundo, o acesso da competência especializada aos mundos vivenciados pelos clientes (e vice-versa) é mediado pelo *mercado*. Os serviços especializados oferecidos diretamente ou embutidos em bens de consumo figuram no mundo moderno primariamente como mercadorias; ao mesmo tempo que servem às necessidades do consumidor, também trazem lucros para os agentes que os comerciam. Novas ofertas especializadas prometendo suprir (ou melhor, gerar) demanda ainda não satisfeita são, do ponto de vista do negociante, particularmente atraentes pelos ganhos extras que esperam auferir em função da escassez temporária de oferta. O mercado prospera com a novidade que torna os velhos estoques obsoletos e abre ou convoca novos mercados. As forças de mercado estimulam a novidade.

Uma vez que as novas ofertas visam necessidades até então inexistentes, o volume de demanda não pode ser medido de antemão e, assim, sua promoção implica um risco financeiro. Novas necessidades devem ser sustentadas pelo simples poder da persuasão. A campanha de propaganda pode errar o alvo ou seus efeitos potenciais podem ser superados por um competidor. No geral, só uma pequena parte dos novos produtos captura a imaginação do consumidor num grau necessário à geração de lucro substancial. As poucas inovações de sucesso devem pagar as perdas produzidas pelo grosso daquelas que abortaram.

Uma vez que é virtualmente impossível prever qual dos produtos vai dar certo no esforço de se criar consumidores próprios, as forças de mercado imitam a pródiga extravagância da criação em tanques: milhares de ofertas especializadas devem ser criadas para que umas poucas sobrevivam o tempo suficiente de se tornarem lucrativas. A inventiva é praticamente ilimitada, mas o volume de oportunidades de mercado parece finito. Nessas circunstâncias, nenhum agente de mercado pode jamais suspender a busca de novidades, do contrário seria superado pela competição.

Vendendo competência especializada

O mercado de consumo contemporâneo não ajusta o nível da oferta à demanda existente, mas visa à criação de nova demanda para atender ao potencial de oferta. A extensão da demanda eventualmente criada depende da efetiva atribuição de valor de uso aos produtos oferecidos. Os consumidores potenciais desejarão pagar pelo produto se (e apenas se) concordarem que têm uma necessidade que o produto promete satisfazer. Mas a concordância não é uma questão de descoberta de uma verdade até então desconhecida ou ignorada. Como argumenta de forma convincente Marshall Sahlins,

> o sentido social de um objeto que o torna útil a certa categoria de pessoas não é mais visível a partir de suas propriedades físicas do que o valor que lhe pode ser atribuído na troca. O valor de uso não é menos simbólico nem menos abstrato que o valor de mercado. Porque a "utilidade" não é uma qualidade do objeto, mas um significado das qualidades objetivas.[17]

É improvável que um objeto seja vendido a menos que uma "utilidade" lhe seja atribuída — e aceita. O valor de troca que pode legitimamente esperar dependerá do alcance e atração dessa utilidade. (Observemos que o advento da tecnologia da informação tornou essa regra ainda mais verdadeira do que nunca. A informação é, na hábil expressão de Gordon B. Thompson, um "bem etéreo" — muito barato de produzir, ainda mais barato de reproduzir e que não desaparece no processo de consumo. Devido a esses atributos incomuns, os bens etéreos precisam "ganhar" seu "valor de consenso". "O valor do bem etéreo é uma função da atração dada a esse bem pela sociedade." A "utilidade" ou a atração social dos bens etéreos cresce com o uso e por isso devem ser controlados para que o valor de troca seja estabelecido e possivelmente estimulado, como no caso das "Vinte Mais" da parada de sucessos ou das listas de livros mais vendidos).[18] Para adquirir utilidade, o produto deve primeiro receber uma "importância" — e isso significa que uma conexão deve ser construída com sucesso entre o produto e uma necessidade da qual o consumidor pode ou não estar consciente. É pela criação de novas necessidades que novas utilidades em potencial — e também, portanto, novos valores de troca — passam a existir. Enquanto a competência especializada permanece uma mercadoria, está sujeita às leis gerais de mercado. O primeiro problema que todos os especialistas têm de enfrentar é, portanto, a criação de uma necessidade para si mesmos e seus serviços forte o bastante para gerar uma demanda que dê conta da oferta. Como coloca Harold Perkin, as profissões

> vivem da persuasão e da propaganda, alegando que seu serviço específico é indispensável para o cliente ou empregador e para a sociedade e o Estado. Através disso esperam elevar seu status e, assim, seus rendimentos, autoridade e recompensas psíquicas (deferência e autorrespeito) ... O fato de por vezes o serviço não ser essencial nem eficiente não anula o princípio. Basta que seja assim considerado pelos que o fornecem e os que dele se utilizam.[19]

Discutimos antes as razões pelas quais uma demanda generalizada de competência especializada pode ser tida como firme e irrevogavelmente estabelecida. Tais razões, recordemos, relacionam-se ao fato de que o mundo da vida não pode mais ser sustentado e reproduzido sem a assistência dos especialistas ou de seus produtos e a certos aspectos imanentes da prática especializada responsáveis pela contínua reprodução da demanda por mais especialização em escala sempre crescente. (Como resume Vanderburg, quando "confrontados com problemas consideráveis, muitos dos quais direta ou indiretamente ligados ao avanço da técnica, praticamente a única resposta considerada viável é resolver esses problemas acelerando o desenvolvimento técnico".)[20] Se as razões discutidas asseguram que todas as necessidades, passadas ou futuras, devem ser enfrentadas com algum tipo de solução controlada por especialistas e alguma técnica projetada por especialistas e que novas soluções serão sempre oferecidas para as necessidades passadas ou futuras, elas não precisam por si mesmas garantir o sucesso de nenhuma mercadoria especializada específica.

A "utilidade" de um produto especializado já socialmente aceito deve ser sustentada contra novos desafios competitivos e novas "utilidades" devem ser criadas para abrir espaço a novos produtos especializados ainda não oferecidos. O valor de troca da competência especializada deve legitimar-se em termos do seu valor de uso. O valor de uso, por sua vez, deve-se referir às necessidades do consumidor individual. As necessidades invocadas são, via de regra, de um tipo genérico, portanto capazes de reivindicar uma base "objetiva" de reconhecimento. O comércio da especialização consiste, pois, na concentração dessas necessidades gerais num produto especializado específico.

Há várias necessidades gerais invocadas com mais frequência e êxito. No caso de algumas delas, novos produtos especializados prometem substituir as habilidades ausentes ou esquecidas que outrora garantiram a sua satisfação. No caso de outras, novos produtos especializados prometem fazer melhor o que seus antecessores não conseguiram, assim alcançando um duplo feito: sustentam a confiança popular na capacidade da especialização "enquanto tal" para cumprir sua promessa, mesmo que suas ofertas individuais não façam frente à tarefa; também desacreditam e desvalorizam produtos especializados anteriores que atingiram o pico do seu potencial de vendas — de forma que se pode abrir espaço para a contínua produção de especialização. Nos dois casos, o apoio especializado ao produto que se comercia é o ponto decisivo de venda. O apoio especializado oferece ao consumidor a ansiada certeza e o desejado equilíbrio mental — uma mudança bem-vinda em relação à dúvida e ansiedade que continuariam (ou passariam a) ser o quinhão dos indivíduos abandonados às próprias habilidades ou recursos insuficientes (agora desvalorizados e obsoletos). A competência especializada promete aos indivíduos os meios e técnicas para escapar da incerteza e ambivalência e assim controlar suas próprias vidas. Ela apresenta a dependência face aos especialistas como uma libertação do indivíduo, a heteronomia como autonomia.

Já discutimos com alguma profundidade o mecanismo que permite a tal dependência, disfarçada de liberdade, penetrar (ou, dependendo do ponto de vista, ser admitida) no mundo da vida do indivíduo por meio de atividades que visam estabelecer a autoidentidade. Mecanismos similares operam no caso de outras necessidades gerais. Intimamente relacionada à necessidade de autoconstrução é a necessidade de *distinção* — ou, o que vem a dar no mesmo, de aquisição de uma posição não ambígua dentro da ordem social. Marshall Sahlins sugeriu que com a erosão da velha ordem, operada sobretudo pela hereditariedade e a atribuição (ambas resistentes à manipulação individual), produtos adquiríveis e consumíveis assumiram a condição de blocos construtivos essenciais do novo sistema totêmico.[21] Podemos acrescentar que esses produtos, imbuídos de significado totêmico, oferecem aos indivíduos várias coisas ao mesmo tempo. Eles situam padrões específicos de estilo de vida em níveis específicos do escalão social. Oferecem *kits* que contêm todos os símbolos necessários com os quais montar qualquer estilo de vida. E fornecem uma garantia social (embora não necessariamente o "alicerce financeiro") de que tal montagem resultará de fato no produto autêntico. Em outras palavras, os produtos totêmicos oferecem o quadro geral dentro do qual toda a seleção futura de projetos de vida deve se situar, definem a aquisição de habilidades e objetos especializados como veículo primordial dessa seleção e injetam o processo seletivo da certeza de aprovação social. Dessa forma, a energia individual da autoafirmação, por esse trabalho, é atrelada ao serviço da reprodução da ordem social.

Escondendo-se da ambivalência

O aconselhamento especializado e os objetos projetados por especialistas que permitem a seus possuidores agir de uma forma autorizada pelo conhecimento especializado atendem também outra necessidade crucial do indivíduo: a da *racionalidade*. Caracterizada como foi desde o início por uma intolerância radical de quaisquer formas de vida diferentes de si mesma, a sociedade moderna só pode conceber essas diferenças como ignorância, superstição ou atraso. Uma forma de vida só pode ser admitida no reino do tolerável e ganhar status de cidadania na terra da modernidade se for primeiro naturalizada, desbastada de toda estranheza e afinal subjugada — ou seja, só de uma forma em que possa ser plenamente traduzida na linguagem da escolha racional, que é a da modernidade.

A suposição de um direito monopolista de atribuir sentido e de julgar todas as formas de vida a partir do ponto de vista superior desse monopólio é a essência da ordem social moderna. A suposição faz do "erro do próprio caminho" uma possibilidade constante e uma permanente fonte de medo para o homem e a mulher modernos. A certeza da racionalidade dos próprios atos e crenças torna-se uma autorização de residência que deve ser constantemente renovada e que só pode sê-lo com base no bom comportamento. Como assinala Hans Peter Duerr, "os cientistas constituem a força que faz a classificação, a 'força de polícia' intelectual. Eles não formam um contingente especial, mas são agrupados em tropas com diferentes tarefas. Algumas dessas unidades poderiam com um pouco de malícia ser consideradas tropas de assalto nazistas virtuais. De forma gritante e transparente, elas montam a *defesa* contra o que é estranho."[22] Como no caso de qualquer força policial, é difícil escapar ao poder dos cientistas para permitir e proibir. Mas as maneiras pelas quais os cientistas chegam a suas decisões são, para o membro leigo da sociedade, ainda mais difíceis de imaginar do que no caso da polícia que invoca normas e estatutos legais: o conhecimento especializado é guardado em segurança contra a penetração leiga por sua natureza esotérica e evanescente. As duas circunstâncias juntas projetam a ciência como o controlador inconteste das fontes supremas de incerteza e assim reproduzem o clássico padrão de poder e dependência. Os membros leigos da sociedade devem ser racionais, mas não podem ser racionais sem ser guiados pelos vereditos da ciência e sem receber prescrições algorítmicas ou pelo menos heurísticas para a ação que tenham a aprovação dos especialistas. O desejo leigo de ser racional lubrifica o volante da especialização.

A necessidade de ser racional baseia-se, por assim dizer, na ambiguidade e "confusão" contínuas (e, nessas circunstâncias, irremediáveis) do mundo. Submetido à intervenção de autoridades descoordenadas e mutuamente autônomas, o mundo da vida é cheio de mensagens contraditórias, pressões que apontam em direções contrárias, necessidades que não podem ser satisfeitas sem sacrificar ou colocar em perigo outras necessidades. Tudo isso exacerba ainda mais o perigo real e o medo de errar. Uma curva errada pode levar o indivíduo a uma rua sem saída ou a um ponto sem retorno. O confuso mundo da vida devia ter suas recompensas (graças à confusão, nenhuma opção parece irrevogavelmente excluída; num mundo da vida confuso, parece que não há pontos sem retorno), mas sem dúvida está repleto de conflitos que despertam ansiedade e assim suas graças só podem ser dúbias. Um "intercâmbio variado e não programado" com o ambiente humano e natural é "cheio de dificuldades, tentações, opções difíceis, desafios, surpresas".[23]

O culto da racionalidade da escolha e da conduta é em si mesmo uma escolha, uma decisão de dar preferência à ordem sobre a confusão, à segurança sobre a surpresa, à constância de resultados sobre a sucessão aleatória de perdas e ganhos. Ele repudia a contingência e glorifica a ausência de ambiguidade. Além disso, apresenta a clareza plena do mundo da vida e uma chance de ganhos sem o risco de perdas como *possibilidade real* e um propósito sensato pelo qual lutar. Promete um mundo livre de incerteza, de tormentos espirituais, de hesitações intelectuais. Não que tal mundo saneado deva ser uniforme e enfadonho na sua falta de opções e alternativas. Mas em tal mundo, por mais deslumbrante e cheio de tentação, a variedade será domada e seu ferrão arrancado. A variedade será mantida apenas como uma opção entre ações todas racionais e seguras, de forma que o *drama* da vida se torne puro e seguro *entretenimento*. Num mundo assim, a própria chance de uma opção errada (quer dizer, da irracionalidade) será eliminada, deixando de existir portanto a própria distinção entre racionalidade e irracionalidade. O limite último da racionalidade é sua autotranscendência, quando as batalhas de que derivou no passado sua glória marcial malogram e apenas podem ser convocados moinhos de vento para o papel de inimigo.

Na visão "informática", inspirada em Shannon, do mundo e da prática humana, que tacitamente assomou como pano de fundo intelectual para a maior parte da estratégia contemporânea de progresso tecnológico, o papel de "império do mal" foi interpretado pelo *ruído* ou *acaso*. O casual equivale ao caótico que equivale ao descontrolado. O alvo proclamado da tecnologia da informação, como o de qualquer outro projeto e estratégia modernos, foi a eliminação do ruído. Em termos práticos, isso significa o controle total da mensagem por aquele que a envia (o que inclui o poder de determinar uma recepção sem ambiguidade da mensagem pelo destinatário). Com toda interferência casual na mensagem e toda opção de interpretá-la submetidas ou eliminadas, "é precisamente a ação autônoma que é reprimida (ou repressivamente tolerada) pela sociedade tecnológica".[24] O limite último da guerra contra o ruído é um mundo de vida totalmente controlado e a completa heteronomia do indivíduo — um indivíduo localizado sem ambiguidade na ponta receptora do fluxo de informação e tendo suas opções seguramente encerradas numa moldura estritamente definida pela autoridade especializada.

A grande instituição americana do *shopping* dá um vislumbre desse mundo; dentre todos os aspectos da vida contemporânea, é o que mais se aproxima do tipo ideal de racionalidade triunfante. Os *shoppings* são um escape à confusão do "mundo real". Eles oferecem um ambiente controlado, física e espiritualmente seguro, para um mundo de vida alternativo no qual a alegria de escolher não é poluída pelo medo do erro, uma vez que só há "escolhas racionais" à disposição — qualquer opção tem sua adequação de antemão garantida. Ao contrário do mundo "real", o mundo dos *shopping malls* é livre de categorias sobrepostas, mensagens misturadas e falta de clareza semiótica que redundam em ambiguidade comportamental. No *shopping*, o ambiente é cuidadosamente controlado (literal e metaforicamente), claramente dividido em seções temáticas, cada uma reduzida a símbolos nítidos, estereotipados e fáceis de identificar, com a remoção de praticamente todo perigo de interpretação ambígua. (Qualquer ambivalência existente foi cuidadosamente planejada e a consciência disso faz com que pareça segura e totalmente agradável.) Dentro do *shopping* os especialistas não apenas oferecem orientação por entre os mistérios do mundo e uma passagem segura ao redor de suas armadilhas. Os especialistas *criaram* esse mundo e o criaram de acordo com seu projeto inteiramente racionalizado, o qual, por ser racionalmente planejado, não contém mistérios ou armadilhas e assim se proclama melhor — mais simples, seguro e transparente — do que o mundo deixado para trás das grossas paredes e dos portões operados eletronicamente. No mundo feito pelos especialistas, a própria irracionalidade foi colonizada, tudo (inclusive a irracionalidade) é subordinado ao projeto racional, de forma que a racionalidade perde seu gume militante. Mesmo as surpresas são cuidadosamente programadas. A divertida experiência de cair na farra, de se deixar levar, de ser irracional pode ser desfrutada em segurança. Mesmo a catástrofe é um conceito num jogo engenhosamente projetado pelos especialistas e conduzido de acordo com regras que impedem que ele escape ao controle.

Os *shoppings* não vendem apenas mercadorias. Vendem um estilo de vida alternativo, um mundo no qual o controle e a responsabilidade são entregues aos especialistas — e entregues de bom grado, alegremente, uma vez que a rendição é recompensada com o conforto de estar sempre do lado certo. Nos *shoppings* é o projeto do mundo planejado pelo especialista que é comercializado e posto sob o teste do mercado.

Os *shoppings* são também uma mensagem — embora o sejam inconscientemente. É a mensagem do colapso total do glorioso sonho da ordem perfeita e global, controlada pela razão. Marx observou que a história ocorre duas vezes: a primeira como tragédia, a segunda como farsa. Os *shoppings* são a grotesca reencenação do drama iluminista. De fato eles oferecem um mundo perfeito, controlado pela razão, com toda ambivalência existente (ou deliberadamente planejada) sob cuidadoso controle; mas o mundo governado pela razão que eles oferecem só é uma ordem global graças às espessas e impenetráveis paredes fortemente guardadas dentro das quais se encerra. A utopia dos sábios afastou-se do mundo real para um retiro seguro onde não precisa mais temer o caos gerado pelo seu zelo ordenador. Vigias eletrônicos, alarmes contra roubo e entradas e saídas estreitas que se fecham sozinhas separam essa utopia miniaturizada do resto do mundo, abandonado a sua confusão aparentemente inextirpável. Prodígios de harmonia e perfeição são agora oferecidos como entretenimento — para os passeios de domingo e o desfrute da família. Ninguém supõe que sejam reais. A maioria concorda, porém, que são melhores que a realidade. E todo mundo sabe que a realidade jamais será como eles.

As tendências e limites do mundo planejado pelo especialista

Na classificação perspicaz de Michael Benamon, os escritores preocupados com as perspectivas do mundo tecnologizado liderado por especialistas podem ser divididos em quatro grupos, segundo os "quatro humores" clássicos. Vão dos felizes tecnófilos (guiados por *Ágape*: Marshall McLuhan e Buckminster Fuller estão entre os mais eminentes), passando pelos tecnófilos ansiosos (*Logos*: o Lewis Mumford da década de 30) e os tecnófobos esperançosos (*Eros*: Goodman, Illitch, Roszak, o último Marcuse), até os tecnófobos desesperados (*Thanatos*: Ellul, o último Mumford, o primeiro Marcuse),[25] dos apóstolos das Boas Novas aos profetas do iminente juízo final. Todos concordam, porém, que a mudança produzida no mundo do homem moderno pela ascensão da competência especializada e a irrefreável tecnologização do ambiente humano foi radical e, com toda probabilidade, irreversível. O mundo humano jamais será novamente como foi antes da ascensão da tecnologia. Se a mudança produz maior felicidade ou miséria mais funda é questão discutível e fadada a continuar a sê-lo. Dependendo do seu próprio grau de otimismo, ansiedade ou desespero, os observadores e analistas concentraram e concentrarão suas descrições e diagnósticos nos aspectos que consideram mais atraentes ou menos cativantes do futuro projetado por especialistas. Dariam pouca importância, assim, a atributos que depreciam a unidade de sua visão. E no entanto dificilmente negariam a presença deles. Embora considerados de ampla e variada importância para o bem-estar humano (e, por vezes, mesmo de valor vário), certos aspectos do novo mundo que emerge no fim de nossa era moderna são mesmo assim quase universalmente reconhecidos. A seguir, alguns desses aspectos, que parecem cruciais a qualquer avaliação das perspectivas da sociedade guiada por especialistas, serão brevemente discutidos.

Há um aspecto na revolução informática iniciada por Shannon que particularmente parece ter consequências de longo alcance para o novo formato do mundo guiado por especialistas: qual seja a explícita exclusão e difamação do "conteúdo" da mensagem, agora plenamente substituído pela consideração das medidas de quantidade. A informação como valor mensurável divorciou-se — e emancipou-se — do "conteúdo" semântico das declarações.[26] O ato histórico do divórcio teve dois resultados intimamente relacionados. Primeiro, a qualidade tanto do emissor quanto do receptor da mensagem tornou-se irrelevante para se avaliar a informação, agora concentrada exclusivamente no que está acontecendo "no fio" entre aquele que fala e o que ouve — na tarefa de emitir a mensagem sem distorções (seja qual for seu conteúdo e quem quer que a tenha enviado). Isso significa não tanto a neutralidade ou orgulhosa imparcialidade da tecnologia da informação, mas sua tendência claramente favorável ao controle (mais precisamente, favorável à força determinante do emissor sobre o receptor, assegurada pelos serviços contratados ao especialista em processamento de informação; uma tendência a favor da informação como objeto e meio de controle). Segundo, a informação só pode ser avaliada pelo volume, sem se levar em conta o conteúdo. A teoria da informação permite que se diagnostique a informação e se estebeleçam preferências para a sua melhoria independente de questões de significado ou importância. (Ou melhor, deixa inteiramente nas mãos do comunicador o direito de se pronunciar sobre o valor da transmissão.) Com efeito, a teoria e a tecnologia que gera e legitima não têm meios de distinguir entre conjuntos diferentes de informação de qualquer outra forma senão por seus respectivos volumes. Dois conjuntos de informação iguais em quantidade (tal como definida por um método aceito de medição) são equivalentes em todos os demais aspectos (ou melhor, não se pode sensatamente falar de modo algum em "outros aspectos"). Essa nova posição é bem captada no jogo bastante popular da "Busca Inútil" — ensaio animado e emocionalmente tranquilizador da irrelevância do aspecto semântico da informação e divertido método de autotreinamento no uso da quantidade como única medida de qualidade tanto do conhecimento quanto de seus possuidores.

No seu decidido impulso para uma eficiência técnica maior, a competência especializada deve dissolver todas as "totalidades" — pois se concentra, ao contrário, nos seus segmentos acessíveis e controláveis. Essa perpétua tendência da competência especializada adquiriu recentemente uma formidável extensão (e um desvio potencialmente sinistro) com o advento da tecnologia da informação e particularmente das novas totalidades com a interconexão de amplas redes de computadores. Para o desenvolvimento dessas totalidades, a espantosa especialização entranhada na produção de *software*, como toda competência técnica, só pode contribuir de maneira parcial. Só pode ser eficaz na sua construção enquanto permanecer desatenta para suas qualidades emergentes ou conscientemente desconsiderar sua presença. Continuamente, novos fragmentos são acrescentados ao sistema total com pouco (se é que algum) conhecimento do seu impacto no conjunto de programas introduzidos antes. Apesar de (ou por?) ser um produto altamente artificial, feito pelo homem, o sistema computacional desenvolve-se mesmo assim de uma forma espontânea, descontrolada, como que natural, de modo que ninguém é capaz de supervisionar o efeito total. Geoff Simons sugeriu que

> os maiores sistemas de *software* crescem de modo descontrolado, cada vez mais incompreensível. Se surge um problema, uma nova peça do programa é escrita num "arranjo" tecnológico imediato, que pode resolver o problema a curto prazo mas cujos efeitos a longo prazo sobre os programas estabelecidos são desconhecidos e totalmente imprevisíveis. Por isso os maiores sistemas de *software* evoluem de forma desorganizada, com alguns programadores entendendo fragmentos aqui e acolá, mas ninguém entendendo o sistema como um todo.[27]

Uma das mais notáveis consequências da frouxa conexão e crescente incomensurabilidade das operações de qualquer programador individual com a capacidade do sistema de *software* como um todo é a *flutuação da responsabilidade* pelo resultado final da ação mediada por computador. Tal flutuação não é, claro, uma novidade introduzida pela era do computador. O advento dos sistemas de computador apenas deu novo impulso a uma velha e permanente tendência da especialização tecnicamente orientada — e possibilitou que se desenvolvesse numa escala sem precedentes e até então inconcebível. Como vimos antes, a competência especializada só é exercida de forma adequada se as consequências sistêmicas do desempenho orientado pelos problemas se perdem de vista ou são deliberadamente postas de lado. E, no entanto, antes do advento da era do computador, eram outros especialistas que lidavam com os efeitos colaterais das práticas especializadas; sempre havia uma pessoa identificável por trás de cada ação. Podia-se discutir interminavelmente o grau efetivo de responsabilidade de cada pessoa e qual das muitas ações interligadas era a causa decisiva de um dado efeito. A discussão podia, porém, ser levada (por mais contrária aos fatos e inconclusiva) em termos pessoais. Foi essa *possibilidade* que o advento dos sistemas de computador simplesmente eliminou.

Nossa análise mostrou que as instituições socialmente geradas para combater a ambivalência individual (privatizada) tornaram-se os principais mecanismos para manter vivo, reanimar e fortalecer o próprio fenômeno que definiam como a mais sinistra das perdições da vida, o próprio fenômeno cuja eliminação definitiva era declarada como a razão de ser dessas instituições. Elas geram mais ambivalência do que subjugam e desse novo efeito colateral ambivalente de sua luta contra a ambivalência extraem a energia de que precisam para gerar ainda mais ambivalência e a legitimação para continuarem sua ação... A soma total da ambivalência tanto no plano pessoal quanto social parece crescer irrefreavelmente. A ambivalência parece medrar dos próprios esforços para destruí-la, tornando cada vez mais distante e nebulosa a perspectiva original de um mundo ordeiro e racionalmente estruturado inscrito num sistema social igualmente ordenado e racional. A ânsia instruída de escapar à "confusão" do mundo exacerbou a própria condição de que se queria escapar.

A criação de um mundo livre de ambiguidade, de um mundo transparente de opções racionais, não pôde surgir dos esforços de ordenação das autoridades modernas, tanto políticas quanto científicas. A admissão quase universal é de que também não deverá surgir desses esforços no futuro, por mais impressionantes que venham a ser os avanços da ciência e suas aplicações técnicas. Tornando-se mais sábia e desconfiada de tantas esperanças que viraram pesadelos, a sociedade moderna parece agora reconciliar-se lentamente à inelutável parcialidade das ordens que é capaz de construir — e assim à ausência de finalidade de qualquer projeto ordenador e à permanência e onipresença da ambivalência. Deve também — apenas deve — fazer o melhor da condição com a qual não está mais em guerra; para isso, no entanto, teria que renegar sua cruzada contra a ética e os valores "irracionais" em geral.

O impulso para o governo da razão, enquanto se esperou que pudesse ser vitorioso, pôde servir de substituto temporário para a orientação moral.[28] Num mundo em que a pluralidade das ordens e a ambivalência receberam — entusiasticamente ou com relutância — o direito de residência permanente, tal substituto não é mais disponível e o pluralismo resulta numa perda de orientação e no desamparo — amarga ironia para uma era que proclamava a onipotência do homem.

7

Pós-modernidade ou vivendo com a ambivalência

Poderíamos tentar transformar nossa contingência em nosso destino.

Agnes Heller

Sob um aspecto, as ciências sociais nascidas na era do Iluminismo não fracassaram, escreve Agnes Heller: "[C]om efeito elas produziram autoconhecimento e nunca deixaram de produzir autoconhecimento da sociedade *moderna*, de uma sociedade *contingente*, de uma sociedade entre muitas, *a nossa sociedade*."[1] E no entanto, observemos, esse sucesso parcial foi ele mesmo um fracasso, se julgado pelos padrões da ambição das ciências sociais. O que quer que tenham feito as modernas ciências sociais, o fato é que não cumpriram *sua promessa*; em vez disso, sem consciência e, menos ainda, intenção, cumpriram algo que não prometiam; para dizer claramente, produziram o tempo todo um produto racional sob o falso pretexto de estarem suprindo algo completamente diferente ... A consciência da contingência — da contingência do eu moderno, da sociedade moderna — não era o que elas, o que seus profetas e apóstolos, o que seus pretensos convertidos e beneficiários vendiam. Mesmo se concordarmos com Heller que as ciências sociais, apesar de toda a sua autoilusão, trouxeram um precioso conhecimento que seria mais tarde apreciado como um *insight* da contingência, temos ainda que insistir que o fizeram concebendo erroneamente a verdadeira natureza do seu papel ou tentando que seus produtos passassem pelo que não eram (assim violando — consciente ou inconscientemente — a transação oficial...): que informaram da *contingência* acreditando descrever a *necessidade*, expuseram a *particularidade* supondo falar da *universalidade*, deram uma interpretação tradicional pretendendo uma verdade extraterritorial e extratemporal, mostraram indecisão travestida de transparência, indicaram o provisório na condição humana crendo-se portadoras da certeza do mundo, revelaram a *ambivalência* do projeto humano quando supunham descrever a *ordem* natural.

Foram todas essas (falsas) crenças e não suas (úteis) produções que fizeram *modernas* as ciências sociais — e *modernas* a mentalidade de que surgiram e a estrutura de poder contemplada nessa mentalidade. A maior parte de sua história, a modernidade viveu na e da autoilusão. O ocultamento do seu próprio paroquialismo, a convicção de que aquilo que não é universal na sua particularidade apenas não o é ainda, de que o projeto da universalidade pode ser incompleto mas perdura em definitivo, era o centro dessa autoilusão. Foi talvez graças a essa autoilusão que a modernidade pôde produzir tanto as coisas maravilhosas quanto aquelas horripilantes que produziu; aí, como em muitos outros casos, a ignorância acabou sendo, por assim dizer, um privilégio. A questão é saber se o desaparecimento da autoilusão é uma satisfação final, uma emancipação ou o fim da modernidade.

O aspecto característico da crença na verdade do próprio conhecimento não é a convicção de que o conhecimento em questão seja satisfatório, agradável, útil ou valha a pena ter. Tal convicção não requer a crença na verdade a apoiá-la. O mais comum é essa convicção poder ser mantida e sê-lo sem cuidado com uma confirmação autorizada de que a crença na verdade tem fundamento. Não se pode passar sem um "conceito bem fundamentado de verdade": é quando se diz a outros que eles estão em erro e portanto (1) devem ou têm que mudar de opinião, assim (2) confirmando a superioridade (leia-se: o direito de comando) do detentor da verdade (leia-se: o atribuidor de comando). A proclamação da verdade como uma qualidade do conhecimento surge pois exclusivamente no contexto da hegemonia e do proselitismo; no contexto da coexistência de corpos de conhecimento autonomamente sustentados, dos quais pelo menos um se recusa a coexistir pacificamente e a respeitar as fronteiras existentes; no contexto de pluralidade que é tratada pelo menos por um dos membros como estado vexatório a ser retificado; no contexto de um equilíbrio de forças sob pressão para virar uma assimetria de poder.

A verdade é, em outras palavras, uma *relação social* (como *poder*, *propriedade* ou *liberdade*): aspecto de uma hierarquia feita de unidades de superioridade e inferioridade; mais precisamente, um aspecto da forma hegemônica de dominação ou de uma pretensão a dominar pela hegemonia. A modernidade foi, desde o início, essa forma e pretensão. A parte do mundo que adotou a civilização moderna como seu princípio estrutural e valor constitucional empenhava-se em dominar o resto do mundo dissolvendo sua alteridade e assimilando o produto da dissolução. A alteridade perseverante só podia ser tratada como um aborrecimento temporário, como um erro fadado a ser, cedo ou tarde, superado pela verdade. A batalha da ordem contra o caos nos assuntos mundanos era reproduzida pela guerra da verdade contra o erro no plano da consciência. A ordem fadada a instalar-se e tornar-se universal era uma ordem *racional*; a verdade fadada a triunfar era a verdade *universal* (portanto apodítica e obrigatória). Juntos, a ordem política e o conhecimento verdadeiro mesclavam-se num projeto de *certeza*. O mundo racional e universal da ordem e da verdade não conheceria contingência nem ambivalência. O alvo da certeza e da verdade absoluta era indistinguível do espírito conquistador e do projeto de dominação.

Ao se destacar e se distinguir para poder reservar-se uma posição de comando em relação ao resto da ecúmena, a modernidade pensava-se como semente da futura universalidade, como uma entidade destinada a substituir todas as outras e assim abolir a própria diferença entre elas. Pensava a *diferenciação* que perpetrava como sendo *universalização*. Essa era a autoilusão da modernidade. Era, no entanto, uma autoilusão fadada a revelar-se mesmo sem auxílio externo (de qualquer forma, não havia um "exterior" com legitimidade para revelar coisa alguma), uma autoilusão que só podia durar enquanto operasse para essa revelação. A autoilusão dava a coragem e confiança para prosseguir essa obra solitária da universalidade que gerava sempre mais diferença; para perseverar nessa busca da uniformidade fadada a produzir mais ambivalência. A autoilusão da modernidade estava prenhe de autorrevelações.

Foi talvez o fruto dessa gestação, chamado por Agnes Heller de "desejo da morte", que seria encontrado na outra ponta da longa marcha rumo à "satisfação do desejo"; aquele seria, como tentamos demonstrar aqui, o herdeiro e sucessor inevitável desta última. A consciência da contingência, embora filha pródiga, foi rebento inteiramente legítimo da autoconfiança cega; não podia senão nascer desta e de nenhuma outra genitora. Os moradores da casa da modernidade foram continuamente educados a se sentirem à vontade sob condições de necessidade e infelizes diante da contingência; diziam-lhes que a contingência era aquele estado de desconforto e ansiedade do qual era preciso escapar tornando-se uma norma impositiva e assim se livrando da diferença. A atual infelicidade é a percepção de que isso não acontecerá, de que a esperança não se realizará e que portanto é preciso aprender a viver sem a esperança que dava sentido — o único sentido — à vida. Como observou Richard Rorty: "Os vocabulários são, tipicamente, parasitários em relação às esperanças — no sentido de que a principal função dos vocabulários é contar histórias sobre resultados futuros que compensem os sacrifícios presentes"[2] — e que, acrescentemos, deem nome aos sofrimentos atuais; eles descrevem o presente como *sofrimento* específico que precisa de um sacrifício *concreto* para deixar de ser um sofrimento *enquanto tal*. Hoje somos infelizes porque nos deixaram o velho vocabulário mas perdemos a esperança que o enchia de vida. O farfalhar de palavras secas, sem seiva, nos recorda incessantemente e de forma intrusiva o vazio que está hoje onde antes estava a esperança.

Educados a viver na necessidade, descobrimo-nos a viver em contingência. E no entanto, fadados a viver na contingência, podemos, como sugere Heller, fazer "uma tentativa de transformá-la em nosso destino". Transformamos algo em destino ao abraçar nossa sina: por um ato de escolha e a vontade de permanecer leal à opção feita. Abandonar o vocabulário parasitário de esperança na (ou determinação à) universalidade, certeza e transparência é a primeira escolha a ser feita, o primeiro passo no caminho da emancipação. Não podemos mais esquecer a contingência; se pudesse falar, a contingência repetiria o que Nietzsche escreveu a seu descobridor, amigo e profeta Georg Brandes em 4 de janeiro de 1889 (o dia em que finalmente abandonou suas preocupações com a vida mundana): "Depois que você me descobriu, não era nenhum truque me encontrar; o difícil agora é me perder..."[3] Mas podemos transferir a contingência do vocabulário das esperanças perdidas para o da oportunidade, da linguagem da dominação para a da emancipação. Escreve Heller:

> Um indivíduo transforma sua contingência em destino se chega à consciência de ter feito o *melhor* com suas possibilidades praticamente infinitas. Uma sociedade transforma sua contingência em destino se os seus membros chegam à consciência de que não prefeririam viver em nenhum outro lugar e em nenhuma outra época que não aqui e agora.

Da tolerância à solidariedade

Mas, comentemos, essa consciência que introduz à emancipação não é a única coisa que acontece no caminho para a contingência como destino. A emancipação que a contingência como destino torna possível (uma dessas "possibilidades praticamente infinitas") implica a *aceitação* de que há outros lugares e outras épocas que podem ser, com igual justificação (ou igual ausência de uma boa razão), preferidos pelos membros de outras sociedades e que, por mais diferentes que sejam, as opções não podem ser discutidas em relação a nada mais sólido e impositivo do que a preferência e a determinação de apegar-se ao que se prefere. A preferência por uma forma de vida própria e comunalmente partilhada deve portanto estar imune à tentação da cruzada cultural. Emancipação significa essa aceitação de sua própria contingência, fundamentada no reconhecimento da contingência como razão suficiente para viver e ter permissão de viver. Ela assinala o fim do horror à alteridade e da abominação da ambivalência. Como a verdade, a emancipação não é uma qualidade de objetos, mas da *relação* entre eles. A relação aberta pelo ato da emancipação é marcada pelo fim do medo e o começo da *tolerância*. É na tolerância que o vocabulário da contingência como destino está fadado a ser parasitário para permitir que se formule a emancipação.

Como explica Rorty de modo convincente, a linguagem da necessidade, da certeza e da verdade absoluta não pode senão formular a humilhação — humilhação do outro, do diferente, daquele que não satisfaz os padrões. A linguagem da contingência, ao contrário, cria uma chance "de ser gentil, de evitar a humilhação dos outros".[4] Observemos, no entanto, que "ser gentil" não é também o final da história — a estação final no caminho da emancipação. "Ser gentil" e a tolerância que isso representa como símbolo de comportamento e linguagem podem muito bem significar a mera indiferença e a despreocupação que resultam da resignação (isto é, da *sina*, não do *destino*): o Outro não irá embora e não vai ser como eu, mas eu não tenho meios (pelo menos no momento ou no futuro previsível) de forçá-lo a ir-se ou mudar. Como estamos condenados a dividir o espaço e o tempo, vamos tornar a nossa coexistência suportável e um pouco menos perigosa. Sendo gentil, eu atraio gentileza. Espero que a minha oferta de reciprocidade seja aceita; tal esperança é minha única arma. Ser gentil é apenas uma maneira de manter o perigo a distância; como a antiga ânsia de proselitismo, é resultado do medo.

Para revelar o potencial emancipatório da contingência como destino, não bastaria evitar a humilhação dos outros. É preciso também *respeitá-los* — e respeitá-los precisamente na sua alteridade, nas suas preferências, no seu direito de ter preferências. É preciso honrar a alteridade no outro, a estranheza no estranho, lembrando — com Edmond Jabès — que "o único é universal", que ser diferente é que nos faz semelhantes uns aos outros e que eu só posso respeitar a minha própria diferença respeitando a diferença do outro. "O caso do estranho me diz respeito não apenas porque eu mesmo sou um estranho, mas porque por si mesmo levanta os problemas que enfrentamos em princípio e nas aplicações diárias da liberdade, do poder, do dever e da fraternidade: em primeiro lugar, o problema da igualdade dos homens; em segundo lugar, o da nossa responsabilidade para com eles e nós mesmos."[5] Minha ligação com o estranho é revelada como *responsabilidade*, não apenas como neutralidade indiferente ou mesmo aceitação cognitiva da similaridade de condição (e certamente não através da desdenhosa versão da tolerância: "Fica-lhe bem ser como é. Que o seja. Só que eu jamais seria assim."). É revelada, em outras palavras, como comunidade de destino, não mera semelhança de fado. A uma sina comum bastaria a *tolerância* mútua; o destino comum requer *solidariedade*.

O direito do Outro à sua estranheza é a única maneira pela qual meu próprio direito pode expressar-se, estabelecer-se e defender-se. É pelo direito do Outro que meu direito se coloca. "Ser responsável pelo Outro" e "ser responsável por si mesmo" vêm a ser a mesma coisa. Escolher as duas coisas e escolhê-las como uma, uma só atitude indivisível, não como duas instâncias correlatas mas separadas, é o significado de reformular a contingência de sina em destino. Chamem a isso como quiserem: camaradagem, identificação imaginativa, empatia; só não podem dizer dessa opção que ela decorre de uma regra ou comando, seja uma injunção da razão, uma norma empiricamente demonstrada pelo conhecimento que busca a verdade, uma ordem de Deus ou um preceito legal.

Por sinal, não há muito o que dizer absolutamente sobre a causa disso. A nova solidariedade do contingente baseia-se no silêncio. Suas esperanças fundam-se em evitar fazer certas perguntas ou procurar certas respostas; satisfaz-se na sua própria contingência e não quer elevar-se ao status de verdade, necessidade ou certeza, sabendo muito bem (ou melhor, sentindo intuitivamente) que não sobreviveria a tal promoção. A solidariedade recebe o que lhe toca quando a linguagem da necessidade — a linguagem do isolamento, da discriminação e da humilhação — sai de uso. Richard Rorty, tentando pinçar o sinal mais decisivo da sociedade ideal — para ele, a sociedade *liberal* ideal —, fixa-se nas pessoas que "não sentiriam mais necessidade de responder à pergunta 'por que você é um liberal?'". Em tal sociedade, uma pessoa "não precisaria de justificação para seu senso de solidariedade humana, pois não seria criada para fazer o jogo de linguagem no qual alguém pergunta e obtém justificação para esse tipo de crença".[6]

A existência contingente significa uma existência desprovida de certeza — e uma certeza que está faltando neste desolado sítio nosso ou difícil de desencavar por baixo do entulho das verdades modernas é a certeza da solidariedade. O caminho que leva da tolerância à solidariedade, como qualquer outro, é um caminho indeterminado; é ele mesmo contingente. E assim também o outro caminho, que leva da tolerância à indiferença e isolamento; é igualmente contingente e, portanto, igualmente plausível. O estado de tolerância é intrínseca e inevitavelmente ambivalente. Presta-se com igual facilidade — ou dificuldade — ao louvor comemorativo e à condenação zombeteira; pode tanto dar lugar à alegria quanto ao desespero. Viver em contingência significa viver sem uma garantia, apenas com uma certeza provisória, pragmática, de Pirro, até ordem em contrário, e isso inclui o efeito emancipatório da solidariedade.

A modernidade poderia desprezar sua própria incerteza como uma aflição temporária. Cada incerteza veio acompanhada da receita para curá-la: apenas mais um problema, e os problemas eram definidos por suas soluções. (As sociedades, insistiu Marx, nunca se atribuíam tarefas antes de ter os meios para executá-las.) A passagem da incerteza para a certeza, da ambivalência para a transparência, parecia ser uma questão de tempo, de determinação, de recursos, de *conhecimento*. É inteiramente diferente viver com a consciência pós-moderna de que não há nenhuma saída certa para a incerteza; de que a fuga à contingência é tão contingente quanto a condição da qual se busca fugir. O desconforto que tal consciência produz é a fonte de mal-estares especificamente pós-modernos: o mal-estar pela condição repleta de ambivalência, pela contingência que se recusa a ir embora e pelos mensageiros das novidades — aqueles que tentam explicar e formular o que é novo e o que provavelmente jamais voltará ao que era antigamente; aqueles que, para usar de novo os termos de Agnes Heller, conclamam a transformar a sina em destino. O que os receptores das notícias acham difícil de aceitar é que, seja lá o que resolverem fazer, faltará o conforto de terem do seu lado a verdade, as leis da história ou o veredito inequívoco da razão.

Com efeito, quem busca o sucesso prático pouco lucrará com um *insight* da condição pós-moderna. Não se pode negar que o conhecimento dessa condição fracassa de forma abominável pelos padrões estabelecidos pelo conhecimento moderno (ou melhor, pela promessa que esse conhecimento fazia e que transformou em fundamento de seu elevado prestígio social). A consciência da contingência não "dá poder": sua aquisição não dá a seu possuidor uma vantagem sobre os protagonistas na luta de vontades e propósitos ou no jogo da astúcia e da sorte. Não leva à dominação nem a sustenta. Como que visando um empate, também não ajuda na luta contra a dominação. Para colocar a coisa de forma clara, é indiferente às estruturas atuais ou presumíveis de dominação. Quem quer que esteja em busca de dominação — atual ou futura — (ou quem quer seja apenas estimulado a avaliar a qualidade do conhecimento pelo poder de fazer coisas que ele promete suprir ou tornar respeitáveis) deve ficar furioso com a suave recusa desse conhecimento em validar todas as pretensões à superioridade. Igualmente furioso deve ficar aquele que quiser explodir a dominação existente.

E no entanto é apenas uma questão de perspectiva o fato de uma característica ser vista como uma aflição ou um sinal de solidez, um vício ou virtude. Frustrar a esperança de adquirir poder através do conhecimento equivale a uma enfática desautorização e repúdio da luta pelo poder visando a dominação última. Também significa promover a coexistência, única condição cuja estabilidade — mais: cuja permanência — possibilita. A consciência da condição pós-moderna revela a tolerância como sina. Ela também torna possível — apenas possível — o longo caminho que leva do fado ao destino, da tolerância à solidariedade.

O exorcista e *O presságio* ou os limites modernos e pós-modernos do conhecimento

As pretensões de conhecimento podem ser postas em dúvida de duas maneiras. Uma pode assinalar que há eventos para os quais o tipo de conhecimento existente (conhecimento que recebeu o endosso dos locais que os homens de conhecimento admitem ter solidez e crédito) não oferece uma descrição convincente e acordada; eventos que não podem ser transformados numa versão que homens de conhecimento reconheceriam como sua. Ou pode-se dizer que a descrição oferecida por aquele conhecimento não é a única versão possível dos fatos, nem mesmo a melhor versão ou sequer a única capaz de se postular a "mais bem testada". O primeiro tipo de dúvida é moderno; o segundo, pós-moderno. Dizer isso é não falar de sucessão cronológica. Ambos os tipos de dúvida têm existido há tanto tempo quanto a própria ciência. Sua presença conjunta foi um dos aspectos constitutivos daquela cultura moderna que empurrou a modernidade no caminho para a pós-modernidade.

As duas dúvidas receberam forma literária bastante popular (populista?) nas duas obras de ficção — ambas grandes sucessos tanto nas versões romanescas quanto cinematográficas.[7] Podem muito bem servir-nos de parábolas para as duas dúvidas que silenciosa mas persistentemente solaparam e no final derrubaram a autoconfiança moderna.

O padre Damien Karras, do romance *O exorcista*, de William Peter Blatty, só se tornou exorcista *depois* que suas práticas psiquiátricas e as de seus colegas profissionais, baseadas nas técnicas e no conhecimento científico mais formidáveis, impecáveis, acadêmicos e atualizados, deram em nada. Karras, pode-se dizer, era o psiquiatra dos psiquiatras. Portador das mais invejáveis credenciais científicas, aluno das escolas mais prestigiosas, clínico universalmente respeitado e com um longo registro de sucessos terapêuticos espetaculares, um teórico armado de um conhecimento realmente enciclopédico da melhor psiquiatria científica, distinguido com as maiores honrarias que a profissão poderia oferecer, ele era a autoridade científica em pessoa. Chamá-lo para atuar no caso de Regan foi o último recurso e derradeira esperança da ciência e prática científicas: todos os seus ilustres colegas de profissão, um por um e todos juntos, tentaram, fizeram o possível e falharam; a mais atualizada tecnologia terapêutica mostrou-se insuficiente. As próprias ações de Karras — como seus relatos dessas ações — mantinham-se na estrita moldura do idioma científico coletivamente preservado; eram cuidadosamente calculadas para reafirmar e reforçar tudo o que a profissão acreditava e queria que o público acreditasse. Karras não era um feiticeiro ou curandeiro, esses agentes de forças bárbaras e obscuras que resistem à ciência moderna empenhada em aniquilá-los; como os doutos colegas que recorreram à sua ajuda, Karras era dotado de um intelecto moderno votado a extinguir quaisquer vestígios de superstição.

Até o último momento — com o mistério último a encará-lo de frente — Karras afirma obstinadamente o direito inconteste da razão científica a descrever a evidência, a compor a única versão aceitável do fenômeno — e repele a tentação do leigo de sucumbir a interpretações que a ciência se recusa a tolerar. Quando a desafortunada mãe de Regan volta-se para Karras em supremo desespero (os "dedos sardentos apertados e contorcidos no regaço") — "Simplesmente não sei... O que *o senhor* acha, padre?" — a resposta de Karras é a expressão mesma do profissionalismo: "Comportamento compulsivo produzido pela culpa, talvez, junto com uma personalidade dividida."

— Padre, estou *farta* desse lixo todo! Como é que o senhor pode dizer isso depois de tudo o que acaba de ver!?

— Se você viu como eu tantos pacientes em pavilhões psiquiátricos, pode dizer isso facilmente — tranquilizou-a ...

— Então explique esses golpes violentos, essas coisas todas ...

— Psicocinética.

— O quê? ...

— Não é tão incomum assim. Geralmente ocorre com adolescentes emocionalmente perturbados. Parece que uma extrema tensão interior, mental, pode às vezes desencadear uma energia desconhecida capaz de mover objetos a distância. Não há nada sobrenatural nisso. É o caso da força anormal de Regan. É comum na patologia, repito. O poder da mente sobre a matéria, se quiser.

— Para mim é estranho ...

— A melhor explicação para qualquer fenômeno — atropelou-a Karras — é sempre a mais simples disponível para acomodar todos os fatos ...

E assim por diante. Karras não cedia um centímetro; os fenômenos são explicáveis, as explicações estão disponíveis, uma energia desconhecida (por enquanto, é claro) não é por isso inexplicável. Alguém que passou muito tempo em pavilhões, vendo coisas que um leigo jamais veria, sabia disso. (Você deve confiar no especialista; ele *viu* coisas que você jamais verá.) E — argumento final, reafirmação última — isso é *comum* (estatisticamente frequente; acontece a outros). E tem um nome, um respeitável nome científico, como "adolescente emocionalmente perturbada" ou "psicocinética".

O leigo, em especial alguém que como a mãe de Regan se viu repetidamente desapontado pelo conselho douto e levado ao desespero por sua impotência efetiva, pode recusar-se ao consolo do que agora parecem promessas vazias de razão. Com efeito, a mãe de Regan "olhava com incredulidade, olhos abertos, sem piscar. 'Padre, isso está tão longe da minha compreensão que estou quase achando mais fácil acreditar no *diabo*!'... Por longos e incômodos segundos, o padre ficou quieto. Então respondeu quase num sussurro: 'Bem, há pouca coisa neste mundo que eu sei de fato.'" A mãe de Regan sugere uma outra doutrina, outra ortodoxia, outra chave explicativa; Karras responde com *humildade*. A modéstia prudente, a sagaz autocontenção do cientista, o ceticismo diante do ainda desconhecido fazem a sua última linha de defesa contra o único perigo real: uma alternativa à ciência, um conhecimento legítimo que deriva sua legitimação da autoridade científica. Quando finalmente decide entrar no Desconhecido (passo que se tornou talvez mais fácil pelo fato de, ao contrário de seus colegas cientistas mas à semelhança da paciente, ter ele mesmo uma personalidade dividida — afinal, é um padre devoto tanto quanto um douto psiquiatra), Karras toma cuidado para que as prerrogativas da ciência não sejam infringidas: "Se eu for ao Ofício ou onde quer que tenha de ir para obter permissão para um exorcismo, a primeira coisa que preciso é de uma clara indicação de que o problema de sua filha não é puramente psiquiátrico."

O presságio, de David Seltzer, passa uma mensagem completamente diferente. Ele enuncia o impronunciável: talvez as prerrogativas da ciência sejam elas mesmas uma impostura — nada além de um conveniente esconderijo para o *diabo*? Será "o comum", pelo próprio fato de ser comum, confortavelmente explicável? Será que as explicações oferecidas pela ciência e pelo senso comum cientificamente censurado e endossado são realmente "as mais simples disponíveis"? Será que a louvada "simplicidade" não visa meramente à satisfação da autoridade científica? Será que as coisas, incomuns e comuns igualmente, não se prestam a outras descrições alternativas, heterônomas? E, caso se prestem, como escolher uma versão? E como são feitas na prática as escolhas por aqueles que as fazem para nós?

O presságio contém uma série de eventos, mas duas narrativas. Uma é a comum e ordinária, que portanto não provoca nenhuma estranheza: o tipo de história contada repetidas vezes por especialistas e jornalistas divulgadores e que assim se torna indistinguível do mundo de que fala. A outra é um tipo de história que o herói azarado do livro, o brilhante e erudito intelectual Thorn, só poderia supor — *temer* — fosse fruto de "sua imaginação" e portanto uma boa razão "para procurar um psiquiatra" (como concluiria toda pessoa civilizada e bem informada). Uma é a história bem conhecida, repetida *ad nauseam* pelo coro de políticos, jornalistas e cientistas sociais, dos interesses humanos e estatais, das plataformas políticas, dos sentimentos irracionais não totalmente erradicados. E a outra?

> O pacto reunia sobretudo operários, mas alguns eram profissionais, homens de alta posição. Fora, todos levavam vidas respeitáveis — sua arma mais poderosa contra os que adoravam Deus. Sua missão era disseminar o medo e o tumulto, lançar os homens uns contra os outros até chegar o tempo do Ímpio; um pequeno grupo chamado Força-Tarefa fazia pilhagens fora para criar o caos onde fosse possível. Creditava-se ao pacto romano grande parte dos distúrbios na Irlanda, através da sabotagem aleatória para opor católicos e protestantes e atiçar a fogueira da guerra religiosa ...
>
> [Em 1968] Tassone foi despachado por Spiletto para o Sudeste asiático, lá organizando um pequeno bando de mercenários no Camboja sob domínio comunista para entrar no Vietnã do Sul e romper o cessar-fogo. O norte culpou o sul, o sul culpou o norte e, poucos dias após a entrada de Tassone, abalou-se a paz duramente alcançada nessa terra ...
>
> Sabendo de seu conhecimento do país, Spiletto mandou Tassone ajudar a revolução que por fim levou ao poder o insano déspota africano Idi Amin ...

E assim por diante. Da segunda história, "só *eles* sabiam". "Ninguém mais jamais tivera uma pista." Uma vez contada, a história deles daria tanto sentido — nem mais nem menos — ao terrorismo, assassinatos estúpidos, hostilidades sem causa, guerras civis, morticínios, déspotas loucos, quanto todas as histórias que oficialmente garantiam sua racionalidade. O problema, no entanto, era que essa outra história, apócrifa, jamais fora contada; quer dizer, não em público. Aqueles que viram as coisas contadas nessa história como aconteceram, todos morreram; a única testemunha sobrevivente, o próprio Thorn, estava — naturalmente — confinado em um asilo de loucos. O mundo achava mais fácil (e mais tranquilizador) supor que as crenças não partilhadas de Thorn eram sintomas de distúrbio mental do que aceitar a possibilidade de que a própria verdade do mundo fosse apenas uma dentre muitas, que para cada interpretação, por mais incensada pelas massas, devia haver uma alternativa. O assassinato, a prisão, o veredito de insanidade eram as últimas linhas de defesa das verdades mundanas. Talvez as únicas linhas de defesa *eficaz*.

A maioria das pessoas concordaria facilmente que as explicações colocadas por Seltzer na mente e nos lábios de Thorn são ridículas e ultrajantes, insanas. Mais formidável ainda é o ponto que martela insistentemente — o de que, sem recurso à força e à repressão, a verdade dominante não pode proteger-se com as armas da lógica, as regras da indução, as normas da coleta de fatos e todos os demais instrumentos que, proclama essa verdade, bastariam para garantir sua qualidade superior e portanto sua posição privilegiada. (Note-se que apenas a *história* de Thorn parece inquestionavelmente insana; não acontece o mesmo com a suposição de que não teríamos tanta certeza da sua insanidade se não fossem suprimidas as provas nesse sentido.) Para cada sequência de eventos, há mais de uma interpretação que satisfaria os requisitos. A escolha, em última análise, é uma questão política...

Então, há duas dúvidas. O primeiro tipo não solapa a autoridade da ciência. Ao contrário, transformando o ideal de verdade no "alvo imaginário" das investigações produtoras de conhecimento, no horizonte do território que agora se atravessa (um horizonte que sempre recua, sempre ilusório, portanto sempre além do alcance do teste prático), essa dúvida efetivamente *protege* a autoridade da ciência contra o descrédito. De fato, ela torna o conhecimento enquanto tal (às custas de praticamente cada um e todos os seus espécimes) imune ao questionamento. Ela cuida para que jamais haja reféns do destino e para que, no jogo do conhecimento, o valor do jogo nunca seja colocado em questão. Ela garante a imortalidade do conhecimento como empresa conquistadora da verdade tornando-o independente das vicissitudes de cada verdade específica que gera. Permite à empresa continuar sem abater-se, ao mesmo tempo que é evidentemente abortiva: transforma sua própria condição abortiva na mola principal — o motivo e a legitimação — de seu contínuo vigor.

Ostensivamente, essa dúvida coloca em questão a finalidade de qualquer encarnação sucessiva do ideal de verdade. De maneira mais sub-reptícia porém mais importante, diminui o significado de qualquer caso específico de ignorância. Ela contemporiza a ignorância — e assim desarma a incerteza e a ambiguidade produzidas pela ignorância. Em vez de paralisar a ação, a ignorância provoca mais esforço e instiga o zelo e a determinação dos atores. A ignorância é um território ainda não conquistado; sua própria presença é um desafio e o argumento decisivo em qualquer conversa a convocar apoio para o próximo ataque da interminável ofensiva da razão, interminável apesar de sempre confiante na vitória final. Permite à ciência declarar com credibilidade sua determinação de se formular a partir de uma tarefa, ao mesmo tempo protelando o momento em que pode ser chamada a cumprir sua promessa: há sempre uma tarefa a realizar e essa tarefa é combater a ignorância. O primeiro tipo de dúvida, portanto, atrela a ignorância ao carro da ciência. A ignorância é de antemão definida como mais uma pluma no chapéu da ciência. Sua resistência é significativa apenas pelo fato de que está a ponto de ser rompida. Seu perigo é um tanto menos aterrador por estar fadado a ser extirpado — em breve. A incerteza e a ambivalência que a ignorância alimenta não passam de uma ocasião para exibir a potência da razão, de modo que em última análise elas alimentam a confiança.

O segundo tipo de dúvida é tudo, menos inócuo. Ele fere onde mais dói: solapa a confiança de que, seja o que estiver sendo dito pela ciência em dado momento, é o melhor que se pode dizer naquele momento. Ele questiona o mais sagrado — o credo da superioridade do conhecimento científico sobre qualquer outro conhecimento. Além disso, desafia o direito da ciência validar e invalidar, legitimar e deslegitimar — em suma, de traçar a linha divisória entre conhecimento e ignorância, transparência e escuridão, lógica e incongruência. Indiretamente, torna pensável a mais herética das heresias: a de que, em vez de ser um galante cavaleiro empenhado em cortar, uma a uma, as muitas cabeças do dragão da superstição, a ciência é apenas uma dentre muitas histórias, que evoca um prejulgamento frágil dentre muitos.

O segundo tipo de dúvida jamais deixou de assombrar, por um único momento, a mentalidade moderna. Desde o início ele se entrincheirou nos mais íntimos recessos da modernidade; o medo da "improcedência" da certeza era possivelmente o mais formidável dos muitos demônios interiores da modernidade. Muitas e muitas vezes ele pôs na defensiva o projeto moderno. Mesmo quando forçado, por um tempo, ao limbo do subconsciente, ele continuou a envenenar a alegria de vitoriosas ofensivas. Ao contrário do primeiro tipo de dúvida, considerado vibrante e útil e por isso exibido com enlevo em público, o segundo tipo era tratado com absoluta e incansável hostilidade: estava marcado para a destruição total e irrevogável. Ele representava tudo de que se deveria purificar o mundo transparente e harmonioso a ser construído pela ciência: a desrazão, a loucura, a obscuridade, a indecisão.

Como todas as dúvidas, esta era igualmente criativa: esticava o poder imaginativo do homem ao máximo, dando origem a dispositivos tão variados como, por exemplo, o *cogito* de Descartes, a *redução transcendental* de Husserl, o princípio de *refutação* de Popper, os *constructos racionais* de Weber ou os métodos de pesquisa ainda mais engenhosos que — como a roda de Swift na Academia de Lagado — deveriam permitir a qualquer homem sadio debulhar o grão da verdade no refugo do erro. Do *malin génie* de Descartes ao heroico ato de *epoché* de Husserl, a guerra contra a incerteza e a ambiguidade da evidência continuou sem esmorecer — o mais vivo testemunho, se algum era necessário, da onipresença e perseverança da dúvida.

A presença do segundo tipo de dúvida — e sua presença *como uma dúvida*, como uma crença capaz de enfraquecer a determinação necessária ao sucesso do projeto — foi a marca característica da mentalidade moderna. É o desaparecimento dessa dúvida *enquanto dúvida* (isto é, a manutenção da crença, mas a extinção do seu impacto corrosivo anterior) que marca da forma mais viva a passagem da modernidade para o seu estágio pós-moderno. A modernidade alcança esse novo estágio (tão claramente distinto que se é muitas vezes tentado a atribuir-lhe uma era inteiramente separada, a descrevê-lo — de forma tipicamente moderna — como uma negação pura e simples da modernidade) quando é capaz de enfrentar o fato de que a ciência, por tudo o que se sabe e se pode saber, é apenas uma versão dentre muitas. "Enfrentar" significa aceitar que a certeza não deve ser e, ainda assim, perseverar na busca de conhecimento nascida da determinação de abafar e extirpar a contingência.

O tratamento do primeiro tipo de dúvida como um aborrecimento temporário, como um incômodo de duração restrita a ser morto e enterrado mais cedo ou mais tarde, foi outro marco característico da mentalidade moderna. Um axioma dessa mentalidade era que, se houvesse mil itens potenciais de conhecimento ainda não revelados, com a descoberta de um deles só restariam 999. O abandono desse axioma marca a passagem da modernidade para seu estágio pós-moderno. A modernidade atinge esse novo estágio quando é capaz de enfrentar o fato de que o aumento do conhecimento expande o campo da ignorância, que a cada passo rumo ao horizonte novas terras desconhecidas aparecem e que, para colocar a coisa de maneira mais genérica, a aquisição do conhecimento não pode se exprimir de nenhuma outra forma que não a da consciência de mais ignorância. "Enfrentar" esse fato significa saber que a jornada não tem um destino claro e, ainda assim, persistir na viagem.

Há mais uma marca da passagem da modernidade para seu estágio pós-moderno: a perda de distinção das duas dúvidas previamente separadas, o fato de se tornarem indistinguíveis, fundindo-se numa só. Os dois limites do conhecimento parecem ser artefatos da moderna visão difrativa; sua suposta separação, uma projeção do plano agora abandonado. Em vez de dois limites e duas dúvidas, há uma despreocupada consciência de que existem muitas histórias que precisam ser contadas e recontadas repetidamente, a cada vez perdendo algo e acrescentando algo às versões anteriores. Há também uma nova determinação: a de resguardar as condições nas quais todas as histórias podem ser contadas, recontadas e contadas novamente de forma diversa. É na sua pluralidade e não na "sobrevivência dos mais aptos" (isto é, na extinção dos "menos aptos") que reside agora a esperança. Richard Rorty deu a esse novo projeto — pós-moderno — uma precisão epigramática: "Se cuidarmos da liberdade política, a verdade e a bondade cuidarão de si mesmas."[8] Com demasiada frequência o cuidado com a verdade e a bondade resultou na perda da liberdade política. Também não se ganhou muita verdade nem bondade com isso.

Ao contrário da ciência e da ideologia política, a liberdade não promete certeza nem garantia de nada. Causa portanto um bocado de dor de cabeça. Na prática, significa uma constante exposição à ambivalência, isto é, a uma situação sem qualquer solução determinável, sem qualquer opção segura, sem qualquer conhecimento irrefletido de "como continuar". Como observou recentemente Hans Magnus Enzensberger, "não se pode ter uma boa democracia... Democracia é um negócio que pode dar um bocado nos nervos — você é constantemente atingido pelas coisas mais chatas. É como a análise freudiana. Toda a sujeira vem à tona na democracia."[9] O verdadeiro problema do estágio pós-moderno não é deixar as coisas "darem nos nervos" enquanto se espera que não lhe recaiam sobre as costas. Sem os punhos de ferro da modernidade, a pós-modernidade precisa de nervos de aço.

Neotribalismo ou a busca de abrigo

Nervos de aço é aquilo de que mais precisa um ser contingente consciente de sua própria contingência. Nutrir uma ideia que não é compartilhada é uma audácia lisonjeira e estimulante, mas que beira demais a loucura para dar um conforto espiritual completo. Uma ideia compartilhada, ao contrário, promete um abrigo: uma comunidade, uma fraternidade ideológica, de destino ou missão. A tentação de compartilhar é esmagadora. E, a longo prazo, difícil de resistir. Pode expressar-se em rendição — ou agressão. Pode-se, seguindo o conselho de Hobbes e de Freud, ceder alegre ou lamentosamente parte da própria liberdade em troca de uma segurança parcial (embora não fosse esse necessariamente o tipo de segurança em que Hobbes ou Freud pensavam). Ou se pode criar uma comunidade *ab nihilo*, ou tecê-la com os fios tênues da própria opção, embarcando numa escapada proselitista. As duas expressões não são tão opostas uma à outra como possa parecer: foi exatamente o que Adorno e Horkheimer assinalaram. Enquanto examinam os caminhos que levam dos Upanishades aos Vedas, dos cínicos aos sofistas, de são João Batista a são Paulo, eles descobrem em cada caso que a arremetida para a dominação sempre requer o abandono da pureza de propósito e a perda da própria ideia pela qual se procurava a dominação.

"Uma pessoa que optou apenas pela categoria da diferença", escreve Agnes Heller,[10] "pode nem notar que sua opção não se realizou. Enquanto faz uma figura cômica aos olhos dos outros, não será sequer infeliz, mas viverá e morrerá convicta de que foi boa naquilo que escolheu (causa, vocação ou uma pessoa em especial), ao passo que os outros eram apenas tolos." Como bem sabemos, acreditar que "os outros" (*todos* os outros) são tolos é — segundo a convicção popular — o sintoma menos equívoco de loucura. Para a coletividade cônscia de seu coletivismo, uma rejeição solitária das regras sociais (ao contrário de uma rejeição compartilhada, vista como dissenção ou revolução) é um ato fundado unicamente na aberração, que denuncia a incapacidade de agir (isto é, que escapa ao molde de ação definida socialmente). Então a consciência de que pode ser esse o caso elimina de uma vez por todas a possibilidade de ser feliz a pessoa que deseja fazer bom uso de sua contingência (transformar a sina em destino). É por isso que se encontram tão poucas pessoas felizes entre os homens e mulheres pensantes — encurraladas entre o anseio de autenticidade e o medo da insanidade que sempre assoma no fundo da autoafirmação solitária. Bênção para os estúpidos, facilmente a contingência vira um pesadelo para os pensantes. Consciente do perigo (é essa consciência que se revela na admissão da autoridade de padrões supraindividuais), a pessoa contingente *sabe* que "anda numa corda bamba esticada sobre o abismo e tem portanto necessidade de um bom sentido de equilíbrio, de bons reflexos, de uma tremenda sorte e, acima de tudo, de uma rede de amigos que podem lhe dar a mão".

A contingência requer a amizade como alternativa para o asilo de loucos. Precisa dela como o possesso precisa de um exorcismo administrado com autoridade e como o neurótico precisa de uma psicoterapia cientificamente aprovada. (Precisam de seus respectivos remédios como um abrigo contra seus demônios interiores; não uma fuga, mas um *modus vivendi*; não para livrar-se deles, mas para aprová-los e assim domá-los e domesticá-los de forma a poder coexistir com eles em paz.) É algo parecido com a tendência atual de libertar os doentes mentais dos pseudomundos institucionalmente fechados e devolvê-los "à comunidade". Não se acabou portanto vendo a comunidade — e esperando que funcione — como uma terapia de grupo para todos nós? Para nós, sobrecarregados que somos de contingência que só pode ser desintoxicada, jamais erradicada, e que jamais nos deixaria dar um passo fora da corda bamba esticada sobre o abismo do desespero solitário?

Não admira que a pós-modernidade, a idade da contingência *für sich* [por si], da contingência consciente, seja também a idade da comunidade: da ânsia pela comunidade, da busca, invenção e imaginação da comunidade. O pesadelo dos nossos contemporâneos, escreve Manning Nash,[11] "é ser desenraizado, ficar sem documentos, sem Estado, sozinho, alienado e à deriva num mundo de organizados outros"; de ter, em outras palavras, *negada* uma identidade por aqueles que, sendo outros (isto é, diferentes de nós), sempre parecem a distância "organizados" e seguros da própria identidade. Nash ocupa-se apenas de uma reação — de tipo étnico — a esse medo, mas ela pode servir de modelo para todas as outras: "A dimensão étnica da identidade (sejam quais forem suas profundas raízes psicológicas) reside no fato de que os integrantes dos grupos étnicos são vistos uns pelos outros como 'humanos' e confiáveis de um modo que os forasteiros não o são. O grupo étnico fornece refúgio contra um mundo hostil, de desprezo." A comunidade — étnica, religiosa, política ou de outro tipo — é vista como uma mistura incomum de diferença e companhia, como singularidade que não é retribuída com a solidão, como contingência com raízes, liberdade dotada de certeza; sua imagem e sedução são tão incongruentes como aquele mundo de ambivalência universal contra o qual — espera-se — forneceria abrigo.

A verdadeira razão do amor universal (embora em geral não correspondido) pela comunidade raramente é explicada claramente.

Às vezes é revelada sem querer, como numa frase recente de Chantal Mouffe:[12] "é sempre possível distinguir entre o justo e o injusto, o legítimo e o ilegítimo, mas isso só pode ser feito a partir de determinada tradição ... De fato, não há ponto de vista externo a qualquer tradição a partir do qual se possa fazer um julgamento universal." Ostensivamente, esta é uma polêmica contra todas as falsas pretensões do objetivismo impessoal, supra-humano, que orientou as estratégias modernas visando a supressão da contingência; outra restrição nas hostilidades não gratificantes mas no geral prazerosas contra a "ciência positivista",[13] contra a pia esperança de que se pode ser "correto" em todos os momentos, lugares e com todos. Com efeito, a mensagem de Mouffe é que, mesmo com a verdade absoluta liquidada e a universalidade morta e enterrada, ainda se pode ter o que os falecidos e enganosos benfeitores prometeram dar: a alegria de estar "do lado certo" — embora não talvez a todo momento, em todos os lugares ao mesmo tempo e com todos.

A "tradição" (em outros textos poderia ser a "comunidade" ou uma "forma de vida") é a resposta para a ansiedade de Richard Bernstein expressa na sua réplica à reação de Rorty face à contingência — talvez radical demais para obter o entusiasmo popular e certamente exigindo heroísmo demais para esperar uma adesão maciça. Concordando com Rorty sobre a falta de fundamentos universais de qualquer crença ou valor sustentados em nível local, Bernstein[14] não podia deixar de fazer a pergunta: "Como vamos decidir quem são os debatedores racionais e em que sentido são 'racionais'? ... há muitas questões a respeito da justificação, objetividade, o alcance de disciplinas, a maneira adequada de distinguir os debatedores racionais dos irracionais, e *praxis* que são respondíveis e chamam nossa atenção." Tudo bem — parecia dizer Bernstein —, não se pode estabelecer regras autorizadas que se estendam para além dos confins de uma dada comunidade de sentido ou tradição; mas sem dúvida isso não quer dizer necessariamente que o jogo de regras tenha findado. Com certeza significa apenas que o número de jogadores é um tanto menor do que se esperava. Com certeza os árbitros e suas decisões, das quais os jogadores não podem apelar, ainda subsistem e são necessários. A "distinção entre justo e injusto" que é "sempre possível" é o propósito para o qual Mouffe postula a "tradição".[15] A necessidade de "chamar nossa atenção" é o motivo de Bernstein para fazer o mesmo. A angústia da pessoa contingente que busca afirmação de sua verdade pessoal é apoiada e induzida pela ansiedade de uma intelectual que busca a reafirmação de seus direitos legislativos e de seu papel de líder.

Michel Maffesoli[16] sugeriu recentemente um conceito muito feliz, o de *neotribalismo*, para descrever um mundo como o nosso — um mundo que tem como característica notável a busca obsessiva da comunidade. (O termo, parece, tenta captar um fenômeno semelhante àquele discutido por Eric Hobsbawm sob o título de *invenção da tradição* e por Benedict Anderson sob o título de *comunidade imaginada*.) O nosso mundo, sugere Maffesoli, é um mundo *tribal*, um mundo que só admite verdades tribais e decisões tribais sobre certo e errado ou o belo e o feio. Mas é também um mundo neotribal, diferente da antiguidade tribal original em aspectos bastante vitais.

As tribos, tais como as conhecemos dos relatos etnográficos e registros antigos, eram corpos firmemente estruturados com filiação controlada. Agências gerontocráticas, hereditárias, militares ou democráticas, armadas invariavelmente de poderes efetivos de inclusão e exclusão, monitoravam o tráfego, ainda que limitado, pela fronteira do grupo. Ficar dentro ou fora da tribo raramente era uma questão de escolha individual; com efeito, esse tipo de sina era singularmente inapto para a transformação em destino. As tribos do mundo contemporâneo, ao contrário, são formadas — como conceitos, mais do que corpos sociais integrados — pela multiplicidade de atos individuais de autoidentificação. Agências que podem de tempos em tempos surgir para manter os fiéis unidos têm poder executivo limitado e pouco controle sobre a cooptação ou o banimento. O mais comum é as "tribos" serem desatentas com a adesão, e a própria adesão é fraca. Ela se dissipa tão rápido quanto aparece. A "filiação" é relativamente fácil de revogar e divorciada de obrigações a longo prazo; é um tipo de "filiação" que não requer um procedimento de admissão ou um governo autorizado e que pode se dissolver sem permissão ou aviso. As tribos "existem" apenas por decisões individuais de ostentar os traços simbólicos da fidelidade tribal. Desaparecem assim que as decisões são revogadas ou assim que sua determinação desaparece. Persistem apenas graças à sua contínua capacidade sedutora. Não podem sobreviver ao seu poder de atração.

As neotribos são, em outras palavras, os veículos (e sedimentos imaginários) da autodefinição individual. Os esforços de autoconstrução as geram; a inevitável inconclusividade e frustração desses esforços levam ao seu desmantelamento e substituição. Sua existência é transitória, em fluxo contínuo. Inflamam mais a imaginação e atraem a lealdade mais ardente quando ainda residem no reino da esperança. São formações frouxas demais para sobreviver ao movimento da esperança para a prática. Parecem ilustrar a definição de ser de Jean-François Lyotard como algo que "escapa à determinação e chega cedo e tarde demais".[17] Parecem também se encaixar muito bem no conceito kantiano de *comunidade estética.*

Para Kant, a comunidade estética é e está fadada a ser uma ideia, uma promessa, uma expectativa, uma esperança de unanimidade que não deve ser. A esperança de unanimidade traz a comunidade estética à existência; a não realização dessa esperança mantém-na viva. A comunidade estética deve sua existência, por assim dizer, a uma promessa falsa. Mas a escolha individual não pode ser feita sem tal promessa. "Kant usa a palavra 'promessa' para assinalar a inexistência dessa república do gosto (Gostos Unidos?)* A unanimidade sobre o que é belo não tem chance de ser atualizada. Mas todo juízo efetivo de gosto leva consigo a promessa de universalização como aspecto constitutivo de sua singularidade":

> A comunidade exigida como suporte de validade desse juízo deve estar sempre no processo de fazer-se e desfazer-se. O tipo de consenso implicado por tal processo, se é que há algum consenso, não é de forma alguma argumentativo mas antes alusivo e evasivo, dotado de uma forma espiral de estar vivo, combinando vida e morte, permanecendo sempre *in statu nascendi* ou *moriendi*, sempre mantendo aberta a questão de se existe ou não efetivamente. Esse tipo de consenso, definitivamente, não passa de uma nuvem de comunidade.[18]

Aqueles dentre nós que — estimulados pelas memórias da era legislativa — desejam uma situação na qual "é sempre possível distinguir o legítimo do ilegítimo" a sustentar estão fadados a se desapontarem. O melhor que podem conseguir para apoiar tal possibilidade nas atuais condições pós-modernas são apenas essas comunidades estéticas — *nuvens de comunidades*. Tais comunidades jamais serão parecidas com os confortáveis e naturais (confortáveis porque naturais) lares da unanimidade de Tönnies. As comunidades no estilo Tönnies evaporam no momento em que se percebem como comuni-

---

* Trocadilho intraduzível com as palavras *taste* (gosto) e *United States* (Estados Unidos), dando *United Tastes*. (N.T.)

dades. Elas desaparecem (se não desapareceram antes) assim que dizemos "que bom estar numa comunidade". Desse momento em diante, a comunidade não é mais um lugar de permanência seguro; torna-se trabalho duro e luta árdua, um horizonte que recua continuamente numa estrada sem fim — tudo, menos confortável e natural. Consolamo-nos e convocamos nossa definhante determinação invocando a fórmula mágica da "tradição" — fazendo força para esquecer que a tradição vive apenas ao ser recapitulada, sendo construída como uma herança; que aparece, se aparece, apenas no fim, nunca no começo do acordo; que sua unidade retrospectiva não passa de uma função da densidade da nuvem comunitária atual ...

Dado o nosso conhecimento da contingência — agora transbordando da ideia do belo para a de ser ele mesmo, para a sua verdade e a sua razão — não podemos abandonar nossa busca de consenso: sabemos afinal que o acordo não é predeterminado nem garantido de antemão, que não tem nada a não ser nossa argumentação em que se amparar. A nossa coragem é a do desespero. Só podemos redobrar os nossos esforços enquanto seguimos de derrota em derrota. A antinomia kantiana do juízo de gosto mostrou que a disputa era tão inevitável quanto afinal inconclusiva e irrelevante. É uma demonstração que tanto Habermas quanto seus detratores deixaram de ver: Habermas na medida em que apresenta o modelo de comunicação não distorcida como uma perspectiva realista de consenso sobre a verdade; seus críticos quando tentam desautorizar a efetividade desse modelo por não oferecer uma base firme o bastante para o acordo, o que tacitamente implica que se deva procurar e se possa achar outras bases supostamente mais firmes.

Nessas circunstâncias, o maior paradoxo da busca frenética de bases comunitárias de consenso é que isso resulta em mais dissipação e fragmentação, mais heterogeneidade. O impulso para a síntese é o fator principal de bifurcações intermináveis. Cada tentativa de convergência e síntese leva a novas separações e divisões. O que pretende ser uma fórmula de acordo para pôr fim a todo desacordo revela-se, assim que é formulado, algo que propicia novo desacordo e novas pressões para a negociação. Todo esforço para firmar estruturas frouxas do mundo induz a mais fragilidade e fissões. A busca da comunidade torna-se um grande obstáculo à sua formação. O único consenso com alguma chance de sucesso é a aceitação da heterogeneidade das dissensões.

É difícil viver com essa perspectiva. Ao dano da conhecida contingência ela acrescenta o insulto da impotência humana para invocar o que a natureza não pôde prover. Não apenas a pessoa tem consciência de sua própria falta de fundamento, como além disso não tem permissão de esperar que esses fundamentos sejam algum dia construídos. As verdades do tipo defendido por cruzados perderam o poder de humilhar, mas também muito de sua antiga capacidade de oferecer socorro — o sentimento de ter "nascido de novo", de "abrir os olhos" — que as verdades costumavam dar aos convertidos. Não admira que a condição pós-moderna seja repleta de antinomias — dilacerada entre as oportunidades que abre e as ameaças que se escondem por trás de cada uma delas.

As antinomias da pós-modernidade

O colapso das "narrativas grandiosas" (como coloca Lyotard) — a dissipação da confiança em instâncias de apelação supraindividuais e supracomunitárias — foi visto por muitos observadores com medo, como um convite à situação de que "tudo está bem", à permissividade geral e dessa forma, no fim, à morte de toda ordem moral e, portanto, social. Cientes da máxima de Dostoievski segundo a qual "se não há Deus, tudo é permitido" e da identificação durkheimiana do comportamento antissocial com a fragilidade do consenso coletivo, acabamos por acreditar que, a não ser que uma autoridade incontestável e aterradora — sacra ou secular, política ou filosófica — paire sobre cada indivíduo humano, é provável que se instalem a anarquia e a carnificina universal. Essa crença apoiou bem a moderna determinação de instalar uma ordem artificial: um projeto que tornou toda espontaneidade suspeita até que se provasse a sua inocência, que proibia tudo que não fosse explicitamente prescrito e que identificava a ambivalência com o caos, com "o fim da civilização" como a conhecemos e como poderia ser imaginada. Talvez o medo emanasse do conhecimento suprimido de que o projeto estava condenado desde o início; talvez fosse cultivado deliberadamente, uma vez que servia a um papel útil como baluarte emocional contra a dissensão; talvez fosse apenas um efeito colateral, uma reflexão intelectual tardia nascida da prática sociopolítica da cruzada cultural e da assimilação forçada. De uma maneira ou de outra, a modernidade inclinava-se à intimidação de toda diferença não autorizada e todos os padrões de vida irregulares só podiam gerar o horror do desvio e tornar o desvio sinônimo de diversidade. Como comentaram Adorno e Horkheimer, a duradoura cicatriz intelectual e emocional deixada pelo projeto filosófico e a prática política da modernidade foi o medo do vazio; e o vazio era a ausência de um padrão universalmente obrigatório, inequívoco e executável.

Do medo popular do vazio, da ansiedade nascida da ausência de instrução clara que nada deixa à angustiante necessidade de opção, sabemos pelos relatos preocupados feitos por intelectuais, intérpretes indicados ou autonomeados da experiência social. Os relatores, porém, nunca estão ausentes do seu relato e é uma tarefa inútil tentar separá-los de suas histórias. Pode muito bem ser que em todas as épocas houvesse vida fora da filosofia e que essa vida não partilhasse as preocupações de seus relatores, que ela se virasse muito bem sem ser regida por padrões universais de verdade, bondade e beleza racionalmente provados e filosoficamente aprovados. Pode bem ser que muito dessa vida fosse vivível, de forma ordeira e moral, *porque não* tinha nada a ver com nem era manipulada ou corrompida pelos agentes autoproclamados do "dever universal".[19] Praticamente não há dúvidas, no entanto, de que uma forma de vida mal pode passar sem o apoio de padrões universalmente obrigatórios e inegavelmente válidos: qual seja, a forma de vida dos próprios relatores (mais precisamente, a forma de vida que contém as histórias que esses relatores narraram a maior parte da história moderna).

Foi essa forma de vida, primeiro e antes de mais nada, que perdeu seu fundamento assim que os poderes sociais abandonaram suas ambições ecumênicas e que portanto se sentiu mais do que tudo ameaçada pelo desaparecimento das expectativas universalistas. Enquanto os poderes modernos se apegaram decididamente à intenção de construir uma ordem melhor, guiada pela razão e portanto, em última análise, universal, os intelectuais tiveram pouca dificuldade em formular sua própria pretensão a um papel crucial no processo: a universalidade era seu domínio e seu campo de especialização. Enquanto os poderes modernos insistiram na eliminação da ambivalência como medida de melhoria social, os intelectuais puderam considerar seu próprio trabalho — a promoção de uma racionalidade universalmente válida — um veículo importante e uma força propulsora do progresso. Enquanto os poderes modernos continuaram a execrar, banir e eliminar o Outro, o diferente, o ambivalente, os intelectuais puderam contar com poderoso apoio à sua autoridade de julgar e separar o verdadeiro do falso, o conhecimento da mera opinião. Como o herói adolescente do *Orfeu* de Cocteau, convicto de que o sol não nasceria sem seu violão e sua serenata, os intelectuais se convenceram de que o destino da moralidade, da vida civilizada e da ordem social dependia da solução que dessem ao problema da universalidade: de sua decisão e prova final de que o "dever" humano é inequívoco e que essa ausência de ambiguidade tem fundamentos inabaláveis e totalmente confiáveis.

Essa convicção traduzia-se em duas crenças complementares: de que não haverá bem no mundo *a não ser que* sua necessidade seja provada; e de que provar essa necessidade, se e quando provada, terá sobre o mundo um efeito similar àquele atribuído aos atos legislativos de um governante: substituirá o caos pela ordem e tornará transparente o que é opaco. Husserl foi talvez o último grande filósofo da era moderna incitado à ação por essas crenças gêmeas. Estarrecido pela ideia de que aquilo que vemos como verdade, seja o que for, só pode se basear em crenças, de que nosso conhecimento tem apenas um fundamento psicológico, de que podemos ter adotado a lógica como guia seguro do pensamento correto simplesmente porque é assim que pensam no geral as pessoas, Husserl (como Descartes, Kant e outros gigantes reconhecidos do pensamento moderno anteriores a ele) fez um esforço gigantesco para libertar a razão do seu habitat mundano (ou seria a sua prisão?), para devolvê-la ao seu lugar — uma região *transcendental*, fora do mundo, bem acima do alvoroço humano diário, a uma altura onde não pode ser alcançada — nem vislumbrada ou poluída — a partir do mundo inferior da experiência cotidiana comum. Esta não poderia ser o domicílio da razão, uma vez que era precisamente o mundo do comum, do ordinário e do espontâneo que devia ser refeito, reformado e transformado pelos vereditos da razão. Só os poucos capazes do formidável esforço da redução transcendental (uma experiência que não difere dos transes do xamã ou de quarenta dias de meditação no deserto) podem viajar para aqueles locais esotéricos onde se pode ver a verdade. Durante a sua jornada, devem esquecer — suspender e pôr entre parênteses — o "mero existente", de forma que possam tornar-se um com o sujeito transcendental — esse sujeito pensante que pensa a verdade porque nada pensa além disso, porque é livre dos seus interesses mundanos e dos erros comuns da via terrena.

O mundo que Husserl deixou para trás ao embarcar na sua expedição solitária às fontes de certeza e verdade recebeu pouca atenção. Era um mundo do mal desenfreado, de campos de concentração e estoques crescentes de bombas e gás venenoso. O efeito mais espetacular e duradouro da posição final da verdade absoluta não foi tanto a sua *inconclusividade*, derivada, como diriam alguns, dos erros de projeto, mas sua suprema *irrelevância* para o destino mundano da verdade e da bondade. O destino último foi decidido bem longe da mesa dos filósofos, bem no mundo da vida cotidiana onde grassavam as batalhas pela liberdade política e se esticavam e encolhiam os limites da ambição estatal de legislar a ordem social, de definir, segregar, organizar, coagir e suprimir.

Parece que, quanto mais avançada é a causa da liberdade em casa, menos necessários são os serviços de exploradores de terras distantes onde supostamente reside a verdade absoluta. Quando a verdade de alguém parece segura e a verdade do outro não parece uma ameaça ou desafio, a verdade pode viver bem sem sicofantas a garanti-la como "a mais verdadeira de todas" e os senhores da guerra decididos a fazer com que ninguém discorde. Assim que a diferença deixa de ser um crime, pode ser desfrutada em paz e por aquilo que é, não pelo que representa ou está destinada a ser. Assim que os políticos abandonam a busca de impérios, há pouca necessidade de filósofos a buscar a universalidade.[20] Impérios de soberania ilimitada e inconteste e a verdade universal inconteste e ilimitada eram os dois braços com que a modernidade queria remoldar o mundo de acordo com o projeto da ordem perfeita. Como não há mais aquela intenção, os dois braços perderam a utilidade.

Com toda probabilidade, a diversidade de verdades, padrões de bondade e beleza não aumenta assim que aquela intenção se vai; nem se torna mais resistente e teimosa do que antes; apenas parece menos alarmante. Era, afinal, a intenção moderna que tornava a diferença uma ofensa: *a* ofensa, o pecado mais mortal e menos perdoável. O olho pré-moderno via a diferença com equanimidade, como se estivesse na ordem preordenada das coisas que sejam e permaneçam diferentes. Com uma visão não emocional, a diferença estava também a salvo e fora do foco cognitivo. Após alguns séculos em que a diversidade humana viveu no esconderijo (ocultamento forçado pela ameaça de exílio) e aprendeu a se embaraçar com seu estigma de iniquidade, o olho pós-moderno (isto é, o olho moderno liberto dos medos e inibições modernos) vê a diferença com alegria e prazer: a diferença é bela e não menos boa por isso.

O próprio surgimento da sequência é, com certeza, um efeito da queda moderna pelas divisões estritas, pelas claras rupturas e pelas substâncias puras. A celebração pós-moderna da diferença e da contingência não deslocou a ânsia moderna de uniformidade e certeza. Ademais, é improvável que algum dia o faça; não tem capacidade para tal. Sendo o que são, a mentalidade e prática pós-modernas não podem deslocar, eliminar ou sequer marginalizar coisa alguma. Como sempre ocorre com a condição humana, notoriamente ambivalente (multifinal: abrindo mais de uma opção, apontando mais de uma linha de mudança futura), os ganhos da pós-modernidade são simultaneamente suas perdas; o que lhe empresta sua força e atração é também a fonte de sua fraqueza e vulnerabilidade.

Não há ruptura clara ou sequência inequívoca. A pós-modernidade é fraca em matéria de exclusão. Tendo declarado que os limites passam dos limites, só pode incluir e incorporar a modernidade na própria diversidade que é a sua marca característica. Não pode recusar admissão, do contrário perderia a sua identidade. (Paradoxalmente, a recusa equivaleria a ceder toda a propriedade ao pretendente rejeitado.) Só pode reconhecer os direitos de residente legítimo ao inquilino que nega seu direito de admitir residentes e o direito de outros residentes a partilhar suas acomodações. A mentalidade moderna é um litigante de berço, tarimbado em processos legais. A pós-modernidade não pode defender seu caso perante os tribunais, uma vez que não há tribunais cuja autoridade reconheceria. Deve ser forçada, em vez disso, a seguir o mandamento cristão de dar a outra face aos golpes do agressor. Está sem dúvida condenada a uma longa e dura coexistência no mesmo quarto com a inimiga jurada.

À determinação moderna de buscar ou forçar o consenso a mentalidade pós-moderna só pode responder com sua habitual tolerância da divergência. Isso torna desiguais as chances dos antagonistas, com as chances pendendo fortemente para o lado daqueles que têm uma vontade firme e decidida. A tolerância é uma defesa frágil demais contra a obstinação e a falta de escrúpulos. Por si mesma, a tolerância é um alvo imóvel — uma presa fácil para os inescrupulosos. Só pode evitar agressões quando se transforma em solidariedade, no reconhecimento universal de que a diferença é uma universalidade que não está aberta à negociação e que o ataque ao direito universal de ser diferente é o único afastamento face à universalidade que nenhum dos agentes solidários, por mais diferente que seja, pode tolerar, exceto com perigo para si e para todos os outros agentes.

E assim a transformação da *sina* em *destino*, da tolerância em solidariedade, não é apenas uma questão de perfeição moral, mas uma condição de sobrevivência. A tolerância como "mera tolerância" é moribunda; só pode sobreviver sob a forma de solidariedade. Simplesmente não basta ficar satisfeito com o fato de a diferença do outro não limitar ou ameaçar a nossa — uma vez que algumas diferenças, de alguns outros, voltam-se evidentemente para constranger e prejudicar. A sobrevivência no mundo da contingência e diversidade só é possível se cada diferença reconhece outra diferença como condição necessária da sua própria preservação. A solidariedade, ao contrário da tolerância, que é sua versão mais fraca, significa disposição para lutar; e entrar na luta em prol da diferença alheia, não da própria. A tolerância é egocêntrica e contemplativa; a solidariedade é socialmente orientada e militante.

Como todas as outras condições humanas, a tolerância e diversidade pós-modernas têm seus perigos e temores. Sua sobrevivência não está garantida — nem por desígnio de Deus nem por uma razão universal, nem pelas leis da história nem qualquer outra força sobre-humana. A esse respeito, claro, a condição pós-moderna não difere absolutamente de todas as outras condições; difere apenas pelo fato de saber que vive sem garantia, de que depende de si mesma. Isso torna-a excessivamente propensa à ansiedade. E é isso também que lhe dá uma chance.

Os futuros da solidariedade

A pós-modernidade é uma chance da modernidade. A tolerância é uma chance da pós-modernidade. A solidariedade é a chance da tolerância. A solidariedade é uma chance de terceiro grau. Isso não parece tranquilizador para quem quer bem à solidariedade. A solidariedade não pode derivar sua confiança de nada sequer remotamente sólido e portanto confortador como as estruturas sociais, as leis da história ou o destino das nações e raças, de que os projetos modernos extraíram seu otimismo, autoconfiança e determinação.

A ponte que liga a condição pós-moderna à solidariedade não é feita de necessidades. Sequer é seguro que tal ponte exista em absoluto. Emancipada da *hybris* moderna, a mente pós-moderna tem menos necessidade de crueldade e da humilhação do Outro; ela pode se permitir a "gentileza" de Richard Rorty. Mas a gentileza pode se mostrar e com frequência se mostra mesmo superior, orgulhosa, distanciada — parecendo em geral mais uma afronta que simpatia.

Por si mesma, a gentileza não geraria solidariedade — assim como a solidariedade não é o único resultado possível (nem sequer o mais provável) do colapso do romance moderno com a "sociedade planejada".

Mais do que tudo, os projetos modernos de perfeição global tiraram seu ímpeto do horror à diferença e da impaciência com a alteridade. E no entanto também ofereceram uma chance à genuína preocupação com a situação angustiosa dos miseráveis e desgraçados (foi essa chance que atraiu para a promessa moderna os porta-vozes dos oprimidos). A convicção moderna de que a sociedade não precisa ser como é, que pode ser melhorada, tornou cada caso de infelicidade individual e grupal um desafio, um problema a atacar. Na medida em que uma vida decente para todos era, por consenso geral, uma proposição factível, os administradores da ordem social sentiam a necessidade de se desculpar por sua preguiça ou inépcia em produzir uma vida decente para todos.

Não que pessoas semelhantes a Mayhew, Booth ou Riis não estejam mais entre nós; com toda probabilidade, elas existem hoje em maior número que em qualquer outra época. A verdadeira diferença é entre o efeito explosivo que antes tinha a revelação da miséria humana e o ânimo equilibrado com que é recebida hoje. As notícias da pobreza e do sofrimento humanos surgem hoje como relatos mais coloridos em meio às muitas imagens sobre as várias formas de vida que as pessoas escolheram ou estão fadadas a levar (pela história, a religião, a cultura). Para uma mentalidade ensinada a tratar a sociedade como um projeto inacabado que cabia aos administradores completar, a pobreza era uma abominação; sua expectativa de vida dependia exclusivamente da determinação administrativa. Para a mentalidade que repele as visões globais, desconfiada de todos os projetos de engenharia social, essa pobreza não passa de um elemento na infinita variedade da existência. Mais uma vez, como nos tempos pré-modernos, convictos da sabedoria inescrutável e atemporal da ordem divina, podemos conviver com visões diárias de fome, falta de teto, vidas sem futuro e dignidade e, ao mesmo tempo, viver felizes, gozar o dia e dormir tranquilamente à noite.

No auge do sonho moderno da sociedade perfeita logo depois da esquina e da determinação de dobrar essa esquina assim que os recursos permitissem, chegou-se a um acordo tácito entre os administradores e os administrados sobre as prioridades a observar no caminho para a felicidade global. Da última vez, diz John Kenneth Galbraith, tal acordo — espécie de "contrato social" não escrito (preferimos falar de uma promessa feita e acreditada) — se fez na Grã-Bretanha sob o governo de Lloyd George e nos Estados Unidos na administração Roosevelt. Mas, diz Galbraith, "nos anos 80 esse entendimento foi, no mínimo, adormecido". Que aqueles que não podem se aproveitar dos prêmios cintilantes do consumismo desenfreado merecem nossa atenção e têm direito a uma compensação já não é mais uma questão de consentimento silencioso.

> Nossos pobres continuaram pobres nos EUA e o número daqueles assim classificados aumentou de forma substancial, como aumentou de modo mais acentuado a parcela da renda que vai para os muito ricos. As condições de vida no centro de nossas grandes cidades são — a palavra é cuidadosamente escolhida — estarrecedoras. As condições habitacionais são ruins e estão piorando. Muitos dos nossos cidadãos não têm sequer o mais elementar abrigo, sua renda beira os níveis da fome. As escolas também são ruins e jovens e velhos, apoiados muitas vezes no crime, buscam nas drogas uma fuga temporária ao desespero.[21]

Que as coisas vão mal não é novidade; para um grande número de pessoas as coisas costumavam ir mal nos tempos melhores. O que é realmente novidade é que as coisas que vão mal para algumas pessoas raramente preocupam aqueles para quem as coisas vão bem. Estes aceitaram e declararam que pouco podem fazer para melhorar a sina dos outros. E até conseguiram se convencer de que, uma vez que a engenharia social se revelou essencialmente podre, o que quer que decidam fazer só pode piorar as coisas ainda mais. A promessa não foi apenas quebrada. Foi retirada.

A gentileza pode ser o oposto da crueldade. Ambas são, no entanto, sentimentos dos interessados e envolvidos, atitudes de pessoas *preocupadas* — de pessoas que não apenas olham mas veem e que se preocupam com o que viram. As alternativas da gentileza e da crueldade servem, ambas, ao compromisso com o Outro; permanecem deste lado da ligação mútua. Fora desse compromisso, como o "*outro do compromisso*", o outro tanto da gentileza quanto da crueldade, está a atitude de *insensibilidade alimentada pela indiferença*, uma espécie de tolerância que para seu objeto parece mais uma sentença de morte que uma esperança de liberdade.

É facílimo para a tolerância pós-moderna degenerar em egoísmo dos ricos e talentosos. Tal egoísmo é de fato sua manifestação mais imediata e cotidiana. Parece haver uma relação direta entre a liberdade exuberante e expansiva do "consumidor competente" e o encolhimento implacável do mundo habitado pelos desqualificados.[22] A condição pós-moderna dividiu a sociedade em metades, a dos felizes seduzidos e a dos infelizes oprimidos, com a mentalidade pós-moderna celebrada pela primeira metade e aumentando a miséria da segunda. A primeira metade pode abandonar-se à descuidada celebração apenas porque se convenceu, satisfeita, de que a miséria da segunda é uma *opção* legítima dessa metade ou, pelo menos, uma parte legítima da estimulante diversidade do mundo. Para a primeira metade, a miséria é a "forma de vida" que a segunda metade escolheu — quando nada por levar um estilo de existência despreocupada e negligenciar o dever da escolha.

Não há escassez de fórmulas pós-modernas visando tornar imaculada a consciência dos seduzidos. Discípulos de Hayeks e Friedmans surgem em número crescente, prontos a provar que os ricos devem receber prêmios cada vez maiores para que desejem ser ricos, ao passo que para os pobres as recompensas em riquezas são apenas um estímulo para chafurdarem na pobreza; e que enriquecer-se ("criar riqueza material") é o único serviço que os ricos podem prestar aos pobres (quer dizer, se é que algum serviço deva ser prestado). Há economistas, cientistas políticos, sociólogos e, é claro, políticos para tranquilizar os ricos garantindo que a pobreza dos pobres é problema deles, dos pobres, ao passo que a resistência dos pobres à pobreza é problema dos órgãos de segurança encarregados de manter a lei e a ordem. Há "oportunidades fotográficas" obsequiosamente servidas pela polícia para informar o público sobre a depravação e iniquidade insondáveis dos pobres intoxicados por drogas. (Não há como não lembrar os câmeras de Goebbels registrando avidamente a feiura imunda dos judeus infestados de piolhos nos guetos.) Com a respiração em suspenso, os moradores de lares fortificados à prova de ladrões grudam-se às telas de TV para ver o espetáculo de brutalidade que é a marca dos brutalizados. E há também pregadores de moral a lembrar os chocados *voyeurs* que é um "problema" evitar que mães solteiras deem à luz torcedores *hooligans* e que estudos científicos outrora conduzidos pelos especialistas em higiene racial podem talvez — quem sabe? — nos dizer algo sobre a solução racional disso.

Um longo e tortuoso caminho levou historicamente da crueldade à gentileza, mas basta um pequeno passo para a viagem de volta. O mundo pós-moderno de alegre confusão tem suas fronteiras cuidadosamente guardadas por mercenários não menos cruéis que aqueles contratados pelos administradores da ordem global hoje abandonada. Bancos auspiciosos sorriem apenas para clientes atuais ou em perspectiva. Os *playgrounds* dos felizes consumidores são cercados por muros grossos, vigias eletrônicos e cães de guarda com dentes afiados. A tolerância polida aplica-se apenas àqueles que têm permissão de entrar. De forma que o ato de traçar a linha entre o interior e o exterior parece não ter perdido nada da sua violência e potencial genocida. Quando nada, esse potencial aumentou, uma vez que nenhuma perspectiva missionária ou proselitista salva os excluídos da condenação total e final. Com efeito, já não é claro por que os inúteis e problemáticos excluídos, de cujos corpos ninguém precisa e cujas almas ninguém quer conquistar ou converter (uma vez que não são mais o "exército industrial de reserva", nem objetos em perspectiva de exploração ou carne de canhão), não devem ser removidos à força ("repatriados") se há um lugar para onde possam ser removidos, ou impedidos de procriar se a sepultura é o único lugar para onde podem ser transferidos.

Em *Modernidade e Holocausto* sugeri que a condensação sem precedentes de crueldade que marcou os genocídios do século XX pode ter resultado da aplicação da administração e tecnologia modernas às tensões e conflitos pré-modernos não resolvidos. Um choque dialético semelhante não deve ser levianamente descartado sob as emergentes circunstâncias pós-modernas. A inconclusa engenharia social moderna pode muito bem irromper numa nova explosão selvagem de misantropia, com o apoio e não a oposição do egocentrismo e indiferença pós-modernos recém-legalizados. A muralha protetora da alegre despreocupação oferecida pelo estilo pós-moderno foi precisamente o que faltou aos que perpetraram as modernas crueldades de massa, que tiveram de substituí-la por artifícios feitos sob medida, forçando ao máximo seu engenho e astúcia. Desde então a despreocupação fez tremendos avanços — dissolvendo-se a miséria dos outros no fluxo incessante de espetáculos moderadamente preocupados e moderadamente divertidos (divertidos *porque* moderadamente preocupados), tornando-a indistinta de outros simulacros baudrillardianos; enquanto a técnica mental pela qual a vida é recortada numa série de casos, cada um a ser tratado separadamente "como merece", removeu radicalmente "a necessidade do outro" (para não mencionar noções abstratas e a esta altura amplamente desacreditadas, como "a responsabilidade pelo outro") como "fator relevante do caso". Para a maioria dos que buscam um mundo melhor, a visão de um paraíso universal foi reduzida às tentativas de jogar os aspectos vexatórios da vida (um silo para lixo tóxico, uma fábrica que polui o ar, um cruzamento perigoso ou um aeroporto barulhento) no quintal dos outros.

A total, inexorável e inflexível *privatização* de todas as preocupações foi o principal fator que tornou a sociedade pós-moderna tão espetacularmente imune à crítica sistêmica e à dissensão social radical com potencial revolucionário. Não que necessariamente os cidadãos da sociedade pós-moderna — privatizada e mercantilizada — desfrutem em última análise de maior felicidade (gostaríamos ainda de saber como medir objetivamente a felicidade e compará-la) e que sintam suas preocupações como menos sérias e penosas; o que realmente importa é que não lhes ocorre jogar no Estado a culpa pelos problemas que possam enfrentar e muito menos esperar que o Estado lhes dê os remédios. A sociedade pós-moderna revelou-se uma máquina quase perfeita de tradução — uma máquina que interpreta qualquer questão *social* existente ou provável como questão *privada* (como em desafio direto à definição bem moderna, bem pós-moderna, de C. Wright Mills simultaneamente para a boa democracia e a boa ciência social). Não foi a "propriedade dos meios de produção" que se privatizou (seu caráter "privado" é certamente colocado ainda mais em dúvida na era das fusões e das multinacionais). A mais seminal das privatizações foi a dos problemas humanos e a da responsabilidade por sua solução. A política que reduziu as responsabilidades assumidas em relação à segurança pública, retirando-se das tarefas da administração social, efetivamente dessocializou os males da sociedade e traduziu a injustiça social como inépcia ou negligência individual. Essa política não exerce atração suficiente para despertar no *consumidor* o *cidadão*; suas apostas não são impressionantes o bastante para torná-la objeto da ira que poderia conduzir à coletivização. Na sociedade pós-moderna de consumo, o fracasso redunda em culpa e *vergonha*, não em *protesto* político. A frustração alimenta o embaraço, não a dissensão. Talvez desencadeie todos os conhecidos sintomas comportamentais do *ressentimento* de Nietzsche e Scheler, mas politicamente desarma e gera apatia.

A consequência sistêmica da privatização da ambivalência é uma dependência que não precisa nem de uma ditadura baseada na coerção nem de doutrinação ideológica; uma dependência que é sustentada, reproduzida e reforçada essencialmente por métodos de mercado, que é abraçada de boa vontade e não se sente absolutamente como dependência — pode-se mesmo dizer: que se sente como liberdade e um triunfo da autonomia individual. A cobiçada liberdade do consumidor é, afinal, o direito de escolher "por vontade própria" um propósito e um estilo de vida que a mecânica supraindividual do mercado já definiu e determinou para o consumidor. A liberdade do consumidor significa uma orientação da vida para as mercadorias aprovadas pelo mercado, assim impedindo uma liberdade crucial: a de se libertar do mercado, liberdade que significa tudo menos a escolha entre produtos comerciais padronizados. Acima de tudo, a liberdade do consumidor desvia dos assuntos comunitários e da administração da vida coletiva as aspirações da liberdade humana.

Toda dissensão possível é assim de antemão despolitizada, dissolvida em ansiedades e preocupações ainda mais pessoais e dessa forma desviada dos centros de poder social para os fornecedores privados de bens de consumo. A defasagem entre estados de felicidade desejáveis e aqueles efetivamente alcançados resulta no crescente fascínio com as seduções do mercado e a posse de mercadorias; as rodas do mecanismo realimentador da economia voltada para o consumo são assim lubrificadas, enquanto as estruturas políticas e sociais permanecem incólumes e intactas. Com a privatização das definições e particularmente das avenidas e mecanismos de mobilidade social, todos os problemas potencialmente explosivos — como ambições pessoais frustradas, humilhantes recusas de confirmação pública da autoimagem, canais de avanço obstruídos, mesmo a exclusão da esfera em que são distribuídos sentidos e identidades publicamente reconhecidos, com uma tarefa definida — levam no máximo a uma busca ainda mais febril de prescrições, técnicas e instrumentos fornecidos pelo mercado para a melhoria da imagem ou terminam com a desconsolada resignação dos que vivem de auxílio-desemprego — esse modelo socialmente confirmado de incompetência e impotência pessoais. Em nenhum dos casos a consequência se acha investida de significado político. As ambições privatizadas predefinem a frustração como um assunto igualmente privado, singularmente incapaz de se transformar em uma queixa coletiva.

Não há solidariedade sem a tolerância da alteridade do outro. Mas a tolerância não é condição suficiente para a solidariedade. Nem é a solidariedade uma consequência predeterminada da tolerância. Certo, não se pode imaginar crueldade praticada *em nome* da tolerância; mas há um monte de crueldades que a tolerância, através da arrogante despreocupação que alimenta, torna *mais fáceis de cometer*. A pós-modernidade é um lugar de oportunidade e também de perigo — e ambas as coisas pelas mesmas razões.

Socialismo, última parada da modernidade

Desde o início, o socialismo moderno foi e continuou sendo a contracultura da modernidade.

Como todas as contraculturas, o socialismo moderno desempenhou uma tripla função em relação à sociedade a que se opunha e servia: expôs a farsa que consistia em representar o estado efetivo da sociedade como a realização da sua promessa; resistiu à supressão ou encobrimento da possibilidade de melhor cumprir essa promessa; e pressionou a sociedade para essa melhor realização do seu potencial. Na lealdade com que desempenhou essa tripla função está o segredo tanto da sua glória quanto da sua miséria.

Como todas as contraculturas, o socialismo moderno pertencia à mesma formação histórica da sociedade a que se opunha. Essa união revelou-se no serviço indispensável que o socialismo prestou para o dinamismo e durabilidade da sociedade moderna. Desempenhando bem o seu papel contracultural, o socialismo manteve essa sociedade em constante movimento, formulando os problemas que ela tinha de resolver para continuar viva, endossando e sustentando a atração de sua promessa e assim garantindo um apoio permanente a sua obras e, por fim, contribuindo para o seu potencial de administração de crises e para sua viabilidade geral. A união revelou-se também na confiança quase total do socialismo no programa da modernidade. O próprio programa socialista era uma versão do projeto da modernidade — ele aguçava e radicalizava a promessa que a sociedade moderna como um todo jurava cumprir. O socialismo não era obrigado a provar o mérito e a conveniência do projeto moderno enquanto tal. Isso já havia sido amplamente demonstrado pela prática da modernidade — e firmemente estabelecido na consciência pública graças aos encômios de seus defensores oficiais. Assim, Marx e Engels podiam em sã consciência louvar o admirável trabalho realizado pelos administradores capitalistas da modernidade em fundir todos os sólidos, profanar todos os sacramentos e impelir a força criativa da humanidade a limites sem precedentes. Lassalle pôde agradecer *Herren Kapitalisten* [os senhores capitalistas] por realizar a tarefa socialista de abrir espaço para o tipo de sociedade que eles apenas prometiam mas que os socialistas com toda certeza construiriam.

Essa sociedade, pela qual o socialismo manifestava sinceramente o mesmo entusiasmo que a modernidade, estava *para ser construída*. Deveria ser artificialmente projetada e montada, libertando a humanidade das restrições impostas pela escassez, pondo fim à dependência humana face aos limitados recursos naturais, subordinando a mesquinha natureza às necessidades humanas — e forçando-a a dar mais com a ajuda da vontade política, da ciência e da tecnologia trabalhando em uníssono para maximizar as *forças produtivas* humanas. O socialismo não tinha outros objetivos senão aqueles a que rendia tributo, pelo menos em público, à sociedade moderna como um todo. Nem sugeria outros meios para alcançá-los que não os do projeto e administração de instituições sociais racionalmente concebidas já aprovadas e testadas no dia a dia da prática moderna. O que o socialismo fazia era reconfirmar os objetivos como dignos de perseguir e os meios como válidos, lançando a culpa pelas "pobres realizações até aqui" nas costas dos administradores capitalistas da modernidade.

O caráter original, singular e indispensável do socialismo não consistiu na invenção de fins e meios diferentes daqueles sustentados pela modernidade como um todo, mas em promover a ideia de que, assim como a capacidade de carga de uma ponte (que não é medida nem pelo mais resistente dos pilares nem pela resistência média dos suportes, mas pela reistência do pilar mais fraco), a qualidade da sociedade deve ser medida pelo bem-estar do seu membro mais fraco. Pelos padrões socialistas de medição, a performance da modernidade foi constantemente considerada aquém de seus fins declarados e a eficiência dos meios deixava a desejar. A modernidade sob administração capitalista era acusada de subdesempenho e ineficiência.

A maneira como o socialismo explicava essa má administração mantinha-se estritamente dentro da linguagem concebida e entendida pela mentalidade moderna: por trás de todos esses fracassos e promessas não cumpridas estava uma espetacular incapacidade de converter a natureza para fins humanos. Ao proferir essas acusações, o socialismo era severo e intransigente. O que quer que os capitalistas tenham feito para conquistar a natureza, os administradores socialistas tinham feito ou fariam melhor. Mais crescimento, mais máquinas, mais operadores para as máquinas. O capitalismo era a trava da modernidade. Sob administração capitalista, a modernidade perdia a oportunidade de refazer o mundo de alto a baixo, de tornar a natureza flexível, maleável, obediente à vontade humana. A propriedade privada, os recursos limitados e a visão estreita restringiam e reduziam o ilimitado potencial dos instrumentos e técnicas colocados à disposição pela modernidade. A competição calava a razão, que só podia falar de plena voz através da planificação global — apenas se lhe fosse permitido planejar livremente e comandar sem restrições. Porque se permitia no capitalismo a interferência de interesses privados, locais, não inteiramente extirpados, produzia-se ao fim do dia mais lixo que produtos úteis. No capitalismo, a modernidade produzia ineficiência, desperdício e destruição. O estilo moderno de administração podia ser mais eficaz, racional, criativo — mais *produtivo*. Para isso era necessária uma engenharia social mais ampla, em mais larga escala.

O socialismo não via nada de errado com o projeto da modernidade. Tudo o que havia de errado resultava da distorção capitalista. Era preciso resgatar dos grilhões capitalistas a audácia de visão e os formidáveis instrumentos para moldar a realidade, de modo que pudessem mostrar seu verdadeiro potencial e todos se beneficiassem dos seus frutos. Entre o socialismo e a modernidade não havia qualquer disputa de princípio. Ao longo de toda a sua história, o socialismo foi o mais vigoroso e galante defensor da modernidade. E se proclamava seu único defensor *verdadeiro*. Quanto mais se acreditava nisso, menos conclusivo parecia o teste prático da modernidade conduzido sob os auspícios do capitalismo. As derrotas práticas não invalidavam a correção e adequação do projeto. Apesar da feiura de sua versão capitalista, a modernidade não precisava ser desacreditada. Ainda se poderia esperar uma versão mais agradável, editada com mais cuidado. A crítica socialista do capitalismo era o amigo mais fiel e efetivo da modernidade.

No final, porém, o amigo revelou-se o coveiro. A edição alternativa fez pouco para corrigir os erros e nada mais podia proteger a beleza do projeto contra a feiura da sua realização. Esta fez tudo para deixar óbvio o que de outra forma permaneceria talvez apenas uma suposição sinistra mas contestada. Assim sucedeu que sob os auspícios socialistas, não capitalistas, o projeto foi levado a extremos radicais: projetos grandiosos, planificação social ilimitada, imensa e pesada tecnologia, transformação total da natureza. Desertos foram irrigados (mas se transformaram em charcos salgados), pântanos drenados (mas se tornaram desertos), gigantescos gasodutos riscaram a terra para remediar a falta de lógica com que a natureza distribuía seus recursos (mas continuaram explodindo com uma força não igualada pelos desastres naturais de outrora), milhões de pessoas foram resgatadas da "estupidez da vida rural" (mas se envenenaram com os eflúvios da indústria racionalmente planejada, se não morreram antes no caminho). Violentada e prejudicada, a natureza não conseguiu produzir as riquezas que esperavam; a escala total do projeto apenas tornou total a devastação. Pior ainda, toda essa violentação e dano foram em vão. Pouca igualdade se produziu e ainda menos liberdade. Quanto à fraternidade, mostrou ser do tipo que murcha à primeira lufada de liberdade.[24] O socialismo submeteu a modernidade ao teste último. O fracasso foi como o teste: máximo.

A irrefutabilidade da mensagem socialista era um reflexo intelectual da arraigada ordem moderna. A persuasão da promessa socialista decorria da popularidade dos valores defendidos pela modernidade e da credibilidade dos meios que ela fornecia. Na alegria e na tristeza, na saúde e na doença, até que a morte os separasse, o socialismo moderno uniu o seu destino ao do projeto moderno. Cresceram juntos. Triunfaram juntos. Juntos marcharam até a beira do desastre.

A crise atual do socialismo é tão secundária quanto seus triunfos passados. A crise atual não é produto exclusivo do socialismo. É a crise do socialismo como uma forma distorcida e, afinal, ineficaz da modernidade; mas é também um reflexo da crise do projeto moderno enquanto tal. A contracultura socialista sobreviveu à cultura que se opunha. Através de um paradoxo da história, ele ficou por um tempo sozinho no campo defendendo os baluartes abandonados por outras tropas. Pela lógica da memória histórica, o socialismo continuou impensadamente a oferecer seus serviços tradicionais como contracultura da modernidade numa época em que o mundo à volta questionava ainda com mais veemência os valores e estratégias que foram a marca registrada da era moderna. Como *remake* contemporâneo de Dom Quixote, ele continuou travando velhas batalhas numa época em que para muitos elas já estavam perdidas, ao passo que para a minoria pensante não valia sequer a pena travá-las.

O irmão mais novo do socialismo, o esquentado e impaciente comunismo, sinceramente partilhava da confiança da família nas maravilhosas promessas e perspectivas da modernidade e se encantava com as visões deslumbrantes da sociedade livre da necessidade histórica e natural e com a ideia da subordinação final da natureza às necessidades e desejos humanos. Mas, ao contrário do irmão mais velho, não confiava na história para encontrar o caminho da felicidade. Nem estava preparado para esperar até a história provar que essa desconfiança era um erro. Seu grito de guerra era: "O Reinado da Razão — agora!"

Como o socialismo (e todos os outros crentes fiéis dos valores modernos do progresso tecnológico, da transformação da natureza e de uma sociedade de abundância), o comunismo era totalmente moderno na sua apaixonada convicção de que a boa sociedade só pode ser uma sociedade cuidadosamente planejada, racionalmente administrada e plenamente industrializada. Era em nome desses valores modernos compartilhados que o socialismo acusava os administradores capitalistas do progresso moderno de má administração, ineficiência e desperdício. O comunismo acusava o socialismo de não tirar as necessárias conclusões disso, de ficar apenas na crítica, na denúncia, espicaçando o poder, quando o que se fazia necessário era a imediata derrubada dos administradores ineptos e corruptos.

A redefinição da revolução socialista por Lenin como uma *substituição*, em vez de uma *continuação*, da revolução burguesa foi o ato fundador do comunismo. De acordo com o novo credo, o capitalismo era um tumor cancerígeno no corpo sadio do progresso moderno, não mais um estágio necessário no caminho para uma sociedade que encarnaria os sonhos modernos. Não se podia confiar nos capitalistas (como outrora confiaram os fundadores do socialismo moderno, Marx e Engels) sequer para a tarefa preliminar de abrir espaço: "fundir os sólidos e profanar o sagrado". Aliás, a própria abertura de espaço não era nem uma necessidade nem uma tarefa útil o bastante para justificar a perda de tempo exigida para a sua realização. Como os princípios da boa sociedade racionalmente organizada (mais fábricas, mais máquinas, mais controle sobre a natureza) eram bem conhecidos e admitidos, poder-se-ia conduzir diretamente qualquer sociedade (e particularmente uma sociedade sem fábricas, sem máquinas, sem a ânsia capitalista de construí-las, sem os trabalhadores oprimidos e explorados no processo de construção) rumo a um Estado planejado segundo esses princípios. Não havia por que esperar que a boa sociedade chegasse pela ação dos operários, alimentada pelos sofrimentos causados pela má administração capitalista do progresso. Como se sabia como seria a boa sociedade, retardar ou mesmo desacelerar a sua construção era um crime imperdoável. A boa sociedade podia ser, tinha que ser construída imediatamente, antes que os capitalistas tivessem a chance do desgoverno e os operários a de experimentar os resultados disso; ou melhor, seus planejadores deviam assumir o governo da sociedade imediatamente, sem esperar pelas consequências do desgoverno. O capitalismo era um desvio desnecessário do caminho da Razão. O comunismo era uma estrada reta para esse reino. O comunismo, diria Lenin, é o poder soviético junto com a "eletrificação de todo o país", isto é, a tecnologia e a indústria modernas sob um poder consciente de antemão do seu propósito e que não deixava nada ao acaso. O comunismo era a modernidade no seu estilo e na sua postura mais decididos, a modernidade aerodinâmica, purificada dos últimos vestígios de caos, irracionalidade, espontaneidade, imprevisibilidade.

Naqueles tempos agora estranhamente distantes, o audacioso projeto comunista parecia fazer bastante sentido e era levado bem a sério tanto pelos seus defensores quanto pelos adversários. O comunismo prometia (ou ameaçava, dependendo do ponto de vista) fazer o que qualquer um fazia, só que mais rápido (lembram do charme sedutor das teorias de aliança?). As verdadeiras dúvidas surgiram quando os outros deixaram de fazê-lo, enquanto o comunismo continuou a perseguir objetivos hoje abandonados; em parte por inércia, mas sobretudo pelo fato de que — estando o comunismo em ação — não podia fazer outra coisa.

Na sua realização prática, o comunismo foi um sistema unilateralmente adaptado à tarefa de mobilizar os recursos sociais e naturais em nome da modernização: o ideal moderno de abundância do século XIX, o do ferro e do vapor. Ele podia — pelo menos na sua própria opinião — competir com os capitalistas, mas somente com aqueles engajados na busca dos mesmos objetivos. O que não podia nem se preparou para fazer era equiparar o desempenho da sociedade capitalista, centrada no mercado, assim que essa sociedade abandonou suas siderúrgicas e minas de carvão e entrou na idade pós-moderna (assim que passou, no competente aforisma de Jean Baudrillard, da *metalurgia* para a *semiurgia*; aferrado ao seu estágio metalúrgico, o comunismo soviético, como que para exorcizar demônios, desperdiçava energia lutando contra as pantalonas, os cabelos longos, o rock e todas as outras manifestações de iniciativa semiúrgica).

Foi isso que Gorbachev parecia ter em mente quando falava obsessivamente dos "anos perdidos de Brejnev". No período crucial em que o Ocidente deu as costas aos sonhos de aço e concreto do passado e passou a uma versão mais *soft*, mais *light*, da felicidade humana, a elite comunista — que envelhecia rápido como o projeto que outrora a mantivera no poder — continuava a secar rios e a inundar campos. Tudo isso fora feito antes pelos modernizadores capitalistas ocidentais — e de forma igualmente impiedosa e por vezes mais completa. A questão, no entanto, era que essa gerontocracia da "idade da estagnação" continuava a fazê-lo por tempo demasiado... Os "valores pós-modernos" já haviam desacreditado tais feitos no Ocidente afluente, agora engenhoso e esperto o bastante para chamar a poluição de poluição e ocupado em exportar seu lixo para lugares distantes, para os territórios de povos menos afortunados. A aventura modernizadora comunista padecia de todas as incongruências internas da modernidade em geral; e a suas fraquezas gerais acrescia absurdos e adversidades próprias. Mas sequer remotamente era gerida para servir às novas expectativas pós-modernas. O advento da condição e da mentalidade pós-modernas esfregou sal nas feridas abertas: não apenas os objetos humanos dos projetos modernizadores descobriram um destino miserável, como deixaram de compreender as razões em nome das quais antes de mais nada enveredaram pela estrada da miséria.

A ditadura comunista sobre as necessidades e o monopólio sobre os meios e procedimentos para sua satisfação tornam o Estado comunista um alvo óbvio da aversão individual; ele só pode coletivizar as frustrações individuais da mesma forma que coletivizou os veículos da gratificação. As mesmas frustrações e queixas individuais que numa sociedade de mercado (sociedade que privatizou com sucesso as responsabilidades de vida e consciências) estão difusas e espalhadas, além de despolitizadas, são condensadas num "Estado guardião" de estilo comunista em um protesto político destruidor do sistema. Aqui, o Estado é a agência à qual se dirigem as queixas de forma tão natural e comum como o foram as expectativas de uma vida melhor. Ao contrário do mundo pós-moderno de escolhas privatizadas, as fontes da difusa infelicidade não são elas mesmas difusas e não podem ser mantidas sem direção; são anunciadas publicamente, são notórias e fáceis de localizar. Confessadamente, os regimes comunistas se destacaram pela repressão ao fluxo de informação e levaram o segredo de Estado a extremos desconhecidos em outros quadrantes; e no entanto revelaram um êxito bem menor que as sociedades de mercado em dissipar e esconder a responsabilidade pelos males socialmente produzidos, pelas consequências irracionais das decisões racionais e pelo desgoverno geral dos processos sociais. Não conseguiram sequer esconder que escondiam informação e assim foram acusados, como que de crimes políticos, do tipo de "ocultação" que as agências de mercado da sociedade de consumo praticam diariamente sem esforço e sem chamar a atenção (e, muito menos, sem despertar o clamor popular).

A engenharia social tem futuro?

A planificação social jaz em desgraça. Poucos ousariam defender sua razão e integridade moral após o fim inglório da experiência comunista. Os pregadores das máximas "cada um por si" e "o Estado ajuda a quem se ajuda" estão triunfantes: a gente não disse? Todos os sinais no mundo indicam que, assim que se começa a curar a sociedade, você pode muito bem terminar matando pessoas e nunca dar alta da UTI aos sobreviventes. Mesmo que não cometa essa coisas graves, você ainda assim produzirá mais dependência do que liberdade e, logo que alcançar o objetivo de dar às pessoas os recursos para se virarem sozinhas, elas descobrirão que se virar sozinho é algo que o jogo não permite. As chances, então, são de que não verão motivo (não agora, quando são novamente capazes) de se sentir agradecidas pelas suas dádivas.

Conclusões semelhantes podem gabar-se de uma grande dose de experiência histórica a apoiá-las e o júbilo dos ideólogos para todos não é fácil de contrariar: parece que a voz deles é a única que se ouve. E assim foram os tempos em que os sonhos de uma sociedade melhor não podiam ser de imediato descartados como voos fantasiosos ou declarações subversivas, mas tinham que ser tratados seriamente como um desafio à prática social e, acima de tudo, como uma crítica importante do presente que os poderes constituídos não podiam derrotar e à qual tinham portanto que se aliar.

Abandonar a engenharia social como um meio válido de prática política significa descartar (e desacreditar) todas as visões de uma sociedade diferente; significa mesmo uma espécie de proibição intelectual da própria consideração de um modelo social diferente do existente. A crítica das inanidades e injustiças da sociedade atual, por mais óbvias que possam ser, é desqualificada por um simples lembrete de que refazer a sociedade através da planificação só pode torná-la pior do que é. Fins alternativos são invalidados por força da provada ineficiência dos meios. É como se a sociedade, na sua forma atual, tivesse alcançado o ápice da estabilidade, destruindo todas as alternativas a si mesma. Assim ouvimos falar do fim da história, do triunfo último de uma ordem social que mostrou de forma conclusiva sua superioridade sobre os competidores do passado (uma superioridade que mesmo esses competidores tiveram que admitir). Dizem-nos que de agora em diante não haverá qualquer mudança qualitativa, mas apenas a repetição do que existe.

Isso, obviamente, é uma boa notícia para os seduzidos que acham a ordem existente bem administrada de acordo com seus desejos, que podem esperar que seus desejos serão satisfeitos pelos recursos que possuem ou que podem razoavelmente sonhar em adquirir; que portanto justificadamente veem sua condição como uma condição de liberdade e naturalmente considerariam qualquer modificação das regras do jogo como uma interferência indevida e uma restrição nociva. Ao mesmo tempo, isso é má notícia para os oprimidos, que acham que as regras do jogo em vigor trabalham contra o seu bem-estar, ameaçando talvez sua própria existência, e que, portanto, veem sua condição como coagida e em urgente necessidade de mudança. Estes achariam difícil acreditar que as regras atuais são imparciais e dão a todos a mesma chance. Ainda menos crível para eles é a afirmação de que o estado atual do mundo não pode ser melhorado, uma vez que este é o mundo em que se pode confiar para a retificação de seus males.

Mesmo que se concorde com Rorty, quando diz que se cuidarmos da liberdade, a verdade e a beleza cuidarão de si mesmas, a ideia de que a justiça social igualmente se fará por si é menos fácil de aceitar. Deixar a justiça às próprias custas significa recusar assistência àqueles que dela necessitam ou que, de qualquer forma, não podem se virar sem ela. Significa tolerar a divisão entre os livremente seduzidos e os oprimidos, a miséria da vida sem perspectivas, a agonia da sensação de que "eu e outros como eu" fomos passados e deixados para trás. Isso também significa alegrar-se com o privilégio coletivo do rico mundo pós-moderno e ter o próprio contentamento infenso à desgraça do resto do mundo mantido do lado de fora do portão estritamente vigiado de modo que o banquete possa continuar do lado de dentro.

A engenharia social revelou-se uma ambição de alto custo — quanto mais grandiosa, maior o custo. Isso não significa, no entanto, que evitar a engenharia social é algo gratuito. A ilusão de ganho decorre de uma alterada distribuição de custos. E aqueles que pagam a conta não são aqueles que a produzem. Pode-se mesmo dizer que a proibição de engenharia social é ela mesma uma espécie de engenharia social, uma vez conhecidas (e temos esse conhecimento agora) as consequências que provavelmente produzirão as tendências "naturais" se não atendidas e não corrigidas. Assim, a escolha não é tão sincera quanto poderia sugerir o descrédito das ambições planificadoras modernas. Uma coisa é certa: a escolha quase nunca é política e socialmente neutra. O equilíbrio de custos e ganhos, respectivamente, da ação e da não ação não é apenas um exercício de experiência apartidária e de fria e desapaixonada contabilidade, mas uma decisão política entre alternativas sob o peso de vidas sem perspectiva e esperanças frustradas.

A agenda política pós-moderna

Nada na história simplesmente termina, nenhum projeto jamais é concluído e descartado. Fronteiras nítidas entre épocas não passam de projeções da nossa ânsia inexorável de separar o inseparável e ordenar o fluxo. A modernidade ainda está conosco. Ela vive como pressão de esperanças e interesses não satisfeitos sedimentados em instituições que se autorreproduzem; como zelo de imitadores forçosamente atrasados, que desejam juntar-se ao banquete outrora desfrutado com orgulho por aqueles que agora o abandonam com nojo; como o formato de mundo que os trabalhos modernos criaram... para nele habitarmos; como os "problemas" que esses trabalhos geraram e definiram para nós, assim como nossa maneira de pensar e reagir aos problemas, maneira historicamente condicionada mas instintiva a esta altura. É a isto, talvez, que pessoas como Habermas se referem quando falam do "projeto inacabado da modernidade".

E no entanto — mantenha ou não o projeto sua forma lembrada — algo certamente ocorreu a nós, às pessoas que empreendem e concluem projetos. O próprio fato de falarmos agora da modernidade como *projeto* (um plano com intenções, meios e fins) é testemunho dos mais convincentes da mudança que aconteceu com a gente. Nossos ancestrais não falavam do "projeto" quando estavam ocupados com o que agora nos parece um negócio inacabado.

Michael Phillipson deu a seu livro recém-publicado o título de *In Modernity's Wake* [No rastro da modernidade]. Uma expressão feliz, que evoca uma poderosa imagem: o navio passou, encrespando as águas, produzindo turbulência, de modo que todos os navegantes ao redor têm que refazer o curso dos seus barcos, enquanto os que caíram n'água têm que nadar com força para alcançá-los. Assim que as águas de novo se aquietarem, porém, nós, os navegantes e ex-passageiros, podemos examinar melhor o navio que causou tudo isso. Esse navio ainda está muito perto, imenso e bem visível em toda a sua grandeza, mas agora estamos *atrás* dele e não mais de pé no seu convés. Assim podemos vê-lo em toda a sua forma impressionante, da proa à popa, examiná-lo, apreciá-lo, traçar a rota que faz. Podemos agora decidir se seguimos ou não o seu curso. Podemos também julgar melhor a competência da sua navegação e mesmo protestar contra as ordens do capitão.

Viver "no rastro" significa turbulência, mas também panoramas mais amplos e a nova compreensão que permitem. No rastro da modernidade, seus passageiros conscientizam-se das sérias falhas no projeto do navio que os levaram ao ponto em que se encontram. Também se reconciliam ao fato de que ele não poderia tê-los levado a destino mais agradável e se dispõem a rever, com um olhar crítico renovado, os antigos princípios de navegação.

O que é realmente novo na nossa atual situação, em outras palavras, é o nosso ponto de observação. Embora ainda bem próximos da era moderna e sentindo os efeitos da turbulência que ela provocou, *podemos* agora (melhor ainda, estamos *preparados para* e *dispostos a*) ter uma visão fria e crítica da modernidade na sua totalidade, avaliar o seu desempenho, julgar a solidez e congruência da sua construção. É isso, em última análise, que representa a ideia da *pós-modernidade*: uma existência plenamente determinada e definida pelo fato de ser "*pós*", posterior, e esmagada pela consciência dessa condição. A pós-modernidade não significa necessariamente o fim, o descrédito ou a rejeição da modernidade. Não é mais (nem menos) que a mente moderna a examinar-se longa, atenta e sobriamente, a examinar sua condição e suas obras passadas, sem gostar muito do que vê e percebendo a necessidade de mudança. A pós-modernidade é a modernidade que atinge a maioridade, a modernidade olhando-se a distância e não de dentro, fazendo um inventário completo de ganhos e perdas, psicanalisando-se, descobrindo as intenções que jamais explicitara, descobrindo que elas são mutuamente incongruentes e se cancelam. A pós-modernidade é a modernidade chegando a um acordo com a sua própria impossibilidade, uma modernidade que se automonitora, que conscientemente descarta o que outrora fazia inconscientemente.

Nesse processo, a tríplice aliança dos valores da liberdade, igualdade e fraternidade que dominou o moderno campo de batalha político não escapou ao exame atento e à censura decorrente. Não é de admirar

— por mais que os planificadores políticos tentassem, viam-se constantemente numa situação de perda, lutando inutilmente para alcançar os três valores ao mesmo tempo. Viam a liberdade militando contra a igualdade, esta fazendo pouco caso do sonho de liberdade e a fraternidade constituindo uma virtude dúbia na medida em que os outros dois valores não conseguiam encontrar um *modus coexistendi*. Acabavam também pensando que — dada a imensa e irrefreada energia da liberdade humana — os objetivos da igualdade e da fraternidade vendiam muito barato o potencial humano. A igualdade não podia ser facilmente afastada da perspectiva de uniformidade. A fraternidade cheirava com demasiada frequência a unidade forçada e a uma demanda de que os aparentes irmãos sacrificassem a individualidade em nome de uma suposta causa comum. Não que os meios se saíssem melhor que os valores. A conquista da natureza produzia mais desperdício do que felicidade humana. Uma coisa que a expansão industrial produziu de forma espetacular foi a multiplicação dos riscos: mais e maiores riscos, riscos sem precedentes. Já há algum tempo, grande parte do "crescimento econômico" é impulsionada pela necessidade de isolar os riscos que produz: riscos de superpopulação, de subnutrição, de perda de florestas tropicais úmidas indispensáveis ao equilíbrio climático, de formação de devastadoras concentrações urbanas, de superaquecimento atmosférico, de contaminação dos reservatórios de água, de envenenamento da comida e do ar, de difusão de doenças "novas e aperfeiçoadas". Cada vez mais, a conquista da natureza parecia a própria doença que supunha curar.

E assim os valores começaram a mudar. Primeiro nas questões bizarras, idiossincráticas, fáceis de desprezar e desconsiderar como "atípicas" ou francamente malucas. Mas aí o movimento lento se transformou num estouro da boiada. Já não se pode mais ignorar que a nova tríplice aliança de valores ganha em popularidade às expensas da velha. Os novos horizontes que parecem hoje inspirar a imaginação e a ação humanas são os da *liberdade*, *diversidade* e *tolerância*. São novos valores que informam a *mentalidade* pós-moderna. Quanto à *prática* pós-moderna, no entanto, não parece nem um pouquinho menos defeituosa que a sua antecessora.

A liberdade é tão truncada quanto antes — embora as partes do seu corpo agora amputadas sejam diferentes daquelas removidas no passado. Na prática pós-moderna, a liberdade se reduz à opção de consumo. Para desfrutá-la, é preciso antes de mais nada ser um consumidor. Essa condição preliminar deixa milhões de fora. Como em toda a era moderna, no mundo pós-moderno a pobreza desqualifica. A liberdade, na sua nova interpretação de mercado, é um privilégio como nas versões antigas. Mas há também novos problemas: com as necessidades comunitárias traduzidas em atos individuais de aquisição, a mutilação da liberdade só pode afetar a *todos*, ricos e pobres, consumidores exemplares ou frustrados: há necessidades que não podem ser satisfeitas, não importa quantas aquisições pessoais se façam, e assim a liberdade de escolha de cada um é severamente limitada. Não se pode comprar uma saída privada da atmosfera poluída, do buraco na camada de ozônio ou de um nível crescente de radiação; não se pode comprar um lugar numa floresta imune à chuva ácida ou num litoral protegido das algas tóxicas que medram no alimento abundante de esgotos quimicamente tratados. Nos poucos casos em que uma saída privada parece comprável — como escapar aos depredados transportes públicos num carro particular ou fugir da miséria do sistema público de saúde recorrendo a uma clínica particular — a opção apenas aumenta o problema que de início a tornou necessária, agravando a miséria que instigou à fuga. A opção torna-se portanto ineficaz assim que é feita, no máximo alguns momentos depois. Há muitos consumidores frustrados, pequenos ou desqualificados que ainda têm que ganhar a liberdade que a sociedade de consumo oficialmente reconhece; mas há também aspectos frágeis, desprezados e desamparados na vida de *todos* (incluindo a dos consumidores pretensamente livres) ainda a serem protegidos pelo esforço comunitário.

A diversidade prospera e o mercado prospera com ela. Mais precisamente, só se permite prosperar a diversidade que beneficia o mercado. Como ocorria antes com o ciumento Estado nacional, mal-humorado e sedento de poder, o mercado abomina a autogestão e a autonomia, ou seja, a selvageria que não pode controlar. Como antes, é preciso batalhar pela autonomia se quisermos que a diversidade signifique mais do que variedade de estilos de vida negociáveis, uma fina camada envernizada de modas cambiáveis destinadas a encobrir a condição uniforme de dependência face ao mercado. Deve-se lutar acima de tudo pelo direito de assegurar a diversidade comunitária, não a individual; uma diversidade que deriva de uma forma de vida comunitariamente escolhida e servida. Tal diversidade pode lutar pelo reconhecimento e seu quinhão de serviços, mas não pode (a não ser que isso se mostre lucrativo) esperar o apoio, quanto mais a garantia, da cornucópia de identidades comerciadas. Se os padrões de mercado não são atingidos, o melhor que se pode esperar é a indiferença do mercado. Na pior das hipóteses, deve-se contar com a hostilidade do mercado. As identidades coletivas comunitariamente administradas podem chocar-se com a ideia de estilos de vida individualmente escolhidos — ideia a que o mercado deve-se apegar firmemente com a mais sincera e absoluta simpatia.

Se o lema da fraternidade é traduzido como a prática do poder pastoral, como interferência indevida nas formas de vida alternativas, como insistência na uniformidade, como definição de toda diferença como sinal de atraso, desvio e "problema" que requer "soluções", a *tolerância* se traduz na fórmula: "viva e deixe viver". Ali onde reina a tolerância a diferença não é mais estranha e ameaçadora. A diferença, por assim dizer, foi privatizada. A ânsia de proselitismo murchou, o espírito de cruzado dissipou-se. A era da hegemonia cultural parece ter passado: as culturas devem ser desfrutadas, não se deve batalhar por elas. No nosso tipo de sociedade, a dominação política e econômica pode muito bem passar sem a hegemonia; ela descobriu como reproduzir-se em condições de variedade cultural. A nova tolerância significa a irrelevância da opção cultural para a estabilidade da dominação. E a irrelevância redunda em *indiferença*. Formas alternativas de vida só despertam um interesse de espectador do tipo oferecido por um espetáculo de variedades cintilante e apimentado; podem mesmo provocar menos ressentimento (particularmente se vistos a uma distância segura ou através do escudo protetor da tela de TV), mas tampouco um sentimento de camaradagem; pertencem ao mundo exterior do teatro e do entretenimento, não ao mundo interior da política da vida. Colocam-se uma ao lado da outra, mas não têm parentesco. Como os estilos de vida promovidos pelo mercado, não têm outro valor que o conferido pela livre escolha. Com toda certeza, sua presença não impõe nenhuma obrigação, não gera nenhuma responsabilidade. Tal como praticada pela pós-modernidade guiada pelo mercado, a tolerância degenera em isolamento; o aumento da curiosidade do espectador significa o desaparecimento do interesse humano. Quando formas estranhas de vida saem da reclusão segura das telas de TV ou se materializam em comunidades vivas e autoafirmativas ao lado da nossa, em vez de se confinarem aos livros de culinária multicultural, aos restaurantes típicos e bugigangas da moda, elas transgridem sua província de significado: a província do teatro, do entretenimento, do espetáculo de variedades, a única que contém o preceito da tolerância, da suspensão do isolamento. Um salto súbito de uma província de significado para outra é sempre chocante — e, assim, formas de vida antes consideradas pitorescas e divertidas são então experimentadas como uma ameaça. Despertam raiva e hostilidade.

Em outras palavras, a tolerância promovida pelo mercado não leva à solidariedade: ela *fragmenta*, em vez de unir. Serve bem à separação comunitária e à redução dos laços sociais a um verniz superficial. Ela sobrevive enquanto continua a ser vivida no mundo aéreo do jogo simbólico da representação e não transborda para o reino da coexistência diária graças ao expediente da segregação territorial e funcional. Mais importante, essa tolerância é plenamente compatível com a prática da dominação social. Pode ser pregada e exercida sem medo, porque reafirma mais do que questiona a superioridade e privilégio do tolerante: o outro, sendo diferente, perde o direito a um tratamento igual — com efeito, a inferioridade do outro é plenamente justificada pela diferença. O abandono do zelo da conversão vem junto com a retirada da própria promessa de igualdade. Com os laços mútuos reduzidos à tolerância, a diferença significa uma perpétua distância, a permanente não cooperação e a hierarquia. A "fusão de horizontes" mal ultrapassa os limites ampliados dos arrebatamentos étnicos.

Isso quanto aos valores que a pós-modernidade promove. Quanto aos meios, a violentação da natureza foi substituída pela preocupação com a preservação do equilíbrio natural; a artificialidade induzida pela razão, que foi o grito de guerra da modernidade, está rapidamente perdendo público e, como objeto de culto popular, é também rapidamente substituída pela sabedoria da natureza. Menos pessoas acreditam hoje na capacidade mágica do crescimento econômico e da expansão tecnológica. Uma coisa que as pessoas acham que a tecnologia produz infalivelmente e cada vez mais é um crescente desconforto e perigo — novos riscos, menos previsíveis e remediáveis.

Sob a administração da política do poder e operadas pelas forças do mercado, novas preocupações e novas sensibilidades são utilizadas, porém, para reforçar os próprios processos que abominam e condenam. O choque entre a natureza social dos riscos e os meios privatizados de contê-los é a versão pós-moderna da velha contradição do capitalismo (aquela entre os meios sociais de produção e sua propriedade privada) apontada por Marx como principal causa da iminente queda do sistema. Como resultado desse choque, os riscos não são diminuídos, quanto mais extintos. São apenas retirados da vista do público e assim colocados, pelo menos por um tempo, a salvo da crítica. (Os riscos tendem a viajar pelo globo na direção oposta à dos bens; os países ricos têm uma espantosa capacidade de vender seus venenos como alimento para os pobres, o único alimento que os pobres podem esperar.) Os riscos gerados pela tecnologia que não podem ser evitados são limitados com mais tecnologia — para aplauso (pelo menos temporário) do público. Gasolina, aerossóis, detergentes e alvejantes "não poluentes", que "não prejudicam a camada de ozônio" etc. tornam-se um grande negócio que gera novos e maiores lucros. Os projetistas de consciência ecológica reduzem a quantidade de dióxido de carbono descarregada pelos carros atuais de modo que mais carros possam circular em mais estradas. (A Europa espera ter em 2015 quatro vezes mais carros do que hoje; é difícil imaginar uma Europa próspera sem eles, uma vez que uma em cada sete pessoas ganha a vida com a produção automobilística. É também difícil imaginar a Europa com os carros se multiplicando ao ritmo atual, uma vez que a Acrópole sofreu mais desgaste nos últimos vinte anos do que nos 24 séculos anteriores e as florestas alpinas protegidas por especialistas estão tendo o mesmo destino das florestas tropicais do alto Amazonas que são, ao contrário, destruídas por especialistas.) Como antes, os problemas são formulados como demandas de novos dispositivos e artifícios técnicos (comerciáveis, é claro); como antes, aqueles que desejam se ver livres do desconforto e dos riscos são lembrados de que essa liberdade "deve pagar o seu preço" e que as grandes contas da catástrofe social supostamente são quitadas com o troco do consumo privado. Nesse processo, a origem global dos problemas é efetivamente retirada de vista e a cruzada contra os riscos conhecidos pode continuar a produzir mais e mais riscos sinistros ainda desconhecidos, assim solapando sua própria chance futura de sucesso.

Mas essa é apenas uma parte menor da fraude. Outra, ainda maior e mais seminal, é o confinamento da nova sensibilidade na moldura do discurso tecnológico: tanto a salvação quanto os pecados admitidos de má vontade são hermeticamente selados no discurso despolitizado ("politicamente neutro") da tecnologia e da especialização, assim reforçando a estrutura social que torna os pecados inevitáveis e a salvação inatingível. O que se deixa de fora do discurso racional é a própria questão que tem uma chance de tornar o discurso racional e talvez mesmo eficaz na prática: a questão *política* do controle democrático sobre a tecnologia e a especialização, sobre os seus propósitos e limites desejáveis — a questão da política como autogestão e opções feitas coletivamente.

Sejam quais forem os valores ou meios da pós-modernidade que consideremos, todos apontam (pelo menos tacitamente ou por eliminação) para a política, a democracia e a plena cidadania como únicos veículos de sua realização. Com a política, esses valores e meios parecem ser a chance de uma sociedade melhor; sem a política, abandonados inteiramente aos critérios do mercado, parecem na melhor das hipóteses *slogans* enganosos e, na pior, fontes de novos e insondáveis perigos. A pós-modernidade não é o fim da política, assim como não é o fim da história. Ao contrário, o que quer que atraia na promessa pós-moderna é algo que pede mais política, mais compromisso político, mais eficácia política na ação individual e comunitária (por mais que isso seja sufocado pelo tumulto e alvoroço do consumo e por mais inaudível que se torne num mundo feito de *shoppings* e Disneylândias, onde tudo o que importa é uma agradável peça de teatro, de modo que nada realmente importa muito).

Até aqui, a condição pós-moderna produziu uma retirada maciça de cidadãos presuntivos da forma tradicional de política (ou pelo menos da forma tradicionalmente louvada, senão daquela sempre praticada). Os seduzidos — os que se beneficiam ou que acreditam se beneficiar — pedem mais dinheiro no bolso e são surdos a lembretes de contas sociais não pagas. Os reprimidos aceitam o veredito da maioria que os classifica como consumidores frustrados e acreditam, como todos os demais, que as contas sociais são melhor quitadas com dinheiro nos bolsos privados. Seus sofrimentos não se somam, não se acumulam; o remédio, como a doença, é totalmente privatizado. Doença é a escassez de consumo; a cura é um consumo ilimitado. O resultado combinado é uma indiferença política maciça. Sua pressão achata o processo político ao nível de uma competição de personalidades do *show business* nas telinhas, com os resultados eleitorais reproduzindo os índices de popularidade. Será que tudo isso pressagia o fim da política?

Há sinais de que a era pós-moderna pode gerar formas políticas próprias. Aponta para essa possibilidade a forma como muitos regimes absolutistas no velho estilo ruíram nos últimos anos em regiões do mundo tão distantes uma da outra e aparentemente sem ligação como o Chile e a Tchecoslováquia. Sem qualquer articulação teórica anterior, as rebeliões que levaram ao colapso desses regimes pareciam manifestar na prática uma nova visão da política e do poder político, uma visão da qual a imagem moderna tradicional da sólida e firme "materialidade" da dominação política estava, estranha mas patentemente, ausente.

Mencionemos apenas alguns aspectos comuns dessas rebeliões. Primeiro, não foram "revoluções planejadas" e preparadas por um núcleo organizado de conspiradores com uma rede clandestina de liderança alternativa e um projeto de políticas futuras. A liderança, se é que alguma veio à tona no curso dos acontecimentos, seguiu-se ao movimento popular, em vez de antecipá-lo. Em segundo lugar, os acontecimentos se desencadearam sem plano algum, seguindo unicamente a lógica da sucessão episódica e pegando de surpresa tanto os que protestavam quanto os alvos da ira popular. Assim como a batalha gerou suas próprias tropas, as possibilidades que gradualmente se abriram geraram suas próprias estratégias. Em terceiro lugar, poucos edifícios foram visados, assaltados ou tomados, se é que algum o foi, antes que seus ocupantes os deixassem ou que a ocupação perdesse o significado político; era como se os atores não vissem o poder como "uma coisa" que reside num lugar específico onde pode ser armazenada e do qual pode ser afastada; como se, ao contrário, intuíssem o governo, a norma, a dominação como um processo contínuo de troca comunicativa, uma série de atos em vez de um conjunto de posses; algo que pode ser interrompido, desmantelado e depois retomado e remontado, em vez de expropriado e redistribuído. Em quarto lugar, o golpe decisivo e a causa última do colapso não foram a força esmagadora dos rebeldes e a derrota militar dos governantes, mas a intransigente ironia dos que protestavam, relutantes em ser manobrados e demovidos do carnavalesco, desordeiro e despreocupado desrespeito pelos poderosos. Tiros isolados, quando disparados, enfrentavam o protesto geral, não tanto pelo sofrimento que causavam às vítimas, mas por sua estranheza, por sua absoluta falta de ressonância com o caráter dos acontecimentos; ecos de uma outra era, destoavam da festa popular que celebrava a redescoberta liberdade das ruas.

O que os acontecimentos descritos demonstraram é que, mesmo se o poder estatal não precisa do consentimento popular para a sua operação cotidiana, ele não pode sobreviver a uma explícita recusa desse apoio: meios de coerção não são substitutos para a anuência; é a possibilidade do apoio que antes de mais nada torna esses meios eficazes. Isso poderia ser uma revelação a iluminar a era da nova política *pós-moderna*: armada desse novo conhecimento, a política pode-se tornar um jogo inteiramente diferente, com consequências por enquanto difíceis demais de prever. Essa, no entanto, é apenas uma das interpretações possíveis. A velocidade com que os edifícios aparentemente férreos do poder opressor ruíram à primeira lufada de recusa popular de docilidade pode ter sido um fenômeno *local*: um testemunho da obsolescência do Estado moderno, mantido vivo artificialmente por tempo demasiado pelos regimes comunistas igualmente envelhecidos e desgastados e agora de repente aliviado pelas práticas das sociedades pós-modernas.

É possível que o que testemunhamos tenha sido o colapso de um *Estado protetor* — uma formação social/política/econômica singularmente inadequada para uma era dominada pelos valores pós-modernos da novidade, da mudança rápida (de preferência inconsequente e episódica), do desfrute individual e da opção de consumo. Em troca da promessa de provisão e segurança do indivíduo, o Estado protetor exige que se abra mão do direito de escolha e autodeterminação. O Estado protetor se esforça para ser uma fonte monopolística de satisfação das necessidades, de status social e autoestima; ele transforma seus súditos em clientes e pede que eles sejam gratos pelo que receberam hoje e receberão amanhã. Mas, pela mesma razão que se sente no direito de exigir gratidão, o protetor não pode livrar-se da responsabilidade pelo infortúnio dos clientes. A frustração é imediatamente transformada em queixa que "naturalmente" atinge o patrono e sua política como causas óbvias do sofrimento. Nas condições pós-modernas, quando a estimulante experiência de necessidades sempre novas, mais do que a satisfação das existentes, se torna a medida principal de uma vida feliz (e assim a produção de novas tentações vira um importante veículo de integração social e coexistência pacífica), o Estado protetor, adaptado à tarefa de definir e circunscrever as necessidades dos súditos, não pode suportar a competição com sistemas operados pelo mercado de consumo. E como continua sendo o único alvo à vista do descontentamento resultante, as chances são de que a dissensão acumulada logo supere a capacidade do Estado de comprar adesão e resolver conflitos. Não admira que os administradores do Estado protetor aparentemente perderam sua determinação de perpetuar um sistema baseado na ditadura sobre as necessidades e a responsabilidade estatal por sua satisfação — junto com a sua capacidade de governar.

Do fundo de uma experiência de artista dissidente, o autor húngaro Miklós Haraszti escreveu que, numa sociedade em que a principal (a única?) restrição à liberdade artística vinha do mercado, "o artista podia expressar ódio, mesmo por essa restrição, somente se sua obra fosse comercializável ... [mas] planejar, ao contrário do mercado, não é uma plácida vaca sagrada".[25] A ambição consumista do Estado planejador, jardineiro da modernidade (de que o Estado comunista foi fiel discípulo, ainda que por sua própria diligência tenha inadvertidamente exposto a inutilidade do ensinamento), revelou-se no fim seu maior inconveniente e fatal calamidade. Essa ambição o mantinha enredado em crises potencialmente incapacitantes.

O sucessor do Estado moderno aposta no expediente de privatizar a dissensão e torná-la difusa, em vez de coletivizá-la e instigá-la a se acumular. Tendo abandonado as ambições planificadoras, pode se virar com menos coerção e pouca, se é que alguma, mobilização ideológica. Ele parece confiar em que o descontentamento popular continue esparso e que possa não fazer caso dele; que possa não fazer caso por ser esparso. Pode mesmo esperar que esse descontentamento, enquanto continuar esparso, cuide da reprodução do sistema. Outrora declarada um perigo mortal para toda a ordem social e política, a ambivalência não é mais "um inimigo no portão". Ao contrário: como tudo o mais, foi transformada num dos suportes do palco para a peça chamada pós-modernidade.

Notas

INTRODUÇÃO: A BUSCA DA ORDEM

1. Fazer sua própria opção aí parece inevitável, quando nada para evitar uma discussão intrinsecamente improdutiva, que nos desvia das proposições essenciais (as datações atuais vão desde a pressuposição dos historiadores franceses — colaboradores do livro *Culture et idéologie de l'état moderne*, publicado em 1985 pela École Française de Rome — de que o Estado moderno nasceu no final do século XIII e foi à ruína no final do século XVII até o confinamento do termo "modernidade" por alguns críticos literários a tendências culturais que começam com o século XX e terminam em meados dele).

O desacordo definitório é particularmente difícil de resolver devido à coexistência histórica do que Matei Calinescu chamou de "duas modernidades distintas e asperamente conflitantes". De modo mais aguçado que a maioria dos autores, Calinescu retrata a "irreversível" divisão entre "modernidade como um estágio na história da Civilização Ocidental — um produto do progresso científico e tecnológico, da Revolução Industrial, das amplas mudanças econômicas e sociais trazidas pelo capitalismo — e a modernidade como conceito estético". Esta última (melhor chamada *modernismo* para evitar a confusão por demais frequente) militou contra tudo que a primeira defendia: "o que define a modernidade cultural é a sua completa rejeição da modernidade burguesa, a sua voraz paixão negativa" (*Faces of Modernity: Avant-Garde, Decadence, Kitsch.* Bloomington: Indiana University Press, 1977, p.4, 42); isto está em flagrante oposição com o retrato anterior, extremamente encomiástico e entusiástico, da atitude e realização da modernidade, por exemplo em Baudelaire: "Tudo que é belo e nobre é resultado da razão e do pensamento. O crime, pelo qual o animal homem adquire gosto ainda no ventre da mãe, é de origem natural. A virtude, ao contrário, é artificial e sobrenatural." (*Baudelaire as a Literary Critic: Selected Essays*, trad. Lois Boe Hylsop e Francis E. Hylsop. Pittsburgh: Pennsylvania State University Press, 1964, p.298.)

Quero deixar claro desde o início que chamo de "modernidade" um período histórico que começou na Europa ocidental no século XVII com uma série de transformações socioestruturais e intelectuais profundas e atingiu sua maturidade primeiramente como projeto cultural, com o avanço do Iluminismo e depois como forma de vida socialmente consumada, com o desenvolvimento da sociedade industrial (capitalista e, mais tarde, também a comunista). Portanto *modernidade*, da forma como emprego o termo, de modo algum é idêntica a *modernismo*. Este é uma tendência intelectual (filosófica, literária, artística) que — com origem remontável a muitos eventos intelectuais específicos da era precedente — alcançou sua força integral no início deste século e que em retrospecto pode ser vista (por analogia com o Iluminismo) como um "projeto" de *pós-modernidade* ou um estágio preliminar da condição pós-moderna. Com o modernismo, a modernidade voltou o olhar sobre si mesma e tentou atingir a visão clara e a autopercepção que por fim revelariam sua impossibilidade, assim pavimentando o caminho para a reavaliação pós-moderna.

2. Stephen L. Collins, *From Divine Cosmos to Sovereign State: An Intellectual History of Consciousness and the Idea of Order in Renaissance England* (Oxford: Oxford University Press, 1989), p.4, 6, 7, 28, 29, 32.

3. Um exemplo: "O indivíduo não experimentava nem isolamento nem alienação" (Collins, *From Divine Cosmos*, p.21). Essa, aliás, é nossa — moderna — construção do indivíduo pré-moderno. Seria talvez mais prudente dizer que o indivíduo do mundo pré-moderno não sentia *a ausência da experiência* de isolamento e alienação. Ele não experimentava pertencer a algum lugar, o sentido de associação, de estar em casa, de união. Essa sensação implica a consciência de estar junto ou de "ser parte de; portanto, inevitavelmente, contém a consciência da sua própria incerteza, da *possibilidade* de isolamento, da necessidade de afastar ou superar a alienação. Sentir-se "não isolado" ou "não alienado" é tão moderno quanto a experiência do isolamento e da alienação.

4. Na sua perspicaz abordagem do papel desempenhado pelo conceito de tolerância na teoria liberal, Susan Mendus comenta: "a tolerância implica que a coisa tolerada é moralmente repreensível. Outra implicação é de que pode ser alterada. Falar em tolerar o outro implica que é para descrédito dele o fato de não mudar aquela sua característica que é objeto da tolerância." (*Toleration and the Limits of Liberalism*. Londres: Macmillan, 1989, p.149-50.) A tolerância não implica a aceitação do valor do outro; ao contrário, é mais uma maneira, talvez mais sutil e astuta, de reafirmar a inferioridade do outro e oferecer um pré-aviso da intenção de eliminar a alteridade do Outro — junto com um convite ao Outro para cooperar na realização do inevitável. A famosa humanidade da política de tolerância não passa de consentimento em adiar o acerto final de contas — com a condição, no entanto, de que o próprio ato do consentimento reforce ainda mais a ordem de superioridade vigente.

Paul Ricoeur (*History and Truth*, trad. Charles A. Kelbley. Evanston: Northwestern University Press, 1979) afirmou que — historicamente — "a tentação de unificar a verdade pela violência tem vindo de duas esferas, a clerical e a política" (p.165). Mas "o clerical" nada mais era que o intelectual posto a serviço do político ou o intelectual com ambições políticas. Dito isto, a proposição de Ricoeur torna-se tautológica: casamento da verdade com a violência é o significado da "esfera política". A prática da ciência, na sua estrutura mais profunda, não é diferente da política de Estado: ambas visam a um monopólio sobre um território dominado e ambas alcançam seus objetivos com o recurso à inclusão/exclusão (da ciência diz Ricoeur que se "constitui da decisão de suspender todas as considerações afetivas, utilitárias, políticas, estéticas e religiosas para considerar verdadeiro apenas aquilo que responde aos critérios do método científico") (p.169).

5. Ver Richard Rorty, *Contingency, Irony and Solidarity* (Cambridge: Cambridge University Press, 1989), p.195.

6. Edmond Jabès, *Un Étranger avec, sous le bras, un livre de petit format* (Paris: Gallimard, 1989), p.34.

7. Walter Benjamin, *Illuminations*, trad. Harry Zahn (Nova York: Fontana, 1979), p.260.

8. Gregory Bateson, *Steps to na Ecology of Mind* (St. Albans: Paladin, 1973), p.134.

9. John P. Briggs e F. David Peat, *Looking Glass Universe: The Emerging Science of Wholeness* (Nova York: Simon & Schuster, 1984), p.147.

10. Max Horkheimer e Theodor Adorno, *Dialectics of Enlightenment* (Nova York: Herder & Herder, 1972), p.16, 4.

1. O ESCÂNDALO DA AMBIVALÊNCIA

1. Zygmunt Bauman, *Modernidade e holocausto* (Rio de Janeiro: Zahar, 1998, trad. Marcus Penchel). A incapacidade de lidar com a evidência das tendências genocidas modernas é ainda mais impressionante no caso dos atos genocidas cometidos por Estados que, ao contrário da Alemanha nazista, não foram derrotados numa guerra e portanto jamais submetidos à determinação do vencedor de provar a natureza criminosa do inimigo. Quase três anos após a descoberta de sepulturas coletivas perto do município de Kuropaty, na Bielorrússia, e de serem levados ao conhecimento público os vestígios de execuções sumárias de categorias inteiras da população marcadas para a extinção, o eminente romancista bielorrusso Vasil Bykov sentiu-se obrigado a levantar de novo questões que deveriam ter sido respondidas há muito tempo: "Depois de se tornarem públicas as medonhas descobertas feitas numa área despovoada perto de Minsk, apareceram dezenas de reportagens na imprensa sobre sepulturas coletivas semelhantes encontradas em todos os centros regionais da república e em muitas cidades menores. Quem jaz nessas sepulturas, que pessoas foram mortas esses anos todos e — o mais importante — quem as matou? Ainda não temos respostas para essas perguntas e tem-se a impressão de que há forças poderosas que não estão absolutamente interessadas em que essas respostas sejam dadas." Bem recentemente, o Presidium do Soviete Supremo da Bielorrússia recusou credenciar um correspondente de *Litaratura i Mastactva*, revista que primeiro publicou a história sobre as sepulturas de Kuropaty. (Ver Vasil Bykov, "Jajda peremen" ["Sede de mudança"], *Pravda*, 24 de novembro de 1989, p.4.)

2. Ernest Gellner, "The New Idealism", em *Problems in the Philosophy of Science*, org. I. Lakatos e A. Musgrave (Amsterdã: Van Nostrand, 1968), p.405.

3. As citações de Kant são extraídas da tradução de J.M.D. Meiklejohn, *Critique of Pure Reason* (Londres: Dent, 1969).

4. As citações de Platão são extraídas da tradução de W.H.D. Rouse, *Great Dialogues of Plato* (Londres: New English Library, 1956).

5. As citações de Descartes são extraídas da edição de Margaret D. Wilson, *The Essential Descartes* (Londres: New English Library, 1969). "Da correção do entendimento", de Spinoza, é citado a partir da tradução de Andrew Boyle incluída na edição da Dent de 1986 da *Ética*. No seu estudo *The Mind of God and the Works of Man* (Oxford: Clarendon Press, 1987), Edward Craig observa que o início da idade moderna foi "uma época que endeusava a razão" — o que também queria dizer a crença dos filósofos de que "o homem é semelhante a Deus". Galileu afirmou que, embora em extensão o conhecimento humano fosse desprezível (pelo menos por enquanto), em *intensidade* era igual ao de Deus. Craig enfatiza a correlação importantíssima entre a

convicção de que o homem é capaz de certeza objetiva e de que uma liberdade total face a determinantes externos pode ser alcançada: o sonho da mestria cognitiva e o da mestria prática andavam juntos, não podiam ser separados e legitimavam um ao outro (p.13-37).

6. "A filosofia pode ser fundadora com relação ao resto da cultura porque a cultura é uma coleção de pretensões ao conhecimento e a filosofia julga tais pretensões ... Devemos a noção de filosofia como o tribunal da razão pura, que acolhe ou rejeita as alegações do resto da cultura, ao século XVIII e especialmente a Kant, mas essa noção kantiana pressupunha uma concordância geral com as noções de Locke sobre processos mentais e as noções cartesianas de substância mental." (Richard Rorty, *Philosophy and the Mirror of Nature*. Oxford: Basil Blackwell, 1981, p.3-4.)

Comentando a afirmação de Kant de que as próprias aparências têm fundamentos que não são aparências, Hannah Arendt observou que "os 'esforços conceituais' dos filósofos para descobrir algo além das aparências sempre acabaram em invectivas meio violentas contra as 'meras aparências'" (*The Life of the Mind*, Parte I: "Thinking". Londres: Secker & Warburg, 1978, p.24). Os filósofos buscavam provar a "supremacia teórica do Ser e da Verdade sobre a mera aparência, isto é, a supremacia do *fundamento*, que não aparece, sobre a superfície, que aparece" (p.25). Acrescentemos que o "fundamento" postulado estava por definição fora do alcance das impressões sensuais ordinárias, leigas, do senso comum, e portanto sua supremacia refletia simbolicamente e legitimava a supremacia do mental sobre o físico e dos praticantes da "prática teórica" sobre os meramente engajados nas desprezíveis operações manuais. A busca de fundamentos e o desprezo das aparências eram parte integrante do assalto contra as pretensões autônomas e não filosóficas à verdade. Para citar novamente Arendt, "o fato é que praticamente não há exemplo em registro dos muitos que ... declararam guerra aos filósofos. No que diz respeito a poucos e muitos, deu-se bem o contrário" (p.81).

7. R.W. Darré, "Marriage Laws and the Principles of Breeding", em *Nazi Ideology before 1933*, org. Barbara Miller Lane e Leila J. Rupp (Manchester: Manchester University Press, 1978), p.115. Em *L'homme régénéré* (Paris: Gallimard, 1989), Mona Ozouf sugeriu que a Revolução Francesa, o ponto alto da história do Iluminismo, concentrou suas intenções na "formação" de *un nouveau peuple*, além disso postulando a "nova estirpe de homens" como uma *tarefa* (p.119). A pretendida sociedade "regenerada" composta de "um novo povo" devia ser, entre outras coisas, "une société purgée de ces membres douteux" [uma sociedade expurgada desses membros duvidosos] (p.143). Assim, segundo Ozouf, a Revolução Francesa foi em certo sentido uma "premonição" dos tempos vindouros; ela antecipou o curso dos exercícios posteriores de "construção da sociedade"; tentadoramente, ela deixou por cumprir o "projet de visibilité absolue où l'indétermination est insupportable" [projeto de visibilidade absoluta onde a indeterminação é insuportável] e simplesmente iniciou o caminho que levaria "des Lumières au Goulag" [do Iluminismo ao Gulag] (p.120).

8. Citado por Max Weinreich, *Hitler's Professors* (Nova York: Yiddish Scientific Institute, 1946), p.30-4.

9. Citado por Benno Müller-Hill, *Murderous Science, Elimination by Scientific Selection of Jews, Gypsies and Others, Germany, 1933-1945*, trad. George R. Fraser (Oxford: Oxford University Press, 1988), p.14.

10. Detler J.K. Peukert, *Inside Nazi Germany: Conformity, Opposition and Racism in Everyday Life*, trad. Richard Deveson (New Haven: Yale University Press, 1987), p.223, 222, 208, 248. O sonho moderno de uma ordem social uniforme, harmoniosa

e a convicção igualmente moderna de que a imposição de tal ordem sobre a realidade recalcitrante é um movimento progressivo, uma promoção dos interesses comuns e, além disso, legítima sejam quais forem os "custos de transição", podem ser encontrados por trás de cada caso de genocídio moderno. Assim, os construtores do Estado turco moderno mataram o grosso da população armênia "comprometedora da harmonia" porque "buscavam converter a sociedade de uma composição heterogênea em uma unidade homogênea. Aí o genocídio se tornou um meio para a finalidade de uma mudança radical de estrutura no sistema." A visão do progresso administrado pelo Estado removeu todas as contrições morais que a bestialidade do assassinato em massa podia ter provocado. O arquiteto do genocídio armênio, o ministro Taleat, dos Assuntos Internos, explicou: "Tenho a convicção de que, enquanto uma nação faz o melhor em seu interesse e é bem-sucedida, o mundo a admira e a considera moral." (Ver Vahakn N. Dadrian, "The Structural-Functional Components of Genocide: A Victimological Approach to the Armenian Case", em *Victimology*, org. Israel Drapkin e Emilio Viano. Lexington, Mass.: Lexington Books, 1974, p.133, 131.) Como os acontecimentos posteriores demonstraram fartamente, Taleat, deve-se admitir, não acertou longe do alvo.

11. David Gasman, *The Scientific Origins of National Socialism* (Londres: Macdonald, 1971), p.xiv-xv, xxvi, 91, 98. No seu estudo revelador das obsessões "científicas naturais" do movimento nazista, Robert A. Pois (*National Socialism and the Religion of Nature*. Londres: Croom Helm, 1986) documenta a "crença absoluta [de Hitler] na supremacia da ciência sobre qualquer forma de crença religiosa ... Com efeito, a aparente tendência de Hitler para uma espécie de biologismo levou alguns analistas do nacional-socialismo a sugerir que ele não tinha ideologia, sendo ao contrário dedicado à lógica crua das crenças naturalistas." (p.39) A linguagem de Hitler era repleta de referências às "leis da natureza" e seu louvor da ciência como o guia da ação adequada era ilimitado e irrestrito. Ele insistia em que o nacional-socialismo era "uma doutrina que não é nada mais que uma homenagem à razão" e que "a ciência está fadada a vencer". (Ver Adolf Hitler, *Secret Conversations: 1941-1944*, trad. Norman Cameron e R.H. Stevens. Nova York: Farrar, Straus & Young, 1953, p.33, 51.)

12. Ver Robert Proctor, *Racial Hygiene: Medicine under Nazis* (Harvard University Press, 1988), p.181.

13. Müller-Hill, *Murderous Science*, p.28-9. A estação experimental em Cold Spring Harbor, chefiada por Charles Benedict Davenport a partir de 1904, foi fundada pelo Instituto Carnegie de Washington, com a finalidade de identificar indivíduos portadores de "plasma de germe deficiente". (Ver Stephan L. Chorover, *From Genesis to Genocide: The Meaning of Human Nature and the Power of Behaviour Control*. Cambridge, Mass.: MIT Press, 1979, p.41.) Com efeito, em muitos aspectos as práticas eugênicas e outras de regulação demográfica recomendadas pelos cientistas americanos e aplicadas por políticos americanos serviram de inspiração aos planificadores alemães do genocídio. Os "higienistas raciais [alemães] inspiraram-se no exemplo das leis americanas de imigração, esterilização e miscigenação para formular sua própria política nessas áreas" (Robert Proctor, *Racial Hygiene*, p.286).

14. Ver J.R. Searle, *Eugenics and Politics in Britain, 1900-1914* (Leiden: Noordhoff, 1976), p.8, 13, 29, 75.

15. George Orwell, "Wells, Hitler, and the World State", em *Collected Essays* (Londres: Secker & Warburg, 1961), p.164.

16. H.G. Wells, "Socialism and the New World Order", em *Journalism and Prophecy, 1893-1946* (Londres: Bodley Head, 1984), p.278-9.

17. Bryan Cheyette, "H.G. Wells and the Jews: Antisemitism, Socialism, and English Culture", *Patterns of Prejudice*, vol.22, n.3 (1988), p.23.

18. Christopher Ricks, *T.S. Eliot and Prejudice* (Londres: Faber & Faber, 1988), p.41.

19. Citado por William J. Ghent, *Our Benevolent Feudalism* (Nova York: Macmillan, 1902), p.29.

20. Ver Chorover, *From Genesis to Genocide*, p.42.

21. Jean-Marie Benoist, "Au nom des Lumières...", *Le Monde*, 6 de janeiro de 1989. Revendo a lógica da construção da "nova ordem" durante o regime jacobino, Bronislaw Baczko escreveu que "pour être pure et vertueuse, fidèle à ses propres représentations, la République devait nécessairement s'épurer, se débarasser des 'impurs', des traîtres, des intrigants, des carriéristes, des vils profiteurs, éléments indignes d'elle, voire de ses pires ennemis cachés et dissimulés. La Révolution progressait donc nécessairement par l'exclusion." ["para ser pura e virtuosa, fiel a suas próprias representações, a República devia necessariamente se depurar, se livrar dos 'impuros', dos traidores, dos intrigantes, dos carreiristas, dos vis aproveitadores, elementos indignos dela, quer dizer de seus piores inimigos escondidos e dissimulados. A Revolução avançava portanto, necessariamente, pela exclusão."] (*Comment sortir de la Terreur: Thermidor et la Révolution*. Paris: Gallimard, 1989, p.52.)

22. Helen Fein, *Accounting for Genocide* (Nova York: Free Press, 1979), p.8.

23. Theodore Olson, *Millenarianism, Utopianism, and Progress* (Toronto: University of Toronto Press, 1982), p.283-4.

24. William Ryan, *Blaming the Victim* (Londres: Orbach & Chambers, 1971), p.22.

25. Chorover, *From Genesis to Genocide*, p.109, 80-1, 9-10. A frase "diminuição e destruição de vidas desprovidas de valor" estava em uso já em 1920 e era empregada no título do livro escrito pelo psicólogo Alfred Hoche e pelo jurista Karl Binding. Institutos acadêmicos totalmente dedicados ao estudo biológico das raças existiam pelo menos desde o início do século — gozavam de alta consideração acadêmica e atraíam os mais eminentes cientistas e pesquisadores.

26. Proctor, *Racial Hygiene*, p.38, 58.

27. Ver Christopher Simpson, *Blowback: America's Recruitment of Nazis and its Effects on the Cold War* (Londres: Weidenfeld & Nicholson, 1988), p.34.

28. Proctor, *Racial Hygiene*, p.220-1.

29. Müller-Hill, *Murderous Science*, p.296.

30. Amitai Etzioni, *Genetic Fix: The Next Technological Revolution* (Nova York: Harper & Row, 1973), p.102, 20, 30. Nas últimas duas décadas, atitudes que fazem parecer reais as premonições de Etzioni se fortaleceram. Ouve-se falar de tentativas antes impensáveis de reabilitar experiências nazistas com prisioneiros de campos de concentração como "material cientificamente perfeito". Mas também vemos cientistas contemporâneos tendo cada vez mais dificuldade de entender por que deveriam evitar a engenharia da vida humana, com ou sem o consentimento dos afetados, quando *sabem* que os resultados previstos da intervenção serão melhores que o *status quo* se os necessários instrumentos, habilidades e verbas forem disponíveis. E assim, por exemplo, Norman Stone escreve no *The Guardian* (14 de dezembro de 1989), numa resenha do livro de Paul Windling, *Health, Race and German Politics between National Unification and Nazism, 1870-1945* (Cambridge University Press): "à sua maneira

horrível, Hitler apontou para um problema que é constante e, na 'classe inferior' de hoje, muito sério. Como você impede as mães solteiras de adolescentes de criar o torcedor *hooligan* de amanhã?" Uma frase escrita "por acaso" põe de lado o triste conhecimento a que a história obrigou cientistas relutantes. Em poucas palavras (tanto mais terríveis por serem vistas como triviais, óbvias), Norman Stone reafirma toda a filosofia que virtualmente convidou às práticas políticas nazistas: ele *sabe* que a "classe inferior" (claro, quem mais?) é um "problema" (de quem?); ele *sabe* que os *hooligans* são filhos de mães solteiras (da e dentro da classe inferior, claro); e portanto *sabe* que as possíveis mães solteiras da classe inferior deveriam ser impedidas de fornicar. Como? Aqui, supõe-se, "Hitler apontou para um problema que é constante"...

Na sua recente resenha do estudo de Proctor, Geoffrey Cantor escreveu sobre "os perigos inerentes à busca científica dos objetivos limitados definidos pela ciência. Pois o poder sem responsabilidade pode ser dirigido para os mais desumanos fins. O que manifestamente faltou aos médicos e cientistas alemães foi uma discussão crítica e aberta do significado social, político e *ético* de sua pesquisa. Mesmo hoje tal discussão é raríssima." (Geoffrey Cantor, "Biology and Destiny", *Jewish Quarterly*, inverno de 1989.) Dado o laço inextricável entre a "falta de ética" e a instrumentalidade da ciência que Cantor documenta tão bem, a palavra "mesmo" na última frase aparece como uma surpresa. Tudo isso é bem resumido no veredito de Hans Jonas: "Nunca tanto poder combinou-se com tão pouca indicação sobre o seu uso. Ainda assim há uma compulsão, uma vez existente o poder, para usá-lo de qualquer forma." (*Philosophical Essays: From Ancient Creed to Technological Man*. Englewood Cliffs: Prentice Hall, 1974, p.176.)

31. Müller-Hill, *Murderous Science*, p.21.

32. Paul Fussell, "Thanks God for the Bomb", publicado originalmente em *New Republic*, reimpresso por *The Guardian*, 21-22 de janeiro de 1989.

33. Richard L. Rubenstein e John K. Roth, *Approaches to Auschwitz* (Nova York: SCM Press, 1987), p.333-4.

34. Sender L. Gilman, *Difference and Pathology, Stereotypes of Sexuality, Race and Madness* (Ithaca: Cornell University Press, 1985), p.130.

35. Citado por Norman Cohn, *Warrant for Genocide* (Londres: Eyre & Spottiswoode, 1967), p.87, 205.

36. Ver Müller-Hill, *Murderous Science*, p.107-56.

37. Müller-Hill, *Murderous Science*, p.89. Hans Jonas escreveu sobre a atual corrida dos cientistas rumo à engenharia genética: "A imagem 'transcendente', potencialmente infinita, seria reduzida a tabelas de propriedades desejadas, selecionadas pela ideologia ... transformadas em esquemas por geneticistas com a ajuda de computadores, autorizadas pelo poder político e por fim inseridas com fatal finalidade na futura avaliação da espécie pela tecnologia biológica." (*Philosophical Essays*, p.180-1.)

38. Müller-Hill, *Murderous Science*, p.102.

39. Stanley Milgram, *Obedience to Authority: An Experimental View* (Londres: Tavistock, 1974), p.166, 107.

40. Hans Jonas, *The Imperative of Responsability: In Search of an Ethics for the Technological Age* (University of Chicago Press, 1984), p.200-1.

2. A CONSTRUÇÃO SOCIAL DA AMBIVALÊNCIA

1. Jacques Derrida, *Of Grammatology*, trad. Gayatri Chakravorty Spivak (Baltimore: Johns Hopkins University Press, 1974), p.143.

2. Jacques Derrida, *Disseminations*, trad. Barbara Johnson (Londres: Athlone Press, 1981), p.71, 99.

3. Jacques Derrida, *Positions*, trad. Aln Bass (University of Chicago Press, 1981), p.42-3.

4. Frederick Barth, *Ethnic Groups and Boundaries; The Social Organization of Cultural Difference* (Bergen: Universitet Ferlaget, 1969), p.15.

5. George Simmel, "The Stranger" (1908), em *On Individuality and Social Forms* (Chicago: University of Chicago Press, 1971), p.143. "Der Fremde", escreveu Robert Michels, "ist der Repräsentant des Unbekannten." ["O estranho é o representante do desconhecido."] ("Materialen zu einer Soziologie des Fremden", em *Jahrbuch für Soziologie*, 1925, p.303.)

6. Simmel, "The Stranger", p.145.

7. Ver Emmanuel Levinas, *Ethics and Infinity, Conversations with Phillippe Nemo*, trad. Richard A. Cohen (Pittsburgh: Duquesne University Press, 1982), p.95-101.

8. Ver Charles J. Erasmus, *In Search of the Common Good* (Nova York: Free Press, 1974), p.74, 87.

9. Ver Mary Douglas, *Purity and Danger* (Londres: Routledge, 1966), p.39.

10. John Breuilly, *Nationalism and the State* (Manchester: Manchester University Press, 1982), p.343.

11. Boyd S. Schafer, *Nationalism, Myth and Reality* (Londres: Gollancz, 1955), p.119, 121.

12. Ver Peter Alter, *Nationalism*, trad. Stuart McKinnon-Evans (Londres: Edward Arnold, 1989), p.7ss.

13. Citado por Elie Kedouri, *Nationalism* (Londres: Hutchinson, 1960), p.83.

14. Jean-Jacques Rousseau, *Considerations on the Present of Poland* (Londres: Nelson, 1953), p.176-7.

15. Cynthia Ozick, *Art and Ardour* (Nova York: Dutton, 1984), p.165.

16. Ver Michel Foucault, *Madness and Civilization: A History of Insanity in the Age of Reason* (Londres: Tavistock, 1967), p.7-13.

17. Barth, *Ethnic Groups and Boundaries*, p.15, 17.

18. Erving Goffman, *Stigma: Notes on the Management of Spoiled Identity* (Harmondsworth: Penguin, 1968), p.12.

19. Mais sobre esse assunto em Zygmunt Bauman, *Legislators and Interpreters* (Cambridge: Polity Press, 1987), cap. 4.

20. Para ser eficiente como legitimação, o programa liberal em todas as suas formas (e isso inclui a ideia de aculturação como garantia de direitos de participação) deve insistir em que os valores possuídos pelas pessoas superiores que ele convida a emular são de fato universalmente disponíveis e, portanto, sua posse é evidência da superioridade daqueles que os possuem. No caso improvável, porém, de o convite ser aceito em escala maciça e com sucesso, a própria superioridade que pretendia originalmente provar terá sido eliminada. Pode-se dizer que o liberalismo pode fazer seu convite sem medo apenas porque é bastante improvável que muitos pretendentes tenham sucesso (de forma que a trapaça envolvida no convite dificilmente será exposta); ou, vendo a coisa do outro lado, o liberalismo pode pregar a sua oferta de forma tão confiante apenas porque acredita que a aceitação do convite é uma empresa difícil demais para a maioria das pessoas "abaixo das melhores". A função mais importante da esperança que esse convite alimenta é a possibilidade de "culpar a vítima": se você está preso no fundo, só tem a você mesmo para culpar. E se você se culpa, as chances são de

que fique livre de dano, ao mesmo tempo que aumenta a glória dos valores dominantes tão ardilosos quanto, acredita você, onipotentes. E se você se recusa a admitir sua culpa ou inépcia, o recurso ao estigma seria uma reação bem suscetível e portanto bastante provável. Parece que, paradoxalmente, o liberalismo só pode usar a declaração de guerra contra o estigma como um instrumento legitimizante se espera que a guerra não seja travada em escala total e que, se o for, nunca seja vencida.

21. Sander L. Gilman, *Jewish Self-Hatred: Antisemitism and the Hidden Language of the Jews* (Baltimore: Johns Hopkins University Press, 1986), p.2.

22. Geoff Dench, *Minorities in the Open Society: Prisoners of Ambivalence* (Londres: Routledge, 1986), p.259.

23. Ver Zygmunt Bauman, "Exit Visas and Entry Tickets", *Telos*, 77 (outono de 1988), p.45-77.

24. Dench, *Minorities in the Open Society*, p.127.

3. A AUTOCONSTRUÇÃO DA AMBIVALÊNCIA

1. Alfred Schütz, *Collected Papers*, vol.1 (Haia: Martinus Nijhof, 1967), p.9-12.

2. Schütz, *Collected Papers*, vol.2, p.95, 102.

3. Observemos que a própria constituição da população hospedeira como "nativa" — concebível apenas na medida em que há um vantajoso ponto de vista *não nativo* — já revela o olhar corrosivo, relativizante do estranho. Indiretamente, ele reforça a estranheza desse último. O estranho confirma a definição dominante dele mesmo com a mera aceitação do outro modelo como "nativo", portanto um modelo que permite à autoridade definir as regras do jogo comportamental e o significado da existência humana adequada.

4. Sander L. Gilman, *Difference and Pathology: Stereotypes of Sexuality, Race and Madness* (Ithaca: Cornell University Press, 1985), p.129-30, 162, 214-5.

5. L. Chestov, *Apofeosis bespochvennosti: Opyt adogmaticheskogo myshleniya* [Apoteose do desenraizamento: Um ensaio sobre o pensamento não dogmático] (Paris: YMCA Press, 1971), p.27, 32, 41, 49.

6. Maurice Natanson, *Literature, Philosophy and the Social Sciences* (Haia: Martinus Nijhof, 1962), p.70.

7. Karl Mannheim, *Ideology and Utopia* (Londres: Routledge, 1968), p.26, 72, 141, 144. Para o intelectual, a perspectiva periférica não é uma questão de escolha; paradoxalmente, isso ocorre porque — como ressaltou Ortega y Gasset — "o mundo parece estar para o Intelectual onde ele o questiona" (citado em *Juden in der Soziologie*, org. Erhard R. Wiehn. Constança: Hartung-Gorre, 1989, p.29).

8. Mannheim, *Ideology and Utopia*, p.72, 143.

9. Pierre-George Castex, *Albert Camus et L'Étranger* (Paris: José Cortez, 1986), p.56.

10. Brian T. Fitch, *L'Étranger d'Albert Camus* (Paris: Librairie Larousse, 1972), p.94.

11. Adrian Jaffe, *The Process of Kafka's Trial* (Ann Arbor: Michigan State University Press, 1967), p.29.

12. *The Diaries of Franz Kafka, 1910-23*, org. Max Brod (Harmondsworth: Penguin, 1964), p.18-9.

13. Martha Roberts, *Franz Kafka's Loneliness*, trad. Ralph Mannheim (Londres: Faber & Faber, 1982), p.35.

14. Roberts, *Franz Kafka's Loneliness*, p.13.

15. Gilman, *Difference and Pathology*, p.174.

16. Ver Ritchie Robertson, "Antizionismus, Zionismus: Kafka's responses to Jewish nationalism", em *Paths and Labyrinths: Nine Papers from a Kafka Symposium*, org. J.P. Stern e J.J. White (Instituto de Estudos Germânicos da Universidade de Londres, 1985), p.29-31.

17. *The Diaries of Franz Kafka*, p.64.

18. *The Diaries of Franz Kafka*, p.88.

19. Robertson, "Antizionismus, Zionismus", p.28.

20. *The Diaries of Franz Kafka*, p.46.

21. Rusell Jacoby, *The Last Intellectuals* (Nova York: Basic Books, 1987), p.180, 220, 172, 203.

22. Ver Régis Debray, *Le Pouvoir intellectuel en France* (Paris: Ramsay, 1979).

23. Augustin Cochin, *La Révolution et la libre pensée* (Paris: Plon, 1924), p.xxxvi.

24. Theodor W. Adorno, *Negative Dialectics*, trad. E.B. Ashton (Londres: Routledge, 1973), p.3,33.

25. Max Horkheimer, *Critical Theory*, trad. Matthew J. O'Connell *et al.* (Nova York: Herder & Herder, 1972), p.232.

26. Citado por J.P. Mayer, *Max Weber and German Politics* (Londres: Faber & Faber, 1956), p.128.

27. Robert Michels, *Political Parties* (Glencoe: Free Press, 1919), p.187.

28. Ver a nota à edição americana de Theodor W. Adorno e Max Horkheimer, *Dialectic of Enlightenment*, trad. John Cumming (Nova York: Herder & Herder, 1972).

29. Ver as contribuições de Warren O. Hagstrom e Charles Kadushin a *The Production of Culture*, org. Richard A. Petersen (Londres: Sage, 1976).

30. Niklas Luhmann, *Love as Passion: The Codification of Intimacy*, trad. Jeremy Gaines e Doris L. Jones (Cambridge, Mass.: Harvard University Press, 1986), p.15.

31. Peter L. Berger, Brigitte Berger e Hansfried Kellner, *The Homeless Mind* (Harmondsworth: Penguin, 1973), p.168.

32. Berger et al., *The Homeless Mind*, p.145.

33. Brian McHale, *Postmodernist Fiction* (Londres: Methuen, 1987), p.10.

34. Richard Rorty, *Contingency, Irony, and Solidarity* (Cambridge: Cambridge University Press, 1989), p.103.

4. UM ESTUDO DE CASO NA SOCIOLOGIA DA ASSIMILAÇÃO I: NA ARMADILHA DA AMBIVALÊNCIA

1. Analisei extensamente esse processo no meu livro *Legislators and Interpreters* (Cambridge: Polity Press, 1987), caps. 3, 4.

2. Ver, por exemplo, o texto padrão: Milton Gordon, *Assimilation in American Life* (Londres: Oxford University Press, 1964).

3. *Towards Modernity: The European Jewish Model*, org. Jacob Katz (Nova Brunswick: Transaction Books, 1987), p.11.

4. Michael A. Meyer, *The Origins of the Modern Jew: Jewish Identity and European Culture in Germany, 1749-1824* (Detroit: Wayne State University Press, 1979), p.15.

5. Peter Pulzer, "Jewish Participation in Wilhelmine Politics", em *Jews and Germans from 1860 to 1933: The Problematic Symbiosis*, org. David Bronsen (Heidelberg: Carl Winter, 1979), p.82.

6. S.S. Prawer, *Heine's Jewish Comedy* (Oxford: Clarendon Press, 1983), p.760-1.

7. Martha Robert, *From Oedipus to Moses: Freud's Jewish Identity*, trad. Ralph Mannheim (Nova York: Anchor Books, 1976), p.17.

8. Sander L. Gilman, *Jewish Self-Hatred: Anti-Semitism and the Hidden Language of the Jews* (Baltimore: Johns Hopkins University Press, 1986), p.206-7, 162.

9. Jacob Wassermann, *My Life as German and Jew* (Londres: Allen & Unwin, 1934), p.72, 116. A experiência de Wassermann como judeu que adotou a língua e a cultura do país anfitrião, sua terra natal, não foi de forma alguma única. Ela reproduziu-se por toda a Europa. De casos poloneses semelhantes ao de Wassermann, por exemplo, escreveu Artur Sandauer ("O sytuacji pisarza polskiego pochodzenia zydowskiego w XX wieku" [Da situação do escritor polonês de origem judaica no século XX], em *Pisma Zebrane*, vol.3. Varsóvia: Czytelnik, 1985, p.468) que "assimilar" significa "ficar indefeso sob o olhar dos outros" e aceitar sem reclamar os padrões de julgamento e os critérios estéticos dos outros. Assim fazendo, o "indivíduo assimilador" deve também "admitir a sua própria feiura". A condição judaica era declarada feia e igualmente o eram todos os chamados "traços judaicos". Podia-se fazer algo (pelo menos teoricamente) para escapar à feiura da religião judaica — pela conversão — ou aos hábitos e maneira de falar judaicos — pela autodisciplina. Não se podia fazer nada quanto à aparência física — e essa odiosa herança genética emergiria incólume de não importa quantos banhos de água benta da pia batismal. O poeta polonês Antoni Slonimski, nascido cristão e de pai já cristão, herdou de seus ancestrais um rosto nitidamente judeu e a apaixonada adoração que eles tinham pela cultura polonesa; esta última herança não o ajudou contra a primeira. Como os outros — os não convertidos, os que abertamente ostentavam suas raízes judaicas e os que tentavam escondê-las ou negá-las —, Slonimski foi desqualificado como judeu.

A moderna cultura emergente da Polônia estava cheia de judeus convertidos e não convertidos. Nascidos nos centros urbanos e gabando-se da melhor educação que a Polônia podia oferecer, eles facilmente assumiram o papel de árbitros culturais para os quais os poetas e escritores nativos, em geral de extração rural, se não camponesa, se voltavam em busca de orientação e acolhida. Como era de esperar, o aumento de sua importância na cultura polonesa andou de mãos dadas com a intensificação e disseminação do antissemitismo polonês. Daí o "fenômeno único: os escritores mais amados tornam-se, como pessoas, os mais odiados".

10. Wassermann, *My Life as German and Jew*, p.120, 104. De novo, Martha Robert oferece um resumo sucinto e preciso do problema: "Todo mundo sabe que um nativo não precisa de nenhum esforço especial para se conformar aos costumes e hábitos mentais do seu país, enquanto um estrangeiro se trai pela necessidade de explicar e entender não somente assuntos complicados, mas as mais simples bagatelas, as milhares de insignificâncias que são ditas e feitas a cada momento da vida diária" (*From Oedipus to Moses*, p.17).

Um contemporâneo mais jovem de Wassermann, Walter Benjamin (com justiça definido por George Steiner como o mais importante esteta e crítico literário *alemão* do século XX), vigorosamente expressou o que Wassermann e outros como ele aprenderam sobre a fragilidade da relação entre o que faziam e como eram vistos e tratados: não é realmente "o homem que tem um destino; o sujeito do destino é antes indeterminável. O juiz pode perceber o destino onde lhe aprouver: a cada julgamento ele deve ditar cegamente o destino. Não é nunca o homem, mas apenas a vida nele que é atingida — a parte envolvida na culpa e infortúnio naturais em virtude da ilusão" ("Fate and Character", em *One Way Street and Other Writings*, trad. Edmund Jephcott e Kingsley Shorter. Londres: Verso, 1985, p.128). Em outra parte Benjamin escreveria enfaticamente sobre os apuros do cortesão, cuja proverbial e desprezada manipulação de uma criança boba e sem força moral podia ser culpada apenas parcialmente pela falta de caráter; ela também "reflete uma inconsolável e melancólica rendição a uma impenetrável conjunção de constelações funestas" que "parecem ter adquirido uma disposição compacta, quase sólida" (citado em *One Way Street and Other Writings*, "Introdução" de Susan Sontag).

11. Wassermann, *My Life as German and Jew*, p.46-7. E eis como Martha Robert narra uma experiência semelhante de Freud: "Se quisesse se tornar alemão, tinha que se destruir como judeu em nome de algo que ele não era, ainda não era ou que era apenas a seus próprios olhos mas certamente não aos olhos da comunidade à qual ansiava se misturar." (*From Oedipus to Moses*, p.17.)

Da vida dos judeus assimilados à cultura polonesa, no período entreguerras, Efraim Kaganowski, um escritor judeu de Varsóvia, deixou alguns esboços surpreendentes: "Café *Ziemianska*, onde se reúne a vanguarda judia polonesa. Frequentado por escritores, poetas, artistas — uma curiosa família que a todo momento se queixa da 'concentração judaica'. Ainda não estão seguros de sua condição polaca e de repente notam que estão cercados apenas por outros judeus. É por isso que se sentem tão bem aqui, à vontade." Há desesperança nas estreitas ruas judaicas. Mas são também sombrios os afluentes apartamentos judaicos. E só tarde da noite num grande restaurante burguês judeu ... você pode encontrar criaturas de outro mundo que nunca viu até então em nenhum local judeu. Elas chegam com uma expressão de pessoas perdidas ou de turistas à procura de exotismo. Um jornalista sussurra: 'Está vendo aquele homem lá, com aquela mulher? Sabe quem são?' Eles se encontram pela primeira vez em um bairro judeu ... Passado um momento, vi esse famoso assimilador dançando com a companheira no meio da multidão de judeus. Mas essa boêmia judaica não intoxica. Na volta para casa, os visitantes noturnos não se sentem bêbados. Os olhos judeus estão temerosos e vigilantes. Esses homens querem se espremer na massa para parar de sentir como são solitários." (*Warszawskie Opowiadania* [Histórias de Varsóvia]. Varsóvia: Iskry, 1958, p.174-5.)

12. Kurt Lewin, *Resolving Social Conflicts*, org. Gertrud Weiss Lewin (Londres: Souvenir Press, 1948), p.148, 179.

13. Wassermann, *My Life as German and Jew*, p.16.

14. Gershom Scholem, "On the Social Psychology of the Jews in Germany: 1900-1933", em *Jews and Germans from 1860 to 1933: The Problematic Symbiosis*, org. David Bronsen (Heidelberg: Carl Winter, 1979), p.16-8.

15. Martha Robert, *Franz Kafka's Loneliness*, trad. Ralph Mannheim (Londres: Faber & Faber, 1982), p.9.

16. Ver Steven E. Ascheim, "'The Jew Within'; The Myth of 'Judaisation' in Germany", em *The Jewish Response to German Culture: From the Enlightenment to the Second World War*, org. Jehuda Reinharz e Walter Schatzberg (Boston: University Press of New England, 1985), p.212, 228.

17. Jacob Katz, *Out of the Ghetto: The Social Background of Jewish Emancipation, 1770-1870* (Cambridge, Mass.: Harvard University Press, 1973), p.190.

18. O filósofo judeu russo Lev Chestov perseguiu nos seus escritos a ideia da onipotência da fé. Acreditar em Deus, repetia, é acreditar que *tudo é possível* e isso inclui também a possibilidade de apagar o passado (fazer, por exemplo, com que o ato vergonhoso do envenenamento de Sócrates "nunca tenha existido"). A audaciosa concepção de Chestov, como sua fuga para a religião, entendida sobretudo como recusa de aceitar a finalidade de qualquer evidência mundana, deve ter-se originado de uma experiência bem judaica dos limites da liberdade confinada ao presente e ao futuro e das consequências do fato de que o Iluminismo, por assim dizer, *retro non agit*. Ver, por exemplo, *Razão e revelação* [em russo] (Paris: YMCA Press, 1964).

19. Bruno Bettelheim, *Autonomy in a Mass Age* (Nova York: Free Press, 1960), p.173-4.

20. Prawer, *Heine's Jewish Comedy*, p.762. A sina de Heine repetiu-se na experiência de outro "ex-judeu", Karl Marx, como se apressou em observar Bakunin com maliciosa alegria: "Judeu, ele atraía, quer em Londres ou na França, mas especialmente na Alemanha, um monte de *iídes*, mais ou menos inteligentes, intrigantes, intrometidos e especuladores, como soem ser os judeus, agentes comerciais e bancários, escritores ... correspondentes ... que tinham um pé no mundo das finanças e outro no socialismo." (Citado por Julius Carlebach, *Karl Marx and the Radical Critique of Judaism*. Londres: Routledge, 1978, p.312.)

21. Scholem, "On the Social Psychology of the Jews in Germany", p.18-23. Como Jacob Katz descobriu, "os judeus que aspiravam à aceitação social mas tinham dificuldade em penetrar nos círculos alemães podiam achar que sentar-se em meio a um público misto na sala de concertos e no teatro era uma maneira conveniente de demonstrar sua participação na sociedade em geral. Ler em casa não tinha, naturalmente, essa dimensão pública." ("German Culture and the Jews", em *The Jewish Response to German Culture*, org. Reinharz e Schwarzberg, p.90.) E no entanto a aparente via de escape à solidão mostrou-se bloqueada, pois os ávidos judeus frequentadores de teatros e concertos descobriram que estavam se misturando sobretudo uns com os outros. Como aguçadamente observou Shulamit Volkov, "apesar de si mesmos, eles se tornaram um elemento social parcialmente segregado, embora sua comunidade não fosse de exclusivismo social mas de atração social de semelhantes" ("The Dynamics of Dissimilation: The *Ostjuden* and German Jews", em *The Jewish Response to German Culture*, p.200).

22. Meyer, "The Origins of the Modern Jew", p.139-40.

23. George L. Mosse, "Jewish Emancipation: Between *Bildung* and Respectability", em *The Jewish Response to German Culture*, org. Reinharz e Schwarzberg, p.14.

24. Immanuel Wolf, "On the Concept of a Science of Judaism", em *Leo Baeck Institute Yearbook*, vol.2 (Londres, 1957), p.204.

25. Ver Jacob Katz, *From Prejudice to Destruction: Anti-Semitism, 1700-1933* (Cambridge, Mass.: Harvard University Press, 1980), p.87, 161.

26. "De repente, encontram-se judeus em todas as posições das quais não são deliberadamente excluídos; eles fizeram sua a tarefa dos alemães; a vida cultural alemã parece cada vez mais se transferir a mãos judias ... Nós, judeus, estamos administrando a propriedade espiritual de uma nação que recusa nosso direito e capacidade de fazê-lo." Goldstein prossegue chamando de "nossos piores inimigos" "aqueles judeus completamente inconscientes que continuam a tomar parte das atividades culturais alemãs de qualquer maneira" (ver Moritz Goldstein, "German Jewry's Dilemma", em *Leo Baeck Institute Yearbook*, vol.2, p.237, 239).

27. A tentativa de Moritz Lazarus de desenvolver uma filosofia moral universalmente válida a partir de fontes éticas judaicas foi ridicularizada e duramente atacada por Hermann Cohen como um "conceito de gueto", por tentar considerar um *Gesamtgeist des Judentums* [espírito pleno do judaísmo] independente das antigas civilizações grega e romana e da civilização moderna. Cohen insistia que "nós, judeus alemães," pensamos e devemos pensar no "espírito de Lessing e Herder, de Leibniz e Kant, de Schiller e Goethe, mesmo em questões de nossa fé judaica" (ver David Baumgardt, "The Ethics of Lazarus and Steinthal", em *Leo Baeck Institute Yearbook*, vol.2, p.213-4).

28. Steven S. Schwarzschild, "'Germanness and Judaism' — Hermann Cohen's Normative Paradigm of the German-Jewish Symbiosis", em *Jews and Germans from 1860 to 1933*, org. Bronsen, p.154.

29. Schwarzschild, "'Germanness and Judaism'", p.143.

30. Gershom Scholem, *The Messianic Idea in Judaism* (Londres: Allen & Unwin, 1971), p.306-9.

31. Citado por Gilman, *Jewish Self-Hatred*, p.161. Certamente não foi por coincidência que o papel da vergonha como arma importante e supereficiente da coerção uniformizante chamada "processo civilizador" foi descoberto e profundamente analisado por Freud e Elias.

32. Amos Elon, *Herzl* (Nova York: Reinhart & Winston, 1975), p.252; Peter Gay, *Freud, Jews and Other Germans: Masters and Victims in Modernist Culture* (Nova York: Oxford University Press, 1978), p.110.

33. Citado por Theodor Reik, *Jewish Wit* (Nova York: Gamut Press, 1962).

34. Shulamit Volkov, "The Dynamics of Dissimulation: *Ostjuden* and German Jews", em *The Jewish Response to German Culture*, org. Reinhart e Schwarzberg, p.210.

35. Meyer, *The Origins of the Modern Jew*, p.60, 61.

36. Jack Wertheimer, *Unwelcome Strangers: East European Jews in Imperial Germany* (Oxford: Oxford University Press, 1987), p.143, 148. Arnold Mostowicz, perspicaz escritor judeu polonês, sobrevivente do gueto de Lódz e pessoa de ampla experiência europeia, conta que os judeus alemães que encontrou na Alemanha, na França e (durante a guerra) na Polônia "não apenas consideravam a lealdade ao misticismo hassídico e o autoisolamento da comunidade judaica sinais de atraso e obscurantismo como exibiam uma verdadeira aversão racial por todo judeu proveniente da Europa oriental". Persistiram nessa atitude mesmo quando desapossados pelos alemães com os quais afirmavam uma identidade espiritual e lançados na mixórdia dos casebres no gueto de Lódz. (*Zólta Gwiazda i Czerwony Krzyz*. Varsóvia: PIW, 1988, p.46.)

37. Wertheimer, *Unwelcome Strangers*, p.25-30.

38. Ver Wertheimer, *Unwelcome Strangers*, p.144, 146.

39. Wertheimer, *Unwelcome Strangers*, p.158, 160.

40. John Murray Cuddihy (*The Ordeal of Civility: Freud, Marx, Levi-Strauss and the Jewish Struggle with Modernity*. Nova York: Basic Books, 1974) sugere repetidas vezes que os tormentos da assimilação foram resultado de um "choque cultural" que não puderam suportar as sucessivas gerações de judeus instruídos, sobrecarregadas de um "nexo pré-moderno incomum"; elas foram incapazes de realmente abraçar a "cultura do gentio", na qual se sentiam "pouco à vontade" por causa da cortesia despersonalizada que aí substituía a verdadeira união calorosa e extremamente pessoal dos judeus: "As diferenciações mais estranhas à subcultura *shtetl* da *Yiddishkeit* [condição judaica] eram as que opunham conduta pública e privada e os modos à moral." O fracasso do programa

assimilatório resultou portanto da incapacidade judaica de atender aos padrões modernos, estranhos à sua natureza interior. (Cuddihy identifica modernidade com domínio da ética protestante, que por sua vez define, antes e acima de tudo, como o código de cortesia e fria gentileza distante.) A reação judaica à incompatibilidade, segundo Cuddihy, foi uma luta *com* a modernidade, em vez de uma luta pela modernização. Com efeito, a atitude judaica face à modernidade foi essencialmente subversiva, com os pensadores judeus lutando para substituir a etiqueta impessoal do protestantismo pela despersonalização de sua má vontade ou incapacidade de modernizar. Assim, em Freud, que achava o amor cortesão "tão antijudeu", "o mal-estar social torna-se um sintoma médico, *kwetches* viram achaques histéricos, *tsuris* vira ansiedade básica, a vergonha social torna-se culpa moral, o desvio se torna incapacidade, a estranheza vira alienação, ter mau comportamento é ser doente mental".

Cuddihy parece aceitar que o refinamento da conduta pública levaria com efeito à paridade social, como prometiam os programas assimilatórios, e que, em vez de ser a etiqueta uma farsa, era a pretensão de segui-la por parte de pessoas incapazes de fazê-lo em função da "particularística natureza interna do nexo étnico" que constituía a verdadeira causa do seu infortúnio. Assim aderindo a outro da longa série de exercícios de "culpar a vítima", Cuddihy inadvertidamente fez uma fiel reafirmação (apenas atualizada na terminologia) de todos os argumentos essenciais constantemente recitados pelos nacionalismos emergentes para justificar a situação de "Catch 22", aquela em que colocaram suas infelizes minorias étnicas ao simultaneamente convidá-las para juntar-se à maioria pelo expediente da mímica cultural e ridicularizá-las ou acusá-las de duplicidade e intenção subversiva assim que a imitação se tornava boa demais para deixar os anfitriões descansados.

41. Ver Robertson, "Antizionismus, Zionismus".

42. Sidney M. Bolkosky, *The Distorted Image: German Jewish Perceptions of Germans and Germany, 1918-1935* (Nova York: Elsevier, 1975), p.4.

43. George L. Mosse, *Germans and Jews: The Right, the Left, and the Search for a "Third Force" in Pre-Nazi Germany* (Nova York: Howard Fertig, 1970), p.89, 94, 101.

44. Gershom Scholem, *On Jews and Judaism in Crisis* (Nova York: Schocken Books, 1982), p.62, 63, 80.

45. Jacob R. Marcus, *The Rise and Destiny of the German Jew* (Cincinnati: Union of American Hebrew Congregations, 1934), p.101, 93.

46. Mosse, *Germans and Jews*, p.73.

47. Gay, *Freud, Jews and other Germans*, p.187, 99.

48. Max Horkheimer, *Critique of Instrumental Reason* (Nova York: Seabury Press, 1974), p.107ss. Depois de chegar a uma ampla avaliação do romance judeu com a germanidade, Gershon Scholem pôs-se a demolir o mito do diálogo entre judeus e alemães: "Nego que jamais tenha havido um ... diálogo judeu-alemão em qualquer sentido autêntico, como fenômeno histórico. Um diálogo supõe dois que se ouvem mutuamente, que estão dispostos a perceber quem é e representa o outro e a responder-lhe." (*The Messianic Idea in Judaism.* Londres: Allen & Unwin, 1971, p.209.) O máximo que Scholem admite ter acontecido foi um "amor distante" (expressão de Max Brod) e, aliás, não correspondido.

49. Leni Yahil, "Jewish Assimilation vis-à-vis German Nationalism in the Weimar Republic", em *Jewish Assimilation in the Modern Times*, org. Bela Vago (Boulder, Col.: Westview Press, 1981), p.47.

50. Citado por Bolkosky, *The Distorted Image*, p.171.

51. Hannah Arendt, *The Jew as a Pariah: Jewish Identity and Politics in the Modern Age*, org. Ron H. Feldman (Nova York: Grove Press, 1978), p.77.

52. Arendt, *The Jew as a Pariah*, p.77. A postura assumida pelos *parvenus*, produto e instrumento da armadilha assimilatória, e o destino último determinado por essa postura inspiraram Arendt a explicar "a moral da história": "Desde aquela época tornou-se uma marca dos judeus assimilados a incapacidade de distinguir entre amigo e inimigo, entre cumprimento e insulto, e se sentirem elogiados quando um antissemita lhes diz que não se refere a eles, que eles são exceções, judeus excepcionais." "O colapso dos judeus alemães começou com sua fragmentação em inúmeras facções, cada uma das quais acreditava que privilégios especiais poderiam proteger os direitos humanos — por exemplo, o privilégio de ter sido um veterano da Primeira Guerra Mundial, filho de um veterano de guerra ou, se tais privilégios não eram mais reconhecidos, um mutilado de guerra ou filho de um pai morto no front. Os judeus '*en masse*' pareciam ter desaparecido da Terra, era fácil dispor de judeus '*en détail*'." (p.107, 109)

Que o fenômeno do *parvenu* não era uma "doença judia alemã", mas um acompanhante universal da assimilação judaica e com toda probabilidade um produto inevitável das pressões assimilatórias como tais, foi o que sugeriu Bernard Lazare em 1901 no meio do caso Dreyfus. Com efeito, seu pungente retrato dos judeus franceses da época prefigura a conduta da elite assimilada alemã: "Não é suficiente para eles [os judeus assimilados franceses] recusar qualquer solidariedade a seus irmãos estrangeiros; têm também que acusá-los de todos os males que sua própria covardia engendra. Não ficam satisfeitos em serem mais chauvinistas do que os franceses nativos; como todos os judeus emancipados em toda parte, eles também romperam, por vontade própria, todos os laços de solidariedade. Com efeito, foram tão longe que, para cada três dúzias mais ou menos de homens na França prontos a defender um dos seus irmãos martirizados, você pode encontrar milhares dispostos a montar guarda na Ilha do Diabo junto com os mais fanáticos patriotas do país." (p.129)

53. Milton Himmelfarb, *The Jews of Modernity* (Nova York: Basic Books, 1973), p.9.

54. Murray Wolfson, *Marx: Economist, Philosopher, Jew; Steps in the Development of a Doctrine* (Londres: Macmillan, 1982), p.13, 88. A experiência dispersa e talvez nunca plenamente articulada da agonia assimilatória pode bem ter servido de matéria-prima para o retrato composto que Marx moldou do proletário excluído e combatente da liberdade: "uma classe na sociedade civil que não é uma classe da sociedade civil"; "grupo social que é uma dissolução de todos os grupos sociais"; "Esta classe não pode mais reivindicar um status histórico, mas apenas um status humano"; "é a completa perda da humanidade e por isso só pode recuperar-se com a completa redenção da humanidade". (Ver Karl Marx, *The Early Texts*, org. David McLellan. Londres: Oxford University Press, 1971, p.127.)

55. Ver Robert S. Wistrich, *Socialism and the Jews: The Dilemmas of Assimilation in Germany and Austro-Hungary* (Londres: Association of University Presses, 1982), p.80-1.

56. Carl E. Schorske, *Fin-de-siècle Vienna: Politics and Culture* (Londres: Weidenfeld & Nicholson, 1979), p.151, 147.

57. Egon Schwartz, "Melting Pot or Witch's Cauldron?", em *Jews and Germans from 1860 to 1933*, org. Bronsen, p.280. Hannah Arendt foi bastante enfática ao ressaltar

as raízes assimilatórias do sionismo ocidental: "As ocas batalhas verbais entre o sionismo e o assimilacionismo distorceram completamente o simples fato de que os sionistas, em certo sentido, foram os únicos que sinceramente quiseram a assimilação, isto é, a 'normalização' do povo ('ser um povo como todos os outros povos'), enquanto os assimilacionistas queriam que o povo judeu preservasse sua posição única." (*The Jew as a Pariah*, p.145-6.)

58. Robert Casillo, *The Genealogy of Demons: Anti-Semitism, Fascism, and the Myths of Ezra Pound* (Evanston: Northwestern University Press, 1988), p.18, 19.

59. "Parasita", como argumentou de forma brilhante J. Hillis Miller (ver "The Critic as Host", em *Deconstruction and Criticism*. Nova York: Seabury Press, 1979, p.219), pertence à família das palavras "em *para*", que se refere a "algo simultaneamente deste lado da fronteira, limite ou margem, e também do outro lado, equivalente em status e também secundário e subsidiário, submisso, como o convidado diante do anfitrião, o escravo em relação ao senhor ... Embora possa parecer que determinada palavra em 'para' escolha univocamente uma das possibilidades, os outros significados estão sempre lá como uma luz trêmula na palavra que a faz se recusar a ficar quieta na frase."

60. Ver Casillo, *The Genealogy of Demons*, p.84.

61. Ver Cuddihy, *The Ordeal of Civility*, p.86-7, 8, 162.

62. Franz Kafka, *Letters to Milena*, trad. Tania e James Stern (Nova York: Schocken Books, 1953), p.247. Walter Benjamin, homem cuja experiência de vida foi em larga medida semelhante à de Kafka e escritor que entre os criadores da cultura moderna foi um dos primeiros a ver o eu como "um projeto", como "algo que precisa ser construído", algo que está sempre sendo "construído lentamente demais", de forma que "se está sempre em atraso consigo mesmo", escreveu também sobre "a pureza e beleza do fracasso de Kafka". (Ver a introdução de Susan Sontag para *One Way Street and Other Writings*, p.14.)

63. Franz Kafka, *The Great Wall of China: Stories and Reflections*, trad. Willa e Edwin Muir (Nova York: Schocken Books, 1979), p.160-1.

64. Arendt, *The Jew as a Pariah*, p.68.

65. Citado por Jacques Derrida, *Writing and Difference*, trad. Alan Bras (Londres: Routledge, 1978), p.132; Jacques Derrida, "Shibboleth", em *Midrash and Literature*, org. Geoffrey H. Hartmann e Sanford Budick (New Haven: Yale University Press, 1986), p.338.

66. Harold Bloom, *Ruin the Sacred Truth: Poetry and Belief from the Bible to the Present* (Cambridge, Mass.: Harvard University Press, 1989), p.161.

5. UM ESTUDO DE CASO NA SOCIOLOGIA DA ASSIMILAÇÃO II: A VINGANÇA DA AMBIVALÊNCIA

1. Cynthia Ozick, *Art and Ardour* (Nova York: Dutton, 1984), p.159.

2. Hannah Arendt, *Origins of Totalitarianism* (Londres: Allen & Unwin, 1962), p.56. A franca judeofobia russa renascida mostra todos os sinais de um projeto assimilatório do início dos tempos modernos: promete tolerância aos judeus soviéticos com a condição de que neguem sua identidade e que aceitem total subordinação à causa russa. Numa recente edição do *Pravda*, Stanislav Kuniayev, editor da revista *Nash sovremmennik* ["Nosso Contemporâneo"], famosa por pregar a incompatibilidade essencial entre os judeus e o espírito russo, selecionou alguns "judeus exemplares" —

como o coletor de canções folclóricas russas Hilferding, o pintor de paisagens russas Levitan, os poetas russos Antokolski, Pasternak, Mandelshtam e Gershenson (todos enfaticamente "não judeus" em suas personas poéticas) — como padrão que gostaria de ver seguirem os outros judeus para que se pudesse considerar sua aceitação na terra nacional russa (ver "Za slovo — vesomoë!", *Pravda*, 20 de outubro de 1989, p.3).

3. David S. Landes, "Two Cheers for Emancipation", em *The Jews in Modern France*, org. Frances Malino e Bernard Wasserstein (Hanover: University Press of New England, 1985), p.302. Landes prossegue listando os doze expedientes mais amplamente usados para não dar destaque aos componentes mais sinistros da variada história da assimilação na França — como, por exemplo, supor que o Caso Dreyfus foi apenas "uma tempestade num copo d'água urbano" ou que o antissemitismo francês era meramente parte de uma xenofobia maior (e nada com que se preocupar especialmente nem relacionado à própria lógica da assimilação...).

4. Robert S. Wistrich, *The Jews of Vienna in the Age of Franz Joseph* (Oxford University Press, 1989), p.173.

5. Dentre muitos outros retratos penetrantes do seu estudo, Wistrich pinta também o do eminente historiador austríaco e ideólogo pangermânico Heinrich Friedjung, o qual acreditava que "o mais alto dever do escritor político era exercer uma influência sobre essa obscura causa primeira da história de todos os povos, sobre o caráter nacional". Friedjung viveu para ver o movimento pangermânico, que ajudara a criar e cuja causa ardentemente promoveu, expeli-lo de suas fileiras como judeu. Impassível, continuou a oferecer seu zelo e talento à germanização das inúmeras minorias étnicas que povoavam o império governado por Viena (ver Wistrich, *The Jews of Vienna in the Age of Franz Joseph*, p.160-1). Como explicou A.J.P. Taylor: "Friedjung considerava-se alemão, mas só o era por adoção: tornara-se alemão porque valorizava a cultura alemã, e o processo não era menos deliberado pelo fato de ser subconsciente. Ele tendia portanto a esperar um reconhecimento similar subsconsciente da superioridade alemã da parte de outras raças e não podia entender a relutância dos tchecos, eslovacos ou croatas em seguir o seu exemplo." (Ver a Introdução a Heinrich Friedjung, *The Struggle for Supremacy in Germany, 1859-1866*. Nova York, 1966, p.iv.) Entusiástico *Kulturträger* em prol de sua nação adotiva, Friedjung, como tantos outros promotores animados da superioridade cultural alemã, batia com toda a força às portas que as nascentes nações "menores" tentavam firmemente fechar e manter fechadas.

6. Wistrich, *The Jews of Vienna in the Age of Franz Joseph*, p.140, 206.

7. Citado por Martin Esslin, *The Theatre of the Absurd* (Nova York: Doubleday, 1961), p.138.

8. Citado por Alok Rai, *Orwell and the Politics of Despair: A Critical Study of the Writings of George Orwell* (Cambridge: Cambridge University Press, 1988), p.152, 153.

9. Citado por Gay, *Freud, Jews and Other Germans*, p.122. Diminuir o papel da Igreja como fundamento da existência humana ou "desconstruir" a religião — no estilo de Durkheim — como mero "fator social" e "interesse integrador" coercitivo da sociedade deve ter chocado os contemporâneos de Schäfer de uma forma difícil de imaginar hoje em dia. Para compreender o horror de Schäfer é preciso comparar o crime de Simmel à calúnia, à difamação ou corrupção dessas outras crenças ainda sagradas de que hoje é acusada a sociologia pelos poderes instituídos e outros guardiães do *establishment*: aos pecados de, similarmente, desconstruir as ideologias do patriotismo ou do livre mercado, dependendo da forma legitimadora preferida desse ou

daquele regime. O feito permanente da sociologia (ainda que não o propósito deliberadamente escolhido por muitos de seus praticantes) parece ser uma crítica e, por fim, o solapamento do que Theodor W. Adorno descreveu como uma "atitude que a todo custo defende a ordem, mesmo uma ordem na qual todas essas coisas não estejam em ordem" (*The Jargon of Authenticity*, trad. Kurt Tarnowski e Frederic Will. Londres: Routledge, 1973, p.22). Por essa atitude irreverente com o valor mais sagrado de todo poder, Simmel foi acusado como judeu; ser judeu numa Alemanha intensamente nacionalista, obcecada acima de tudo com sua unificação "nacional", deve ter apenas ajudado Simmel a criar uma fórmula cognitiva pioneira que mais tarde, num mundo em rápida "pós-modernização", seria simplesmente tomada como praticamente toda a filosofia social.

10. Sigmund Freud, "The Resistances to Psycho-Analysis" (1925), em *Collected Papers*, vol. 5 (Londres: Hogarth Press, 1950), p.170-1, 174.

11. Robert, *From Oedipus to Moses*, p.51, 79. Como comentou Hannah Arendt, os filhos dos pioneiros da assimilação "descobriram bem cedo que havia apenas uma maneira de serem aceitos na sociedade — tinham que adquirir fama" (*The Jew as a Pariah*, p.116).

12. Robert, *From Oedipus to Moses*, p.167.

13. Sigmund Freud, "A Disturbance of Memory on the Acropolis", em *Collected Papers*, vol. 5, p.311-2.

14. Theodor Reik, *Listening with the Third Ear* (Nova York: Arena Books, 1964), p.71.

15. Erich Fromm, *Sigmund Freud's Mission: Na Analysis of His Personality and Influence* (Londres: Allen & Unwin, 1959), p.6.

16. Harold Bloom, *The Breaking of the Vessels* (Chicago: University of Chicago Press, 1982), p.63, 64.

17. Gershon Scholem, *On the Kabbalah and its Symbolism* (Nova York: Schocken, 1969), p.12. Harold Bloom é ainda mais duro: "A cabala parece ser mais uma tradição mítica e interpretativa do que mística ... Ela difere afinal do misticismo cristão e oriental por ser mais um modo de especulação intelectual do que um meio de unir-se a Deus. Como os gnósticos, os cabalistas buscavam o Conhecimento, mas, ao contrário dos gnósticos, procuravam o conhecimento no Livro." (*Kabbalah and Criticism*. Nova York: Seabury Press, 1975, p.47.)

18. Susan A. Handelman, *The Slayers of Moses: The Emergence of Rabbinic Interpretation in Modern Literary Theory* (Albany: State University of New York Press, 1982), p.42, 49, 147.

19. Sigmund Freud, "Two Encyclopedic Articles", em *Collected Papers*, vol.5, p.113. "The Limits to the Possibility of Interpretation", *Collected Papers*, vol.5, p.153. Como assinalou Jonathan Culler (em Jacques Derrida, *Writing and Difference*. Londres: Routledge, 1978, p.207), Freud "desconstruiu" as oposições comuns iniciadas pelo poder como instrumentos de supressão do "indesejável"; daí a primeira unidade, a dominante, de cada dicotomia só pode ser plenamente entendida à luz que lhe pode lançar a segunda unidade, subordinada (isto é, a experiência à luz do sonho, a sanidade à luz da insanidade, o "normal" à luz do "anormal"). "Entender o termo marginal ou desviante torna-se condição para entender o termo supostamente anterior." As "inversões desconstrutivas", no resumo de Culler, "dão lugar de honra ao que se supunha marginal ..."

20. Marshall Edelson, *Language and Interpretation in Psychoanalysis* (Chicago: University of Chicago Press, 1975), p.24.

21. Ernst Simon, "Sigmund Freud, the Jew", em *Leo Baeck Institute Year Book*, vol.2, p.297.

22. Gershon Scholem, *Kabbalah* (Nova York: Quadrangle, 1974), p.123.

23. Shoshana Felman, *Writing and Madness*, trad. Martha e Noel Evans e o autor (Ithaca: Cornell University Press, 1985), p.13, 36.

24. Bloom, *The Breaking of the Vessels*, p.57-8.

25. Freud, "The Limits to the Possibility of Interpretation", p.153.

26. Sigmund Freud, "Analysis Terminable and Interminable", em *Collected Papers*, vol.5, p.319.

27. Sigmund Freud, "Constructions in Analysis", em *Collected Papers*, vol.5, p.360-5.

28. "Introduction", *Midrash and Literature*, org. Hartmann e Budick, p.xi.

29. Citado por Jill Robins, "Kafka's Parables", em *Midrash and Literature*, org. Hartmann e Budick, p.267-8.

30. Robbins, "Kafka's Parables", p.269. Gershon Shaked ("Kafka, Jewish Heritage, and Hebrew Literature", em *The Shadows Within: Essays on Modern Jewish Writers*. Filadélfia: Jewish Publication Society, 1987) espanta-se com a contradição ostensiva entre a vida cotidiana de Kafka, "intensamente judaica", e a aparência quase *judenrein* da sua obra — mas depois admite que a contradição é ilusória: há uma clara "homologia" entre o "homem sem história" de Kafka, "o homem fora do tempo e do espaço, que deve se sentir à vontade em qualquer lugar mas que não se sente seguro em lugar algum", e a "dimensão extra-histórica, apátrida" da "consciência coletiva do judeu assimilado da diáspora" (p.6). Shaked conclui: "As condições de espaço sem definição e tempo sem história correspondem à situação dos judeus da diáspora — expelidos da segurança do tempo ritual judaico e do espaço da *shtetl* para uma existência sem tempo e sem espaço." (p.9) Num estudo recente ("Franz Kafkas Judentum", em *Kafka und das Judentum*, org. Karl Erich Grözinger, Stéphane Mosès e Hans Dieter Zimmermann. Frankfurt: Athenäum, 1987), Ernst Pawel propõe que foi a angustiosa condição especificamente judaica ("Ele não era tcheco, não era alemão. Esse fato, por subtração e pelo impiedoso silogismo da política em Praga, fazia dele um judeu.") que abriu para Kafka o caminho para um universalismo desligado de qualquer nacionalidade ou denominação, transformando-o no "pioneiro de um tipo", num paradigma do isolamento — o que explica a "assombrosa popularidade da obra de Kafka nas terras mais remotas e inesperadas, desde o interior do Japão até o cinturão cerealista americano" (p.225).

31. Martha Robert, *Franz Kafka's Loneliness*, trad. Ralph Mannheim (Londres: Faber & Faber, 1982), p.31, 13.

32. *The Collected Short Stories of Franz Kafka*, org. Nahum N. Glatzer (Harmondsworth: Penguin, 1988), p.449, 415, 388.

33. Walter A. Strauss, *On the Threshold of a New Kabbalah* (Nova York: Peter Lang, 1988), p.94.

34. Georg Simmel, "A Chapter in the Philosophy of Value", em *The Conflict in Modern Culture and Other Essays*, trad. K. Peter Etzkorn (Nova York: Teachers College Press, 1968), pp.52-4.

35. Georg Simmel, *On Individuality and Social Forms*, org. Donald N. Levine (Chicago: University of Chicago Press, 1971), p.219-23. A definição de Simmel por David Frisby como o "filósofo do espírito fragmentado" é extremamente bem achada,

assim como a do objetivo de Simmel: "experimentar no fenômeno individual, em todos os seus detalhes, a plenitude da realidade" (ver David Frisby, *Fragments of Modernity: Theories of Modernity in the Work of Simmel, Kracauer and Benjamin* Cambridge: Polity Press, 1985), p.39, 45.

36. Georg Simmel, *The Problems of the Philosophy of History*, trad. Guy Oakes (Nova York: Free Press, 1977), p.77, 66.

37. Georg Simmel, "On the Concept and the Tragedy of Culture", em *The Conflict in Modern Culture*, p.44.

38. Ver *Taking Chances: Derrida, Psychoanalysis and Literature*, org. Joseph H. Smith e William Kenigen (Baltimore: Johns Hopkins University Press, 1984), p.viii ss.

39. Handelman, *The Slayers of Moses*, p.49, 91, 131.

40. Derrida, "Shibboleth", p.337.

41. Edmond Jabès, *Le Soupçon, le desert* (Paris: Gallimard, 1978), p.85. Como que para não deixar dúvidas de que há aí mais do que uma coincidência temporária, Jabès insiste: "jamais escaparemos de novo ao exílio" (*Elya*, trad. Rosemarie Waldrop.Bolinas, Cal.: Tree Books, 1973, p.31). Uma tradução filosófica muito perspicaz da angústia cognitiva de Jabès como síntese do modo poético em geral foi dada por Emmanuel Levinas: "Pode-se dizer com certeza que um verdadeiro poeta ocupa um lugar? Não é ele, no sentido profundo da expressão, aquele que *perde seu lugar*, aquele que de fato deixa de ocupar um espaço, assim corporificando a própria abertura de espaço, do qual nem a transparência nem o vazio — não mais do que a noite e a massa dos seres — mostram ainda a impenetrabilidade ou a excelência, o céu que se torna possível nele, sua 'celesticidade' ou 'celestialidade', se tais neologismos são permissíveis? Impenetrabilidade ou elevação — 'o mais elevado abismo', segundo Jabès — onde toda interioridade é engolida, ar penetrante, mais exterior que a exterioridade, até o núcleo; como se a respiração comum do homem já não fosse senão inalação, como se a expressão poética suplantasse essa falta de ar para atingir por fim uma respiração profunda, a inspiração que é o desenclausuramento de todas as coisas, a desnuclearização do ser — ou sua transcendência — a que só falta um próximo. 'Sou apenas palavra', diz Jabès, 'preciso de um rosto.'" (Trad. Susan Knight, em *European Judaism*, 1973, nº 1, p.20).

Sobre Elias Canetti, que, como "escritor exilado", "generalizou a relação com o lugar: um lugar é uma linguagem", escreveu Susan Sontag: "Que o alemão tenha-se tornado a língua da sua mente confirma o deslocamento de Canetti." Para Sontag, Canetti é o *intelectual itinerante* modelo, caracterizado, entre outros traços que o distinguem, pelo fato de que: "Sua verdadeira tarefa não é exercer o talento para explicar mas, como testemunha da época, estabelecer os padrões mais amplos e *edificantes* do desespero." (Susan Sontag, "Mind as Passion", em *Essays in Honour of Elias Canetti*. Nova York: Farrar, Straus & Giroux, 1987, p.90-1.

42. Edmond Jabès, "The Key", em *Midrash and Literature*, p.358-9.

43. Robert Alter, *The Art of Biblical Narrative* (Nova York: Basic Books, 1981), p.12.

44. Susan Handelman, "Torments of an Ancient World", em *The Sin of the Book: Edmund Jabès*, org. Eric Gould (Lincoln: University of Nebraska Press, 1985), p.56.

45. Lev Isaakovitch Schwartzmann, nascido em 1866, em Kiev, morto em 1938, em Paris. Brilhante aluno de direito e matemática nas universidades de Kiev e Moscou, autor de vários livros de crítica literária e filosofia muito lidos, discutidos e aclamados,

mesmo assim teve barrado o acesso, como judeu, à vida acadêmica russa e não conseguiu um cargo acadêmico adequado e seguro. Deixou a Rússia em 1922, indo para a França. Lá adquiriu fama como um dos filósofos mais originais, escrevendo e publicando no país, e foi-lhe oferecida uma cátedra na Sorbonne. Admirado por muitos (principalmente Camus, D.H. Lawrence e W. Gombrowicz), altamente considerado mesmo por aqueles que achavam desagradável sua filosofia ácida e corrosiva (sobretudo Edmund Husserl), continuou um pensador solitário, que não se encaixava em nenhuma das escolas filosóficas estabelecidas (embora às vezes, erroneamente, identificado com o movimento existencialista e reivindicado pelos próprios existencialistas, por força da preocupação que teve a vida toda com Kierkegaard). Nicolai Berdiayev assinalou a "espantosa independência" do pensamento de Chestov "face às correntes circundantes da época" (*Tipy religioznoj mysli v Rosii* [Tipos de pensamento religioso na Rússia]. Paris: YMCA Press, 1989, p.407). Teve apenas um amigo de verdade e reconhecido seguidor, um francês de extração judaico-romena, Benjamin Fondane, morto num campo de concentração alemão em 1944.

Os estabelecidos, os seguros, os abrigados, os nativos — insistia Chestov — só podem manter sua frágil ordem quando assistidos pelo poder. Sua ordem é uma fortaleza muito bem armada: com o princípio da contradição, com leis da lógica proclamadas universalmente impositivas, com inquisidores, carcereiros e carrascos (Chestov não viveu o bastante para acrescentar: com Auschwitzes e Gulags). Verdades que precisam de tal proteção não valem a pena ser protegidas (ao contrário, as verdadeiras verdades podem passar sem o consentimento dos homens); como a harmonia apolínea de Nietzsche, também não podem ser protegidas de forma eficiente. Os poderes que elas recrutam para se proteger são testemunho da ilegitimidade e futilidade de suas pretensões. São, ao contrário, os frágeis, os fracos, os desprovidos de proteção que são os pastores da verdade salvadora.

O que as verdades dos estabelecidos tentam em vão esconder não é, porém, a perpetuidade pré-humana da floresta pagã, mas a humanidade de Jerusalém. Humanidade significa *possibilidades sem limite*. É a abertura criativa da existência humana, sua irrevogável ausência de finalidade, sua capacidade de romper todas as muralhas, por mais duras e armadas, que as forças coercitivas convocadas por Atenas — o princípio da contradição, do terceiro excluído, em união com os Estados e religiões absolutistas — pretendem conter na prática e anular na teoria. Quando Spinoza procura conhecimento *sub specie aeternitatis vel necessitatis*, quando seus sucessores declaram tal conhecimento o único que vale a pena perseguir e possuir, quando Leibniz declara que as verdades eternas entraram na mente de Deus sem Lhe pedir permissão, a potência divina do homem é mutilada e encarcerada. As forças de Atenas dizem respeito à harmonia e à clareza, mas também ao constrangimento e à força brutal. Elas dispõem-se a extirpar tudo o que não podem absorver e manter em seu poder: a busca do conhecimento absoluto significa a busca do poder absoluto.

Das profundezas do abismo em que a humanidade foi lançada pela mais absoluta das condições mundanas, escreveu Albert Camus (*Le Mythe de Sisyphe*, 1942) sobre Chestov: "il dépiste, éclaire et magnifie la révolte humaine contre l'irrémédiable. Il refuse ses raisons à la raison et ne commence à diriger ses pas avec quelque décision qu'au milieu de ce désert sans couleurs où toutes certitudes sont devenues pierres." [Ele descobre, esclarece e amplia a revolta humana contra o irremediável. Ele recusa suas razões à razão e só começa a dirigir seus passos com alguma decisão no meio desse deserto sem cores onde todas as certezas se tornam pedras.] É a rebelião de

Chestov contra a busca do irremediável que o afasta de Atenas para Jerusalém, para Deus. "On ne se tourne vers Dieu que pour obtenir l'impossible. Quant au possible, les hommes y suffisent." [Só se busca Deus para obter o impossível. Quanto ao possível, os homens se bastam.] A grandeza de Deus é sua inconsistência. Não há absoluto aí, nenhuma coerção. Ao contrário do Deus dos filósofos, nada que é divino é *sub specie aeternitatis vel necessitatis*. Deus: isto significa que nada é necessário. Porque o significado de Deus é que "não há nada impossível". (Ver Lev Chestov, *Athens and Jerusalem*, trad. Bernard Martin. Athens: Ohio University Press, 1966, p.424-5, 69.)

Na "Introdução" a *Umozrenië i otkrovenië* [Contemplação e revelação], de Chestov (Paris: YMCA Press, 1964, ed. póstuma), Berdiayev resumiu assim a tese de Chestov: "Deus está acima de toda a ilimitada possibilidade." Esse poder de Deus não conhece limites; assim como abre o futuro, está livre para cancelar o passado. O próprio Chestov escreve: "A história da humanidade — ou, mais precisamente, todos os horrores da história da humanidade — é, por uma simples palavra do Todo-poderoso, 'anulada', deixa de existir e se transforma em fantasmas e miragens... O 'fato', o 'dado', o 'real' não nos dominam e também não determinam nosso destino no presente, no futuro ou no passado. O que foi torna-se o que não foi; o homem volta ao estado de inocência." (*Athens and Jerusalem*, p.68.) Na sua resenha do estudo de Chestov sobre Kierkegaard, Berdiayev observou no entanto como um sinal de fraqueza a condição *hipotética* de Deus no pensamento de Chestov: Deus como a última esperança, como a única chance, como a âncora da fé. "Se Deus existe, as possibilidades são ilimitadas ... Então a vitória sobre a necessidade que mutila a nossa vida é factível." (*Tipoy religioznoj mysli v Rosii*, p.400.) A filosofia ateniense, declarando guerra à revelação de Jerusalém, lançou dúvida sobre essa hipótese, assim reforçando o poder da necessidade e ao mesmo tempo banindo a liberdade do reino da existência.

46. Citado por Michael Ignatieff, "The Rise and Fall of Vienna's Jews", em *New York Times Review of Books*, 29 de junho de 1989, p.22.

47. O sucesso social e político dos judeus "objetivamente medido" em muitos países já a esta altura deixou para trás todos os recordes de sucesso na Europa central, que, de acordo com vários comentadores, foi a causa última de sua não aceitação e a longo prazo levou a sua ruína. Por exemplo, de acordo com David Biale (*Power and Powerlessness in Jewish History*. Nova York: Schocken Books, 1986, p.180), nos Estados Unidos, na década de 70, os judeus constituíam 20,9% nas faculdades mais destacadas, 11,4% no governo, no mundo dos negócios e nos sindicatos e chegavam a 25,6% nos meios de comunicação. Este último dado é particularmente notável. Os meios de comunicação, invenção relativamente recente, tornaram os judeus e seu espantoso "sucesso" mais visível e acessível ao exame público do que em nenhum momento antes (mais, por exemplo, do que no caso da notória *jüdische Presse*, que deu tanta munição aos antissemitas alemães).

6. A PRIVATIZAÇÃO DA AMBIVALÊNCIA

1. Segundo reportagem de Kennedy Fraser em *The New Yorker*, 11 de maio de 1981, p.126-35.

2. Ver Joseph Weizenbaum, *Computer Power and Human Reason: From Judgement to Calculation* (São Francisco: W.H. Freeman & Co., 1976). Theodore Roszak (*The Cult of Information: The Folklore of Computers and the True Art of Thinking* Cam-

bridge: Lutterworth Press, 1986, p.36) enumera outros exemplos de substitutos computadorizados para os psicoterapeutas, como o "robô geriátrico" de Pamela McCorduck, que "resolve problemas do envelhecimento" ouvindo as queixas das pessoas idosas.

3. Niklas Luhmann, *Love as Passion: The Codification of Intimacy* (Cambridge, Mass.: Harvard University Press, 1986).

4. A análise desapaixonada, friamente funcional de Luhmann avança um pouco na solução da charada que tanto intrigou Lionel Trilling: "Se sinceridade é evitar ser falso a qualquer pessoa sendo verdadeiro a si mesmo, podemos ver que esse estado de existência pessoal não se alcança sem o mais árduo esforço. E no entanto, em certo ponto da história, alguns homens e tipos de homens entenderam que fazer esse esforço era de suprema importância ... e o valor que atribuíram ao empreendimento da sinceridade tornou-se uma característica destacada e talvez definitiva da cultura ocidental por cerca de quatrocentos anos." (*Sincerity and Authenticity*. Londres: Oxford University Press, 1972, p.5-6.) Notemos que o fenômeno aparentemente irracional perde algo do seu mistério quando lembramos que a emergência do deslocamento como condição universal do "indivíduo livre" coincidiu historicamente com o colapso da autoridade dos discursos confessionais institucionais do passado; o fardo antes normalmente carregado pela Igreja (fardo criado por sua própria construção da "interioridade da verdade") foi então transferido para agentes leigos e não regulamentados e teve que ser manejado com plena consciência dos problemas envolvidos. Por isso a reflexão de Matthew Arnold ("Por baixo da corrente superficial, rasa e leve,/ do que *dizemos* sentir — por baixo da corrente,/ tão leve quanto, do que *pensamos* sentir — flui / em silente curso, forte, obscura e profunda,/ a corrente central do que de fato sentimos") não era sinal de nova condição social, mas de nova consciência.

5. Richard Sennett, "Destructive Gemeinschaft", em *Beyond the Crisis*, org. Norman Birnbaum (Oxford University Press, 1977). Sennett prossegue traçando as consequências que tem para a família moderna essa tendência a "construir a identidade pela confissão": "O que de fato são as regras objetivamente se perde facilmente num processo muito mais sutil porém mais forte de afirmação do eu, de culpa por essa afirmação e de triunfo sobre a criança, no qual a criança é apenas um instrumento para a necessidade de legitimação dos pais ... São precisamente esses os meios pelos quais um senso confuso de relações práticas é instilado no ser humano que cresce; isto é, os meios pelos quais é criado um distúrbio narcísico de caráter." (p.196)

6. O impacto potencialmente destrutivo da demanda de reciprocidade com que são sub-repticiamente sobrecarregados os parceiros em cada exibição de sinceridade recebeu de David Riesman sua tradução hoje clássica: "Um talentoso rapaz de 15 anos, cuja entrevista analisei em detalhe em outra parte, afirmou que sua melhor qualidade era a sinceridade e provou isso com um galante esforço para ser inteiramente franco com o entrevistador. Não lhe ocorria que essa sinceridade pressiona os outros numa situação social a serem igualmente sinceros; ela é coercitiva e tende a romper a etiqueta que usamos para proteger nossa vida emocional dos estranhos, de parentes ou amigos superinquisitivos e, às vezes, de nós mesmos." (*Individualism Reconsidered and Other Essays*. Glencoe: Free Press, 1954, p.19.)

7. Willem H. Vanderburg em *Democratic Theory and Technological Society*, org. Richard B. Day, Ronald Beiner e Joseph Masciulli (Nova York: M.E. Sharpe, 1988), p.10.

8. Harold Perkin, *The Rise of Professional Society: England since 1880* (Londres: Routledge, 1989), p.169-70. Vanderburg reconhece como atributo decisivo da sociedade

moderna a onipresença da técnica como *método para fazer as coisas* e dos técnicos especializados como *fazedores* de coisas: "As sociedades modernas não são tão caracterizadas pelas tecnologias industriais e de máquinas quanto pelo fato de que quase todos os aspectos dessas sociedades são organizados e reorganizados com base na variedade de técnicas que juntas ajudaram a constituir uma base de conhecimento a que se recorre para assegurar que tudo é feito da forma mais eficiente possível." (*Democratic Theory and Technological Society*, p.7). Muitos argumentos cruciais sobre o papel da tecnologia e da exportação em moldar e servir a vida cotidiana foram antecipados nos escritos de Ivan Illitch.

9. Ruth Harris, *Murders and Madness: Medicine, Law and Society in the Fin de siècle* (Oxford: Clarendon Press, 1989), p.13, 19, 21. Depois que decola o processo de reestruturação da vida cotidiana como uma série de problemas assistidos por especialistas, ele adquire impulso próprio. Os especialistas são necessários para esclarecer a confusão gerada pela abundância de especialização e o simples volume de problemas que nenhum membro leigo da sociedade pode enfrentar sem ajuda especializada. O argumento em favor de mais especialização segue então o seguinte modelo: "Com frequência muita gente não sabe exatamente o que lhe está acontecendo através da televisão. Cabe então ao especialista detectar e mostrar esses processos prejudiciais. Mais, segue-se que o aconselhamento especializado deveria atrelar-se socialmente através de instituições adequadas para controlar e melhorar esse veículo poderoso." (Malloy Weber e Barrie Gunter, *Television and Social Control*. Aldershot: Avebury, 1988, p.231.) Os autores então não deixam dúvida de que, seja qual for a opinião sobre essa última proposta, a necessidade de mais especialização e de especialistas no controle está fora de discussão: os que criticam o controle "não advogam menos controle central ... Ao contrário, desejam mais controle, mas de uma forma que seja a sua preferida."

10. Ver Gregory Bateson, "Conscious Purpose versus Nature", em *Steps to an Ecology of Mind*, p.402-14.

11. Jacques Ellul, *Technological System*, trad. Joachim Neugroschel (Nova York: Continuum, 1980), p.267.

12. Jacques Ellul, "The Power of Technique and the Ethics of Non-Power", em *The Myths of Information; Technology and Postindustrial Culture*, org. Kathleen Woodward (Londres: Routledge, 1980), p.243.

13. Ellul, *Technological System*, p.318, 12.

14. Margaret Blunden, Owen Greene e John Naughton, "The Alchemists of Our Time", em *Science and Mythology in the Making of Defence Policy*, org. Margaret Blunden e Owen Greene (Londres: Brassey, 1989), p.84. Os autores citam Lord Zuckerman a respeito do fato de que os cientistas que produzem armas geram ideias que só "mais tarde obtêm uma racionalização estratégica *post hoc*". Ralph Lapp (*Arms Beyond Doubt: the Tyranny of Weapon Development*. Londres: Cowles, 1971) reuniu, junto com muitos outros autores, considerável evidência de que a dinâmica dos armamentos é guiada de forma geral pelo princípio de que "se pode ser feito, vai ser". A invenção de novos métodos defensivos apenas intensifica a pesquisa de armas ofensivas. Novas descobertas são sobretudo respostas à redefinição de problemas que foram causados por outras descobertas. Os que projetam armas ofensivas e os que projetam armas defensivas estão correndo uns contra os outros, suprindo-se mutuamente os "problemas" "a serem resolvidos". Com frequência a mera referência a problemas se torna redundante: a nova tecnologia não precisa mais de justificativas utilitárias. Dietrich Schroer (*Science, Technology, and the Nuclear Arms Race*. Nova York: Wiley,

1984) escreveu sobre tecnologias que são difíceis de resistir simplesmente por serem "doces e belas". Quanto mais seguras na sua fundamentação, quanto mais esotérico o conhecimento especializado de que se gabam, quanto maior sua autonomia institucional e intelectual, mais a tecnologia e a especialidade são guiadas por critérios quase estéticos, tornando-se uma espécie de "arte pela arte".

15. Ellul, *Technological System*, p.272, 273, 280.

16. Victor Scardigli, François Plessard e Pierre-Alain Mercier, "Information Technology and Daily Life", em *Information Technology Impact on the Daily Life*, Conferência da CEE sobre a Sociedade Informatizada, realizada em Dublin de 18 a 20 de novembro de 1980, org. Liam Bannon et al. (Dublin: Tywoly International Publishing, 1982), p.41.

17. Marshall Sahlins, *Culture and Practical Reason* (Chicago: Chicago University Press, 1976), p.169.

18. Ver Gordon B. Thompson, "Ethereal Goods: The Economic Atom of the Information Society", em *Information Technology Impact*, org. Bannon et al., p.88-9.

19. Perkin, *The Rise of Professional Society*, p.6, 360.

20. Vanderburg em *Democratic Theory*, p.20.

21. Ver Sahlins, *Culture and Practical Reason*, p.176-7.

22. Hans Peter Duerr, *Dreamtime: Concerning the Boundary between Wilderness and Civilization*, trad. Felicitas Goodwin (Oxford: Blackwell, 1985), p.126.

23. Ellul, *Technological System*, p.314.

24. Kathleen Woodward em *The Myths of Information*, org. Woodward, p.xix.

25. Michael Benamon, "Notes on the Technological Imagination", em *The Technological Imagination: Theories and Fictions*, org. Teresa de Lauretis, Andreas Huyssen e Kathleen Woodward (Madison: Coda Press, 1980), p.67.

26. Ver Roszak, *The Cult of Information*, p.10-12.

27. Geoff Simons, *Silicon Shock: The Menace of Computer Invasion* (Oxford: Basil Blackwell, 1985), p.161.

28. Discuti este tópico extensamente em *Modernidade e Holocausto*, cap.8. Ver também meu estudo "Effacing the Face", em *Theory, Culture and Society*, vol.7/1 (primavera de 1990).

7. PÓS-MODERNIDADE OU VIVENDO COM A AMBIVALÊNCIA

1. Agnes Heller, "From Hermeneutics in Social Science toward a Hermeneutics of Social Science", em *Theory and Society*, vol.18 (1989), p.291-322. Outras citações de Heller que seguem são da mesma fonte.

2. Rorty, *Contingency, Irony and Solidarity*, p.86.

3. Citado por Martin Heidegger, *What is Called Thinking*, trad. F.D. Wieck e J.G. Gray (Nova York: Harper & Row, 1968), p.53. Ver também Shoshana Felman, *Writing and Madness*, trad. Martha Noel Evans e o autor (Ithaca: Cornell University Press, 1985), p.62.

4. Rorty, *Contingency, Irony and Solidarity*, p.91. Mas lembrem os perigos inerentes à tolerância, discutidos na introdução. A gentileza da atitude tolerante não exclui por si mesma o pior que existe na humilhação: a suposição da inferioridade inerente do objeto tolerado. A tolerância pode muito bem, por si mesma, ser apenas mais uma forma de reafirmar as virtudes do tolerante.

5. Ver Jabès, *Un Étranger avec, sous le bras, un livre de petit format*, p.112-15.

6. Rorty, *Contingency, Irony and Solidarity*, p.87.

7. Ver William Peter Blatty, *The Exorcist* — primeira edição de Blond & Briggs, 1972 — aqui citado da edição London Corgi de 1974; David Seltzer, *The Omen* (Londres: Futura Books, 1976).

8. Rorty, *Contingency, Irony and Solidarity*, p.80.

9. Hans Magnus Enzensberger, "Back in the USSR", *New Statesman and Society*, 10 de novembro de 1989, p.29.

10. Agnes Heller, "The Contingent Person and the Existential Choice", *The Philosophical Forum*, outono-inverno 1989-90, p.53-69.

11. Manning Nash, *The Cauldron of Ethnicity in the Modern World* (Chicago: University of Chicago Press, 1989), p.128-9.

12. Chantal Mouffe, "Radical Democracy: Modern or Postmodern?", em *Universal Abandon?: The Politics of Postmodernism* (Edimburgo: Edinburgh University Press, 1988), p.37.

13. Como Peters e Rothenbuler comentaram espirituosamente: "Assim como o criminoso de rua é um trabalhador produtivo demais em nossa sociedade para ser completamente suprimido (ele sustenta a lei, as prisões, a polícia, as empresas de alarme contra ladrão, os repórteres de polícia, os roteiristas de TV), também o positivista, com seu adorado apego a uma realidade afastada de tudo o que é humano, sustentou boa parte da crítica acadêmica na última década (apoiando as críticas marxista, hermenêutica e desconstrutivista, por exemplo, uma vez que toma o político como neutro, o feito como dado e o exercício da vontade como verdade aparente)." John Durham Peters e Eric W. Rothenbuler, "The Reality of Construction", em *Rhetoric in the Human Sciences*, org. Herbert W. Simons (Londres: Sage Publications, 1989), p.16-7.

14. Ver Richard Bernstein, *Philosophical Profiles: Essays in a Pragmatic Mode* (Cambridge: Polity Press, 1985).

15. Trinta e cinco anos se passaram desde que Dwight Macdonald formulou o mito da "comunidade" como uma cura para a atomização e solidão atuais, mas sua poesia lírica (reproduzida na Grã-Bretanha, com grande efeito, por F.R. Leavis) ainda é bem audível nas convicções confiantes e livres de dúvida de que a "comunidade" fará o que a desacreditada "sociedade" espetacularmente não consegue. A comunidade, nas palavras imortais de Macdonald, é "um grupo de indivíduos ligados entre si pelo interesse comum, o trabalho, tradições, valores e sentimentos; é assim como uma família, em que cada um dos membros tem um lugar e função especiais como indivíduo, ao mesmo tempo que participa dos interesses do grupo (orçamento familiar), dos seus sentimentos (brigas de família) e cultura (piadas familiares). A escala é pequena o bastante para que "faça diferença" o que o indivíduo faz, primeira condição para a existência humana, em oposição à massa [Macdonald teria provavelmente escrito a "contingente" existência humana atual]. (Dwight Macdonald, "A Theory of Mass Culture", *Diogenes*, 3/1953, p.1-17.)

16. Ver Michel Maffesoli, "Jeux de masques", em *Design Issues*, vol.4 (1988), nºs 1 e 2, p.141ss. Maffesoli bebe em ideias anteriores de Gilbert Durand e Edgar Morin.

17. Jean-François Lyotard, *Peregrinations: Law, Form, Event* (Nova York: Columbia University Press, 1988), p.32.

18. Lyotard, *Peregrinations*, p.38.

19. É característica destacada da mentalidade pós-moderna que estas e outras dúvidas semelhantes sejam mais e mais partilhadas por observadores intelectuais. De repente, um número crescente de cientistas sociais descobre que a regulação normativa da vida diária é com frequência sustentada por iniciativas de base popular de natureza heterodoxa ("divergente", no jargão oficial) e tem de ser protegida contra transgressões de cima. Compare-se, por exemplo, a análise de Michel de Certeau sobre *la peruque* (*The Practice of Everyday Life*. Berkeley: University of California Press, 1984, p.25ss) como instrumento de defesa da esfera autorregulada de autonomia; ou a brilhante caracterização da subcultura por Hebdidge (normalmente objeto do "pânico moral" oficialmente inspirado e denegrido como um soluço de barbarismo, como um produto da desintegração da ordem) como um fenômeno que "se forma no espaço entre a vigilância e a evasão da vigilância" e "traduz o fato de estar sob exame no prazer de ser observado. É um esconderijo na luz". A subcultura, na interpretação de Hebdidge, é uma "declaração de independência, de alteridade, de propósito estranho, uma recusa do anonimato e do status inferior. É uma *in*subordinação. E ao mesmo tempo é também uma confirmação do fato da ausência de poder, uma celebração da impotência. As subculturas são ao mesmo tempo uma busca de atenção e uma recusa, assim que se consegue a atenção, a ser lido de acordo com o livro". (*Hiding in the Light*. Londres: Routledge, 1988, p.35.) A subcultura é política proposital ou semiproposital; tem o seu motivo, programa e estratégia conscientes ou subconscientes. Com frequência atinge o seu objetivo: atrai atenção e então é examinada de perto, de forma que sua natureza como defesa da autonomia pode ser observada. Há, no entanto, territórios muito maiores da vida cotidiana, embora menos gritantes e portanto menos visíveis, que não atraem a intrometida atenção das autoridades encarregadas de fazer cumprir a lei e, portanto, também, a curiosidade dos comentadores intelectuais.

20. O imperador Shih Huang Ti, herói da história de Borges, teria ordenado a construção da Muralha da China *e* a queima de todos os livros escritos antes do seu tempo. Também se vangloriou em inscrições de que todas as coisas no seu reino tinham os nomes que lhes convinham. E decretou que seus herdeiros deviam ser chamados Segundo Imperador, Terceiro Imperador, Quarto Imperador e assim por diante, ao infinito. (Jorge Luis Borges, "The Walls and the Books", em *Other Inquisitions, 1937-1952*, trad. Ruth L.C. Simms. Nova York: Washington Square Press, 1966, p.1-2.) Os quatro decretos de Shih Huang Ti representam a ambição moderna na sua mais lógica e total coerência. A Muralha protegia o reino perfeito contra a interferência de outras pressões coercitivas; a destruição dos livros impedia a infiltração de outras ideias. Com o reino seguro em ambas as frentes, não admira que todas as coisas recebessem afinal nomes adequados e corretos e que, a partir do reinado de Shih Huang Ti, a história se limitasse a ser uma repetição.

21. J.K. Galbraith, "Assault on Ideology in the Last Decade Hit not only East but also West", *The Guardian*, 16-17 de dezembro de 1989, p.17.

22. Discuti esse efeito mais extensamente em *Freedom* (Milton Keynes: Open University Press, 1988), cap.4, e em *Legislators and Interpreters*, cap.11.

23. "A palavra *problema*", escreveu Jorge Luis Borges, "pode ser um insidioso *petitio principi*. Falar do *problema judaico* é postular que os judeus sejam um problema; é prever (e recomendar) a perseguição, a espoliação, o fuzilamento, a degola, o estupro e a leitura da prosa do dr. Rosenberg." ("Dr. Américo Castro is Alarmed", em *Other Inquisitions, 1937-1952*, p.26.)

24. Na atual reavaliação soviética do "projeto de construção do comunismo", é constantemente repisado o tema de se levar aos extremos mais grotescos e horripilantes as futilidades do zelo moderno de reforma do mundo. Nikolai Skatov, um dos que mais contribuem para o debate, escreveu recentemente que "três grandes desastres e perigos que ameaçam a humanidade se concentraram e manifestaram no nosso país com força excepcional. Primeiro, Tchernobyl ocorreu aqui, afinal de contas. Segundo, fomos nós que quase destruímos a terra negra mais fértil do mundo, violentamos o Volga (Volga!) e cuspimos nas nossas principais fontes (os lagos Baikal, Aral e Ladoga), esquecendo que essas talvez sejam as nossas últimas fontes de água potável. Terceiro (ou será primeiro?), a cultura... Nunca antes a cultura foi tão indefesa e vulnerável e seu trágico destino atual figura na lista de crises e catástrofes globais que afligem a humanidade como um todo." ("Dukh vzyskuyushtchij" ["O espírito investigador"], *Pravda*, 13 de novembro de 1989, p.4.)

25. Miklós Haraszti, *The Velvet Prison: Artists under State Socialism*, trad. Katalin e Stephen Landesmann, com a colaboração de Steve Wasserman (Londres: Penguin, 1989), p.80-1. Haraszti observa que a existência de censura no socialismo de Estado baseia-se na identidade de interesses entre o censor e o censurado (p.8). Escrevendo no começo dos anos 80, Haraszti acrescentou o adjetivo "duradoura" ao substantivo "identidade": um sistema que com sucesso "absorveu a linguagem das suas vítimas" parecia então a Haraszti, como praticamente a todo mundo, destinado a durar para sempre. Com o benefício da sabedoria retrospectiva podemos dizer que o que parecia a mais sólida fundação da segurança do sistema iria se revelar a sua ruína. Tendo assumido o encargo pleno dos "interesses comuns", o poder comunista colocou seu destino nas mãos dos súditos; não poderia sobreviver à retirada de apoio deles. Se no contrato não escrito mas impositivo entre os governantes comunistas e os governados não se podia "notar qualquer distinção entre a autorização para a dominação dos valores e a dominação dos valiosos" (p.26), então qualquer protesto contra o tipo de valores impostos pelos governantes devia imediatamente tornar-se um protesto contra o próprio princípio da imposição de valores. Toda dissensão virava uma crise *sistêmica* (enquanto numa sociedade em que as necessidades, os valores e a própria dissensão são privatizados, dissidências semelhantes reforçam o mecanismo de mercado da reprodução sistêmica).

Índice remissivo